미래를 여는 교사운동
참교육에서 학교혁신으로

교사,
학교를
바꾸다

미래를 여는 교사운동
학교에서 학교혁신으로

교사,
학교를
바꾸다

초판 1쇄 발행 2016년 5월 10일
초판 2쇄 발행 2018년 10월 10일

지은이 정진화
펴낸이 김승희
펴낸곳 도서출판 살림터

기획 정광일
편집 조현주
북디자인 꼬리별

인쇄·제본 (주)현문
종이 월드페이퍼(주)

주소 서울시 양천구 목동동로 293, 22층 2215-1호
전화 02-3141-6553
팩스 02-3141-6555
출판등록 2008년 3월 18일 제313-1990-12호
이메일 gwang80@hanmail.net
블로그 http://blog.naver.com/dkffk1020

ISBN 979-11-5930-015-8 93370

미래를 여는 교사운동
참교육에서 학교혁신으로

교사,
학교를
바꾸다

정진화 지음

살림터

서길원

(사)새로운학교네트워크 이사장

우리나라의 교육운동사에 남을 만한 교사 중심의 학교개혁 운동을 든다면 1980년대 말부터 시작한 참교육운동과 2000년 초 일어나기 시작한 새로운학교운동을 들 수 있다. 이러한 운동들은 2014년 6월 지방교육자치 선거를 통해 혁신학교를 공약으로 내세운 13개 시·도 교육감의 당선과 함께 새로운 교육자치 교육 시대를 여는 계기가 되었다.

따라서 이 책이 갖는 의미는 현장에서 실천하는 교사들 입장에서 학교개혁 운동을 조망하고 진화의 과정을 글에 담았다는 점이라 하겠다. 학교자치를 바탕으로 교과 운동, 학급 운영 등 개별적 실천에 의존했던 참교육운동이 학교 문화, 교육과정 등 학교 단위로 하는 학교혁신으로 진화해가는 과정을 살펴볼 수 있다.

개인적으로는 남한산초등학교에서 시작한 작은 학교 운동이, 스쿨디자인21, 새로운학교네트워크 등 아래로부터 출발한 자생적인 운동체인 새로운학교운동으로 발전해가는 과정을 잘 정리해주어 감사하다.

2000년 초 교사 중심으로 이루어진 자생적인 새로운학교운동이 2009년 이후 제도화를 통해 혁신학교 학교 운동으로 확산되는 과정에 대한 기록과 평가는 새로운학교운동이 나아갈 방향과 역할에 대해 생각해보는 데 매우 중요한 자료가 될 것이라 믿는다.

2000년 초 작은 학교 살리기 운동이 기존의 제도 투쟁에 의존했던 교사운동과는 다른 실천적 학교개혁 운동의 모습을 보여주었다면, 2006년 경기지역에서 시작한 스쿨디자인21은 소규모 초등학교 중심의 한계를 극복하기 위한 새로운 대안적 실천을 모색해왔다. 더 나아가 2009년에 조직한 새로운학교네트워크는 혁신학교 제도화와 자생적 운동과의 만남을 통해 새로운학교운동의 확산과 함께 양적 발전을 꾀하게 된다. 이러한 자기 한계의 극복과 진화 과정을 기록하고 정리하는 것은 앞으로 나아갈 방향과 역할을 살펴보는 데 나침반이 될 것이라 믿는다.

혁신학교의 일반화를 위한 행정 권력과 학교 지배 구조의 변화는 교과주의와 할거주의 그리고 상호 배제와 세력화 등 민주자치의 역설 현상을 경험하기도 한다. 또한 특정 교육 이론의 모형화와 사례의 모방화에 따른 정형화된 틀로서 수업혁신은 소수 그룹의 지식 권력 독점과 "또 다른 관리자"논쟁을 낳기도 한다.

결국 이러한 한계 극복과 지속가능한 발전을 위해 교사들의 개방적이고 협력적인 연구 풍토와 공유의 가치 그리고 다름에 대한 존중과 규범의식, 창조과 열정의 조직 문화 중심 체제를 어떻게 만들어갈 것인가는 우리 모두에게 주어진 새로운 과제라 하겠다.

김기석
서울여대 석좌교수, 국경없는교육가 대표

정진화 박사의 노작인 『교사, 학교를 바꾸다』는 교사가 어떻게 공교육의 정상화라는 오래된 난제 중의 난제를 확실하게 풀어갈 수 있는지 그 구체 사실과 대안을 증언한 저서이다. 저자는 지난 33년을 중학교 선생으로 일했다. 한국의 교육박 박사로서는 거의 그 유례를 찾기 어려운 프락시스(이론과 실천의 통합)를 가장 잘 보이고 있는 연구자이자 동시에 운동가이다. 한국 교육학의 발전 그리고 더 심각하게 공교육 살리기의 근본 모순은 교육 현실과 학문 이론이 제대로 통합되지 않고 각기 분업 상태에서 따로따로 이어가고 있다는 점이다. 독백도 아닌 방백이 주요 대사 형태이다. 즉 옆의 연기자가 듣는 것을 전제하지 않는 대사를 되뇌는 상태이다. 연구자는 각자 좁고 좁은 전공 분야에서의 "사투리", 즉 전문성에 점점 더 함몰되어 세부화된 전문 용어를 구사한다. 그 용어로 표상하려는 그 지식이 교사, 학부모, 교육정책가 그리고 관심 있는 시민과의 함께 대화로 서로 소통되지 않고 있다. 어느 학문이든 이론의 창조 가치 또 그것의 존재 가치는 현상과 현실을 과학적으로 설명할 수 있는 지적 역량에 있다. 과학적 설명이란 설명하고자 하는 대상과 현실이 왜 어떻게 발생하여 그런 특징을 가지게 되었는지를 지적으로 정직하게 알려주는 것이다. 그간 복잡계라 알려진 한국 교육 현실을 속 시원하게 설명하도록 창안되고 활용되는 교육학 이론은 참 찾기가 어려웠다. 이런 수준에 이르지 못한 것은 필자와 같은 선배 연구자들의 무능력 탓이나 아직도 불식되지 않아 안타깝다.

이 글의 필자가 1972년부터 천착한 교육사회학 분야도 예외가 아니다. 소위 가장 진보적 입장과 관점을 제시하였다면서 한때 거의 맹목적으로 열광한 경제, 문화 영역 재생산이론이 그렇다. 이론은 이론이었고, 그것으로 설명할 수 없는 우리 특유의 교육 현실은 설명되지 않은 채 현실로 따로 존재하고 있다. 이론과 현실이 분리된 상태에서 몇몇 용어 사용은 정치적 목적 달성에 필요한 구호 외치기 "실탄"으로만 사용되고 말았다. 비판적 교육학의 존재 이유는 특정 이념과 정파를 쥐고 있는 집단이 중앙과 지방에서 현실 권력으로 등장하도록 하는 것이 아니다. 시장경제 모순이 교육 현실에 범람하는 작동을 비판했듯이 그런 권력의 등장 자체를 비판할 수 있어야 한다. 학문 탐구의 존재 이유는 당장의 정치 투쟁을 위한 구호 개발을 훨씬 넘어선다. 현실에 대한 정직한 설명이 그것이다. 설명은 왜 한국 교육이 오늘의 현실과 같은지를 일깨워준다. 오늘날 어려운 교육 현실에서 새 미래 창조의 씨앗이 무엇인지를 알려줄 수도 있다. 더 안타까운 학문의 현실은 소위 교육 "이론"이라 알려진 추상적 용어가 실은 외국, 특히 구미의 그것을 복사하고 흉내 내고 있을 뿐 한국 교육 현실에 비추어 냉혹하게 검증되어 우리 것으로 충분히 소화되지 않은 채 통용되고 있는 현실이다. 자세히 살펴보면 외국의 이론이 추상적 수준에서 등장하나 그 뿌리는 자국의 교육 현실을 냉정하게 성찰 분석한 결과 이론의 지위를 획득한 것이다. 교육 이론의 텃밭과 뿌리는 현실이다. 현실과 이론 탐구가 통합되지 않아 과학적 설명 역량 축적이 부족하기는 교사운동 탐구 영역도 마찬가지이다. 교육운동 특히 교사가 핵심 행위자인 교사운동도 운동에 대한 서양 학자의 서술과 주장, 자국의 사례가 소위 "이론"이라며 횡행한다. 그러나 해방 후 한국 사회에서 교사운동의 태생, 발생 경위, 전개과정과 그 결과를 일련의 역동 현상을 꼼꼼하게 증거를 대어 서술하고 궁금증을 풀어준 작품을 찾기 어렵다. 이론과 실천의 소통을 거부하고 "전문 지식" 범주 안에 함몰되어 학문 특유의 자기 재생산에 안주하고 있다. 서점에 널려 있는 교육학의 분야별 교과서를 살펴보면 이 분단과 분열 상태가 어느 정도 심각한지 알 수 있다. 이 저서는 교육학의 두 축인 이론 탐구와 실천 운동을 가급적 하나로 통합해보려는 프락시스의 희귀한 사례이다.

이 책은 정 박사의 서울대학교 박사 논문을 폭넓은 독자층에 가까이 가기 위해 졸업 후 2년 이상 다시 다듬어 낸 책이다. 이 책은 정 박사의 공생애에 대한 기록이기도 하다. 정 박사가 필자를 찾아온 시기는 2000년으로 전교조가 막 합법 단체가 된 다음 해이다. 우리 둘은 처음 만나서 길게 말하지 않은 채 이심전심으로 교육운동에 대한 과학 탐구와 지적으로 정직한 성찰을 대학원 공부의 중심으로 삼기로 하였다. 그간 교육사회학이 외국의 이론에서 사례를 끌어내는 것에 천착하였다면, 그 반대로 박사 논문은 우리 특유의 구체 현실에 대한 성찰로 이론을 추출 발전시켜보자며 의기투합하였다. 실지로 정 박사의 교사운동 경력은 그의 공적 교육 공생애와 중첩된다. 초임 교사 시절 교육민주화선언에 참여하였고, 합법화 이전 조합에 가입했다는 이유로 89년 해직 교원이 되었다. 그럼에도 서울시 지부의 교육연구부장 역할에서 전국 본부 여성국장과 부대변인도 맡아 운동의 최전선을 지켰다. 94년 복직한 다음 교사운동 지도자의 길을 걸었다. 서울지부의 첫 여성지회장이 되기도 하였다. 흥미 있는 것이 이 시기 정 박사의 선택이다. 시인 김지하의 표현대로 "타는 목마름"으로 참교육운동 등장 이후 자신의 교육운동을 지적으로 성찰해보기 위해 대학원 공부를 시작한 것이다. 프락시스의 싹은 이미 이 시기에 잉태되었다. 교육학이란 교육 현실에 대한 지적으로 정직한 성찰 그 이상도 이하도 아니다. 대학원 공부 중 서울지부장 그리고 13대 위원장 기회가 왔을 때 필자는 주저 없이 교육운동 참여 그 자체가 학문 탐구의 일부임을 일러주었다. 공부가 그립거든 현장에서 교육운동 참여관찰연구를 한다고 생각하도록 권했다.

위원장 되자마자 내건 지침은 교육운동을 "아이들 속으로 학부모 곁으로" 보내자는 것이다. 교육 현실의 더 깊고 깊은 곳으로 찾아가겠다는 것이다. 당시 말을 건넬 기회는 없었으나 남몰래 박수를 보냈다. 편향된 정치 투쟁이나 상투적 이념 투쟁에 매이지 않겠다는 결심은 당시로서는 대단히 혁신적인 것이었다. 교사운동이 비판을 하는 만큼 대안을 찾아야하겠다는 위원장의 결심은 그때나 지금이나 시기를 앞선 선택이다. 이 책을 읽다 보면 독자는 위원장의 이 선택 안에 이후 나타난 여러 형태로 학교를 새롭게 하기 위한 운동, 즉 "새로운학교운동"의 동인이 있음을 알게 될 것이다. 이 책은 "타고난 교사", 이론 공부하는 운동가 정 박사의 탐구 기록이자 실천 기록이기도 하다. 이론 공부인 대학원 박사과정과 실천인 교육운동을 10여 년 오간 끝에 2013년 "교사 주도 학교개혁 운동에 관한 연구"란 제목의 박사 학위 논문을 썼다. 그로부터 서울대 교육연구소 객원 연구원으로 있으며 논문의 수정과 보완을 거듭하여 이제 단행본으로 출간하게 되었다. 첫술에 배부를 수 없다. 이 한 권의 책이 이론과 현실을 다 꿰뚫었다고 할 수는 없다. 그러나 그 길을 찾은 것은 틀림없다. 교육 주변 이해 당사자들 모두가 반드시 읽어볼 책으로 아무 주저함 없이 추천한다. 30여 년을 교사로 지내면서 연구가로서 '새로운학교네트워크'의 지원센터 센터장으로 있으며 최근에는 필자도 가입한 청소년문화연대 '킥킥'의 대표로 실천 영역을 넓히고 있다. 교육 이론으로 무장된 정 박사의 교육 실천 운동이 과연 어떤 열매를 맺어 공교육 정상화 길을 확장할지 기대가 크다.

필자가 이 책의 추천의 글을 상재하는 것은 과거 대학원 지도교수로서 인연 때문이 아니다. 교육 현실에서 이론을 끌어내려는 학자이자, 학교를 새롭게 하려는 크고 작은 실천을 불사하는 교육운동가로서 정진화 선생을 마음으로부터 흠모하며 그가 창조하는 결실을 기대하는 친구이기 때문이다.

머리말

이 책은 이 땅의 교사들에 대한 헌사이다. 교육을 변화시키고 학교를 새롭게 만들고자 애쓴 교사들의 땀과 눈물에 관한 기록이다. 그리고 이제 손에 손 잡고 희망을 함께 만들어가고 있는 사람들의 이야기다.

해방 이후 오늘까지 격렬한 한국 현대사 속에서 교사들은 무엇을 어떻게 하였을까? 그들의 목소리, 그들의 외침은 잘 들리지 않는다. 그들의 행동과 실천은 잘 알려져 있지 않다. 교육정책이 수시로 변하고 교육문제가 사회문제로 거론되어도, 현장의 행위자이고 주체인 교사들의 의견을 모아보려는 노력은 잘 보이지 않는다. 정책은 쏟아지지만 그것을 협의하고 소통하는 사회적 틀은 안타깝게도 없다. 그러는 중에 들리는 전교조 법외노조 소식은 더욱 마음을 무겁게 한다.

이 글을 쓰면서 참으로 많은 분들을 마음으로 만났다. 마음 어느 한 켠에 깊이 자리 잡고 있던 분들이 하나하나 떠올랐다. 성래운 선생님, 이오덕 선생님, 윤영규 선생님, 그리고도 수많은 분들…… 글을 쓰다 말고 한참을 멈추어 그분들에 대한 추억을 떠올리는 순간들이 참 많았다. 그리운 얼굴들이 하나둘 떠오르다가 겹쳐지며 어찌할 수 없는 벅찬 감격에 휩싸이곤 했다. 이름도 잘 알지 못하는 분들의 고투와 노고 앞에 고개 숙여 감사드리던 날들도 많았었다.

이 책은 해방 이후 교사운동의 역사 속에서 탄생한 새로운학교운동의 등장과 특징을 밝히는 작업의 결과이다. 교육의 민주화와 참교육 실천을 해온 교사들이 학교를 초점으로 현장을 총체적으로 바꾸어보려는 새로운 움직임이 꿈틀거리고 있다. 학교 구성원들이 협력하고 연대하여 새로운학교를 만드는 이 운동은 꿈꾸고 그리던 교육을 현실로 만들어가는 작업이다. 학교는 마을과 만나 우리 아이들이 행복하게 성장하도록 서로 협력하기 시작했다. 1980년대 교육운동이 일어난 지 30년 만에 다시 일어나는 큰 물결 앞에 우리는 지금 서 있다.

전교조가 합법화되던 1999년, 나는 젊은 날 교육학을 전공했던 사람으로서 그동안 해왔던 일을 정리해보고 싶다는 바람을 갖게 되었다. 이론과 실천의 부단한 상호작용을 통해 이론은 현실을 보는 정확한 안목이 될 수 있고, 실천은 여정을 돌아보고 방향을 다시 조망하며 나아가는 것이라 생각했다. 마흔의 나이에 뒤늦게 대학원에서 공부를 시작했다. 우연찮게 김기석 선생님 문하에서 교육사회학을 공부하며 교육역사사회학, 교육과정사회학, 구술사 등을 차례로 만나게 된 것은 커다란 행운이었다. 동학들이 세미나를 같이 하고 한국 교육의 현실에 바탕을 두어 근거를 가지고 '지적으로 정직하게' 분석하고 토론하면서 눈앞이 새롭게 뜨이는 느낌이 들었다.

논문이 끝난 것은 2013년 2월이었으나 이제야 책으로 세상에 나오게 되었다. 그 사이에 아주 큰일들이 일어나 그것을 담아내는 데 시간이 걸렸다. 304명의 희생자를 낸 세월호 참사와 그 뒤에 있었던 교육감 선거는 한국 사회와 교육에 커다란 물음을 던졌다. 우리 교육이 어떻게 달라져야 하는지, 이제까지와 다른 방향으로 어떻게 새롭게 가야 하는지. 이로써 한국 교육은 20년 전에 수립된 5·31 교육 체제에서 4·16 교육 체제로 근본 패러다임을 바꿔야 하는 전환점에 서게 되었다. 새로운학교운동이 거기에 어떤 화답을 할 수 있을지는 우리의 몫으로 남아 있다.

이 책은 새로운학교네트워크에서 발간하는 새로운학교 총서 중 첫 번째 책이다. 앞으로 더 많은 분들의 실천과 연구가 이어져 새로운학교가 온 누리에 꽃피기를 간절히 바란다. 이 책이 나오기까지 꼬박 일 년을 기다려준 살림터의 정광일 대표님께 감사드린다. 늘 격려와 응원을 아끼지 않으신 부모님과 가족들에게 깊은 감사를 드린다. 현장과 실천에 의미를 부여해주신 김기석 선생님과 한국교육사고 동학들에게 고마운 마음을 전하고 싶다. 논문을 쓰고 책이 나오기까지 영감을 주고 조언을 해주신 분들께 특별한 감사를 드린다. 그리고 오늘도 학교 현장에서 새로운학교를 일구는 데 혼신의 힘을 다하는 선생님들께 진심으로 깊은 감사를 드린다.

2016년 5월

정진화

| 차례 |

I.

들어가며

1. 한국 공교육의 새로운 흐름

2000년대 들어 교사들이 학교를 바꾸기 위해 새로운학교운동을 벌였다. 한국 교육에서 크게 주목할 만한 일이다. 현장의 교사들이 아래로부터 자생적·자발적으로 학교를 바꾸려고 나선 것이다. 교사들이 주체가 되어 교장, 학부모, 지역 주민과 함께 학교를 총체적으로 바꾸는 이 운동은, 최근에 대다수 교육청이 혁신학교를 주요 정책으로 추진하게 하는 원동력이 되었다. 근대 교육 130년, 해방 70년 동안 한국 교육사에서 보기 드문 교사연대 학교혁신 운동이 학교 현장에서 구성원들의 협력과 참여로 전국에 파급되고 있다.

교사연대 학교혁신 운동은 그동안 '새로운학교운동'이라는 이름으로 알려졌다. 여기서 '새로운학교운동'은 "2000년대 이후 공교육 제도의 근간인 단위 학교에서 학교 운영 체제와 교육과정, 수업을 혁신하려는 교사들의 자발적, 집단적, 지속적 움직임"이라고 정의한다. 그 결과 '새로운학교'는 기존의 일반 학교와는 다른 학교가 되었다.

초기에 '새로운학교'란 이름은 기존의 학교와 다르게 학교혁신을 이루었다는 의미에서 '새로운 학교'라는 일반명사로 널리 쓰였다. 전국교직원노동조합(전교조)에서 2000년대 중반에 이것을 '새로운학교'라고 공식화하였다. 이후 다른 교원단체들과 학부모단체에서도 '새로운 학교' 또는 '새로운학교'라는 용어를 사용하였다. 이로써 '새로운학교'는 고유명사가 된 것이다. 2009년 경기도교육청은 '새로운학교'를 모델로 '혁신학교'를 추진하였다. 2014년부터는 13개가 넘는 시·도 교육청이 혁신학교를 추진하면서 '혁신학교'라는 용어와 같이 쓰고 있다. 그러나 이 연구에서는 교사들이 자발적·자생적으로 전개한 교사연대 학교혁신 운동을 다루기 때문에 '새로운학교'로 통일한다.

새교육 운동과 열린교육 운동은 새로운학교운동 전에 교사가 주체가 된 교육개혁 사례로 볼 수 있다. 새교육 운동이란 해방 직후 주로 초등학교 교사들과 교사 출신 관료들이 식민지기 전체주의적 교육을 극복하기 위하여, 외국의 새로운 교수법을 소개하여 아동 존중과 생활 중심 교육과정을 운영한 것이다. 열린교육 운동이란 1980년대 중반부터 교원들이 일제식·주입식 교육을 비판하면서, 개방적이고 자율적이며 유연하게 아동을 존중하고 체험을 중시한 교육 활동이다. 1990년대 중반부터 교육 당국은 이 활동을 교육개혁 차원에서 전국으로 확산시켰다.

그렇다면 이 연구의 대상인 새로운학교운동은 이전의 교육개혁 사례와 어떤 차이가 있는가. 두 운동은 교사들이 주도한 점에서는 새로운학교운동과 유사하지만, 학교를 단위로 한 학교혁신 운동이 아니다. 다시 말하면 단위 학교 전체를 재구조화하는 운동이라고 보기 어렵다. 따라서 학교 운영과 교육 활동 전반의 혁신이라기보다는 교실 안에서 이루어지는 기술적 방법론적 개선으로 기울어졌다. 그러나 새로운학교운동은 학교 운영 체제, 교육과정, 수업, 평가 등을 종합적으로 재구성하여 종래의 행정 업무 중심에서 교육 활동 중심으로 학교를 바꾸는 것이다.

새로운학교운동은 1987년 6월 항쟁 이후 조성된 새로운 정세 속에서 드높아진 교육개혁 요구에 대한 정부의 대응, 전국교직원노동조합(전교조)의 참교육운동, 대안교육 운동이 상호 교섭과 충돌을 일으키는 가운데 등장하였다. 정부는 교육개혁을 요구하는 거센 사회적 압력에 직면하자 5·31교육개혁안을 발표하여 학교 현장을 압박하는 한편 새롭게 대두된 교육문제에 대응하였다. 이러한 정부 방침에 대해 교사들은 단체와 노조를 결성하여 누적된 학교교육의 문제를 공론화하고 해결 방안을 제시하는 등 교사운동을 본격적으로 전개하였다. 제도권 학교에 실망한 학부모와 교사들은 이전과 달리 대안교육 프로그램과 대안학교를 만들어 제도권 학교 밖에서 다양한 교육적 실험을 시도하였다.

1990년대 여러 교육 세력 간의 교섭과 충돌 속에서 2000년대가 되자 새로운학교운동이 등장하였다. 이것은 1980년대 후반부터 일어난 전교조 참교육운동이나 1990년대 중반부터 일어난 대안교육 운동과 차이가 있다. 1999년 전교조가 합법화되고 대안교육 운동이 서서히 확산되어가는데도 공교육 체제 안에서 새로운학교운동이 등장하여 새로운 흐름을 형성하게 된 이유는 탐구할 만한 주제가 틀림없다. 이 연구의 목적은 2000년대에 공교육 체제 안에서 일어나고 있는 교사연대 학교혁신 운동의 등장과 그 주요 특징을 밝히는 것이다. 이 새로운학교운동은 왜 일어났는가? 어떻게 일어나게 되었는가? 새로운학교는 일반 학교와 무엇이 다른가? 새로운학교운동은 이전의 참교육운동이나 대안교육 운동과 어떤 차이가 있는가? 현재 한국 교육 현실에서 새로운학교운동은 어떤 의의를 갖는가? 이 질문들의 답을 찾는 것이다.

첫 번째 질문에 답하기 위해 교사연대 학교혁신 운동의 배경을 살펴보면 조직적인 교사운동의 흐름과 만나게 된다. 한국 현대사에서 해방 이후 교사운동은 중요한 사회적 계기와 연관되어 있다. 1945년 8·15 해방, 1960년 4·19 혁명, 1980년 5·18 민주화운동, 1987년 6월 항쟁이 그 계기이다. 그때마다 급변하는 사회적 변동과 맞물려 교사운동은 폭발적으로 일어나거나 급속하게 가라앉는 부침을 거듭했다. 8·15 해방 공간에서 일어난 진보적 교사운동은 미군정에 의해, 4·19 혁명 공간에서 일어난 교원노조 설립운동은 1961년 5·16 군사 쿠데타 세력에 의해 좌절되었다. 이후 오랫동안 제대로 알려지지 않았지만 교사운동과 그 주체들은 새로운 계기를 맞아 되살아나 연면히 이어져왔다. 특히 1980년 5·18 민주화운동 이후 일어난 교사운동은 정세의 변화에 따라 굴곡을 겪으면서 전교조 운동으로 발전하였다. 교사들은 그동안 누적되어온 교육 현장의 부조리와 관료적·획일적인 한국 교육의 문제점을 비판하고, 이를 극복하기 위해 교육민주화를 요구하며 참교육을 실천하였다. 전교조 운동은 엄청난 정권의 탄압을 받았지만 지속적인 교사운동으로 자리 잡았다. 그중에서 참교육운동은 2000년 이후 등장한 새로운학교운동의 모태가 되었다.

1980년대부터 지금까지 30년 넘게 한국의 교육 현장에 뚜렷한 흐름을 형성해온 교사운동은 여러 측면에서 연구할 만한 가치가 충분하다. 그러나 교사운동은 사회적 쟁점이 되는 시기를 제외하고는 한국 교육에 중요한 요인으로 다뤄지지 않았다. 한국 교육을 실제로 현장에서 구현하고 직접 학생들과 만나는 교사들이 교육의 주체로서 어떻게 움직여왔는가에 대해서는 실증적인 연구와 풍부한 논의가 필요하다. 전교조 운동은 1980년대에 태동하여 지금까지 현재 진행형이며, 앞으로 엄밀한 연구를 통해 정당한 평가가 이뤄져야 할 것이다. 특히 언론이나 여론이 아니라, 참교육운동이 어떻게 진행되어왔으며 무엇을 지향하는지 그 실제를 구체적으로 조명하는 탐구가 필요하다.

2000년에 시작하여 2007년부터 활성화된 새로운학교운동은 수업과 학급 운영의 변화를 추구하는 '교실'에서 출발하여 교육 시스템과 거버넌스의 전환, 협력의 교육공동체를 추구하는 '학교'로 초점이 확장되었다. 이제까지 참교육운동을 해온 교사만이 아니라 공교육의 변화를 바라는 일반 교사들이 자발적이고 열정적으로 참여하는 폭넓은 연대와 협력의 흐름으로 형성되고 있다. 또한 어느 때보다 많은 교원단체, 학부모단체, 교육 연구 단체들이 함께 학교혁신의 모델과 철학을 정립하고, 성공 사례를 공유하며 확산시키고 있다. 최근에는 학교를 근거지로 지역까지 확장하여 마을교육공동체를 만드는 양상을 보이고 있다.

그간 정부 차원의 학교혁신 프로그램에 대한 연구는 많았지만, 교사운동의 맥락에서 일어나고 있는 학교혁신 운동에 관한 연구는 찾아보기 어려웠다. 특히 교사연대 학교혁신 운동이 1990년대 정부의 교육정책과 공교육 체제 밖에서 일어난 대안교육 운동과 어떤 관련을 맺으며 등장하는가는 아직까지 드러나 있지 않다. 따라서 이 연구는 그동안 개혁의 대상으로 잘못 여겨져온 교사들이 주도하는 학교혁신 운동의 실제를 드러냄으로써 교육개혁의 주체가 누구여야 하며, 어떤 요인들이 학교교육의 변화를 가져올 것인가를 밝히고자 한다. 그것은 현재 정부가 실시하는 각종 교육정책과 그 방향에 대해서 중요한 시사점을 줄 수 있다. 무엇보다 교육개혁의 추진 방향을 두고 사회적 갈등과 혼란이 거듭되는 지금, 공교육 체제 안에서 일어나고 있는 교사연대 학교혁신 운동 연구는 한국 교육의 난제들을 해결할 실마리를 찾을 수 있으리라는 점에서 의의를 지닌다고 하겠다.

2. 교사운동의 역사, 1945~1989

앞에서와 같이, 한국의 교사운동은 현대사의 격동기에 대중적이고 폭발적인 양상으로 나타났다. 1980년대 후반의 교사운동은 그중에서 가장 격렬했고 지금까지도 이어지고 있다. 여기서는 시대 구분을 8·15 해방 공간, 4·19 혁명 공간, 5·18 민주화운동 공간, 6월 항쟁 공간으로 하였다. 이것은 한국 사회의 주요한 역사적 계기들이 교육 부문에 어떤 영향을 미치며 어떤 관련을 맺는 가운데 교사운동이 등장하고 실패 또는 성장하는가와 관련이 있기 때문이다.

1980년대 교사운동은 1986년 5·10 교육민주화선언으로 교사들의 조직적 움직임이 표출된 다음, 1987년 6월 항쟁 직후 전국교사협의회의 창립을 거쳐 교원노조 설립운동으로 발전하여 1989년 전국교직원노동조합(전교조)을 결성하기에 이른다. 이전과 다르게 1980년대 교사운동이 지속될 수 있었던 것은, 1987년 6월 항쟁이라는 정치적 계기 이전인 1980년대 초반부터 교육운동의 주체가 형성되어 교육 당국과 충돌과 저항을 계속하며 성장해왔기 때문이다.

가. 8·15 해방 공간

19세기 말에 도입된 근대 교육이 전통 교육과 갈등하고, 일제 강점기에 군국주의 교육이 전통 교육과 근대 교육과 충돌하던 조선에서 8·15 해방은 또 다른 교육의 대전환을 가져왔다. 일제 강점기 교육의 목적은 4차에 걸친 조선교육령에서 보이듯 '조선인의 충량한 황국신민화'로 요약된다. 일제는 고도의 중앙집권화되고 획일적인 교육행정체계를 확립하여 말단 교육 현장까지 중앙의 명령이 충실히 시행되고 있는지를 지휘·감독하고, 교원과 학생의 반제 의식 등 사상을 통제하는 시학제도를 두었다. 전체주의와 군국주의 이념을 확산시키고 획일적인 국민교육을 통해 황국신민화를 주입하는 식민지교육은 조선인 교원의 교육 활동과 시민적·정치적 권리뿐 아니라 조선인 교원의 수까지도 제한하였다.[1] 일제 강점기의 교원들은 황국신민화 교육에 동원되고 복종을 강요당했지만, 많은 교원들의 의식 속에는 민족적 양심이 내재되어 있었다고 볼 수 있다. 이것은 해방되자마자 자신의 모습을 반성하면서 식민지교육의 청산을 위한 힘으로 작용한 데서 확인할 수 있다.

해방 직후 시작된 미군정기는 해방 공간에서 거세게 일어난 교사들의 다양한 집단적 움직임과 미군정의 교육 재편 과정의 역동이 일어나는 공간이었다. 두 가지 주목할 만한 운동이 일어났는데, 그것은 진보적 교사운동과 새교육 운동이다.

해방이 되자마자 일선 교사들이 가장 먼저 새로운 민족교육의 진로를 찾으려고 노력하였다. 이것을 이끈 것은 진보적 성향의 교사들이었다. 전

---

1. 1945년 8월 현재 조선의 학교와 교원 수는 초등교육 3,037개교 13,054명, 중등교육 297개교 1,225명, 고등교육 21개교 257명이었다(김경숙, 1989: 32에서 재인용).

국 각지에서 교육자 자치 조직들이 생겨나 일제 교육의 잔재 청산과 학교의 자주적 민주교육을 모색하기 시작했다. 8월 하순에 서울에서 초등 교사들이 초등교육건설회를 조직하고 9월 15일에는 중등교육자대회가 열려 중등교육협회를 조직하였으며, 경성대학을 비롯한 각 대학에는 학교별로 자치위원회가 구성되었다. 이러한 자발적인 조직 활동은 일선 교원들의 폭넓은 지지 속에 이루어졌다. 예컨대 1945년 9월 조선중등교육자대회에는 중등 교원 1,225명 가운데 40%에 가까운 450명이 모였다. 거기서 그들은 일제 아래서 교단생활을 해온 자신들의 모습을 반성하면서 모든 중등 교직원이 9월 19일 총사직할 것을 결의하였다(이만규, 1947). 그러나 일시에 사직할 경우 따르는 혼란을 감안하여 신정부가 설 때까지 교단을 지키며 대죄하고 자신의 모습을 새롭게 변신시켜 해방된 조국의 새 교육을 진지하게 모색하기로 결의하고 조선임시중등교육자협회를 결성하였다(김경숙, 1989).

한편 각 학교에서는 자치회 또는 자치위원회가 광범위하게 결성되어, 학내의 군국주의적·관료주의적인 일제 잔재 교육을 청산하고 민주적이고 자율적인 학교 운영을 비롯한 새로운 교육을 모색하였다. 그러나 1945년 9월 미군정청이 교사 일제 재등록을 요구하자 많은 진보적 성향의 교사들은 이에 반발하였다. 이어 각 대학의 교장과 학장을 포함한 인사 발표가 있으면서 갈등은 더욱 커졌다. 학내 사지 조직은 미군정청이 임명한 인사들이 친일 경력이 있거나 한민당 계열로 편파적인 데에 항의하고, 학교 자체에서 교장 또는 총장을 선출하여 미군정청과 마찰이 일어났다. 예컨대 전체 교직원의 70%가 넘게 참여한 경성대학자치위원회가 진보적인 백남운 교수를 자치위원장으로 선출하였으나 미군정청에서는 한민당의 백낙준을 총장으로 임명하자, 자치위원회는 성명서를 발표하고 반발하였다. 청주중학 사건은 교장이 진보적인 교사들을 퇴직시킨 데 대해 사직을

당한 교원의 복직과 학원 민주화를 요구하며 전 교직원의 사직과 학생들의 맹휴가 일어난 것이다. 1946년에는 가까운 10개 학교로 맹휴가 확대되었는데, 이는 해방 이후 최초로 대규모 학생과 교직원이 군정청의 교육정책에 대항하여 싸운 사건이다.[2] 한편 학내 자치 조직들은 전문대학교원단연합회와 연대하여 1946년 3월 미군정청의 무허가 학교 폐쇄령에 맞서 공동 투쟁을 하였다. 그러나 미군정은 경찰을 동원하여 학생들을 체포, 퇴학, 무기정학시키고 시설 미비를 이유로 많은 진보적인 전문학교, 학원, 강습회 등을 폐쇄시켰다.

1946년 2월에는 해방 직후 태동한 초등, 중등, 대학의 교원자치기구가 통합되어 조선교육자협회가 결성되었다. 최규동(중동학교 교장), 도상록(서울대 교수), 백남운(서울대 교수) 등이 지도적 인물이었다. 조선교육자협회는 진보적 정치세력의 연합체인 민전(민주주의 민족전선)의 산하 기구인 문화단체총동맹에 가입하고 식민지 잔재 청산과 자주적 민족국가 수립을 위한 정치적 행동으로 나아가고자 하였다. 1946년 7월 국대안(국립서울대학교설립안)[3]이 발표되자 조선교육자협회는 전국교육자대회를 열고 국대안 반대와 교육민주화, 교원의 생활 개선, 교육계 친일분자의 재등용 금지, 시학제도 철폐, 경찰의 학원 간섭 금지 등을 결의하였다.

그러나 1947년 9월이 되자 미군정청은 조선교육자협회를 적색 단체로 규정하고 전국적 검거에 나섰다. 전국 각지에서 진보적 교원 100여 명이 검거되고 그중 기소 18명, 기소유예 30명, 약식기소가 10명에 이르렀다. 이것은 정치적 이유로 교육자를 교육계에서 추방한 해방 후 최초의 대규

---

2. 해방된 지 1년 동안 미군정의 교육정책에 대항하여 학원의 민주화를 요구하며 싸웠던 맹휴 사건은 전문학교 6개교, 중등학교 약 30개교, 참여 학생 3만여 명에 달했다(과학과사상사 편, 1988: 452).

3. 국대안은 자치회를 구성하여 독자적인 발전과정을 걷고 있던 당시의 고등교육 기관들에 대한 효과적인 통제 장치의 필요성 때문에 입안된 것으로, 단순한 통폐합이 아닌 고등교육 체제 전반의 재조직을 통해 고등교육에 대한 국가 통제의 제도화를 시도한 것이라고 볼 수 있다.

모 사건이었다(이길상, 1999). 이 사건 이후 조선교육자협회는 두드러진 교육운동을 전개하지 못하고 1948년 5월 10일 총선거에 대해 무효 선언을 하는 등 간헐적인 활동으로 잦아들었다. 이와 같이 미·소 냉전이 본격화되고 남북 분단이 굳어지면서 미군정의 개입으로 해방 직후 자생적으로 일어났던 교육계 내의 진보적 교육운동은 주도력이 역전되어 좌절하는 과정을 밟았다(김경숙, 1989).

해방 직후 일선 교사들을 중심으로 한 자치 조직 운동이나 진보적 정치세력과 연대하여 투쟁한 조선교육자협회의 활동과 다른 움직임으로는 새교육 운동이 있다. 그것은 미군정의 실시와 더불어 민주주의 교육의 도입을 통해 일제 강점기의 일제식·주입식 교육을 탈피해보려는 움직임이었다. 일선 교사들은 해방이라는 예기치 않은 상황에서 학교 문이 닫히고 학생들이 오지 않자 당혹해하면서 민주주의 교육이 무엇인가에 대해 책을 읽고 새교육, 신교육, 신교수법이라는 이름으로 새로운 교육을 논의하기 시작했다. 1946년 9월 사회생활과가 도입되면서부터 새교육에 대한 논의가 활발해지고, 새로운 교수법을 소개하는 연구발표회와 강연회가 열렸다.

새교육 운동의 두 축은 아동중심주의와 생활중심주의이며 여기서 새교육은 민주주의 교육을 의미한다고 보았다. 그들은 달톤 플랜,[4] 프로젝트 매소드, 엘렌 케이, 존 듀이의 사상을 참조하며 학교교육에서 아동의 의사와 흥미를 존중하고, 아동이 스스로 활동을 결정할 수 있는 권한을 주어야 한다고 주장하였다. 아동의 의사와 흥미를 학교 운영에 반영하고, 수업의 내용을 아동의 생활과 관련지어 아동이 수업과 학교생활에서 스

---

4. 미국인 파커스트가 1920년 달톤 시에서 처음 실시한 것으로 자신의 능력에 따라 교과의 진도를 달리하는 교육 방식이다. 따라서 고정 시간표가 존재하지 않고, 진도표를 만들어 각자가 체크하며 교사는 학생의 요구에 따라 학습에 도움을 주는 시스템이다(강일국, 2002: 156).

스로 결정하는 범위를 늘려주어야 한다고 보았다.

1946년 9월 새교육협회를 만들어 교육 이론을 보급한 대표적 인물은 오천석이다. 그는 듀이의 『민주주의와 교육』 등 미국의 이론을 소개하고 새교육 강습회를 수차례 개최하는 한편, 1947년 11월 조선교육연합회(현 한국교원단체총연합회)[5] 창립을 주도하였다. 1946년 10월 창립된 한국교육문화협회 또한 백낙준, 박기서 등을 중심으로 새교육 추진을 위한 활동을 전개하였다. 새교육 운동을 현장에서 주로 구현한 사람들은 김기서, 심태진, 윤재천 등 초등학교 교원, 또는 교사 출신 문교 관리들이었다. 주로 서울사범, 공주사범 등 사범학교 출신들로 학교 현장에서 새로운 교육을 모색하는 교사들이 주축이었다. 단독정부 수립 이후에는 『새교육』, 『새교실』 등에 현장 연구를 발표하고 문교부 관리로서 현장의 활동을 지원하는 정책을 입안하였다.

그러나 새교육 운동이 추구하는 아동 중심 교육은 학교 운영의 의사결정 방식, 학교교육과정 운영 방식, 학생과 교사 관계가 총체적으로 변화하지 않으면 이루어질 수 없는 것이기에 결국은 교실 내에서 아동과 교사의 관계 변화와 교수법의 개선에 한정될 수밖에 없었다. 또한 사회체제에 대한 비판을 결여했다는 점에서 진보적 교육운동 진영으로부터 비판을 받았고, 강한 민족의식을 고양하지 않고 형식적 개혁을 주장한다는 점에서 민족주의 진영의 비판을 받았다. 단독정부 수립 이후 민족주의 교육이 강화되면서 후퇴했던 새교육 운동은, 한국전쟁 이후 교육과정 개조 운동으로 옮아가면서 다시 활발하게 학교 현장에서 일어났다. 그러나 1954

---

5. 조선교육연합회는 자율적인 교원조직의 갈망 속에서 구상되었지만, 임원 모두가 학교 교장이나 도의 학무국장 등 관리직 인사들로 구성되고 사무실과 재정을 군정청에서 지원받으며 활동 내용 대부분이 군정청 문교부에 종속된 상태여서 현장에서 일어나는 교사자치 조직의 자발성을 수렴하지 못했다.

년 1차 교육과정령이 발표된 다음 눈에 띄게 줄어들었다. 그것은 1차 교육과정이 현장에 대한 통제적 성격이 강하여 새로운 교육과정이나 교수법을 모색하기 어려웠던 점과 갈수록 심화되는 상급 학교 입학시험 준비로 초등학교 교육이 큰 어려움을 겪었기 때문이다(강일국, 2002).

요컨대 새교육 운동 단체들과 교련(조선교육연합회)은 미군정의 정책적 지원을 받으며 미국식 교육 이론의 수용과 확대 보급에 일익을 담당했다. 그 과정에서 해방 직후 일선 교원들을 중심으로 자생적으로 태동하여 주도력을 행사했던 진보적 교육운동은 미군정의 반공·반혁명적인 교육정책으로 인하여 좌절되고, 구 식민지 교육 관료 출신을 비롯한 보수적 교육 세력들은 미군정의 지원하에 주도력을 역전시켜갔다.

나. 4·19 혁명 공간

두 번째 교사들의 조직적 움직임은 1960년 4·19 혁명 직후에 일어났다. 이것은 한국 사회에서 최초의 교원노조인 한국교원노동조합총연합회의 설립으로 이어졌으나, 1961년 5·16 군사 쿠데타 세력에 의해 좌절되었다. 1980년대 교사운동이 활발해지기 전까지 한국의 정치사회적 상황으로 인해 한국교원노동조합총연합회에 관해서는 거의 밝혀시시 않았다. 그러나 1980년대 초부터 교사들의 집단적 움직임이 시작되고 교육단체들이 생겨나면서, 한국 교육의 흐름과 교사운동의 뿌리를 밝히는 작업이 활발하게 이루어져 비로소 한국교원노동조합총연합회 운동이 조명되기 시작했다(김낙중, 1982; 송건호, 1984; 황호영, 1984; 이목, 1989).

교원노조가 본격적으로 결성된 것은 4·19 혁명 이후이나 교원이 노동조합을 결성하거나 가입할 수 있느냐라는 문제가 처음 제기된 것은 그보다 훨씬 이전이었다. 1953년 노동조합법이 제정되자 학자들은 노동조합법 제6조에 의거하여 '교원이 노동조합을 조직하거나 가입할 수 있는가?' 하는 질문을 법무부에 제출하였다. 노동조합법 제6조는 "근로자는 자유로 노동조합을 조직하거나 이에 가입할 수 있다. 단, 현역군인, 군속, 경찰관리, 형무관리와 소방관리는 예외로 한다"인데, 이 예외 조항에 교원은 포함되지 않았다. 이에 대해 법무부는 교원이 노동조합을 조직할 수 있다는 해석을 내렸고, 1958년 11월에 일부 사립대학 교수들을 중심으로 사학 경영자의 횡포를 견제하기 위해 교원노동조합을 결성하려는 움직임도 있었다.

교원노조가 본격적으로 결성된 것은 4·19 혁명 직후 대구에서 시작되었다. 그보다 앞서 1960년 2·28 대구 학생시위는 4·19 혁명을 예고하는 신호탄이었다. 그러나 독재 권력에 항거하는 제자들 앞에서 교사들은 아무런 행동을 하지 못하고 무기력한 회한만 느껴야 했다. 4·19 혁명이 일어나자 제일 먼저 1960년 4월 29일 대구 공·사립 중·고교 교원 60여 명이 모여 대구시 교원조합결성준비위원회를 결성하고 교원노조가 민주학원의 건설과 교원의 권리 획득을 위해 필요하다고 역설하였다. 그것은 대구 학생시위 때 절감했던 자주적인 교원단체의 필요성 때문이었다(이목, 1989). 5월 7일 대구 총 50개교 중 43개교 중·고교 교원 284명이 모여 대구시 중·고등학교 교원노조를 결성하였고, 초등 교원들도 같은 날 45개교 1,300여 명이 참가하여 대구시 초등학교 교원노조를 결성하였다. 5월 15일에는 부산에서 78개교 중등 교사 500여 명이 참석하여 학원의 자유와 교육의 민주화, 교사의 사회경제적·문화적 지위 향상, 헌법상의 기본권과 교권의 확립 등 강령과 규약을 통과시키고 집행부 구성까지 완료하였다(위원장 황정환). 5월 21일에는 부산 초등학교 교사 1,500여 명이 참석하여 부산지구 초등교원노동조합(위원장 조인식) 결성대회가 열렸다. 5월 22일 서울에서는 대한교원노동조합연합회(위원장 조일문)라는 이름으로 초등과 중등 교사, 대학교수까지 참여하여 다른 시·도 연합회와 다른 형태로 교원노조가 조직되었다.

처음에는 권장하지도 막지도 않을 것이라는 반응을 보이던 문교부는 사학 재단과 교육행정관료 및 일선 교장들이 학교별 교원노조 분회 조직을 암암리에 방해하여 재단과 교사·학생 간에 격렬한 투쟁이 일어나자, 5월 19일 교원노조 결성을 허용치 않겠다는 방침을 밝혔다. 그러나 지역별 교원노조의 결성은 계속 번져갔다. 5월 29일 경북 26개 시·군 35개 조합에서 파견된 대의원과 위원장 등 200여 명이 참가하여 경북지구 교원노동조합연합회(위원장 김문심)를 결성하였다. 가입 교사 수는 초등이 24개 조합에 5,619명, 중등이 11개 단위 조합에 1,418명으로 상당한 규모에 이르렀다. 경남에서는 6월 19일 경남지구 초등교원노조를 결성하고 같은 날 경남지구 중등교원노조를 결성하였다가 8월 2일 경남지구 교원노조연합회(위원장 이종석)로 통합하였다. 영남권이 비교적 활발하게 조직이 확대되어간 반면 강원도, 충청북도 등은 부진하였다. 호남에서는 5월 5일 전주고등학교에서 학교 단위 교원노동조합을 만든 이후 5월 28일에 목포지구, 6월 10일에는 광주지구, 6월 26일에는 전남지구 교원노동조합(위원장 라철주), 7월 3일에는 전북지구 교원노동조합(위원장 천건)을 결성하였다. 충남 대전(위원장 서창선)과 경기도(위원장 이동걸), 제주에서도 교원노조연합회를 잇달아 결성하였다.

이와 같은 교원노조 결성에 대해 문교부와 보건사회부의 견해가 엇갈리자 법무부는 6월 23일, 교육공무원은 그 직무의 성질이나 국가공무원법 또는 교육공무원법의 취지로 보아 노동조합을 조직 또는 가입할 수 없다는 해석을 내렸다. 그러나 정부의 교원노조 불인정 입장에 대해 교원들은 집단 시위를 계속하는 등 적극적으로 반대하였다.

7월 17일에는 한국교원노동조합총연합회(위원장 조일문)가 대한교원노동조합연합회까지 포함하여 결성됨으로써 통일된 전국 조직망을 완성하였다.[6] 한국교원노동조합총연합회는 시·도별 연합회로 구성되고 시·도 연합회 산하에 시·군 지구 초등·중등교원노동조합과 대학교수노동조합을 두었다. 1960년 7월 17일 제1차 전국대의원대회 보고 자료에 의하면, 82개 단위조합에 조합원이 총 19,883명(전체 교원의 약 22%)이었다.[7] 철도, 체신, 전매 등 다른 공무원노조에서도 교원노조의 결성을 지원하고 연합전선을 구축하기로 결의하였다. 7월 29일 총선에서 교원노조는 조직을 정비하고 단일화된 전국 지도부의 완성으로 선거 과정에서 교원노조운동이 합법적이라는 견해를 유도해냈고 후보들의 설문에서도 좋은 반응을 얻어냈다(이목, 1989).

그러나 8월 6일에 경북 초·중등교원 400여 명을 전근 발령하면서 경북지사가 경북 교원노조 간부 22명을 지방 벽지로 전근시켜버렸다. 교원노조는 이 발령이 부당하다는 소송을 제기하고 연좌시위, 휴가원, 집단 사표 제출 등의 방식으로 대처하기로 하였다. 이에 9,500여 명의 교원이 집단 사표를 결의하여 동조하였으며, 학생들까지 교원들의 집단적 의사 표시에 가세하였다. 대구고등법원은 교원노조가 제소한 부당 발령에 대한 판결에서 교원노조의 결성이 합법이라고 밝히며 8월 25일 행정처분 집행 정지 결정을 내렸다. 그럼에도 민의원에서는 9월 13일 노동조합법의 개정안을 제안하여 노동조합을 조직하거나 가입할 수 없는 집단에 관한 단서

---

6. 한국교원노동조합총연합회의 강령은 다음과 같다.
   1. 우리는 교원의 경제적·사회적 지위 향상을 위하여 투쟁한다.
   1. 우리는 학원의 자유와 민주화를 도모하고 정치적 중립을 기한다.
   1. 우리는 민주국가 건설로써 세계 평화에 공헌한다.

7. 지역별 조합원 수는 서울 979명(초등 574명, 중등 375명, 대학 30명), 경기 570명(초등 160명, 중등 410명), 충남 353명(초등 150명, 중등 203명), 전북 816명(초등 290명, 중등 526명), 전남 838명(초등 254명, 중등 574명, 대학 10명), 경북 8,042명(초등 6,355명, 중등 1,687명), 경남 8,145명(초등 5,937명, 중등 2,208명), 제주 140명(초등 140명)이었다.

항목에 교원도 명시적으로 포함하려고 하였다. 그러자 부산에서 교원노조 궐기대회가 열리고 대구에서는 집단 단식농성 결행 선언대회가 개최되었으며, 서울에서는 교조 불법화 반대 전국 대표자 회의가 열렸다. 결국 민의원의 노동조합법 개정안은 폐기되었다. 그러나 문교부는 10월에 또다시 단결권과 단체교섭권은 인정하지만 단체행동권은 허용하지 않는다는 내용을 담아 교직단체 법안을 각의에 제출하였다. 그것 역시 각계의 비난을 받아 1961년 2월 폐기되었다.

1960년 말부터 1961년 5월 교원노조가 해체될 때까지 교원노조는 교원의 권익을 위한 활동과 정치운동을 전개하였다. 1960년 12월에는 교원의 봉급 인상, 가족수당, 보건수당, 교재수당과 조사비용 등의 법정 수당 지불을 요구하였다. 1961년 1월에는 전남 초·중등 교사 520여 명이 교육공무원법에 규정된 법정 수당 지불, 사립학교육성법 제정, 교육의 자주성 침해 반대 등의 요구 사항을 내걸고 집단 시위를 벌였다. 이와 같은 교권 옹호 활동뿐만 아니라 정치운동에도 가세하여 1961년 3월 9일 반공임시특례법과 데모규제법을 2대 악법으로 규정하고 철회를 요구하며 전국 교원의 동시 휴가원 제출을 제안하였다. 4월 9일에는 전국적인 파업 준비를 결의하고, 당시 민족통일학생연맹이 제안한 남북학생회담에도 호응하였다.

그러나 5·16 군사 쿠데타가 일어나자 상황은 완전히 달라졌다. 군사혁명위원회는 그날로 포고 제6호를 통해 모든 정당과 사회단체를 해산시켰고 교원노조 역시 이에 따라 해체되었다. 동시에 정당·사회단체 간부들이 구금되면서 교원노조 간부 1,500여 명이 구금되었다. 며칠 후 치안국에서 용공분자 2,000명 구속이라고 발표한 바에 비추어 보면 교원노조 간부들이 그중 4분의 3을 차지할 만큼 비중이 컸다. 구속된 1,500여 명 가운데 7월 4일에 공포된 반공법의 적용을 받아 중형을 선고받은 사람은 6명이었다. 혁명재판소는 강기철 15년, 신동영 10년, 이종석 7년, 이목 10년, 신우영 5년, 김문심 무기징역을 선고하였다.[8] 이로써 교원노조 간부들은 교원노조의 해체와 함께 오랜 기간 사회에서 격리되었고 최초의 교원노동조합 운동은 1980년대 이전까지 오래도록 역사 앞에 떠오르지 못했다.

1980년대에 교사운동이 다시 일어나면서 한국교원노동조합총연합회 활동은 재조명되었다. 2007년에 한국교원노동조합총연합회의 이목 전 사무국장은 진실·화해를위한과거사정리위원회(이하 진실화해위)에 재조사를 요청했다. 진실화해위에서는 "재심을 받아들이고 명예 회복을 위한 절차를 진행"할 것을 결정하였다. 2010년 법원에서 재심이 이루어져 "반국가단체나 그 구성원의 활동을 고무하거나 동조했다고 볼 아무런 증거가 없다"라며 무죄 선고를 받았고, 그해 대법원 확정 판결을 받았다. 이와 같이 한국교원노동조합총연합회 운동의 정당성이 새롭게 인정됨에 따라 당시 교원노조 운동의 주체들이 역사적 전개과정을 더욱 적극적으로 드러낼 것으로 보인다.

다. 5·18 민주화운동 공간

20년에 걸친 암흑기를 맞았던 교사운동은 1980년대에 새로운 국면에 접어들었다. 1961년 군사정권에 의해 한국교원노동조합총연합회가 해체되고 혹독한 탄압을 받은 이후 교사들의 조직적 움직임은 유신체제가 끝날

---

8. 체포된 1,500여 명 가운데 교원 부족 사태가 생기자 파면 교사를 심사하여 천여 명을 복직시켰고, 500여 명은 5년간 공직에서 추방했다. 핵심 간부들은 5-7년 징역살이를 하고 석방되었으나 1975년 사회안전법으로 거주 제한과 보호감호 처분을 받기도 했다(강기철, 1988: 252).

무렵까지 거의 보이지 않았다.[9] 1979년 부·마 항쟁 직후 10·26사태로 '겨울공화국'[10]은 끝이 나고 1980년 '서울의 봄'[11]은 그동안 억눌렸던 정치적 자유와 활동이 민주화에 대한 열망으로 폭발적으로 분출되었다. 그러나 곧 이은 신군부의 등장으로 5·18 민주화운동이 처절하게 벌어지고 다시 폭력적인 국가 통치가 시작되었다.

정통성이 약한 군사정권은 1980년 7월 30일 '학교교육 정상화와 및 과열과외 해소 방안'을 발표하여 본고사 폐지, 내신 성적 반영, 졸업정원제 등을 내놓고 보충수업과 과외를 금지하였다. 그러나 5공화국 정권은 야당 정치인들의 정치 활동까지 규제하고 교육 부문에서 교사들의 비공식적 소모임조차 허용하지 않았다. 1981년 아람회 사건, 1982년 오송회 사건, 1983년 교과서 분석 사건(일명 상록회 사건) 등 정권에 비판적 태도를 취했던 교사들은 '용공'의 혐의를 받고 구속되거나 징계를 받았다.[12]

그러나 교사운동의 싹은 더욱 솟아올랐다. 5·18 민주화운동에 대한 부채의식과 민주화라는 시대정신, 교육 현장에서 느끼는 교육 모순을 마주한 일단의 젊은 교사들이 해결책을 찾아 모이고 참여하기 시작했다. 한국 YMCA중등교육자협의회(1982년), 서울 YMCA초등교육자회(1983년), 흥사단교육문화연구회(1984년), YWCA사우회(1984년)처럼 시민단체 산하 공개

---

9. 1974년에 초등 교사 5명이 진실·정의·사랑·봉사의 가치를 바탕으로 초원봉사회를 만들고, 1978년에 이오덕과 이주영을 중심으로 교사 수양회가 만들어졌다. 1978년 성래운, 송기숙 교수 등이 '우리의 교육지표'를 발표하여 구속, 해직되고 1979년 남조선민족해방전선(남민전) 준비위 사건에 연루되어 이수일 등 교사들이 해직되었다.

10. 전라남도 광주 중앙여고 교사인 양성우 시인이 1975년 낭송한 「겨울공화국」은 유신체제를 '겨울', '한밤중'에 비유하여 암울하게 묘사한 시였다.

11. 1968년 체코슬로바키아의 '프라하의 봄'에 비유하여 1979년 10월 26일부터 1980년 5월 17일까지 벌어진 민주화운동을 가리킨다.

12. 아람회 사건은 2009년, 오송회 사건은 2008년에 법원의 재심에서 사건에 연루되었던 사람들이 모두 무죄임을 확정하고 국가의 배상을 판결했다. 그 밖에 부림사건 등 당시 공안사건으로 유죄 판결을 받았던 사람들이 최근에 잇달아 재심에서 무죄를 선고받고 있다.

소모임이 생겨나고, 한국글쓰기교육연구회(1983년)와 같은 교육 실천 모임, 비공개 지역 모임과 교내 독서 모임까지 그 형태와 규모는 다양했다. 이들 중에는 1970년대 말과 1980년대 초의 학생운동과 야학활동을 직간접으로 경험한 교사들이 많았다. 5·18 민주화운동 때 고초를 겪었거나 민요연구회와 문학 동인, 미술운동 단체 등에서 문화운동을 하는 교사들도 있었다(전국교직원노동조합, 2011).

1980년대는 중등교육의 급격한 팽창[13]이 완료되어 학령기 아동과 청소년이 제도교육에 대부분 포괄되었다. 이로써 제도교육의 중요성이 더욱 커졌다. 30만 교사와 천만 학생이 있는 학교는 중요한 현장이었다. 중등교육의 팽창에 따라 신임 교사가 대거 충원되고, 부족한 학교 시설과 경영을 민간에 맡기는 사학의 비중도 높아졌다.[14]

첫 번째 공개 단체는 YMCA중등교육자협의회(회장 오장은, 이하 Y교협)로 1981년 YMCA 주관의 청소년사업 정책협의회에서 중등 교사들의 연구모임이 필요하다는 제안이 나와 1982년 1월 창립되었다. 그 목적은 "올바른 교육자상을 정립하고 청소년 문제를 기본 과제로 삼아 학교교육 및 사회교육의 실천 방향을 모색하는 교육자들의 공동체 운동을 확대해 나아가는 것"이었다. 1982년 1월 광주 Y교협을 시작으로 1986년 7월까지 모두 21개 지방 Y교협이 결성되었다. Y교협의 활동은 연구와 연수 활동이

---

13. 취학률은 중학교가 1970년 57.0%, 1980년 94.6%, 1990년 98.7%이고, 고등학교가 1970년 30.5%, 1980년 68.5%, 1990년 86.9%였다. 1969년의 중학 무시험진학제도의 실시와 1974년 고교평준화 정책의 실시로 인해 중등교육의 팽창은 중학교의 경우 1980년대 중반, 고등학교의 경우 1980년대 후반에 그 정점에 이른다(장신미, 1998: 28-29).

14. 한국에서 유상 중등교육은 서구와 달리 교육비를 학부모에게 부담시키는 관행과 학교의 설립, 경영에 소요되는 비용을 민간 부문에 맡기는 사학 진흥 정책이라는 두 가지 방식으로 진행되었다(김기석, 1989). 중학교의 사학 비중은 1970년대부터 계속 감소하여 1990년대에 30% 이하로 떨어졌지만 고등학교는 지속적으로 늘어나 1980년대에 학교 수의 50% 이상, 학생 수의 60% 이상을 사학에 의존하게 되었다.

주를 이루었는데, 매주 정기적인 세미나와 공개 발표회, 전국과 지역 연수회 등을 통해 교육 이론과 현장 사례에 대한 연구와 발표가 이루어졌다. 연간 연수 주제는 1983년 역사와 교육, 1984년 교사와 교육권, 1985년 인간화 교육, 1986년 교육의 자율성이었으며, 연구 결과를 정기적으로 회보 『민주교육』과 회지 『常綠(상록)』에 실었다. 초기에 연구 활동에 주력하던 Y교협은 보충수업 재실시 반대, 복지학원 사태와 민중교육지 사건에 대한 대응, 교육민주화선언 등을 거치면서 교육운동에서 중추적인 역할을 담당하였다(장신미, 1998).

1983년 12월에는 YMCA초등교육자회가 만들어졌다. 1984년 1월에 창립된 흥사단교육문화연구회(회장 김혜경)는 교사들에게 민속 강습을 하여 학생들에게 보급하기 시작했다. YWCA사우회(회장 김영애)는 1984년 1월에 창립되어 여성유권자연맹의 프로그램을 이수한 여교사들이 임신, 출산, 육아와 여교사 차별 등을 해결하고자 노력했다.

한국글쓰기교육연구회는 1983년 8월, 학교교육 현장에서 글쓰기 교육에 관심을 가진 교사들이 이오덕, 이주영, 윤구병 등을 중심으로 만든 단체였다. Y교협과 마찬가지로 전국 조직을 가졌으며, 1987년까지 회원 1천 명이 참가하여 시·도 지부를 만들었다. 회원들은 글쓰기 교육 사례를 책으로 출판하고 학급문집을 만드는 등 '우리말과 아이들의 참삶을 가꾸는 글쓰기 교육'을 실천하고 공유하였다.

비공개 지역별·학교별 모임 역시 곳곳에서 만들어졌다. 서울에서는 남부, 서부, 북부, 동부 모임이 만들어져 학교마다 한두 명씩 참가하여 학교 행정가와의 갈등, 학생 지도 사례와 공개 단체 활동에 관한 정보를 교환하였다(류방란, 1986).

1984년 정부의 학원 자율화와 정치인 해금 등 유화 조치에 따라 사회운동이 활성화되자 교사운동 또한 그간의 활동 성과를 모으고 저변을 넓히기 위해 교육 출판 작업을 하였다. 그 결과 1985년 무크지 『민중교육』과 『교육현장』이 나왔다. 그 내용은 학교교육에 대한 비판, 교육 이론, 교육 실천 사례 등이었다. 정부는 지배 이데올로기에 대한 대항 이데올로기로서 '민중'이라는 개념을 문제시하여 『민중교육』지 관련 교사들을 일제히 소환 조사하였다. 그 가운데 교사 17명이 해직, 3명이 구속되었고, 이후 교사와 학생들에 대한 이념 교육과 교사 임용 시 보안심사가 철저해졌다. '민중교육지' 사건은 교육문제를 사회적으로 널리 알리는 계기가 되었다. 학교 현장에서는 해직 교사들을 위한 후원금을 모금하였고, 해직 교사들은 '교육출판기획실'을 만들어 진보적 교육 이론과 교사운동론을 출판하는 작업을 하였다.

한편 복지학원 사태는 1980년대 사학 민주화 투쟁의 시작이며 교사들이 집단행동을 보인 최초의 사례가 되었다. 1985년 3월, 의정부 복지고교생 전체가 잡부금 징수 행위 시정, 수업 결손 방지, 해직된 교감과 교사의 복직 및 학교장 퇴진을 요구하며 수업을 거부하고 야산에서 농성을 벌였다. 공개 4단체는 진상보고회를 개최하고 정상화 촉구대회를 열어 복지학원의 비리와 경기교위, 문교부의 무성의를 규탄하고 투쟁기금을 모금해 전달하였다. 지역 모임의 교사들 또한 조직적으로 여기에 참여하였다.

1986년 5월 15일에는 유상덕을 비롯한 해직 교사들을 중심으로 민주교육실천협의회가 창립되어 교사운동을 담당하는 전문적인 공개 기구가 필요하다는 취지로 지역협의회를 계속 결성해나갔다.

1986년 5·10 교육민주화선언은 공개 단체와 비공개 소모임들이 다 함께 교육문제에 대해 공동 행동을 취한 1980년대 최초의 공개적·조직적 움직임이었다. 5공화국 말기에 접어든 그해에는 대통령직선제 개헌 투쟁과 대학교수들의 시국선언 등으로 1980년 5월 민주화운동 이후 최대 집회가 열리고 사회 민주화를 요구하는 분위기가 고조되었다. 5월 10일에 교사들은 서울, 광주, 춘천, 부산에서 Y교협 주최로 제1회 교사의 날 행사를 갖고 '교육민주화선언'을 발표하였다.[15] "학생들과 함께 진실을 추구해야 하는 우리 교사들은 오늘의 참담한 교육 현실을 지켜보며 가슴 뜯었다"로 시작되는 교육민주화선언은 "타오르는 민주화의 열기가 역사의 필연이며 각 부문의 민주화는 누구도 막을 수 없는 대세가 되었기에 이제까지의 무기력한 말단 관료, 역사 속의 방관자의 위치를 탈피하고 교육의 주체로서 민주교육을 실천"해나갈 것임을 밝혔다. 이와 함께 헌법에 명시된 교육의 정치적 중립 보장, 교육행정의 비민주성과 관료성의 배제, 교육자치제의 조속한 실현, 자주적인 교원단체의 설립과 활동의 자유 보장, 비교육적 잡무와 보충수업, 심야학습 철폐 등 5가지 요구 조건을 제시하였다.

5·10 교육민주화선언은 이후 각 지역으로 확산되었고 여름빙학 때까지 교사 집회가 잇달아 개최되었다. 교육 당국은 중징계 방침을 거듭 밝혔지만 교사와 학생들의 저항이 거세고 여론이 우호적으로 형성되자 경징계로 후퇴하였다. 선언 이후 학교 현장에서 교사들의 소모임 활동은 더 활발해지고 Y교협과 지역 모임은 교사들의 조직화에 박차를 가했다. 교육민주화선언은 1980년대 초반부터 꾸준히 축적되어온 조직적 경험과 실천을 근거로 교육운동의 차원을 한 단계 높였을 뿐 아니라 새롭게 제기된 교육 3주체의 가능성을 입증하였다.

그러나 교육민주화선언에 대한 지지 여론에 주춤하던 정부는 여름방학이 되자 Y교협 윤영규 전국 회장과 민주교육실천협의회(민교협) 유상덕 사무국장을 구속하였다. 그리고 선언을 주도한 교사들을 '의식화 교육'을

---

15. 서울 367명, 광주 전남 전북 87명, 강원 23명이 서명하고, 부산은 참석자 80여 명이 박수로 통과시켰다. 선언문은 김민곤이 기초하고 5개 요구 사항은 황호영이 정리했다.

했다는 이유로 차례로 징계하였다. 9월에는 교사 학습 모임에서 사용된 자료를 문제 삼아 민주교육쟁취투쟁위원회(민교투)를 조직하려 했다는 혐의로 서울 교사 6명을 국가보안법 위반으로 구속하였다. 이 교사들에 대한 징계가 부당하다는 서명운동을 주도한 서울 교사 3명이 강제 전보되는 등 교사운동 참여자들에 대한 징계는 계속 이어졌다.

정부는 확산되어가는 교사운동을 통제하고자 교사운동을 주도하는 교사들을 징계하고 구속했지만, 교사들은 다양한 교사단체와 지역별 학교별 모임을 통해 연대하고 조직화되어갔다. 1986년의 교육민주화선언은 4·19교원노조 이후 움츠러들었던 교사들이 처음으로 교육문제에 대해 공개적 집단적인 의사표현을 한 것이었다. 1980년대 초에 일어나기 시작한 교사운동은 1987년 6월 항쟁 공간에서 더욱 확대되고 폭발적으로 분출하였다.

라. 6월 항쟁 공간

1987년 1월 서울대학생 박종철 고문치사사건이 폭로되면서 민주화운동은 다시 불붙기 시작했다. 범국민 추도대회와 고문추방 민주화 대행진이 대대적으로 열리는 가운데 정권이 발표한 4·13 호헌조치를 반대하는 각계각층의 서명과 농성, 시국선언과 기도회, 시위가 확산되었다. 정부는 대통령직선제를 위한 개헌 요구를 거부하고 일선 학교 교사들에게 호헌조치 지지 연수를 하는 등 헌법상의 교원의 정치적 중립성을 스스로 훼손하였다. 그러나 정국의 민주화 열기에 힘입어 교사운동은 학교 현장에까지 광범하게 확산되었다. 학교마다 평교사회가 만들어지고 학교 민주화 요구는 아래로부터 더욱 거세게 일어났다. 관료적 통제와 고질적인 사학 비리에 대한 교사들의 불만은 국가권력의 통제가 느슨해지자 급격하게 분출하였다.

6월 항쟁 이후 교사들의 자발적 움직임은 학교 현장에서 평교사회 결성으로 나타났다. 평교사회는 근무 여건의 개선과 학교 운영의 민주화 등을 목표로 짧은 기간에 급속히 확산되면서 교사운동이 대중운동으로 발전하는 기폭제가 되었다. 1987년 전남 지역에서 시작된 평교사회는 1988년 2월 80여 개교, 9월 250여 개교, 12월 620여 개교로 늘어났다. 결성 동기나 과정은 다양했지만 학교 안에 평교사회가 생기면 사회 민주화 분위기를 타고 교사들이 대거 가입하여 조직률이 70%가 넘는 경우가 많았다(장신미, 1998).

사립학교 민주화 투쟁은 1980년대 사립학교의 양적 팽창과 더불어 사학 교육 여건이 악화되고 사학 비리가 심각해진 데서 비롯되었다. 그동안 누적된 불만이 비리 척결과 학내 민주화를 요구하는 학생과 교사들의 자생적인 투쟁으로 표출되었다. 1987년 7월 파주여종고 사태는 재단비리 시정과 학교장 퇴진 및 학내 민주화 등을 요구하며 학생 전원 농성으로 시작하여 점점 교사와 학부모까지 가세하여 결국 재단 이사장과 교장 퇴진, 직선제 학생회 구성 등 학내 민주화에 성공하였다. 파주여종고 투쟁을 시작으로 사학 민주화 투쟁은 폭발적으로 전개되어 1988년 말까지 알려진 것만 모두 27건이 발생하였다. 평교사회 결성과 사학 민주화 투쟁 과정에서 많은 교사들은 교사운동단체와 연대하며 참여하였다.

한편 교사단체들도 6월 항쟁 국면을 맞아 더욱 적극적으로 움직였다. 민교협은 1987년 5월 15일 '87자주교육선언'을 발표하고 "교육 모순의 심각성을 폭로한 교사들을 탄압하고 학생들을 죽음의 입시지옥으로 몰아넣은 정권을 규탄"했다. 6월 초 전주Y 교사들을 시작으로 서울Y중등교사회, 춘천Y교육자회를 비롯한 강원, 충남 지역 교사 등이 교육의 민주화와 사회의 민주화를 바라는 시국선언을 잇달아 발표했다. 교사들은 학교에서 6월 항쟁 소식을 전하고 퇴근 후에는 청년, 학생, 노동자, 농민, 지식인, 종교인 등 각계각층의 시민들과 최루탄 가스가 자욱한 거리에서 반독재민주화투쟁에 참여하였다(전국교직원노동조합, 2011).

1987년 7, 8월 노동자 대투쟁은 6월 항쟁의 여파로 정치적 민주주의가 다소 열리면서 경제성장의 원동력이자 노동자로서 권리를 행사하지 못했던 노동자들이 전국 곳곳에서 노조를 결성한 것이다. 교사들은 광주, 전남, 서울에서 연달아 토론회를 열고 '민주화 국면 속에서도 암담한 교육 현실은 조금도 바뀌지 않았음'을 지적하고 지난날을 통회하면서 자주적 교사단체 결성, 교육법 개정, 해직 교사 원상회복, 직선제 학생회와 보충·자율학습 폐지, 학교 예산 집행과 육성회비 사용 내역 공개 등을 요구했다. Y교협은 교사대토론회의 결의에 따라 7월 자주적 교원단체 결성을 장기적 전망으로 하는 '민주교육추진 전국교사협의회'를 건설하기로 하고 지역 교협 구성에 박차를 가했다. 8월 22일 전국초등민주교육협의회(회장 이규삼)를 시작으로 9월 5일 전남(회장 윤광장), 19일 강원(회장 황시백), 20일 충남(회장 김지철), 22일 서울(회장 이수호), 25일 인천(회장 조용명), 26일 부산(회장 이광호) 광주(회장 송문재), 전북(회장 김윤수) 교협까지 시·도 교협이 빠르게 결성되었다.[16]

'민주교육추진 전국교사협의회(이하 전교협, 회장 윤영규)'는 지역 교협의 결성이 확산되는 가운데 1987년 9월 27일에 창립되었다. 창립선언문에서 전교협은 "맹목적인 복종을 단호히 거부하고 교사의 단결을 기초로 교사의 의견을 수렴하고 학생 교육을 정상화하며, 학부모의 올바른 교육적 요

---

16. 10월 25일 경기(회장 김민수), 31일 대구 경북(회장 이재원), 11월 21일 충북(회장 고흥수), 22일 제주(회장 이영길) 교협이 창립되었다.

구를 받아들여 이 시대 이 땅의 참된 교육을 실천해나갈 것"과 "완전한 자주적 교원단체가 결성되고 교사의 제반 민주적 권리가 확립될 때까지 결연히 싸워나갈 것", "자주적 학생자치 활동을 지원하고, 학부모의 정당한 학교교육 참여를 보장하기 위해 노력할 것"을 다짐했다.[17] 전교협은 결성 이후 1987년 9월 11일 강원도 홍천교협을 시작으로 시·군·구 교협을 결성하였다. 시·군·구 교협은 1988년 5월에 47개, 1989년 3월에 130여 개로 크게 늘어났다. 그리고 회원 연수와 교육, 평교사회 결성 지원, 단위 학교 민주화 투쟁 지원, 지역 교육청 상대 교섭 투쟁 등을 하여 상당한 성과를 냈다. 지역 교협의 결성과 더불어 급별 교사협의회도 속속 결성되어 초등, 유치원, 사립 교협이 만들어졌다. 전교협은 조직의 확산과 교련(현 한국교총) 탈퇴 운동, 교육법 개정 투쟁, 사학정상화 투쟁, 학교 민주화 투쟁 등을 동시에 전개하면서 가입자 수기 급격히 늘었다. 1987년 말 3,000명에서 1988년 상반기에 8,000여 명, 1989년 상반기에는 3만여 명에 이르렀다(전국교직원노동조합, 2011).

교사들이 학교 현장에서 벌인 자발적인 학교 민주화 투쟁을 기반으로 전교협은 1988년에 접어들어 교육법 개정운동을 본격적으로 펼쳤다. 4·26 총선에서 여소야대 국면이 조성되면서 교사들은 교무회의 의결기구화와 교장선출(임기)제를 중심 의제로 부각시켰다. 국정교과서 제도 폐지, 평교사회 보장, 학생회 직선제·예산집행권 부여·민주적 운영 보장, 학교 예산 집행 공개, 사학 재정 비리 척결과 사립교원 신분 보장, 교육세 전용 방지 등도 요구 사항에 포함시켰다. 1988년 7월 3일 '민주교육법 쟁취와

---

17. 전교협의 정관에는 "전국 교사 대중의 단결된 힘과 총의를 바탕으로 교육의 자주성과 학원의 민주화를 추구하고, 교사의 정치·사회·경제적 지위 향상과 올바른 교육권의 확립을 도모하며, 민족·민주·인간화 교육을 실천하고 나아가서 우리 사회의 민주화와 자주적 평화통일에 기여함을 목적으로" 명시하였다.

보충·자율학습 폐지를 위한 전국교사대회'는 4·19 교원노조의 강제 해산 이후 26년 만에 전국에서 2,000명이 넘는 교사들이 참가하여 열렸다. 전교협은 교육법 개정 공청회와 토론회 및 서명운동을 전개하여 36,789명의 교사가 서명에 참여하였고, 11월 20일에는 여의도에서 사상 최대 규모인 12,000명이 참가한 전국교사대회를 개최하였다. 1988년 하반기 교육법 개정운동은 설문조사 결과에 따라 '교사의 노동3권 보장, 교무회의 의결기구화, 교장선출임기제, 사립교원 신분 보장, 학생의 권리 보장, 국정교과서제 폐지' 요구로 모아졌다. 교육법 개정의 열기가 뜨거워지자 대한교련과 여당인 민정당은 교사의 노동3권 보장을 강력하게 반대했다. 대한교련은 별도의 교육관계법 개정안을 제출하여 하나의 교원단체에게만 단결권과 단체교섭권을 부여하고, 학교장 임명제와 교무회의 심의기구화를 주장하였다. 이것은 전교협의 개정안과 어긋난 방향으로서 교사들의 대대적인 교련 탈퇴 흐름을 막아보려는 것이었다.[18]

1988년 11월 전국교사대회 이후 전교협은 교원노조 설립을 둘러싼 논쟁 끝에 노조 결성을 추진하기 시작했다. 임의단체인 전교협의 조직 형태로는 정부와의 교섭이 어려웠기 때문에 단체교섭이 보장된 교원노조로 조직 형태를 전환하려는 것이었다. 정부는 노조 불인정과 주도 교사들에 대한 처벌 방침을 발표했지만 노조 준비는 교사들의 상당한 지지를 받으며 진행되었다.[19] 1989년 3월 노태우 대통령의 거부권 행사로 국회에서 야3당이 합의한 6급 이하 공무원의 노동2권을 인정하는 노동법 개정안이

---

18. 유일하게 합법적으로 인정되던 대한교련의 활동에 대한 만족도는 평교사의 70.1%가 불만족을 표시하고 2.9%만이 만족한다고 응답했다.

19. 1989년 3월 '교육관계법 개정에 관한 여론조사'에 의하면 교사들의 84.1%가 교원노조 설립에 원칙적으로 찬성하였으며, 노동3권을 보장해야 한다는 의견이 46.8%로 단체행동권을 유보해야 한다는 의견 37.3%보다 많았다. 학부모도 노조 설립에 대해 긍정적 의견이 53.7%로 부정적 의견인 36.4%보다 많았다(전국교직원노동조합, 1990).

무산되었다. 그동안 전교협의 활동에 소극적으로 대응하던 정부는 전교협이 노조 결성을 추진하자 적극적으로 공세를 취했는데 그 초점은 '의식화 교육'이었다. 정부는 1988년 국어과를 시작으로 교과모임이 속속 만들어져 교과서 내용 분석과 자료 개발을 한 데 대하여 "특정 이데올로기와 의식화 교육을 목적으로 제작"된 것이라고 교사들을 징계하고 구속하였다. 1989년 4월 문익환 목사의 방북 등을 빌미로 공안정국이 조성된 시점에 교원노조를 추진하던 전교협은 정부와 언론으로부터 '참교육'에 관한 대대적인 이념 공격을 받아야 했다. 그러나 교사들은 평교사회 결성과 사학 정상화 투쟁 등을 통해 학교 민주화와 교사의 권리 신장을 경험하여 교직의 자율성에 대한 요구가 매우 높았다. 또한 전교협은 오랜 관행이었던 촌지 없애기 운동과 학교 내 부조리 척결 운동을 벌여 학부모들의 호응도 높았다. 교사들의 지지에 힘입어 전교협의 노조 발기인 모집은 정부의 계속되는 징계 방침에도 비교적 순조롭게 진행되었다. 1989년 5월 14일 발기인 대회 때까지 17,413명이 발기인 서명에 참여하였다(장신미, 1998).

1989년 5월 28일 전국교직원노동조합(위원장 윤영규)이 연세대학교에서 창립되었다. 창립대회에 참가한 교사들은 "오늘의 이 쾌거는 학생, 학부모와 함께 우리 교직원이 교육의 주체로 우뚝 서겠다는 엄숙한 선언이며 민족 민주 인간화 교육 실천을 위한 참교육운동을 더욱 뜨겁게 전개해나가겠다는 굳은 의지를 민족과 역사 앞에 밝히는 것"이라고 선언하였다. 위원장단과 각 시·도 준비위원장 등 26명은 전교조 합법화를 요구하며 무기한 단식농성에 들어갔다. 지역에서도 노조 탄압 중지를 요구하며 교사들이 농성하는 가운데 지부와 지회, 학교별 분회가 차례로 결성되었다. 전교조가 창립된 지 한 달 만에 전국 106개 지회에 468개 분회가 생겨났다.

정부가 5월 말부터 주도 교사들을 직위해제, 구속시키기 시작하자 학생들도 집단적으로 움직이기 시작했다. 광주 광덕고와 서울 신일고를 비롯하여 징계를 받은 교사의 소속 학교 학생들이 철회를 요구하는 시위와 농성을 벌였다. "전쟁 같은 입시경쟁과 권위주의적인 통제에 숨 막혀 하던" 학생들은 참교육에 대한 열망과 사학 비리 척결, 자주적 학생회 건설, 다양한 동아리 확보 등을 위해 노력하다가 전교조 결성을 계기로 입장을 적극 표명하였다. 학생과 학부모까지 지지하고 나서자 정부는 전교조가 학교 현장의 혼란을 조장하고 있다는 논리로 조합원 전원 중징계 방침을 발표하였다. 7월 9일 전교조는 여의도에서 개최된 '전교조 합법성 쟁취를 위한 범국민대회'에서 7월 10일 단식 수업과 일괄 사직서 제출 방침을 발표하였다. 경찰은 대회에 참여한 1,800여 명 모두를 연행하고 학교별로 전교조 조합원 확인 작업과 동시에 탈퇴를 종용하였다. 이에 전교조는 전남 지부를 시작으로 조합원 전원을 명단 공개하여 7월 말에 총 11,666명이 신문에 보도되었다.

이와 함께 전교조가 정부에 대화를 제의하였으나 정부는 징계와 수배령을 내리는 등 강경 대응에 들어갔다. 7월 26일, 정부는 1,500여 명에 대해 직위해제를 발표했다. 이날 전국에서 583명의 교사가 상경하여 명동성당에서 무기한 단식농성에 돌입하였다. 이에 노조와 사회단체를 비롯한 각계각층에서 지지 방문을 하며 격려하였다. 광주지역 고등학생 대표자들은 '전교조 탄압 저지 고교생 대책위' 활동을 결의하는 등 학생들의 지지와 직접 행동도 전국 곳곳에서 일어났다. 이로써 전교조 사태는 사회적 쟁점으로 떠오르고 징계에 대한 비판 여론도 높아졌다.

한편 전교조는 대량 징계가 현실화되면서 외부 단체와의 연대 투쟁을 적극적으로 펼치기 시작했다. '전교조 탄압 저지 및 참교육 실현을 위한 공동대책위원회'가 만들어져 학부모·여성·학계·예술인·노동·종교계 등의 지지가 본격적인 지원과 연대로 발전했다. 학부모들의 지지는 1989년 9월에 참교육을위한전국학부모회[20]의 탄생으로 이어졌다.

정부는 조합원 전원 징계를 추진하는 한편 8월 31일 '초·중등교원종합 대책 및 독학에 의한 학위인정방안'[21]을 발표하여 교사 양성과 임용 과정에서 국가 통제를 강화하였다. 전교조 교사들이 징계를 받고 구속·해직된 가운데 2학기가 시작되자 해직 교사들의 출근 투쟁과 조합원 탈퇴 무효화 선언이 잇달았다. 이에 정부는 9월부터 교사들의 불만을 무마하고자 각종 정책을 발표하였다. 교원근무평정제도 개선, 국·공립교장임기제, 학교 인사위원회 설치, 학교 예산 공개와 직원회의 활성화, 교과지도수당, 주임교사수당 등 수당 신설이 주 내용이었다. 정부는 교사 교육과 임용 과정에서 통제를 강화하는 한편, 교사 근무 조건 개선과 학교 민주화 조치를 일부 시행한 것이다. 이에 전교조는 합법화 투쟁을 벌이며 현장을 복원하기 위해 비공개 조합원을 확보하는 데 주력하고, 후원회 조직을 통한 해직 교사 생계대책 마련을 추진하였다. 해직 교사들은 학교 밖에서 참교육 자료를 개발하고 보급하며, 해직 교사 원상회복과 전교조 합법화를 위한 투쟁을 전개하였다.

한편 1988년 국어과교사모임을 시작으로 역사, 영어 등 현장 실천을 위한 교과모임들이 자발적으로 만들어졌다. 이 교과모임들은 전교조 조합원들이 주도하였으나 독립적으로 운영되었으며, 현장 교사들의 관심과 참여가 매우 높았다. 합법화를 포함한 제도개선 투쟁과 별개로 수업과 학

---

20. 1989년 5월, 전교조가 창립되자 그때까지 후원자, 보조자의 위치에 머물던 학부모들이 교육 주체로서 교육권을 주장하고 나선 첫 학부모단체가 1989년 9월 22일 창립된 참교육을위한전국학부모회(회장 김영만)이다. 창립선언문에서는 전교조 인정과 대화, 해직 교사 복직 등을 요구하였으며, 이후 지금까지 학부모 운동을 주도적으로 하고 있다.

21. 1990년부터 교원 임용 시 국·사립 구별 없이 공개 전형 실시, 사범대 선발 과정에서 학교장 추천제 강화, 적성과 인성검사, 국립 사대와 교대생에게 입학금과 수업료 면제 등 특혜 폐지, 교사자격증 발급 시 적격심사 제도를 도입하기로 하였다.

급 운영 등 교과와 주제별 참교육 실천 운동은 자발적인 현장 교사들의 열정과 헌신에 힘입어 꾸준하게 성장하였다.

결국 1989년 전교조에 가입한 1,500명이 넘는 교사들은 세계에서 유례를 찾아볼 수 없이 대규모로 해직되었다. 전교조는 합법화되지 못하고 학교 현장은 급격히 침체되었다. 그러나 현장의 교사들과 학생·학부모의 지지 속에 조직 복원을 통해 현장 조직을 유지하고, 교원노조로서 교원의 자율성과 전문성 신장을 위한 활동을 재개하였다. 이후 전교조는 1994년 3월 해직된 교사들이 대부분 신규 채용 형식으로 복직하고 1999년 1월 교원노조법이 통과되어 7월에 합법화가 될 때까지 10년을 기다려야 했다.[22]

---

22. 교사가 노동자이고 노동조합에 가입할 수 있는가라는 것은 1989년 전교조 결성 당시에 가장 뜨거운 논점이었다. 그러나 지금은 논란이 되지 않는다. 실제로 교원의 노조 결성은 세계적 추세이다. 현재 세계교원노조총연맹(EI Education International)은 세계 각국의 교원노조들의 최대 규모 연맹체로서 전 세계 6,000만 명의 교직원 중 3,000만 명이 가입되어 있다. 2012년 현재, 170개국의 유치원부터 대학교수까지 400개 교원노조가 EI에 포함되어 있다.

3. 연구의 관점과 방법

이 연구는 학교혁신의 움직임이 어떻게, 왜 일어나게 되었는지를 그 주체인 행위자들과 사회적 조건의 상호작용 속에서 분석하는 교육역사사회학적인 접근을 시도하였다. 교육역사사회학의 주된 탐구 대상은 어떤 사회적 힘이 작용하여, 한편에서 개인의 심리적 특질이 형성되고, 다른 한편에서는 교육 체제의 특질이 형성되는가를 설명하는 것이다(김기석, 1999). 여기서는 문헌 연구, 심층 면담, 참여관찰을 하는 질적 연구 방법으로 새로운학교운동의 등장에 작용하는 사회적 힘과 새로운학교의 특징을 분석하였다.

첫째, 문헌 연구는 전교조의 각종 토론회와 정책 자료 및 기관지 『교육희망』, 대안교육 운동과 열린교육 운동 및 새로운학교운동 관련 자료를 중심으로 농산어촌 작은 학교 살리기, 교장공모제, 혁신학교, 교육부와 교육청의 관련 자료, 언론 보도 자료와 각종 교육 통계를 분석하였다. 문헌 자료를 통해서 1990년대 한국 교육문제와 정부의 대응, 전교조 참교육운동, 대안교육 운동이 상호 교섭과 충돌을 일으키는 가운데 등장하는 새로운학교운동을 살펴보았다. 그리고 새로운학교운동의 등장에 관련된 계기와 확산 과정 및 새로운학교의 특징을 분석하였다.

둘째, 참여관찰을 통해 새로운학교의 주요 특징을 알아보기 위해 동영상 매체 내용을 분석하였다. 전교조 참교육원격교육연수원과 에듀니티가 2011년에 공동 제작한 원격연수 '학교를 변화시키는 초등 사례', '학교를 변화시키는 중등 사례'의 내용을 주로 검토하였다. 초·중등 13개 학교 50여 명의 교사들이 나오는 동영상 매체에서 새로운학교의 주요 특징과 변화과정 및 운영상의 어려움을 파악할 수 있었다. 이 학교들을 선정한 기준은 교사들의 자발성이 높고 학교 운영 체제가 안착된 거점 학교 역할을 하고 있는가를 고려하였다. 여기에 최초의 새로운학교인 남한산초등학교와 의정부여자중학교를 포함시켜 모두 15개교를 대상으로 하였다. 연구 대상 학교는 〈표 I-1〉과 같다.

〈표 I-1〉 연구 대상 학교의 급별·지역별·학교 규모별 분류와 현황

학교명	급별	지역별	학교 규모	학급 수	학생 수
남한산초등학교	초등	농촌, 경기 광주	소규모	6	167
거산초등학교	초등	농촌, 충남 아산	소규모	6	122
상주남부초등학교	초등	농촌, 경북 상주	소규모	6	111
조현초등학교	초등	농촌, 경기 양평	소규모	12	313
송산초등학교	초등	농촌, 전남 순천	소규모	6	127
보평초등학교	초등	도시, 경기 성남	중·대규모	47	1,472
구름산초등학교	초등	도시, 경기 광명	중·대규모	38	1,455
백원초등학교	초등	농촌, 경북 상주	소규모	6	70
홍동중학교	중등	농촌, 충남 홍성	소규모	7 (특수 1)	150 (특수 7)
회현중학교	중등	농촌, 전북 군산	소규모	6	190
호평중학교	중등	도시, 경기 남양주	중·대규모	26	767
장곡중학교	중등	도시, 경기 시흥	중·대규모	30	912
수완중학교	중등	도시, 광주광역시	중·대규모	31	976
의정부여자중학교	중등	도시, 경기 의정부	중·대규모	29	730
흥덕고등학교	중등	도시, 경기 용인	중·대규모	23	637

※ 비고: 홍동중학교는 특수 학급 1, 특수 학급 학생 7명을 포함시켰음.
※ 출처: 2012년 5월 현재 각 학교 누리집에서 소개하고 있는 학교 현황 참고.

셋째, 심층 면담을 통해 문헌 자료로 잘 드러나지 않는 부분을 보완하였다. 면담 대상은 새로운학교운동과 전교조 운동에 적극 참여하고 있는 교사들이다. 직접 대면 구술을 1, 2회 하고, 부족한 부분은 전화 통화로 보완하였다. 면담은 총 11명을 대상으로 2011년 8월부터 2012년 10월까지 진행하였으며, 면담 대상자는 직책은 밝혔으나 모두 가명으로 처리하였다. 면담을 통해서 새로운학교로 변화하는 과정의 고충과 그 의의를 드러내고, 새로운학교운동을 하는 주체들의 의도와 행위를 심층적으로 분석하였다. 면담 대상자와 주요 경력은 〈표 Ⅰ-2〉와 같다.

〈표 Ⅰ-2〉 면담 대상자

이름	경력
(가)	전 남한산초등학교 교사, 전 작은학교교육연대 대표, 전 스쿨디자인21 대표, 전 보평초등학교 교장, 현 (사)새로운학교네트워크 이사장
(나)	현 흥덕고등학교 교사, 현 (사)새로운학교네트워크 조직위원장
(다)	전 조현초등학교 공모 교장, 현 조안초등학교 교장
(라)	전 의정부여자중학교 교사, 현 경기도교육청 장학사
(마)	현 의정부여자중학교 교사
(바)	전 조현초등학교 교사, 현 세월초등학교 교사
(사)	전 전교조 새로운학교특별위원장, 현 세종시교육청 학교혁신지원센터장
(아)	전 전교조 정책실장, 현 서울문화고등학교 교사
(자)	전 전교조 부위원장, 현 개포중학교 교사
(차)	전 전교조 수석부위원장, 현 천생초등학교 교사
(카)	전교조, 한국글쓰기교육연구회, 어린이도서연구회 활동, 현 어린이문화연대 대표

이 연구를 진행하고 연구 결과를 도출하기까지 한계도 있었다.

첫째, 초기의 새로운학교들이 15년이 되어가지만, 여기서는 최근 2~5년 사이에 변화된 학교들을 주로 분석하였으므로, 주요 특징과 초기 성과가 얼마나 지속성을 띨 수 있는지 충분한 시간을 두고 관찰하기 어려웠다.

향후 이 연구를 바탕으로 후속 연구가 이루어질 필요가 있다.

둘째, 새로운학교의 특징은 주로 교사들의 주관적인 인식을 바탕으로 기술하였다. 새로운학교의 특성과 성과에 대한 객관적인 지표나 평가안을 마련하여 보완할 필요가 있다. 새로운학교의 초기 성과로 나타나고 있는 교사·학생·학부모 만족도 향상, 학업성취도 향상, 학교 폭력 감소, 학생 건강 향상 등 다양한 측면의 학교 효과가 향후 엄밀하게 후속 연구로 이어지기를 기대한다.

셋째, 새로운학교는 여러 교육청에서 정책적으로 지원하고 확산시키는 '혁신학교'와 겹치고, 주체 또한 중복되는 경우가 많다. 그러나 혁신학교처럼 정확한 통계와 자료가 나와 있지 않아서 규모와 분포가 불명확하다는 문제가 있다. 혁신학교가 모두 새로운학교라고 보기는 어려우며, 혁신학교 아닌 새로운학교들이 자발적 교사 모임을 중심으로 주목받지 않고 만들어지고 있는 곳도 있다. 교장공모제나 혁신학교 지정이 이루어지지 않은 채 학교혁신을 진행하고 있는 학교들에 대해서는 자료 부족으로 다루기 어려웠다.

넷째, 연구자는 새로운학교운동이 전교조 조직 사업으로 추진되고 발전하기 시작한 2007~2008년에 전교조 본부에서 내부 의사결정 과정에 관여한 당사자이자, 이후 2009년부터는 서울의 중학교 교사로서 일반 학교 현장을 참여관찰할 수 있는 위치에서 이 연구를 진행하였다. 따라서 전교조 운동과 학교 현장 교사라는 내부자로서의 위치가 진행 과정과 맥락을 잘 알 수 있다는 장점이 있는 반면, 전교조 활동과 학교 현장에 대해 객관적인 위치에서 다양한 견해를 포괄하는 데에는 한계가 있을 수 있다. 또한 연구를 진행하면서 특정한 새로운학교를 참여관찰하여 깊고, 오래, 연구자의 눈으로 현장을 들여다보는 후속 연구를 할 필요성을 확인하였다.

II.

교사연대
학교혁신 운동의 등장

이 장에서는 2000년대에 교사연대 학교혁신 운동이 등장하게 된 주요 배경과 계기 및 전개과정을 살펴보았다. 1절에서는 새로운학교운동의 배경을 이해하기 위해 1990년대의 교육문제를 관련 주체들의 대응을 중심으로 검토하였다. 2절에서는 2000년에 경기도 광주 남한산초등학교에서 처음 시작된 새로운학교운동을 상세하게 살펴보았다. 왜 가장 열악한 폐교 직전의 작은 학교에서 새로운학교운동이 일어난 것일까? 그들은 무엇을 왜, 어떻게 변화시켰을까? 3절과 4절에서는 정부의 학교 통폐합 정책에 맞선 농어촌 작은 학교 살리기 운동, 2007년 시작된 교장공모제, 2009년 이후 혁신학교의 추진이라는 계기를 통해 새로운학교운동이 어떻게 전개되는지 살펴보았다.

1. 새로운학교운동의 태동

1990년대는 한국 사회에 급격한 변동이 일어나고, 교육 분야 역시 새로운 교육문제가 기존의 교육문제와 중첩되어 정부 당국, 교사운동 집단, 대안교육 운동 세력의 대응과 갈등이 뚜렷하게 드러나는 시기이다. 이 세 집단 외에 1980년대 말부터 성장한 학부모 운동과 다양한 교육 관련 사회단체들의 움직임이 있다.

그러나 이러한 시민사회 내의 움직임은 전교조 운동 또는 대안교육 운동과 연대하거나 그 주체들이 중복되는 경우가 많으므로, 여기서는 크게 세 집단의 역동을 중심으로 보고자 한다.

가. 1990년대 교육문제와 정부의 대응

1990년대 한국 사회는 이전과 다른 총체적 변화를 겪었다. 그것은 1987년 6월 항쟁 이후 확산된 사회 민주화, 경제 성장, 세계화와 정보화, 다양한 시민사회단체[23]의 출현으로 특징지을 수 있다. 이와 함께 언론의 자유, 표현의 자유 및 인권의식의 향상으로 그동안 양적 팽창을 거듭해온 근대 학교교육 체제는 일대 변화를 요구받았다. 권위주의적이고 획일적이며 경직된 학교 문화에 대한 학생과 학부모들의 불만은 구체적 행동으로 표출되었다. 중도 탈락 학생과 조기 유학생의 급증, 학교 붕괴론 등 이전에 볼 수 없던 새로운 현상이 나타났다. 정부는 5·31교육개혁안을 내놓고 열린교육, 교원 정년 단축, 조기 유학 허용, 특성화고등학교를 포함한 학교 다양화 정책 등으로 대응하였다.

이 절에서는 1990년대에 새롭게 등장한 교육문제와 이에 대한 정부의 대응이 무엇이었는지 구체적으로 살펴보겠다.

1) 신교육 체제의 수립

한국의 초·중등 교육은 해방 이후 비약적인 양적 팽창을 이루었다. 초등은 1960년대에, 중학교는 1970년대에, 고등학교는 1980년대에 거의 완전 취학 수준에 도달하였다. 1990년대에는 고등교육까지 보편화되었다. 이러한 한국 교육의 괄목할 만한 양적 팽창은 정부의 개입과 지원을 능가하는 학부모들의 자발적 참여로 이루어졌다.[24] 1895년부터 1995년까지 100년간 근대 한국 교육의 팽창은 〈그림 Ⅱ-1〉과 같다.

그러나 완전 취학 상태에 이른 1990년대가 되자 이전에 볼 수 없었던

---

23. 시민운동의 양적 확대 및 질적 고양은 1990년대 이후 한국 사회에서 두드러진 변화 중 하나라고 할 수 있다. 한국의 시민운동단체는 1999년 현재, 그 지부 및 소속 단체를 포함하여 그 수가 무려 2만여 개에 이르며, 활동 영역은 정치, 통일, 경제, 노동, 성, 환경, 인권, 문화, 교육, 종교, 과학기술, 정보 등으로 매우 다양하다(양희준, 2002: 1).

24. 해방 이후, 남북한 모두 식민지 수탈과 그것에 더한 내전으로 파괴된 처참한 조건에서 근대 국가 교육이 형성되었다. 그 후 오늘까지 계속된 남북 간 유례없는 군사적 대치와 갈등으로 인해 파생된 방대한 규모의 국방비 지출로 교육 투자 규모는 상대적으로 위축된 상태에서 교육이 발전되었다. 북한은 상대적으로 불리한 여건에서도 사회주의 교육 이념에 충실하고자 1959년부터 무상보통교육을 실현하여 1975년경 유치원 포함 11년 무상교육을 완성하였다. 남한은 9년 무상교육을 헌법에 명시하였으나 재정상 6년 무상교육이 시행되었으며, 중학교 이후 교육은 사립학교와 학부모에 위임하는 유상교육이 정착되었다(김기석, 1999: 2). 남한에서 중학교 의무교육이 완전하게 시행된 것은 2004년부터이다.

〈그림 II-1〉 근대 한국 교육의 팽창(1895~1995)

※ 출처: 김기석 외((1996), 『한국교육 100년: 학제 및 인구통계적 변천』, 한국교육사고 연구보고.
※ 주: 1945년 이후는 남한 교육 통계임.

새로운 교육문제들이 생겨났다. 여기에는 1990년대 국내외의 급격한 정치
사회적 변화가 상당한 영향을 미쳤다고 할 수 있다.

1987년 6월 항쟁 이후, 한국 사회가 민주화되고 새로운 가치들이 추구
되면서 교육 분야도 변화를 요구받았다. 사회주의권 붕괴로 인한 냉전 체
제의 종식과 이념적 변화, 지식정보화로 인한 급격한 사회문화의 변화, 국
제화로 인한 탈국가화 양상 등은 교육이 전과 다른 패러다임에 의해 이
뤄지도록 요구했다. 1995년 문민정부에서 내놓은 '세계화, 정보화 시대를
주도하는 신新교육 체제 수립을 위한 교육개혁 방안(5·31교육개혁안)'은 이
러한 국내외의 정치사회적 변화를 '문명사적 전환'으로 규정하면서, 교육
이념과 제도 전반을 새로운 원리에 의해 재조직해야 함을 밝힌 것이다(박
도순 외, 2007).

5·31교육개혁안은 한국 교육의 현안 문제를 암기 위주의 입시교육, 입
시지옥 속에 묻혀버리는 창의성, 값싼 학교교육과 과중한 사교육비,[25] 획
일적 규제 위주의 교육행정, 도덕교육의 상실이라고 보았다. 그리고 "누구

나, 언제, 어디서나 원하는 교육을 받을 수 있는 길이 활짝 열려진 '열린 교육사회, 평생학습사회' 건설"을 교육개혁의 비전으로 제시하였다.

이를 위한 방안으로 9개 분야에 걸쳐 48개 세부 과제를 제시하였는데 그 주요 내용은 다음과 같다.

▶ 열린교육사회·평생학습사회 기반 구축: 학점은행제 도입, 학교의 평생 교육 기능 확대, 학교의 전·편입학 기회 확대, 최소전공인정학점제 도입, 원격 교육 지원 체제 구축.

▶ 대학의 다양화와 특성화: 대학 모형의 다양화와 특성화, 전문대학원 설치, 대학 설립·정원·학사 자율화, 대학 평가 및 재정 지원 연계 강화, 대학교육의 국제화.

▶ 초·중등교육의 자율적 운영을 위한 '학교공동체' 구축: 학교운영위원회 설치, 학교장·교사 초빙제 시범 실시.

▶ 인성 및 창의성을 함양하는 교육과정: 교육과정 개선 및 운영의 다양화, 자기주도적 학습 능력 향상, 교과서 정책 개선, 방과 후 교육 활동 활성화, 영재 교육 강화, 세계화 교육 실시.

▶ 국민의 고통을 덜어주는 대학입학제도: 국·공립 및 사립대학의 입학 제도 개선(국·공립대 국·영·수 위주 본고사 폐지, 사립대 자율화), 종합생활기록부제 도입.

▶ 학습자의 다양한 개성을 존중하는 초·중등교육 운영: 고등학교 유형의 다양화 및 특성화, 평가와 행·재정 지원 연계, 초등학교 입학 연령 탄력 적용, 중·고등학교선택권 부여(선지원후추첨제 도입).

---

25. 1994년 교육예산은 11조 5,595억 원으로 GNP의 약 3.8%였으며, 1994년 사교육비 총액은 17조 4,640억 원으로 GNP의 약 5.8%였다(교육개혁위원회, 1995. 5. 31, 제2차 대통령 보고서: 13).

▶ 교육 공급자에 대한 평가 및 지원 체제 구축: 교육규제완화위원회 설치, 교육과정평가원 설치.

▶ 품위 있고 유능한 교원 양성: 교원양성기관 교육과정 개편 및 임용제도 개선, 능력 중심 승진 및 차등 보수 체계 개선, 교원 자율 출·퇴근제 시범 실시, 교장 명예퇴직제 실시.

▶ 교육재정 GNP 5% 확보.

5·31교육개혁안은 그간에 있었던 단기적·일시적 개선안을 뛰어넘어 한국 교육의 근본 방향에 대한 새로운 제안을 담은 것이었다. 그리고 이것은 국민의정부와 참여정부에 계승되어 2000년대까지 한국 교육의 기본 골격을 형성하게 된다.

그러나 시행 단계에서 일부 지지도 받았지만 저항에 부딪혀 그대로 실현되지는 못했다. 5·31교육개혁안이 발표되고 1년 뒤에 나온 연구를 보면, 당시 5·31교육개혁안을 교사들이 어떻게 받아들이는지 알 수 있다. 교육개혁 방안이 현실 적합성 미흡, 하향적·획일적 추진 방식, 현장 실천 전략의 미흡 등의 특성을 드러내고, 교직 풍토가 침체되어 있으며, 교사와 학부모가 교육정책에 대한 신뢰감을 갖지 못하는 것으로 나타났다(이혜영, 1996). 5·31교육개혁안이 교육 관련 단체들의 반발에 부딪힌 가장 큰 이유는 '교육소비자론'[26]을 바탕으로 학생과 학부모의 선택권을 강화하고, 교육의 수월성을 위해 학교 운영에 자율과 경쟁을 도입하는 것을 기본으로 한다는 점 때문이었다. 특히 고등학교 유형의 다양화와 특성화, 평가와 행·재정 지원 연계, 중·고등학교선택권 부여, 교원의 능력 중심 승진 및 차등 보수 체제, 학교장 책임경영제의 문제점이 거론되었다. 그것은 결과적으로 입시경쟁 교육을 강화하여 공교육을 황폐화시키고, 교장의 권한만 커져서 교육 주체의 자율성을 억압하는 역작용을 낳는다는 것이다. 이런 점에서 5·31교육개혁안은 일부 긍정적인 면이 있지만, 경쟁과 효율 위주의 신자유주의적·시장주의적 접근이라는 비판을 받았다(전국교직원노동조합, 2011).

그중에서 학교선택제는 일본의 경우에 이미 비판과 우려가 현실로 나타났다. 일본은 학교선택제가 실시되면서 동시에 격차가 커지고, 상대적으로 고착된 학교 간의 서열화 구조가 진행되고 있음이 드러났다(이누이 아키오, 2004) 이를테면 중산층 계급 학부모일수록 문화자본이나 학교 선택에 유리한 사회관계 자본을 활용하고 제도를 적극적으로 이용하면서 자녀들이 사회에서 유리한 위치에 도달하도록 노력한다(Ball. J., 2003).

5·31교육개혁안에는 '세계화'를 기치로 하는 경쟁력 확보라는 관점과 기존 질서의 해체에 따른 가치의 재구성을 강조하는 '탈근대론'의 관점이 공존하고 있다. 초기에는 가치의 다원화에, 후기에는 표준화된 시험에 기초한 학력 경쟁이 보다 강조되는 쪽으로 방향 전환되었다(김정원, 2005). 더 나아가 선택과 경쟁을 강조하는 시장주의 정책이 시행되어 자율화 정책이 오히려 획일성을 심화하게 되었다(김용, 2012). 학교평가와 교원성과급을 포함한 교원평가가 도입되고, 국가 수준의 표준화 시험이 시행되어 평가 결과에 따라 예산을 차등 지원하게 되면, 평가로 인해 자율성과 선택의 여지가 축소되는 자율성과 선택의 역설이 발생한다. 결국 5·31교육

---

26. 5·31교육개혁안에서 '교육소비자론'은 중요한 개념으로 등장한다. 이후 이 개념은 철학적 바탕과 교육 주체에 대한 시각에 차이가 크다는 점에서 비판과 논쟁을 불러일으켰다. 교육사회단체들이 그 개념을 어떻게 보았는가는 다음 글에서 알 수 있다.
"'교육소비자론'은 학생·학부모·교사를 교육의 주체로 규정한 '교육3주체론'과 유사한 측면이 있어 국민들과 교육 주체 일각의 지지를 얻는 측면이 있다. 그러나 교육3주체론과 교육소비자론은 근본적 발상 자체가 다르다는 점에서 상통하는 것일 수 없다. 교육3주체론은 교사·학생·학부모 모두 교육의 주체라는 것이므로 학교 운영과 교육과정 운영을 3자가 참여하고 협력하여 행하도록 하는 것일 수밖에 없지만, 교육소비자론은 시장논리로서 소비자가 생산된 우수 제품을 선택할 권리가 있다는 것이므로 학생(학부모)의 선택권 보장과 그들의 선택을 받기 위한 교육기관의 경쟁을 유도할 수밖에 없다. 여기에서 교육 주체의 참여는 제한되고 교육 주체의 협력은 끼어들 여지가 별로 없다. 따라서 양자는 명백히 다른 철학을 배경으로 하는 것이다"(전국교직원노동조합, 2011: 716).

개혁안은 자율, 선택, 다양화를 책무성, 평가와 연결 지음으로써 목표로 내세운 것과는 반대로 경쟁과 획일화를 심화시켰다.

2) 열린교육과 정년 단축

열린교육은 1980년대 중반부터 기존의 권위주의적, 획일적 교육을 개선하기 위한 교원들의 자발적 운동으로 전개되다가, 문민정부에 이르러 정책적으로 급속히 확산되었다. 그러나 학교평가에 반영하여 빠르게 확산시키는 과정에서 미처 준비 안 된 학교와 교사들의 오해와 부작용을 낳았다. 국민의정부 시절에는 교원 정년 단축 등 교사를 혁신의 대상으로 보려는 교육 당국과 여론의 압력에 교사들이 강하게 반발하면서, 열린교육은 2000년대부터 서서히 쇠퇴하였다. 그 구체적인 과정을 살펴보면 다음과 같다.

문민정부는 5·31교육개혁안 발표 이후, 학교 교육개혁의 모델로 열린교육을 확산시키기 시작했다. 이미 1986년부터 운현초등학교와 영훈초등학교를 시작으로 교원들 사이에서 열린교육 운동이 일어나고 있었다. 애초에 이 운동은 영국과 미국의 열린교육을 도입하여, 권위주의적, 획일적 교육 관행을 혁신하고 교육과정을 개선하려는 교사들의 자발적 운동이었다. 열린교육은 주로 초등학교를 중심으로 아동 존중 이념을 바탕에 두고, 학습 내용과 방법 및 평가의 개별화와 다양화를 추구하였다(한국열린교육협의회 편, 1997).

그러던 중 정부는 5·31교육개혁안을 발표하고 정책적으로 열린교육을 확산시키기 시작했다. 1996년에 교육부는 열린교육 시범학교를 지정·지원하고, 수업 공개와 공개 보고회를 하도록 하였다. 열린교육이 급속히 확산된 데에는 1996년부터 시행된 시·도 교육청 평가가 큰 영향을 미쳤다. 예컨대 열린교육 시행 여부가 평가에 반영되자 5%에 지나지 않던 어느 도의 경우 95%까지 확산되고, 평가에서 혜택을 얻고자 하는 교사들이 연구학교를 주도하게 된 것이다. 그럼으로써 현장 교사의 자발적 참여는 서서히 퇴색하였다. 또 획일적인 국가교육과정령이 엄존하고, 한 학교 안에서 전통적인 수업 방식과 공존해야 하는 상황은 열린교육이 활성화되는 데 한계가 되었다. 이렇게 열린교육은 교사들의 자발적 운동으로 시작되었지만, 갑자기 정책적으로 시행됨으로써 교사들이 미처 내용을 이해하지 못해 많은 오해와 부작용을 빚었고, 결국 2000년대에 접어들어 쇠퇴하였다(강일국, 2009).

열린교육의 쇠퇴에는 정부의 교육개혁 조치에 대한 교육계 내부의 반발과 보수 언론의 영향도 상당히 작용하였다. 촌지 추방과 체벌 금지를 비롯한 교육개혁 조치와 특히 1998년에 이루어진 교원의 정년 단축과 연관이 있었다. 1997년 말 IMF 구제금융 사태로 말미암아 사회 전반에 구조조정이 일어나면서, 교육 당국은 여론을 등에 업고 교원 정년 단축 조치를 시행하였다. 이로 인해 교육 당국과 교원단체 사이에 대립과 충돌이 일어났고, 교사들의 사기가 떨어져 명예퇴직이 급증하였다. 교원의 정년을 만 65세에서 62세로 단축하는 조치가 취해지자 1998년에 8,007명, 1999년 28,904명이 명예퇴직을 하여 극심한 교사 부족 사태가 빚어졌다. 한편으로는 촌지 추방, 체벌 금지 등 교육 당국의 조치와 교육개혁에 대한 사회적 압력이 매우 커진 데 반해, 학교 현장에서 학생 지도가 전보다 훨씬 어려워진 것도 그 원인이라고 할 수 있다(이종태 외, 2000). 또한 열린교육이 확산되던 시기인 1990년대 말에 교실 붕괴, 학교 붕괴, 학교 폭력과 같은 학교 위기론이 증폭되면서 그 원인이 열린교육에 있다고 비판한 보수 언론의 영향도 상당히 작용하였다.

요컨대, 1980년대 중반에 영·미의 열린교육을 도입하여 현장 교원들 사이에서 자발적으로 진행되던 열린교육 운동은 1990년대 중반부터 제도적·정책적 지원을 받으며 급격히 확산되었다. 그러나 학교평가에 곧바로 반영하여 빠르게 확산되긴 하였지만, 준비와 이해가 되지 않은 학교 현장에 많은 부작용을 낳았다. 아울러 그 무렵에 진행된 정년 단축을 비롯한 교육개혁 조치에 대한 교사들의 반발과 정부의 교육개혁에 부정적인 언론의 영향으로 인해 2000년대에 들어와 서서히 쇠퇴하였다.

3) 학업 중단 학생과 조기 유학생 급증

1990년대에는 학교교육에서 이탈한 학업 중단 학생과 조기 유학생의 급증이 사회문제가 되었다. 누구나 학교에 다 가는 시대에 이르자 이제는 학생들이 '학교로부터 탈주'하는 새로운 현상이 생긴 것이다. 이에 대해서는 좀 더 엄밀하게 규명하는 연구가 필요하다. 여기서는 학업 중단 학생과 조기 유학생이 갑자기 늘어난 원인과 정부의 대응을 살펴보겠다.

1980년대까지 학업을 중단한 학생들의 중도 탈락은 주로 경제적 요인 때문이었지만, 1990년대에는 학교 부적응과 비행이 주요인이라고 할 수 있다. 중도 탈락 학생들의 범죄율이 눈에 띄게 증가한 사실이 그 점을 뒷받침해준다(1983년 23%, 1993년 35.3%). 〈표 Ⅱ-1〉은 1990년대 학교 중도 탈락자와 학생 범죄자의 추이를 보여준다.

이에 1996년 교육부는 '학교 중도 탈락자 예방 종합대책'을 세우고 시행하였다. 학업 중단자 예방을 위한 다양한 학교 운영 체제 혁신 방안과 함께 대안교육 분야 특성화학교의 설치 근거를 마련하고, 학업 중단 청소년에게 대대적인 복교 조치를 취했다. 그러나 복교 후 재학업 중단율이 30%를 넘고, 학업 중단율에는 큰 변화가 나타나지 않았다(이병환·김영순, 2008).

이 시기에 두드러진 또 다른 현상은 외국으로 유학을 떠나는 조기 유

<표 II-1> 연도별 학생 범죄자와 학교 중도 탈락자 추이(단위: 명, %)

	1993년	1994년	1995년	1996년	1997년
전체 학생 수	4,480,084	4,569,482	4,639,728	4,623,290	4,517,008
중도 탈락자	68,729 (1.53)	61,332 (1.34)	64,962 (1.40)	78,310 (1.69)	84,433 (1.87)
전체 범죄자	1,738,952	1,660,973	1,804,405	1,922,549	1,986,254
소년 범죄자	110,604 (6.4)	108,342 (6.5)	124,244 (6.9)	137,503 (7.0)	150,199 (7.5)
학생 범죄자	46,259 (41.8)	50,330 (46.5)	62,131 (50.0)	68,312 (49.6)	78,239 (52.0)

※ 비고: 1) 전체 학생 수는 해당 연도 중학교, 일반계·실업계 고등학교 재학생 수. 2) 중도 탈락자는 사망, 질병, 가사, 품행, 기타 등의 이유로 중도에 학교를 그만둔 학생 숫자. 괄호는 전체 학생 수 중 중도 탈락자 비율. 3) 소년 범죄자 숫자 아래 괄호는 전체 범죄자 중 소년 범죄자 비율. 4) 학생 범죄자 숫자 아래 괄호는 소년 범죄자 중 학생 범죄자 비율.

※ 출처: 『교육통계연보』(교육부, 1993~1997)와 『보호 소년 통계』 제13집(법무부 보호국, 1998)에서 재구성한 강대중(2002: 28).

학생 수가 급격히 늘어난 것이다. 1995년부터 연도별 조기 유학생 수의 변화는 〈표 II-2〉와 같다.

IMF 구제금융 사태가 일어나 경제가 몹시 어려웠던 1998년과 1999년을 제외하면, 1995년 이후 조기 유학생 수는 빠른 속도로 늘어났다. 1995년 2,259명에서 2006년에 최고조에 이르러 29,511명으로 11년 만에 13배 이상 늘어났다.

학부모가 조기 유학을 보내는 이유는 '외국어 습득'(22.9%), '극심한 경쟁 위주의 교육과 대입제도'(20.9%), '과다한 사교육비(11.5%)', '외국의 학력을 더 인정하는 풍토'(11.2%), '국제적 안목을 지닌 인재 육성'(10.4%) 순으로 나타났다(김홍원, 2005). 그 이전에는 주로 일부 사회계층의 자녀와 학교교육에 적응하지 못하는 일부 학생들이 조기 유학을 떠났다. 그러나 1990년대에 들어 국민소득이 향상되고, 세계화·국제화·개방화에 따른 외국어 습득과 국제적 경험이 중요해지고, 사교육비 증가와 입시제도 등 교육에 대한 불만이 높아지면서 조기 유학생 수가 늘어났다. 그러나 교육부는 조기 유학을 전면 완화할 경우에 무분별한 조기 유학 증가, 계층 간

<표 II-2> 연도별 한국 조기 유학생 수

연도	계	초등학교		중학교		고등학교	
	유학생 수	유학생 수	학생 만 명당 유학생 수	유학생 수	학생 만 명당 유학생 수	유학생 수	학생 만 명당 유학생 수
1995	2,259	235	0.6	1,200	4.8	824	3.8
1996	3,573	341	0.9	1,743	7.3	1,489	6.6
1997	3,274	241	0.6	978	4.5	2,055	8.8
1998	1,562	212	0.6	473	2.4	877	3.8
1999	1,839	432	1.1	709	3.7	698	3.1
2000	4,397	705	1.8	1,799	9.7	1,893	9.1
2001	7,944	2,107	5.2	3,171	17.3	2,666	13.9
2002	10,132	3,464	8.4	3,301	17.9	3,367	18.8
2003	10,498	4,052	9.7	3,674	19.8	2,772	15.7
2004	16,446	6,276	15.2	5,568	28.8	4,602	26.3
2005	20,400	8,148	20.8	6,670	33.2	5,582	31.7
2006	29,511	13,814	35.2	9,246	44.6	6,451	35.0
2007	27,668	12,341	33.6	9,201	44.6	6,126	33.3
2008	27,349	12,531	36.1	8,888	43.6	5,930	31.3
2009	18,118	8,369	24.1	5,723	28.5	4,026	20.5
2010	18,741	8,794	26.7	5,870	29.7	4,077	20.8

※ 비고:
  1) 학생 수 만 명당 유학생 수=(유학생 수/재적 학생 수)×10,000
  2) 유학자에는 파견 동행과 해외 이주로 인한 해외 출국생은 제외됨.
  3) 고등학교에는 일반계 고등학교와 전문계 고등학교가 포함됨.

※ 출처 : 한국교육개발원, 교육통계 데이터베이스.

위화감 조성, 유학수지 적자 심화 등을 우려하는 여론[27]과 교육시민단체
들의 보류 주장 등을 반영하여, 2000년 자비 유학 자격 기준을 고졸 이

---

27. 당시 동아, 중앙 두 신문의 여론조사에 의하면 조기 유학 자유화 반대(61.0%, 56.8%)가 찬성
   (32.5%, 38.4%)보다 많았다(김홍원, 2005).

상에서 중졸 이상으로 낮췄다.

조기 유학생 수의 급증은 영어교육 열풍과도 관련이 있다. 초등학교 영어교육은 1981년 초등 4학년부터 희망 학생들에게 특별활동으로 처음 도입되었다가 1997년에는 제6차 교육과정에 의해 초등학교 3학년부터 정규과목으로 가르치게 되었다. 그러나 정규 교과로 편성하여 사교육비를 줄이겠다는 애초의 취지와 달리, 영어 사교육비 지출은 오히려 더 높아졌다. 영어 교재와 사설 학원이 범람하고, 영어 유치원이 늘어나는 등 영어교육 열기는 더 아래 연령층 아이들에게까지 확대되었다. 그러자 이를 감당하기 어려워 차라리 조기 유학을 선택하는 악순환이 일어났다. 초등학교에 영어교육을 정규 교과로 도입하여 사교육비를 줄이고 조기 유학 수요를 흡수해보려던 교육 당국의 의도는 빗나가고 말았다.

제도교육 밖으로 분출하는 학부모들의 교육열을 제도교육 안으로 흡수하려던 교육 당국의 대응은, 이처럼 문제를 더욱 확대시키고 악화시키는 결과를 가져왔다.

4) 학교 위기론의 확산과 학교 다양화 정책

1990년대 후반은 '교실 붕괴', '학교 위기'론이 사회적으로 크게 확산되고 쟁점이 된 시기이다. 먼저 학교 현장의 교사들이 위기의 징후와 이에 대한 진단을 하기 시작했다(김진경, 1997; 전종호, 1999). 1999년에는 일본의 '부등교' 현상과 '교실 붕괴' 상황이 한국 대중매체에 소개되면서 '학교 붕괴', '학교 위기'론이 급속히 확산되었다. 대중매체의 선정적인 보도와 교원 정년 단축, 촌지 추방, 체벌 금지 등 교육 당국의 개혁 조치로 인해 교사 집단의 교직 의욕이 낮아진 것도 '붕괴론'을 확산시키는 요인이 되었다(이종태 외, 2000).

학교 붕괴 현상에 대한 사회적 관심이 높아지자 이를 체계적으로 조명하려는 노력이 나타나기 시작했다. 김정원(2002)은 인문계 고등학교에 대한 참여관찰을 통해 '붕괴'된 것은 없다고 결론을 내렸다. 학교교육 자체의 위기가 아니라, '배움'의 질을 높이기 위한 방향으로 움직이기에 지나치게 경직된 학교 체제의 위기라는 것이다. 오히려 학생들이 부정하는 것은 교과서나 참고서를 읽는 것과 별다를 바 없는 재미없는 학교 수업, 별다른 원칙도 없이 만들거나 바뀌면서 지킬 것을 강요하는 학교 규칙이다. 학생들이 진정 원하는 것은 "재미있고 내용 있는 수업"과 합리적인 원칙을 기반으로 하여 교사와 서로 신뢰하는 관계를 맺는 것이다.

이와 같은 학교교육 위기론에 대응하여 정부는 학교선택권 강화와 단위 학교 책임경영제 도입으로 방향을 잡았다. 이를 위해 다양한 학교 형태를 설립하도록 제도를 바꿔 특목고, 특성화고, 자율학교를 확대시켰다. 1998년에는 직업교육과 인성교육 분야의 특성화고등학교 제도가 도입되었다. 1999년에는 독일 노르트라인-베스트팔렌 주의 '자치학교(Eigenverantwortliche Schule)'를 모델로 자율학교를 시범 운영하였다(김용, 2012).

또 사학의 특성화, 자율화를 강조하면서 사립고의 자율 운영을 보장하고 자립형 사립고를 늘려나갔다. 이와 함께 학교의 책무성을 강화하여 평가하고, 학교 정보를 공개하도록 하였다. 이로써 학교 간 경쟁 체제가 구축되어 학교선택권이 확대되고, 우수 학교 인센티브가 강화되었다. 학교 평가에 따라 예산이 학교별로 차등 배분되고, 교사들에게는 성과급 제도가 도입되었다.

이러한 '신교육 체제' 구축에 대해 교육사회단체들의 반대가 높아지면서 정부와 상당한 갈등이 빚어졌다. 교원단체와 교육사회단체들은 학교 다양화 정책이 학교 간 격차를 더 크게 벌여 교육 양극화 현상을 가져오고, 학생들의 경쟁과 학부모들의 사교육비를 증가시킨다고 강도 높게 비판했다.[28] 중요한 것은 '학교의 다양화'가 아니라 '학습의 다양화'[29]여야 한다는 것이다. 연도별 고등학교 다양화 추이를 보면 〈표 II-3〉과 같다.

〈표 II-3〉 연도별 고등학교 다양화 추이

연도\유형	일반계	고등학교				실업계
		예고	체육고	과학고	외고	
1991	1085	12	9	9		617
1992	1058	14	11	11	11	677
1993	1039	16	11	13	11	718
1994	1046	16	11	15	13	738
1995	1068	18	12	15	14	762
1996	1085	18	12	15	15	771
1997	1121	19	12	15	17	771
1998	1149	21	12	15	17	772
1999	1181	22	12	16	18	762
2000	1193	22	12	16	18	764

※ 출처: 교육통계서비스(고등학교는 일반계 고등학교와 전문계 고등학교로 분류하였고, 일반계 고등학교에 예고, 체육고, 과학고, 외고가 포함됨).

또 교육사회단체들은 단위 학교 책임경영제가 교육행정 관료의 권한을 강화하고, 중앙정부의 교육 독점을 초래한다고 우려하였다. 학교의 평가

---

28. 2007년 9월 교육부는 외고 등이 입시 기관화돼 입학을 위한 초중학생의 과열 과외를 유발하고 과도하게 설립되는 부작용을 야기해 설립 목적에 근본적인 의문이 제기되고 있다고 하면서 외고 등 수월성 교육 체제 전반에 대한 종합적 검토 작업을 벌이고 특히 특목고에 대한 근본적 개선책을 마련키로 했다(『연합뉴스』, '교육부 "외고등 특목고 신설 전면 유보", 2007. 9. 6. 참조).

29. 2011년 현재, 고등학교는 모두 2,282개교이며 그중 일반고 1554개교, 특수목적고등학교 120개교, 특성화고등학교 499개교, 자율고등학교 109개교이다. 이 중 특수목적고등학교는 예술고 25개교, 체육고 14개교, 과학고 23개교, 외국어고 31개교, 국제고 6개교이다. 특성화고등학교는 직업교육과 대안교육 분야로 나뉘는데, 직업교육 특성화고등학교가 476개교, 대안교육 특성화고등학교가 23개교이다(교육통계서비스, http://cesi.kedi.re.kr/index.jsp. 2012. 8. 10. 참조).

권과 교육과정 편성권을 여전히 학교와 교사에게 주지 않은 점도 지적하였다.

따라서 전교조와 교육 관련 단체들은 교장선출보직제에 근거한 학교운영의 모형을 제시하며, 교장의 역할을 '집행기관'으로 설정하고 교무회의의 의결기구화를 요구했다. 또 학교자치를 구현하기 위해 학부모회와 학생회를 법제화하고, 단위 학교교육과정과 평가권을 교사에게 부여하는 학교개혁론을 제기하였다(한만중, 2002).

이상에서 살펴보았듯이, 1990년대는 해방 이후 팽창 일로를 걷던 한국의 학교교육 체제가 학업 중단 학생과 조기 유학생 증가 등 새로운 현상이 나타나고 학교 안팎에서 학교 위기론이 확산되어, 사회적으로 거센 교육개혁의 압력을 받은 '도전의 시기'라고 할 수 있다.

그렇다면 왜 이 시기에 그러한 현상이 새롭게, 집중적으로 나타났을까. 그것은 1990년대 한국 사회의 정치사회적 변동과 관련이 있다. 1987년 6월 항쟁 이후 확산된 사회 민주화, 경제 및 국민소득 수준 향상, 세계화와 정보화의 물결, 다양한 시민사회단체 출현으로 인한 시민사회의 도래 등 한국 사회는 이전과 다른 총체적 변화를 겪었다. 언론의 자유, 표현의 자유 및 인권의식의 향상은 권위주의적이고 획일적이며 경직된 학교 문화에 대한 학생과 학부모들의 불만을 고조시키는 요인이 되었다. 아울러 1990년대 중반까지 이어진 경제와 국민소득의 향상은, 조기 유학과 대안학교 등 또 다른 교육의 가능성을 찾아 학부모들이 움직이게 하는 물적 기반으로 작용하였다. 세계화의 물결은 초등 영어교육의 도입과 열기에 힘입어 앞다투어 조기 유학을 떠나게 하는 요인이 되었다. 다양한 시민사회단체의 출현은 새로운 교육을 꿈꾸는 개인들을 다양한 방식으로 연결하여 새로운 시도를 할 수 있는 인적 네트워크를 가능케 했다.

한국 사회의 이러한 변동과 함께, 더 나은 학교교육에 대한 열망이 한국 중등교육의 팽창이 완결된 직후인 1990년대에 구체적 행동으로 나타난 것은 교육학적으로 시사하는 바가 크다. '누구나 학교에 다 가는 시기'가 되자 그것은 학업 중단 청소년들처럼 '학교로부터 탈주'하거나 해외에 조기 유학을 떠나는 형태로 나타났다. 또는 전교조 참교육운동처럼 교사 주도로 학교교육의 질적 변화를 시도하거나 공교육 체제 밖의 대안교육이나 대안학교 설립 운동으로 표출되었다.

그러므로 1990년대는 초·중등 학교교육 체제가 한국 사회의 총체적 변화 속에서 교육의 당사자인 학생, 학부모, 교사들로부터 어느 때보다 강력한 도전을 받고, 다양한 주체들이 다양한 길을 찾아 나선 시기라고 할 수 있다.

나. 전교조 운동: 자율성과 전문성의 양 날개

1989년 창립된 전교조는 제도교육의 문제를 비판하고 교원노조를 결성하는 과정에서 1,500여 명의 교사들이 해직되고 많은 탄압을 받았다. 그러나 다른 나라의 교원노조와 달리 전교조는 교사의 전문성과 관련된 참교육 실천을 중요시하여 국민들로부터 상당한 지지와 호응을 얻었다. 1990년대에는 해직 교사들을 중심으로 참교육 실천 자료를 만들이 학교 현장에 보급하는 한편, 수업과 학급 운영 사례를 발굴, 전파하였다. 그러다가 1994년에 해직 교사들이 학교로 복직하자 그 공백을 메우고 조직을 정비하는 데 시간이 한참 걸렸다.

그 시기에 정부는 5·31교육개혁안을 발표하고 신자유주의 정책들을 도입하였으며, 제도교육에 실망한 사람들은 대안교육 운동을 시작하였다. 학교 부적응아, 학업 중단 학생, 조기 유학생 수 급증과 학교 붕괴론 등 공교육 체제의 위기 상황에서 전교조의 활동은 법외노조로서 한계를 안고 있었다. 그러나 1980년대부터 교사운동을 시작한 교사들이 학교 안팎에서 벌여온 다양한 참교육 활동은 이후 대안교육과 새로운학교운동에 여러 가지로 영향을 미쳤다.

1) '참교육'의 의미와 유래

전교조 운동은 전교조=참교육이라고 불릴 만큼 참교육과 나란히 쓰이기도 한다. 그렇다면 참교육은 과연 어떤 뜻으로, 어디서 유래된 것일까.

'참교육'이라는 말이 처음 등장한 것은 이오덕이 쓴 『내가 걷는 길』(1979)이다. 이오덕은 그 책에서 교육계의 비리와 모순을 몸소 겪으며 느끼는 고뇌를 토로하다가 "꿈에도 그리던 참교육을 이제는 할 수 있게 된 것일까?"라고 질문을 던진다(이주영, 2006). 이오덕은 1960년대부터 '참교육', '참된 교육'이라는 말을 자주 썼고, 이 책에서 처음 '참교육'이라고 썼다.[30]

여기서 참교육이란, 1945년 해방 직후 일어난 '새교육' 운동이 '민주, 민족, 전인 교육'을 내세우면서도 실제로는 겉치레 형식에 치우쳐 '반민주, 반민족, 반인간 교육'을 하는 '거짓 교육'이기 때문에, 이런 굴레를 벗어던지고 참된 '민주·민족·인간 교육'을 해야 한다는 주장을 한마디로 압축한 것이다(이주영, 2006)

1984년 이오덕의 『삶을 가꾸는 글쓰기 교육』이 출판되면서 '삶을 가꾸는 교육', '참교육'이라는 말이 사회적으로 관심을 끌기 시작했다. 그 말은

---

30. 전교조 운동 20년을 기념해서 펴낸 『참교육 한길로』에서 '참교육'이란 말은, 1982년 성래운 교수가 『실천문학』 제3권에 발표한 「참다운 교사는 역사 속의 참사람들-70년대의 교육 현장」이란 평론에 처음 등장한다고 한다(전국교직원노동조합, 2011: 801-802). 1978년 '우리의 교육지표 사건' 이후 이오덕과 성래운의 깊은 교유로 인해 이오덕이 곧잘 써온 '참교육'이라는 표현이 나중에 성래운의 글에서도 보이는 것이 아닌가 추측된다((카) 구술, 2012. 8. 20).

1980년대를 지나면서 교사와 국민들 사이에 교육민주화와 교육개혁을 지향하는 새로운 교육 용어로 자리 잡았다. 이오덕은 '어린이 삶을 가꾸는 교육'을 위해 '민주교육, 민족교육, 인간교육, 생명교육'을 해야 한다고 하면서, 이를 포괄하여 '참교육'이라고 하였다.[31]

이오덕, 이주영, 윤구병 등은 1983년 한국글쓰기교육연구회를 만들어 행사성 '글짓기'와 학생들 자신의 "삶을 외면하고 실감이 없는 빈말을 꾸며 만드는 손재주"만 가르치는 글짓기 교육의 병폐를 지적하고, '우리말과 아이들의 참삶을 가꾸는 글쓰기 교육'을 연구·실천하였다. 한국글쓰기교육연구회는 1982년 창립된 Y교협과 더불어, 전교협이 결성되던 1987년까지 천 명이 넘는 회원이 활동하는 전국적인 교사운동 단체였다. 이후 전교협에서 전교조로 교사운동 조직이 변화·발전하자, 상당수 회원들은 전교협과 전교조 활동에 적극 참여하여 주요 간부로 활동하였다.[32]

한편, 이오덕은 1983년 민주교육실천협의회(민교협)가 결성될 때 성래운·문병란과 함께 공동대표를 맡고, 이어 1987년 결성된 전국초등민주교육협의회(전초협) 자문위원을 맡았다. 전초협은 그해 9월 민주교육추진 전국교사협의회(전교협) 초등 특별위원회로 통합되고, 전교협은 1989년 5월 28일 전국교직원노동조합(전교조) 창립으로 발전하였다. 그 과정에서 '참

---

31. 이오덕은 1944년부터 1983년 2월까지 42년간 초등학교에 재직하였고, 『시정신과 유희정신』·『이 아이들을 어찌할 것인가』(1977), 『삶과 믿음의 교실』·『일하는 아이들』(1978) 등 교육 현장의 문제와 글쓰기 교육에 관한 책을 연달아 펴냈다. 80여 권의 저서 외에도 그는 한국글쓰기교육연구회(1983년), 한국어린이문학협의회(1989년), (사)어린이도서연구회(1997), 우리말 살리는 겨레모임(1998) 등을 만들었다. 그는 '삶을 가꾸는 글쓰기 교육'을 인간교육의 중요한 방법으로 보고 그 목표가 "사물을 인식하는 힘을 기르고, 올바른 삶의 자세를 몸에 붙이며, 우리말을 바르게 써야 한다는 깨달음을 갖게 하는 일"이라고 하였다. 이오덕의 교육사상은 △민주교육 △민족교육 △인간교육 △일과 놀이교육 △생명교육으로 집약할 수 있다(이주영, 2006).

32. 전교조 창립 당시 한국글쓰기교육연구회 회원이 전교조 경기, 충남, 충북, 강원, 대구, 경북, 부산, 인천, 제주지부 지부장이 되었다. 이렇게 전교조 활동에 비중을 더 둔 회원도 상당히 있었지만, 1990년대 초반 한국글쓰기교육연구회 회원은 3,000명이 넘을 정도로 현장 교사들의 호응을 얻었다. 회원들은 학생들의 글을 묶어 학급문집과 단행본으로 출판하였다.

교육'이라는 표현이 전국교사신문과 일부 지역교사협의회 창립선언문에 등장하기 시작했다. 1988년 8월 전교협 제2차 대의원대회에서 교육 악법 개폐 투쟁을 중심으로 하는 '참교육 실천 활동'을 주요 사업으로 결정하면서 '참교육'은 전교협의 지향으로 공식화되었다. 나아가 전교조는 창립 선언문에서 "민족·민주·인간화 교육 실천을 위한 참교육운동을 더욱 뜨겁게 전개해나가겠다"라는 의지를 밝혔다. 이런 과정을 거쳐 전교조는 이오덕이 주장하던 '참교육'을 '민족·민주·인간화 교육'을 함축하는 말로 내세우게 된 것이다(전국교직원노동조합, 1990; 이주영, 2006).

달리 말하면, 참교육은 권위적이고 주입식인 입시 중심 교육의 폐단을 지적하고, 교육이 교육 본연의 모습을 찾아야 한다는 전교조의 지향을 가리키는 표현이다(한만중·이장원, 2009). 그러나 정부는 참교육이 '자유민주주의 체제를 부정하는' '민중교육을 위장'한 것이고, '교사 마음대로 교육 내용을 정하여 의식화 교육'을 하는 것이라는 내용의 선전물 780만 부를 배포하는 등 참교육을 비난하는 선전을 대대적으로 하였다(전국교직원노동조합, 2011).[33] 심지어 전교조 창립 무렵 문교부는 각 학교의 교장들에게 비공식적으로 보낸 공문에서 '전교조 교사 식별법'을 제시하기도 했다. 그것은 ① 촌지를 받지 않는 교사, ② 학급문집이나 학급신문을 내는 교사, ③ (특히 형편이 어려운) 학생들과 상담을 많이 하는 교사, ④ 신문반, 민속반 등 학생들과 대화가 잘 되는 C.A. 반을 만드는 교사, ⑤ 지나치게 열심히 가르치려는 교사, ⑥ 반 학생들에게 자율성, 창의성을 높이려 하는 교사, ⑦ 탈춤, 민요, 노래, 연극을 가르치는 교사, ⑧ 생활한복을

---

33. "1989년 문교부가 국회에 제출한 자료에 의하면 지난 6월 이후 배포한 '참교육의 실상', '교원노조의 실상' 등 책자와 유인물 6종을 제작하는 데 13억 5,000만 원, 문교부와 각 시도 교위가 중앙 일간지와 지방지에 10회의 비방 광고를 내는 데 무려 1억 631만 원을 사용한 것으로 나타났다"(『전교조 신문』 제27호 1면, 1989. 9. 28).

입고 풍물패를 조직하는 교사, ⑨ 직원회의에서 원리원칙을 따지며 발언하는 교사였다(전국교직원노동조합, 2011). 이와 같은 정부 당국의 식별법을 뒤집어 말하면, 전교조 교사들은 교육 비리 척결을 위해 나서고, 학생들과 소통하며, 학급 운영과 학생 상담 및 동아리 활동에 적극적이고, 수업 활동의 질을 높이는 데 노력하는 교사가 되는 셈이다.

정부의 이데올로기 공세와 언론 및 일부 학자들에 의한 참교육 이념 논쟁이 벌어지자 전교조는 1989년 하반기 『더불어 사는 삶을 가르치는 참교육』이라는 소책자를 발행하였다. 이것이 전교조에서 비교적 구체적으로 참교육에 대한 설명을 담은 거의 유일한 공식 자료이다. 거기서는 참교육을 "아이들의 삶을 아름답게 가꾸는 교육"이라고 정의하면서 '민족·민주·인간화 교육'에 대해 "아이들이 학교에서의 생활과 공부를 통해 이 땅과 우리 민족을 참으로 사랑할 수 있게 되어야 하고, 올바른 민주주의의 가치를 깨닫고 실천할 줄 알게 되어야 하며, 이웃과 더불어 사는 법을 배우고 이웃의 아픔을 함께할 수 있는 참된 인간"을 기르는 교육이라고 규정하였다(전국교직원노동조합, 1990). 이렇게 정립된 참교육 이념은 이후 전교조 활동의 정신적 지주가 되었으며, 교과 수업과 학급 운영 등 교육 내용과 방법으로 구체화되어갔다.

그러나 전교조 창립 전후, 참교육에 대한 정부와 보수 언론의 이념 공세가 심했을 때 전교조는 적극적으로 참교육 이념에 대해 홍보하거나 그 내용을 체계화하려는 노력을 기울이지 않았다. 그것은 "정부가 으레 그러려니 하고 생각"한 것도 있고, "그런 공세가 학교 현장에 먹혀들지 않으리라는 자신감에서 적극적 대응을 하려고 하지 않았기 때문"이었다. 또한 참교육운동이 어떤 이론이나 사조에 기대어 시작된 것이 아니라 "학교 현장의 문제를 해결하는 과정에서 만들어가는 실천적 측면이 강했기 때문"이었다((아) 구술, 2012. 10. 27). 특히 참교육론이 해외의 좌파 운동에서 유래한 것이라는 정부 측 지적에 대해 대다수 전교조 교사들은 의외라는 반응을 보였다. 그것이 참교육운동의 전개과정에 대한 무지에서 비롯되는 오해 내지 작위적인 왜곡의 결과라고 평가했다. 참교육운동은 오랜 교육민주화운동의 현재적 계승이며, 애초에 정리된 교육 이념을 갖고 있지 않았고, 교육 현실에 대한 소박한 염려와 애정이 간헐적인 실천 운동으로 출발하여 전교조 출범과 더불어 통일된 교육 이념을 모색·제시하게 되었다는 것이다(강영혜, 1993). 참교육운동을 성립시킨 현장성이라는 배경은 참교육운동의 성격 규정에서 특히 주목해야 할 부분이다.

이러한 참교육운동의 현장성은 외국의 이론에 의지했던 새교육 운동이나 열린교육 운동과 분명히 다른 특징이라고 할 수 있다. 그러나 이제 전교조 운동이 25년 넘게 진행되어온 만큼 전교조 스스로 그동안 해온 실천을 바탕으로 공식적인 참교육론을 정립하여 내놓아야 할 때가 되었다.[34]

2) 전교조 운동의 두 가지 축: 자율성과 전문성

전교조 운동에서 교육의 자율성(자주성)과 전문성 실현은 전문직 교육 노동자로서 주요한 두 가지 핵심 요구이다(이장원, 2011). 전교조는 애초에 잘못된 교육을 바꾸어보려는 '교육운동'에서 출발하여 노동조합으로 합법화되었다. 그러나 일반 노동조합에서 하는 보편적인 임금인상투쟁을 거의 전개하지 못했다. 다른 나라의 교원노조들이 주로 교원의 사회경제적 지위 향상(임금, 근무조건 등)에 역점을 두고 정부와 교섭하는 것과는 분명

---

34. 전교조 창립 20주년 기념 토론회에서는 다음과 같이 참교육운동 20년을 성찰하고 있다. "참교육 이념은 탈시대적, 관념적 교육 이념에 대항하고, 반교육에 대한 저항 이념으로서 정식화하고 사회적으로 쟁점화하는 성과는 있었으나 교육적 인간상으로 구체화하고, 각론 차원의 실천 교육학으로 발전시키지는 못한 한계를 지니고 있었다"(한상훈·천희완, 2009: 74-75).

히 다른 독특한 점이다(유상덕, 1996). 전교조 운동은 '참교육 실현'이라는 기치에서 보이듯, 잘못된 교육을 바꾸려는 교사들의 요구와 실천이 매우 중요한 동력이 되어왔다. 그 점은 교사로서 전문성을 추구하는 것이기도 하며, 교육의 내용과 방법에 대한 끊임없는 비판과 자기 혁신의 과정이기도 하다.

한편 교사운동이 임의단체인 전국교사협의회에서 노동조합인 전국교직원노동조합으로 나아간 것은, 사용자의 간섭을 배제하고 노동기본권을 획득하여 교원단체로서 자주성을 지키려는 선택이었다. 학교 현장에서는 교육과 교사의 자율성(자주성) 요구가 학교민주화운동으로 표출되었다. 사립학교 민주화 투쟁, 공립학교에서 폭발적으로 일어난 평교사협의회 결성, 학교 운영의 민주화 요구가 그것이다. 그 내용은 재단과 관료의 비리 척결, 독단적 학교 운영의 쇄신, 평교사의 학교 운영 참여로 요약할 수 있다.

이러한 자율성 요구는 1988년 교육법 개정운동에서 교장선출보직제, 교무회의 의결기구화, 교원의 자주적 단결권 보장 요구로 나타났다. 교무회의 의결기구화와 교장선출보직제는 재단과 교장 중심으로 운영되는 학교를 교육 주체의 참여에 의한 자율적 운영 체제로 바꾼다는 의미를 갖는다. 이는 1989년 4월, '민주화를 위한 교육백서 발간위원회'가 초·중·고 교사들을 대상으로 실시한 의식조사 결과에서도 확인된다. 〈표 Ⅱ-4〉는 당시 교육문제에 대한 교사들의 태도를 보여준다.

교사들이 가장 많이 찬성한 것은 문교 당국의 통제 대폭 축소와 교사 증원이었으며, 교장임기제와 입시 위주 교육의 개혁, 교무회의 의결기구화가 그 뒤를 이었다. 이러한 의식조사 결과는 교사와 교육의 자율성에 대한 요구가 그만큼 높다는 것을 말해준다. 1989년 전교조 창립 후에도 학교 현장 교사들은 인사위원회 설치, 학교운영위원회 설치, 예결산 공개 등 학교 운영 참여를 주요한 요구로 내세웠다.

<표 II-4> 교육문제에 대한 교사들의 태도

의견	찬성 비율
학교교육에 대한 문교 당국의 통제는 대폭 축소되어야 한다	98.7%
교사의 숫자가 현재보다 대폭 증원되어야 한다	98.7%
교장의 임기제가 조속히 실시되어야 한다	98.2%
현행의 입시 위주 교육은 근본적으로 혁신되어야 한다	97.6%
교무회의에는 의결권이 있어야 한다	97.3%
현재의 학군제도는 혁신되어야 한다	94.8%
교장은 교사들에 의해서 직접 선출되어야 한다	84.7%
보충수업은 폐지되어야 한다	84.7%
과외는 금지되어야 한다	60.6%
고등학교 입학시험제도가 부활되어야 한다	52.8%

※ 출처: 전국교직원노동조합·민주화를위한전국교수협의회·전국대학강사협의회(1989: 429-430) 참조.

이는 이후 새로운학교가 일반 학교와 다른 차이가 무엇인지를 설명하는 중요한 잣대가 된다. 새로운학교의 교사들을 움직이게 하는 원동력이 과연 무엇인가를 유추해볼 수 있는 근거라고 할 수 있다.

3) 참교육 실천 활동

학교 현장에서 학교민주화운동과 함께 진행된 전교조 운동의 또 다른 축은 참교육 실천 활동이다. 학교민주화운동이 교육과 교사의 자율성 획득과 관련이 있다면, 참교육 실천 활동은 교사의 전문성과 관련된 것이다. 교사로서 보람을 얻고 일상적인 교육 활동에서 전문성을 충족시키고자 하는 노력은 전교조 운동 특유의 특징이라고 할 수 있다.

'참교육'은 '민족·민주·인간화 교육'으로 정식화되어 전교조 강령[35]의 주요 내용이 되었다. 전교조 창립 무렵 촌지 안 받기, 부교재 채택료 거부, 방학책 강매 중단, 육성회 불법 찬조금 근절, 졸업 앨범 등 각종 커미

션 비리 척결 등 잘못된 관행을 거부하는 참교육 실천 운동은 국민들의 높은 지지를 받았다.

이와 함께 전교조는 수업과 생활지도의 변화를 통해 교사의 전문성을 확보하며, 학생들을 존중하고 주체로 세우는 참교육 실천 활동을 펼쳤다. 다양한 교육 자료를 발간하고 참교육실천대회와 각종 연수를 실시하였다. 1990년에는 초등 교사를 위한 『우리아이들』[36]을 펴내고, 교육 월간지 『우리교육』을 창간하였다.[37] 그 밖에도 다양한 참교육 자료들을 조합원과 후원회원들에게 공급하였다. 예컨대, 1994년 7월 전교조가 발행한 자료는 『전교조 신문』 42,000부를 비롯해 교권 자료집 27,000부, 참교육실천위원회에서 발행한 『한걸음』 18,000부에 이르렀으며, 교과별·주제별 자료도 제작, 배포되었다.[38] 그 밖에 지역의 지부와 지회에서도 참교육 자료를 활발하게 발행하였다.[39]

참교육 실천 활동을 영역별로 구분하면 교과모임 활동, 주제분과 활동,

---

35. 1989년 5월 28일 전교조 창립대회에서 채택된 전교조의 강령은 다음과 같다.
    1. 우리는 교육의 자주성, 전문성 확립과 교육민주화 실현을 위해 굳게 단결한다.
    1. 우리는 교직원의 사회 경제적 지위 향상과 민주적 권리의 획득 및 교육 여건 개선에 모든 노력을 기울인다.
    1. 우리는 학생들이 민주시민으로서 자주적 삶을 누릴 수 있도록 민족·민주·인간화 교육에 앞장선다.
    1. 우리는 자유, 평화, 민주주의를 사랑하는 국내 여러 단체 및 세계 교원단체와 연대한다.
36. 매월 학급 운영, 참교육 수업안, 훈화 자료 등 참교육 활동 자료와 주요 교육문제나 사회문제를 다루는 내용을 담아 지금까지 배포하고 있다.
37. 『우리교육』은 창간 준비호 25,000부를 발행하면서 모집한 정기 구독자가 5,000명에 이르고, 창간 1년 뒤에는 1만 7,000명의 정기 구독자를 확보하였다. 『우리교육』은 한국교총에서 내는 『새교육』 외에 교육 잡지가 없던 그 당시, 현장 교사들에게 참교육 사례를 전파하는 중요 매체가 되었다.
38. 교육문예 3,000부, 학급 운영 3,500부, 영어과 3,000부, 역사과 2,800부, 한문과 1,500부, 가정과 1,200부, 도덕과 1,900부, 체육과 1,500부, 실업과 1,100부, 통일교육 3,100부, 환경 3,700부, 성평등 3,300부, 과학과 1,734부, 미술과 1,073부가 배포되었다(전교조 제13차 대의원대회 자료집, 1995. 2. 26. 2-3쪽).
39. 1991년 4월에 나온 전교조의 『지회사업을 위한 자료집』에 따르면 문화 활동과 관련한 자료만 지부, 지회에서 모두 25가지에 이르렀다(전국교직원노동조합, 2011: 825).

교육문화 활동, 학생 활동 등 크게 4개 영역으로 나눌 수 있다.

첫째, 교과모임은 1988년 국어과 교사모임 창립 이후 역사, 영어 등 교과모임들이 속속 만들어져 수만 명의 회원을 가진 조직으로 발전하였다. 이들 교과모임에서 만든 자료는 학교 현장의 교사들에게 보급되었다. 현장 교사들은 이를 매개로 전교조 후원회원이 되었는데 그 수는 전교조가 1999년에 합법노조가 될 무렵, 4만 명으로 늘어났다. 1995년 5·31교육개혁 조치 이후 학교 현장에서 수업 개선 요구가 높아지자 교과모임에서 나온 자료는 교사들의 큰 호응을 얻었다. 방학 때마다 하는 각종 참교육 연수에는 수천 명의 교사들이 모여들었다(이장원, 2011). 예컨대, 국어교사모임은 1998년에 회원 수가 전체 국어 교사의 30%가 넘는 8,000명을 웃돌았고, 7차 교육과정이 개편되자 대안 교과서 『우리말 우리글』을 개발하여 보급했다. 역사교사모임은 1988년 7월 서울지역 역사교사모임으로 시작해 1990년 전국역사교사모임으로 통합되었다. 회보『역사교육』을 포함하여 다양한 수업 자료와 수업 사례를 개발하고 보급했다. 이 중 슬라이드 교재와『사료로 보는 우리 역사』는 대단한 인기를 끌었고, 2002년에는 대안 교과서 『살아있는 한국사 교과서』를 발간했다. 이처럼 각 교과모임은 회보를 발행하고, 다양한 수업 자료와 수업 사례를 학교 현장에 보급하여 수업 내용과 방법을 개선하고자 하였으며, 2000년대에는 대안 교과서 제작까지 나아가게 되었다.

둘째, 주제분과는 교과와 달리 주제별 연구와 실천을 해왔다. 먼저 양성평등의 관점에서 기존의 교과서 분석을 하고,『성차별 극복을 위한 자료집』(1989), 『학교교육과 성차별』(1989) 등을 발간한 전교조 여성국의 활동이 있다. 1990년부터는 성교육 강좌를 열어 큰 반향을 일으켰으며, 수업지도안을 개발하고 여교사 연수를 통해 성교육 사례를 공유했다. 1992년에는 산후휴가와 육아휴직 등 여교사의 권리 확대와 학교 탁아소 설치

운동을 벌였으며, 여성교육분과를 분리시켜 성평등 교육 자료를 발간하고, 수업 사례 개발과 성평등 연수를 실시했다. 통일교육분과에서는 북녘 어린이 살리기 운동, 통일교육 자료와 수업지도안 발간, 통일 백일장, 통일 캠프를 실시했다. 환경교육분과 역시 지역의 환경문제에서 출발하여 회보 발간, 전국적인 환경 문제 해결, 야생화 관찰, 쓰레기 처리장 견학, 수질 탐사, 핵발전소 견학 등 활동을 벌이고, 학급에서 할 수 있는 환경교육 자료와 환경반, 야생화 관찰반 등 특별활동 프로그램을 보급하였다.

셋째, 교육문화 활동은 탈춤과 풍물, 민요 등 민속문화 교사 강습과 문화 한마당 등을 통해 문화 활동가를 양성하고, 학생 문화 사업을 다채롭게 펼치는 것이다. 문화 소모임이 전국으로 확산되면서 풍물, 민요, 노래, 탈춤, 단소, 영상, 사진, 춤, 연극, 판화, 만화, 놀이강습 등 매체별 연수가 열렸다. 여기에 참여한 교사들은 공연과 문화 한마당을 여는가 하면, 학교 현장에서 학생 동아리 활동 지도나 교과 수업에 활용하여 새로운 교육문화를 형성하는 데 기여하였다.

넷째, 학생 활동은 학급 운영, 학생회 활동, 생활지도 등을 연구·실천하는 것이다. 그중 교사들의 관심이 큰 학급 운영 관련 연수와 소모임을 구성하고, 자치와 공동체 정신을 바탕에 둔 다양한 학급 활동을 전파했다. 그 내용은 생일잔치, 학급신문, 학급문집, 계기별 학급 행사, 소풍놀이 등 학생들과 함께 만들어가는 학급 행사와 민주적인 학급회의, 학생들의 참여와 협동심을 키우는 모둠 활동, 모둠 일기 쓰기, 집단 상담 등이었다. 학부모와 소통하기 위한 편지 쓰기와 간담회 사례도 개발하고 전파하였다. 참교육상담소 '따르릉 선생님'에서는 학생 상담을 하고, 교사 연수를 활발하게 진행하였다. 이를테면 참교육상담소가 진행한 상담 연수는 1992년 한 해 동안 지역별 초청 상담 강좌 113회, 참가 인원 3,170명에 이르도록 큰 호응을 얻고 학교 현장에 집단 상담 열풍을 불러왔다.

한편 학생자치 활동을 중요하게 여겨 지원한 결과 1988년에는 학생회 직선제, 보충자율학습 폐지 등을 이뤄냈다. 학생의 날 기념식, 학생주간 행사를 진행하고, 어린이들이 즐겁게 놀 수 있는 어린이날 행사를 지역사회의 축제로 자리 잡게 하였다. 그 밖에 사범대 학생회, 청소년 단체와 함께 중고생을 위한 '열린 교실'을 열어 역사, 문화, 사회문제에 대한 강연을 포함하여 노래와 놀이, 풍물 강습, 모둠 토론 등 프로그램을 진행하였다. 그리고 여름방학에는 '어린이 여름학교'를 전국 곳곳에서 개최하였다. 1991년 광주지부에서 성공적이었던 '어린이 여름학교'는 다음 해 충북 '참교육 어린이 여름학교', 1993년 서울 '어린이 숲속학교', 대구 '참교육 민들레학교', 충남 '참교육 어린이 여름학교', 전남 '여름학교', 강원 '어린이 여름학교', 인천 '노동자 자녀 캠프'를 일제히 운영하면서 지회로까지 확대된다. 내용은 물놀이, 풍물난장트기, 우리 춤 배우기, 감자 굽기, 협동화 그리기, 대동놀이, 전통 놀이왕 뽑기, 별자리 관찰하기, 무공해 비누 만들기, 마음 나누기, 동아리 발표회 등 지역별로 다양한 프로그램을 구성하여 진행하였다(전국교직원노동조합, 2011).

이렇게 여러 영역에서 교육 자료 개발과 보급 및 연수가 다양하게 진행되면서 교과 수업, 동아리, 학생자치 활동, 학급 운영 등 교육 활동 전반에서 새로운 시도가 이루어졌다. 여기에는 1989년 전교조 창립 당시 해직된 1,500여 명의 교사들이 학교 밖에서 자료 제작과 수업 사례 개발 및 연수 등을 통해 학교 현장의 교사들에게 확산시킨 것이 주효했다. 현장 교사들과 학부모의 호응이 큰 것도 참교육 실천 활동의 동력이 되었다.[40]

그러나 교육 당국과 언론이 교과모임 발행 자료를 좌익 이념을 담고 있다고 문제 삼아 한동안 활동이 위축되었다. 교육 당국은 1989년 국어교사모임의 『민족민주교육을 위한 개편 교과서 지침서』(중학교 국어 1-1)를 문제 삼았다. 1995년에는 역사교사모임이 발행한 『우리 역사, 어떻게 가르칠까』를 수업에 참고하지 말고, 역사교사모임에도 참여하지 말라고 지시를 내렸다. 이러한 이념 공세에 항의하고 대응하면서 이후 교과모임은 복원되었고, 전교조 조직이 되살아나고 합법화되자 다시 활발해졌다.

그러나 이렇게 호응을 얻었던 참교육 실천 활동이 한동안 위축되었던 시기가 있었다. 1994년 해직 교사들의 복직이 이루어진 때로부터 1999년 전교조가 합법화될 때까지이다. 해직 교사들이 대거 복직하면서 전교조 조직에서 일하는 인원이 대폭 줄어들어 이를 체계화하고 정상화하는 데 몇 년간 큰 어려움을 겪었다.

그 시기에 전교조는 5·31교육개혁안 이후 학교 다양화 정책, 경쟁 및 자율에 의한 단위 학교 책임경영제, 평가의 강화 등 신자유주의 정책들을 연달아 집행하는 교육 당국에 효과적으로 대처하기 어려웠다. 또한 교육의 질 개선을 요구하는 학부모들과 학교에 대한 학생들의 불만에 적절히 대응하기도 어려웠다. 해직 교사들이 복직하면 학교가 확실히 바뀔 거라고 기대했던 학부모들과 학생들의 기대를 충족시키기 어려운 내부 조건 때문이었다. 1994년 3월 해직 교사 복직 조치로 1,294명이 신규 채용 형식으로 복직하고, 전·현직 위원장 3명, 1993년 12월에 당선된 지부장 14명, 교육청에서 복직 불가 판정을 내린 8명이 남아 1999년 전교조가 합법화될 때까지 조직을 이끌게 된다(전국교직원노동조합, 2011). 1,500여 명의 해직 교사들이 활동하던 1989~1993년에 비해 활동력이 크게 줄어 헌

---

40. 전교조 창립 직후인 1990년 10월 조합원 실태 조사 역시 '교육 현장에 도움을 주는 사업이 절실'하다는 의견이 55.2%를 차지해 참교육 실천 활동에 대한 요구가 큰 것으로 나타났다. 그 후 참교육 활동가들 사이에 참교육 실천 운동 강화를 위한 논의가 시작되고 1992년에는 참교육실천특별위원회를 설치하여 교과위원회, 문화국, 학생국, 교육문예창작회 등의 협의기구로서 지부·지회 단위까지 현장과 밀착되게 참교육 실천 활동의 질을 높여나가고자 하였다. 한편 그동안 교과모임과 주제 분과별로 개최해온 연수를 통합하여 1992년 여름에 '참교육 실천 보고대회'를 열었다. '참교육 실천 보고대회'의 참가자가 해마다 급증하자 3차 이후에는 지역별로 분산·개최하였다(전국교직원노동조합, 2011: 826-831).

장 체계를 구축하는 데 시간이 걸렸다. 학교로 뿔뿔이 흩어져 복귀한 해직 교사들로서는 학교 현장 적응을 위해 노력해야 했고, 활동 지역이 아닌 낯선 곳에 배치됨으로써 활동을 재개하는 데 수년간 시간이 걸렸다((아) 구술, 2012. 10. 27). 그런 사정으로 1990년대 후반 학교 붕괴, 학교 폭력 등이 사회문제로 크게 부각되었을 때, 전교조는 '좋은 학교, 신나는 학급 만들기 운동'을 전개하였으나, 담론 제시를 넘어서는 적절한 대처는 하지 못했다(황호영, 2009).

그러나 1999년 7월에 합법화되자 전교조는 제2의 참교육운동을 펼치기로 결정했다. 교과모임과 주제분과 활동도 침체를 딛고 회원이 늘어났다. 2002년 5월 15일에는 1년간 조합원 논의를 거쳐 참교육 실천 강령[41]을 선포하고, 전국적인 참교육실천대회를 다시 개최하였다. 국어, 역사, 사회 등 교과모임은 대안 교과서 제작, 검인정 교과서 집필,[42] 연수 개최, 단행본 발간 등 그동안 축적한 교과 내용의 전문성을 구현하는 다양한 활동

---

41. 참교육 실천 강령은 다음과 같다.
    우리는 교육민주화운동과 전국교직원노동조합 결성의 정신을 이어받아 교육을 올바로 세우기 위하여 참교육 실천 강령을 제정하고 실천한다.
    1. 우리는 더불어 사는 삶을 소중히 여기는 인간상을 추구한다.
    1. 우리는 민족의 자주성 확보와 평화통일을 앞당기기 위한 교육을 실천한다.
    1. 우리는 민주주의의 완성과 생활화를 지향하는 교육을 실천한다.
    1. 우리는 양성평등교육을 실천한다.
    1. 우리는 인권교육을 실천한다.
    1. 우리는 노동의 가치와 노동자의 권리를 존중하는 교육을 실천한다.
    1. 우리는 자연과 인간의 공생을 지향하는 교육을 실천한다.
    1. 우리는 몸과 마음의 건강을 지키는 교육을 실천한다.
    1. 우리는 교육과정을 창조적으로 운영한다.
    1. 우리는 서로 돕고 협동하는 학습의 원리를 구현한다.
    1. 우리는 학생자치를 존중하고 돕는다.
    1. 우리는 동료 교사와 함께 연구하고 실천한다.
    1. 우리는 학부모, 지역사회와 협력한다.
    1. 우리는 참교육을 가로막는 제도와 관행에 맞서 투쟁한다.
42. 그동안 한국은 국정교과서 중심 교과서 제도를 채택해왔다. 교과서의 자유발행제 또는 검인정제도는 교사운동 내의 오랜 요구 사항이었다. 국정 교과서가 검인정 교과서로 거의 바뀌었지만 정부는 2015년에 다시 역사 교과서의 국정화를 강행했다.

을 전개하였다.[43] 그리고 단체교섭을 통해 교육정책과 제도 개선을 포함한 교육개혁을 하는 데 역점을 두었다.

요컨대 1989년 창립된 전교조는 공교육제도와 학교 현장의 많은 문제를 교사들이 내부로부터 비판하고 개선을 위해 적극 나서면서, 국민의 호응과 지지를 받고 교사운동의 일대 진전을 이루었다고 평가할 수 있다. 이후 1,500명이 넘는 교사들이 해직되고, 교원노조를 인정하지 않는 정부와 계속 충돌하고 갈등을 거듭하면서도, 법외노조라는 제한된 조건에서 교육민주화와 참교육 실현을 요구하고 실천하였다.

다른 나라의 교원노조와 달리 교사들의 실천을 강조하는 참교육운동은 수업과 학급 운영 및 교육문화, 학생자치 활동을 활성화하고 변화시키는 데 상당한 역할을 하였다. 그러나 정부와 보수 언론으로부터 이념적인 비난을 받으며 많은 어려움을 겪었다. 1994년 해직 교사들이 복직하고 한동안 조직 운영이 어려워져 활동이 침체되기도 하였다. 따라서 그 기간 중에 증폭된 학교 위기론과 각종 신자유주의 교육정책들에 대해 적절히 대응하기 어려웠다. 이후 1999년에 합법화가 되자 전교조는 조직 확대와 제도개선을 위한 단체교섭 투쟁에 중점을 두었으며, 참교육운동은 회원이 늘어나고 교과별 주제별 활동이 활발해지는 등 새로운 단계로 접어들었다.

---

43. 전교조의 참교육 실천 활동은 4개 영역을 압축하여 19개 교과와 14개 주제 분과로 이루어지고 있다. 교과는 유아·초등·국어·도덕·사회·지리·역사·수학·과학·기술·가정·체육·음악·미술·한문·영어·보건·실업·통일이며, 주제 분과는 도서관·환경·특수·성평등·학생생활/상담·새로운학교·프로젝트 학습·정보·노래·놀이·몸짓·연극·영상·풍물이다.

다. 대안교육 운동: 새로운 교육의 상상과 실험

1990년대에는 제도교육 내부에서 교사운동이 일어나는 한편, 제도교육에 불만을 가진 사람들이 독자적인 교육과 학교 설립을 시도하는 새로운 현상이 나타났다. 일군의 학부모, 학자, 교사들은 기존의 공교육 학교 체제와는 다른 대안교육을 논의하기 시작했다. 근대 국가교육 체제가 강력하게 작동하는 한국에서 학교교육의 변화는 교사운동만으로는 충분치 않았다. 불법단체로 낙인찍혀 온전한 조합 활동을 하기 어려운 전교조 운동이 공교육 학교 체제를 기대만큼 혁신한다는 것은 현실을 넘어선 것이기도 했다. 결국 교육의 질적 변화에 대한 열망은 학교 밖에서 새로운 길을 개척하여 실현 가능한 곳에서, 가능한 사람들이 만들어가는 대안교육 운동으로 물꼬를 텄다.

1) 대안교육 운동의 등장

한국에서는 서구 사회에서 1970, 1980년대에 일어난 대안교육 운동이 1990년대 중반부터 빠른 속도로 일어났다. 이보다 앞선 제도권 밖 실천으로는 야학과 공부방 운동이 있다. 급속한 경제 개발 과정에서 도시로 유입된 근로 청소년을 대상으로 한 '야학'은 1970년대에 본격적으로 이루어졌다. 그러나 1980년에 중학교 취학률이 95.1%, 고등학교 취학률이 63.5%에 도달하면서 '야학'의 비중은 줄어들었다. 1980년대에는 저소득층 자녀를 위한 '공부방 운동'이 일어났다. '공부방 운동'은 1990년대 초반까지 활발하다가 이후 학교 방과 후 활동 프로그램이 실시되고 사회적 여건이 향상되면서 점점 잦아들었다(이종태, 2001).

이렇게 야학과 공부방 운동이 잦아든 것은 학교교육의 역할과 비중이 그만큼 커졌다는 의미를 갖는다. 타이액(D. Tyack)에 의하면, 중등교육의 보편화가 완결된 1950년에 이르러 미국에서 "교육은 곧 학교교육"을 의미하게 되었다(D. Tyack, 1976). 한국에서도 중등교육의 보편화가 완결된 1990년대에 이르러 '교육은 곧 학교교육'을 의미하게 되었다. 즉, 1990년대에 한국 교육은 '만민을 위한 중등교육'[44]이 실시되는 완전 취학 상태에 이르고 저소득층 자녀를 위한 돌봄 기능이 학교에 부여되기 시작했다. 돌봄 기능의 부가는 육아의 국가적 책임을 강조한 교육단체와 여성단체의 요구가 실현된 것이라고 볼 수 있다.

그러나 '누구나 학교에 다 가는' 시대가 되면서 로티(D. Lortie, 1975)가 지적한 바대로, 가치(values)와 실제(practices)의 변화에는 패러독스(paradox)가 나타났다. 그는 미국 교직의 역사를 서술하면서, 교사가 신체적 제재를 사용하는 것에 대한 규제가 의무교육의 법제화와 거의 같은 시기에 이루어졌음을 밝혀냈다. 교사들이 설득이라든가 그 밖의 다른 방법을 사용하여 자신들의 권위를 유지할 수밖에 없는 상황에서는, 학생들이 자발적으로 학교에 간다는 말은 공허하다는 것이다. 다시 말하면 학교에 다니는 것을 학생들 자신이나 학부모들이 원하든 원하지 않든 간에, 교사들은 학생들의 동기를 높이는 법을 배워야만 했다. 학교 체제가 위계화되고 의무교육이 확산됨에 따라 교사와 학생 모두 '포로의 상태'가 되었다는 것이다.

1990년대에 한국에서는 학교교육에 대한 중산층의 불만과 교육개혁 요구가 독자적인 대안교육 또는 대안학교 설립운동으로 분출되었다. 해마다 100명이 넘는 학생들이 자살을 하고 6, 7만 명이 중도 탈락하는 등 학교

---

44. 20세기 중반부터 세계 각국에서 동시다발적으로 등장한 중등교육의 보편화 현상을 학자들은 "교육혁명"으로 규정하는 데 주저하지 않았다. 그러나 대가 없는 혁명이 없듯이 이 "혁명"은 중등교육의 기능에 대한 새로운 정의를 요구하게 되었으며, 이 요구는 중등교육의 위상 변화를 함의한다. 그리고 혁명의 가장 비싼 대가는 "탈학교론(脫學校論)"이나 "학교는 죽었다!"는 주장의 등장이다(김기석, 1999: 74).

교육으로 고통받는 학생들에게 좀 더 자유롭고 다양한 교육 경험을 제공하려는 노력이 여기저기 소규모로 이루어졌다.

초기에는 주말이나 방학을 이용한 소모임 또는 캠프 형태로 제도권 학교 밖 대안교육이 시도되었다. 1986년 시작된 '또 하나의 문화' 어린이 캠프와 '두밀리 자연학교'를 시작으로 1990년대에 '다솜학교'(1990), 광명 '창조학교'(1992), 대구 '민들레학교'(1993), '자유학교 물꼬'(1993), 가출 청소년을 위한 안산의 '들꽃 피는 학교'(1994), '숲속마을 작은 학교'(1994) 등이 뒤를 이었다. 1994년에는 성미산 학교의 모태인 '우리 어린이집'에서 공동육아협동조합운동이 시작되어 확산되었다(이병환·김영순, 2008).

이렇게 각기 독립적으로 새로운 교육 이념과 방법을 모색하던 주체들은 1995년 2월 상호 연대와 교류를 위한 모임을 가졌다. 교사, 교육 실천가, 학자 등 모두 17개 단체에서 47명이 참가하여 '새로운 학교를 만드는 모임'이라고 이름을 정하고 생태주의적 세계관과 공동체적 삶, 자유와 자율에 기초한 교육이라는 공통의 지향을 확인하였다. 그해 7월에는 서울평화교육센터가 주관한 '대안교육 모색을 위한 워크숍'이 열려 거창고등학교와 샛별초등학교, 풀무농업고등기술학교, 영광의 성지고등학교, 열린교육 등에 관한 논의가 이루어졌다(이종태, 2001).

1996년 8월에는 제1회 '대안교육 한마당' 행사를 갖고, 거기서 발표된 사례를 출간하였으며, 연대를 강화하기 위한 '대안교육 그물모임' 준비모임을 만들었다. 이를 계기로 대안교육에 관한 일반인의 관심도 높아졌다. 1996년 양희규가 계절학교 형태로 간디청소년학교를 열고 1997년 3월에는 중고생 대상의 간디청소년학교를 개교하였다. 이것은 그동안 프로그램 중심으로 운영되는 틀을 넘어 전일제 학교 체제를 갖춘 첫 번째 대안학교였다.

2) 제도적 지원과 확산

대안교육 운동의 또 다른 분기점은 1997년 6월 정부가 발표한 고교 설립준칙주의[45]에 따라 설립되기 시작한 '특성화고등학교'의 지정이었다. 정부는 그 당시 급증한 학교 부적응아 문제를 해결하기 위한 방안으로 1996년 '중도 탈락 예방 종합대책'을 내놓았다. 전국을 6개 권역으로 나눠 1권역에 1개교씩 영산성지학교를 모델로 학교 부적응 학생을 위한 대안학교를 설립한다는 안이었다.

이러한 정부 방침에 대해 대안교육을 실천해온 사람들은 문제를 제기하고 나섰다. 학교 부적응아만을 대상으로 할 경우 대안교육 자체의 의미를 심하게 왜곡하는 것이고, 정부가 직접 대안학교라는 명칭으로 학교를 설립할 경우, 성과를 기대하기 어렵다는 점 때문이었다. 결국 그 불합리함을 지적하고 새로운 계획을 세우도록 정책 담당자에게 조언하여 탄생한 개념이 '특성화고등학교'였다. 직업 분야 인재 양성을 위해 정부가 구상하던 것에 인성교육 위주로 하는 대안학교의 개념을 담아 함께 사용하기로 한 것이다(송순재, 2007).

1998년 2월에 법제화된 '특성화고등학교' 관련 법령에 따라 그해에 영산성지학교, 간디청소년학교, 양업고등학교, 화랑고등학교, 원경고등학교, 한빛고등학교 등 6개교가 지정되었다. 여기서 빼놓을 수 없는 것은 1998년 2월 개정된 '초중등교육법'의 내용에 특성화고등학교 조항과 함께 '자율학교'[46]가 포함된 것이다. 1999년 3월부터 간디학교, 양업고, 한빛고, 성지고, 원경고 등 5개 대안학교가 '자율학교'로 지정받아 운영되었다. 특성화고등학교와 자율학교 설립의 법제화는 대안학교와 이후 새로운학교운

---

45. 학교 설립에 필요한 정원(학교의 최소 규모를 한 학급 최소 20명에 3개 학년 60명)과 부지, 시설 기준 등을 크게 완화시킨 조치이다.

동을 확산시키는 중요한 법적 근거가 되었다. 아이러니하게도 학교의 다양화 정책에 의해 특목고와 자립형 사립고만이 아니라 특성화중고등학교 또는 자율학교까지 지정하게 되자, 제도권 밖의 대안학교 일부가 편입되고 나중에는 새로운학교운동의 제도적 기반이 된 것이다.

그렇다면 대안교육과 대안학교는 어떤 형태를 띠는 것일까? 김희동은 1998년에 인가받은 대안학교가 등장한 뒤 기존의 학교 형태를 잣대로 대안교육을 〈표 Ⅱ-5〉과 같이 유형화했다.

〈표 Ⅱ-5〉 대안학교의 유형

학교형	인가형	풀무(홍성), 성지(영광), 간디(산청), 푸른꿈(무주), 양업(청주), 원경(합천) 화랑(경주), 한빛(광주), 세인(전주), 두레자연(화성), 동명(광주), 국제복음(인천)
	비인가형	공동체학교(변산), 들꽃 피는 학교(안산), 마을학교(예천), 도시 속 작은학교(서울), 실상사 작은학교(무주) 하자스쿨(서울), 중학교 과정 간디학교(산청)
틈학교형	공부방형	방과후교실, 주말학교, 지역공부방
	계절학교형	민들레 만들래(대구), 청미래(양산), 한새(부산), 물꼬(서울), 숲속의 학교(울산), 자연학교(두밀리)
탈학교형	협동체형	탈학교모임(서울) 등 그 밖의 학습공동체들
	가정학교형	공식적인 숫자를 추정할 수 없는 상태지만 급속히 확대되고 있음

※ 출처: 현병호(2001: 80-81); 강대중(2002: 43)에서 재인용.

여기서 학교형은 전일제 학교 형태를 띠고 있으며, 틈학교형은 주말학교나 계절학교, 방과후학교 등 제도권 학교의 틈을 활용하여 프로그램을

---

46. 자율학교는 초·중등교육법 등에 따라 교장 임용, 교육과정 운영, 교과서 사용, 학생 선발 등에서 자율성을 갖는 학교이다. 교육인적자원부는 1999년 3월부터 특성화고 및 예·체능계고 15개교를 대상으로 3년간 시범 운영을 거쳤으며, 이후 특성화고, 예·체능고, 일정 요건을 갖춘 농어촌 소재 고교를 자율학교로 지정될 수 있도록 해 2002년 3월까지 31개 자율학교가 지정되었다. 자율학교는 초중등 교육법 제61조 학교 및 교육과정 운영의 특례 규정으로 제시되어 있다. 매우 제한적으로 지정되던 자율학교는 2009년 6월 '학교 단위 책임 경영을 위한 학교 자율화 추진 방안'을 교육과학기술부가 발표하면서 대폭 확대되었다. 학력 향상 중점 학교, 교육과정 혁신 학교, 사교육 없는 학교, 기숙형 고교, 마이스터고, 전원학교 등을 자율학교로 지정하기로 한 것이다. 그러자 2008년까지 263개이던 자율학교가 2010년에는 2,286개로 급증하였다(김용, 2012: 42-43).

운영하고, 탈학교형은 가정이나 학습공동체 방식으로 운영하는 유형이다.

이런 과정에서 대안교육의 내용과 방향을 심도 깊게 논의하고 교류하는 모임들이 생겨났다. '대안교육 한마당', '교육사랑방', '교사 아카데미'가 그것이다. 여기서 심화된 내용은 『처음처럼』, 『민들레』와 같은 잡지 및 출판물을 통해 소개되고 전파되었다. 대안교육협의회(1998), 대안교육연대(2002) 등 연대 모임도 구성되었다. 이들 모임과 출판물에서는 대안교육의 철학과 국내외 사례들을 다루었다. 예를 들면 일본의 '자유학교', 태국의 '무반덱 학교', 독일의 '발도르프 학교', '헬레네 랑에 학교', '글록제 학교', 러시아의 '아름다운 학교 운동', '톨스토이 학교', 미국의 '뉴욕 1번지 학교', 프랑스의 '프레네 학교', 덴마크의 '프리스콜레', '에프터스콜레', 이탈리아의 '몬테소리 학교' 같은 것들이었다. 간디의 평화 교육론과 다양한 교사론이 논의되고, 국내 사례로는 전통 서당과 서원 교육론을 비롯하여 가톨릭 종립학교에 대해서도 다루었다(송순재, 2007).

출판물과 강연 및 모임을 통해서 대안교육의 실천은 관심 있는 학부모들과 교사, 학자들에게 알려졌다. 획일적이고 권위주의적인 학교와 다른 학교가 존재한다는 사실은 제도권 내의 공교육에 종사하는 교사들에게 상상을 넘어 현실적인 관심사가 아닐 수 없었다.

2001년에는 부천의 산어린이학교, 광명 YMCA에서 만든 볍씨학교가 미인가 초등학교로 출발하여 대안초등학교 설립이 급격히 확산되었다. 이어 실상사 작은학교 등 비인가 대안중학교가 설립되기 시작하여 비인가 초·중등학교가 2006년 말에는 전국 70곳에 이르렀다. 첫 번째 전일제 학교 형태의 대안학교가 문을 연 뒤 10년 동안 98개교가 설립되었는데, 연도별 대안학교의 설립 현황은 〈그림 Ⅱ-2〉와 같다.

그렇다면 대안교육 운동이 지향하는 공통의 가치와 방향은 무엇일까. 여기에 대해 고병헌은 크게 세 가지로 제시하였다(고병헌, 1996).

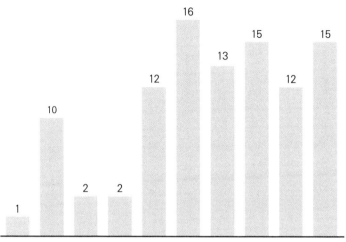

〈그림 II-2〉 연도별 대안학교 설립 현황

※ 출처: 교육인적자원부(2007: 8) 참조.

첫째, 지속가능한 가치를 지향한다. 우리 아이들을 이웃과 다른 인종, 다른 민족, 자연과 더불어 조화롭게 살아갈 수 있는 공동체적 인간, 생명을 존중할 줄 아는 인간으로 키우겠다는 교육 이념이 핵심이다. 둘째, 지역사회에 뿌리내린 '작은 학교'를 지향한다. 작은 학교는 교육과정의 다양화와 교육 내용의 질 향상, 교사의 자질 향상 등이 가능하고, 지역 특성을 살려 주민자치운동에 큰 힘을 실을 수 있다. 셋째, 교육 주체의 원상회복이다. 뒤틀린 교육 주체 간의 관계 회복을 첫 출발점으로 삼고 있다.

3) 대안교육과 전교조 운동

그렇다면 1990년대에 일어난 대안교육 운동과 전교조 운동은 어떤 연관이 있을까. 제도교육을 개혁하고자 나선 교사운동과 제도교육 밖에서 새로운 교육을 실천한 대안교육 운동이 서로 접근하거나 중첩되는 부분은 무엇일까. 서로 다른 영역에서 서로 다른 실천을 하는 두 갈래 길이었지만, 제도교육에 대한 문제 인식이 비슷했다는 점과 부분적으로 '주체의 중복'이 이루어졌다는 점이 특징이다.

대안교육의 뿌리 중 하나는 1980년대 교사운동이다. 전교조 운동을 통해 교사들은 맹목적인 입시 위주 교육의 병폐, 아이들의 삶과는 동떨어진 내용으로 구성된 교육과정의 문제, 가난한 아이들이 학교교육에서 실패하는 교육 불평등의 문제, 학교의 의사결정 구조 왜곡과 학교 재정의 불투명성 등을 지적했다. 이런 문제의식을 바탕으로 하여 생겨났다는 점에서 대안교육 운동은 음으로 양으로 전교조 운동에 빚지고 있다고 볼 수 있다. 특히 전교조 조합원들이 대안학교 설립에 참여하고 교사가 된 사례가 적지 않으며, 대안학교에 자녀를 보내는 주된 학부모 층이 되기도 하였다(교육인적자원부, 2007).

전교조는 공교육의 틀 안에서 이루어지는 학교교육에 관심을 갖기 때문에 대안교육 운동을 조직 차원에서 적극적으로 협력하거나 지원하지는 않았다. 다만 조합원 개인의 관심에 따라 공동육아협동조합이나 대안학교 설립에 관여하고, 학부모가 되거나 대안교육 운동에 참여하는 경우가 많았다. 따라서 대안교육 운동과 전교조 운동은 조직적으로 연결되지는 않았지만 주체가 중복되는 경우가 많아서 주체들의 교육 경험이 상호 침투하는 결과를 낳았다고 할 수 있다. 예컨대 전교조의 어린이 여름학교와 청소년 캠프, 각종 강좌와 행사들이 이후 대안교육 운동에서 만든 캠프와 계절학교 프로그램과 유사한 경우가 많다. 이는 나중에 살펴볼 새로운 학교운동에도 비슷하게 나타난다. 왜냐하면 전교조 운동과 대안교육 운동에 참여하거나 관심을 가졌던 교사들이 이전의 교육 경험을 토대로 새로운학교운동의 주체로 활동하거나, 널리 소개된 출판물과 강좌를 통해 자신의 경험을 풍부하게 하려는 노력을 했기 때문이다.

요컨대 1980년대까지 팽창 일로를 걷던 한국의 초중등 교육 체제가 "만민을 위한 중등교육" 단계에 이르자 학교 부적응 및 자살 학생, 중도 탈락 학생과 조기 유학생 수 증가, 학교 붕괴와 위기론 등 전혀 새로운 현상이 나타났다. 대안교육 운동은 이러한 현상에 대한 진단과 대안을 찾는 과정에서 나타난 흐름이다. 강력한 국가교육 체제하에서 형성된 경직된 관료적 학교 체제와 입시 위주의 경쟁 교육을 뛰어넘고자 하는 다양한 시도가 현장의 교사, 학자, 학부모, 대안교육 운동가들에 의해 이루어졌다. 그 형태는 계절학교와 방과후학교, 공부방과 같은 프로그램 위주의 대안교육으로부터 전일제 대안학교 형태까지 여러 가지이다.

한편 대안교육 운동은 다양한 학교 설립 허용과 지원이라는 정부의 정책 방향으로부터 양보와 타협을 만들어냈다. 특히 1998년 특성화고등학교와 자율학교의 법제화는 대안학교 설립을 촉진시키는 제도적 장치가 되었고, 대안교육 운동의 큰 줄기가 제도권 안으로 진입하는 계기가 되었다.

그러나 한국처럼 강력한 국가교육 체제가 수립된 나라에서 '대체 전략'[47]이 왕성하게 실현되기는 어려웠다. 2006년 12월 현재, 전일제 대안학교 98개교에 다니는 학생 수는 5,179명으로 전체 초·중·고·특수학교 학생 수 7,799,605명의 0.07%이다. 그 밖에 위탁형 등을 포함한다 해도 대안교육을 받는 학생 수는 0.2% 정도에 불과하다(교육인적자원부, 2007). 이것

---

47. 아처(M. Archer, 1979)는 영국과 프랑스 등 국가 간 비교를 통해 근대 국가교육 체제의 기원을 밝혔다. 즉, 산업혁명 이후 등장한 영국의 중간계급은 프랑스와 달리 정치적 영향력이 상대적으로 약하자, 자신들의 이해를 유지·발전시킬 새로운 형태의 학교를 전국적으로 설립하였다. 아직 전면적으로 국가교육 체제의 변화를 만들어내기 어려운 조건에서 정치적 역량이 약한 영국의 대항 집단은 '대체 전략(the strategy of substitution)'을 선택하였다. 그러나 프랑스의 경우, 대항 집단은 '제한 전략(the strategy of restriction)'을 선택하여 교육에 대한 교회의 통제와 특권을 실질적으로 막고, 국가기구를 장악하여 강력한 중앙정부의 통제를 받는 교육 체제를 구축하였다. 이러한 프랑스 교육을 본떠 만든 일본 근대 교육이 우리나라에 도입되어 강력한 중앙집권적 국가교육 체제가 수립되었다(김기석, 1999: 49-51).

은 단지 정부의 지원 부족이 문제가 아니라, 강력한 국가교육 체제가 수립된 한국의 특수성에 비추어 볼 때 '대체 전략'이 갖는 한계라고 보인다. 정부와 교육사회단체가 공교육 체제 내의 학교교육 개혁과 변화 쪽으로 힘을 집중하고 있는 것도 중요한 요인이라고 할 수 있다.

2. 새로운학교의 효시: 남한산초등학교

경기도 광주 남한산초등학교는 2000년에 지역 주민과 교장, 교사들이 폐교를 막기 위해 노력하여 2001년 새로운학교를 만든 첫 사례이다. 그것은 거산분교, 삼우초등학교 등 농산어촌의 작은 학교에 영향을 미치며 새로운학교운동으로 확산되었다.

그렇다면 그 이전의 학교개혁 사례에는 어떤 것이 있을까. 1990년대에 전교조 운동을 하는 교사들과 대안교육 운동을 하는 사람들이 학교개혁의 모델로 삼은 학교들이 있다. 충남 홍성의 풀무학교와 경남 거창의 거창고등학교, 전남 영광의 영산성지고등학교가 그것이다. 이들 학교는 교사운동과 대안교육 운동을 하는 사람들에게 교육적 상상력을 불러일으키고, 한국의 교육 현실에서 새로운 학교의 상像과 가능성을 보여주었다.

가. 이전의 학교혁신 사례

1) 풀무학교

풀무고등기술학교(이하 풀무학교)는 1958년 충남 홍성군 홍동의 주옥래와 오산학교를 세운 남강 이승훈의 종증손 이찬갑이 공동으로 설립한 학교이다. 풀무라는 이름은 학교가 있던 곳의 옛 마을 이름이 풀무골이었던 데서 유래한다. 학교 운동장을 고를 때 대장간에서 쓰던 쇠붙이나 숯이 나와서 유래가 확인되었다. 바람을 일으키는 풀무처럼 숯불을 빨갛게 피워 쇠를 달군 뒤 호미나 낫 같은 쓸모 있는 농기구를 만들듯이, 정직하고 쓸모 있는 평민으로 태어나기를 바라는 마음에서 설립자들이 지은 이름이다(홍순명, 1998).

풀무학교는 학교교육을 통해 교회와 학교와 지역공동체를 한 단위로 형성할 수 있는 길을 찾고자 설립되었다. '위대한 평민' 또는 '더불어 사는 평민'을 기르는 풀무교육의 목적은 다음과 같다. ▲농촌의 때 묻지 않은 젊은이를 일깨워 이 나라의 새 일꾼을 만든다(농촌교육). ▲올바른 가치관과 교양, 실무 능력을 갖춘 평민을 기른다(평민교육). ▲일상생활을 중시하고 그것을 충실히 함으로써 진리를 깨닫게 한다(생활교육). ▲삶의 체험과 학문을 통해 성서에 가까이 가게 만들고 깨닫게 한다(신앙교육)(이병환·김영순, 2008).

이를 위해 농업교육을 기본 과목으로 하여, 노작과 생명교육을 중시한다. 학생들의 능력과 적성에 맞춰 선택하도록 교육과정을 짜고, 인문과 실업교육을 통합한 전인교육을 실시한다. 다른 사람과 더불어 사는 삶을 강조하며, 높은 교양과 자립 능력을 갖추어 진정한 자기를 실현하는 평민으로 교육하고자 한다. 모둠별 협력 학습과 토론 수업을 하고, 학습 내용에 따라 통합 교과를 운영한다. 동아리 활동이 활발하고, 학우회와 전교회의에서 학생과 교사가 함께 학교의 문제를 토의한다. 또 전원이 참가하는 학부모회, 교사회, 수업생회[48] 등이 있다. 학교 규모는 학년마다 한 학급 25명으로, 모두 75명을 유지하는 작은 학교이다. 특히 지역사회와 유기적 관계를 맺는 생활권을 이루고 있는 점은, 풀무학교가 어느 학교보다도

독보적이라고 할 수 있다.

1958년에 설립되어 오랜 역사를 지닌 풀무학교는, 학교 운영에서 많은 어려움을 겪으면서도 교직원과 학생들이 학교를 같이 만들고 지켜왔다. 정부의 간섭과 개입으로부터 자율성을 지키기 위해, 지원을 받지 않고 작은 학교를 유지하는 한국 대안학교의 원형이라고 할 만하다. 이러한 풀무학교의 교육 철학과 교육 내용 및 방법은 1980년대 후반 교사운동을 하는 교사들과 1990년대에 대안교육 운동을 하는 사람들에게 널리 소개되었고, 언론을 통해 일반인들에게까지 알려졌다.

2) 거창고등학교

거창고등학교는 풀무학교와는 또 다른 의미에서 기존의 학교 체제와 학교교육에 실망하고 대안을 찾는 사람들에게 중요한 사례가 되었다. 인문계 사립학교로 1953년에 개교한 거창고등학교는 1956년 전영창 교장이 폐교 직전에 이른 열악한 학교의 교장을 맡아 20여 년간 일굼으로써 커다란 변화를 이룬 곳이다. '기독교 정신에 바탕을 둔 민주시민 양성'을 목표로 "하나님에 대한 믿음이 이웃과 역사와 삶으로 숨 쉬는 인격교육, 이웃을 발견하고 이웃과 내가 더불어 살아야 할 흙을 발견하고 그 흙으로 일궈나가야 할 미래를 다지게 하는 공동체 교육, 학생 하나하나의 인격을 존중하고 의사결정에 반영하여 서로 성장하게 돕는 열린 교육"을 추구해 왔다(김정환, 1995).

거창고등학교는 1980년대에 전인교육을 강조하는데도 입시 성적이 뛰어난 학교로서 교육계와 언론의 관심을 받기 시작했다.[49] 교원들은 높은

---

48. 수업생은 졸업생을 가리키는 말로 일생 사람은 배워야 한다는 뜻이며, 새로 시작한다는 의미에서 졸업을 창업이라고 부른다.

진학률의 비결이 '거창고 문화'라고 할 수 있는 학교 분위기와 사제동행으로 학생들에게 자율성을 최대한 보장해주는 전인교육에 힘쓴 결과라고 강조한다(배평모, 1995). 세간에 알려져 화제가 된 '직업 선택의 십계'는 지금도 거창고등학교의 강당 뒷벽에 쓰여 있다. 그 내용은 다음과 같다.

1. 월급이 적은 쪽을 택하라.
2. 내가 원하는 곳이 아니라 나를 필요로 하는 곳을 택하라.
3. 승진의 기회가 거의 없는 곳을 택하라.
4. 모든 조건이 갖추어진 곳을 피하고 처음부터 시작해야 하는 황무지를 택하라.
5. 앞을 다투어 모여드는 곳을 절대 가지 마라. 아무도 가지 않는 곳으로 가라.
6. 장래성이 전혀 없다고 생각되는 곳으로 가라.
7. 사회적 존경 같은 것을 바라볼 수 없는 곳으로 가라.
8. 한가운데가 아니라 가장자리로 가라.
9. 부모나 아내나 약혼자가 결사반대를 하는 곳이면 틀림없다. 의심치 말고 가라.
10. 왕관이 아니라 단두대가 기다리고 있는 곳으로 가라.

거창고등학교는 문교부가 교복, 교모 자율화 결정을 발표하기 5년 전에 이미 교모와 교복을 폐지하고, 학도호국단이 있을 때도 학생회장을 직접

---

49. 거창고등학교는 1983년 서울대에 22명이 합격하는 등, 1984년부터 6년간 평균 74%의 4년제 대학 진학률을 기록했다. 특히 1987년에는 졸업생 224명 중 198명이 4년제 대학에 진학, 88%라는 높은 진학률을 세웠다. 1989년에는 서울대 7명, 연세대 5명, 고려대 5명 등 서울지역 대학에 62명을 합격시켰는데, 1989년 신입생의 경우 인근 진주지역 연합고사 커트라인이 173점인데 거창고등학교는 148점밖에 되지 않았다(『한국일보』, 1989. 2. 21).

선출하였으며, 봄·가을 예술제 등 모든 행사를 학생들이 자율적으로 기획하고 진행한다. 수업이 끝나면 교실과 도서관에서 밤 11시까지 자율학습을 하는데 감독 교사도 없고, 남지 않는다고 꾸짖는 교사도 없다. 교사들은 다른 학교보다 수업이 더 많고 가정방문, 학생 상담 지도, 동아리 지도, 예술제, 소풍 등 전인교육 프로그램을 만든다. 교장, 교감도 수업을 맡지만 다른 교사들의 수업에 일체 간섭을 하지 않는다. 거창고등학교의 교과 운영은 여느 인문계 고등학교와 별반 다르지 않다(배평모, 1995). 당시 엄격하게 적용되는 국가교육과정의 틀을 넘어서기는 어려웠지만, 교사와 학생들의 자율성을 최대한 존중하는 민주적 학교 운영과 학교 문화가 거창고등학교의 진학률을 높이고 학생들에게 자부심을 갖게 했다고 볼 수 있다.

3) 영산성지고등학교

원불교 재단에서 설립한 영산성지고등학교는 1975년 영산선원 중등부 3년제로 출발하여 1982년 영산성지학교로 개교했다. 1983년 고등학교 학력인정 각종학교로 인가받았으나, 1984년에는 농촌지역 학생 수 감소로 한때 폐교를 신청하기도 했다. 그러나 학생 중심의 인성교육을 중점으로 하기로 하여, 그 대안을 영국의 섬머힐 학교에서 찾고 우리 실정에 맞는 방법을 개발하여 적용해왔다.

1998년에 특성화고등학교로 지정되어 한 학년에 1학급씩 학급당 정원은 20명을 유지하다가 지금은 학년당 2학급씩 편성하고 있다. 처음에는 학교교육을 받지 못한 지역의 청소년들을 대상으로 하다가, 나중에는 일반 학교에 부적응한 학생들과 열린 교육을 찾아서 온 학생들을 교육하였다. 두발, 복장, 흡연 등은 자율에 맡기고 인성교육에 중점을 두었다. 수업 시간 중 남에게 피해만 주지 않는다면 자유 활동을 어느 정도 허용한다. 능력별 이동 수업을 하고, 교실 수업 대신 노작 체험학습을 원할 경우 출석으로 인정한다. 정규 교실 수업은 대체로 오전 중에 마무리 짓고 오후 시간은 실외 활동을 하고 있다. 방과 후에는 풍물반, 컴퓨터반, 운전면 허반, 농구반 등 자신의 희망에 따라 하고, 저녁 자율학습은 자율적으로 참가하여 보충·심화학습을 한다.

학생들이 가장 의미 있게 여기는 것은 매주 1회 열리는 전체 회의이다. 교사와 학생이 똑같이 한 표를 가지고 참여하며, 학생 대표가 의장이고, 학생들이 원할 경우 학생들만 모인다. 여기서 교내의 거의 모든 일들을 논의하여 결정하며, 잘잘못을 가리는 사법적 기능까지 갖는다. 제한된 시간 없이 다음 날까지 이어지기도 하는 전체 회의는, 자율적인 의사결정의 경험을 하게 함으로써 일방적 지시나 형식적 회의를 하는 일반 학교와 커다란 대조를 보인다.

또 의식주는 생활의 기초이므로 전원 기숙사 생활을 통해 청소, 설거지, 빨래, 식당 당번, 간식 만들기 등을 스스로 한다. 기숙사 회의에서는 공동체 생활에 필요한 규율을 만들고 점검한다. 노작 활동은 학생들의 선택에 의해 계사, 도자기 공장, 유기농 작업 등을 하고, 몸과 마음을 단련하기 위하여 해마다 지리산 종주를 한다. 봄가을에 하는 야영 활동, 달마다 유적지 답사와 선진 산업시설 방문, 교도소 방문, 각종 행사 참가 등 다양한 현장체험 학습을 한다. 특히 특성화고등학교로서 특성화 교과를 보면 전통 문화와 관련된 교과가 많다. 2015년의 경우 산악등반, 마음일기, 생활요가, 생활명상 등 계속교과와 탈춤, 짚풀공예, 도자기공예, 사물놀이, 목공예, 공예, 서예, 생활체육(골프, 볼링), 풍선아트 등 선택교과가 있다. 매년 가을에 열리는 소리모아 축제에서는 학생들이 기획부터 마무리까지 학부모와 마을 주민, 졸업생 등 지역사회와 하나가 되는 마을축제를 연다. 영산성지고등학교는 농촌지역이기 때문에 학생들은 마을 도로 가장자리 오물 줍기, 하천 가장자리 정화 사업 등 단체 봉사활동을 자주 한다. 농번기에는 노작 체험학습을 신청한 학생들이 마을 주민들을 돕고, 자연란과 유기농업을 통해 지역 주민의 소득 증대와 환경살림운동을 함께 하고 있다.

그동안 영산성지고등학교는 부적응 학생들에게 인성교육과 노작교육을 실시하여 생활과 학습의 통합을 이루고, 학생 하나하나의 인격을 존중해 주며 자율에 맡기는 교육을 펼쳐왔다.

이상에서 살펴보았듯이, 거창고등학교에서 보여준 교사와 학생의 자발성에 의한 학교 문화 변화와 학생자치 활동 활성화는, 당시 교사운동단체에서 상당히 주목받았다. 대학 입학을 눈앞에 둔 인문계 고등학교라는 점 때문에 더욱 그러했다. 그러나 공교육 제도권 내의 학교이기 때문에 학교 문화와 학교 운영 방식은 상당히 달라졌지만, 교육과정의 변화에는 한계가 따를 수밖에 없었다. 그런 면에서 보자면 풀무학교와 영산성지학교는 학력 인정이 되지 않는 대신, 교육 당국의 간섭과 개입을 받지 않고 교육과정에서 상당한 자율성을 누릴 수 있었다.

이 세 학교의 공통점은 모두 사립학교로서, 설립자나 교장이 학교의 철학과 교육 이념을 확고하게 갖고, 교사들과 함께 학교를 만들어갔다는 것이다. 이 점은 이후 새로운학교운동에서도 주목할 대목이다. 학교혁신의 핵심 주체가 바로 혁신의 비전을 가진 교장과 교사 집단이라는 것이다. 교육과정의 자율성이 제한되어 있던 거창고의 변화가 가능했던 것도 그 때문이다.

여기서 간과하지 말아야 할 것은, 1980년대까지는 강력한 국가교육 체제가 획일적·관료적·권위적으로 작동하여 공립학교에서는 이러한 학교들이 나타나기 어려웠다는 점이다. 상대적으로 자율성이 보장된 사립학교에서 새로운학교의 원형이라고 할 만한 변화가 일어난 것이다. 그러나 그것이 하나의 큰 흐름으로 이어지지 못하고 개별 학교 차원에 머무른 점, 교사연대 학교혁신 운동에 의해 진행되지는 않았다는 점에서 새로운학교의 효시라고 보기는 어렵다. 그럼에도 이들 학교가 한국의 교육 현실에서 새로운학교의 가능성과 학교혁신의 상像을 보여주었다는 점에 대해서는 충분히 인정할 수 있을 것이다.

교사연대 학교혁신 운동은 경기도 광주 남한산초등학교에서 시작되었다. 그렇다면 교사들이 주도한 학교혁신 운동은 왜, 어떻게 일어나게 된 것일까. 그리고 그 주체는 누구일까. 남한산초등학교의 변화 과정을 살펴봄으로써 새로운학교가 무엇을 위해, 어떻게 만들어지는지 살펴보자.

나. 폐교 위기의 학교 살리기

경기도 광주 남한산초등학교는 1912년 개교해 100년이 넘는 역사를 가진 학교이다. 그러나 2000년에는 학생 수가 26명까지 줄어들면서 이듬해에 통폐합 대상 학교로 지정될 예정이었다. 새로 부임한 교장과 폐교 사실을 안타까워한 지역 주민과 학부모들은 폐교를 막기 위한 방법을 다각도로 찾았다. 학교를 새롭게 변화시킬 교사들을 물색하고, 학생들의 선입학을 추진하여 2001년 최초의 새로운학교를 탄생시켰다. 그 의미는 공교육 체제 안에서도 그늘에 있는 폐교 직전의 가장 열악한 학교에서, 교육 주체들이 협력하여 자신들의 열망을 실현하는 새로운학교를 만든 것이다. 이 변화는 어떻게 일어났으며, 변화를 일으킨 주체는 무엇을, 어떻게 하였을까.

2000년에 새로 부임한 정연탁 교장은 쇠락한 학교 시설을 정비하고 교사들의 행정 업무를 도맡아 변화를 시도하였다. 그러던 중 2000년 7월 20~21일 성남시 은행골 마을 도서관과 어린이도서연구회 성남 동화읽는 어른모임이 역사 이야기 캠프를 남한산초등학교에서 개최하였다. 그들은 남한산초등학교가 천혜의 자연환경 속에 있다는 데 감탄하는 한편 조만간 폐교될 운명에 놓인 것을 안타까워했다. 학생 수가 늘면 폐교되지 않을 수 있다는 사실에 착안한 마을 주민 대표, 성남지역 학부모들과 교장은 지역 인사들을 두루 접촉하여 남한산초등학교의 존속을 위해 전학을 추진하기로 하였다. 이후 여러 단체, 시민 모임, 개인들이 새로운학교 만들기에 공감하고 자녀들을 전학시키기로 뜻을 모아 '전입학추진위원회'[50]를 만들었다.

2000년 9월 추진위원회 1차 모임을 시작으로 매주 목요일마다 총 20회에 걸쳐 모임을 개최하였다. 그 자리에서 추진위는 새로운학교 만들기의 모든 과정을 토론하고 협의하여 결정하였다.[51] 한편, 추진위원회는 성남지역 어린이 전입을 위한 홍보와 새 학교의 像을 기획하기 시작했다. 10월에는 성남 지역 학부모들과 인연이 있던 (가) 교사가 안순억 교사에게 그 과정에 합류할 것을 제안하였다. 추진위는 교사 초빙을 위해 안순억 교

---

50. '전입학추진위원회'는 위원장(사회복지사)을 비롯하여 각 모임과 단체(문화, 시민, 여성, 교육, 청소년 단체 등) 참여자를 중심으로 10명의 위원으로 구성되었다. 여기서 학교 변화의 주체가 다양한 시민사회단체에서 활동하는 사람들이었음을 알 수 있다.

51. 추진위에서 이루어진 중요한 토론과 협의, 결정 사안을 보면 다음과 같다.
작은 학교의 철학과 필요성 / 현 초등 공교육의 한계와 극복 방안 / 새로운학교의 교육 철학과 프로그램 / 전입학 희망자 공개 모집 방안 / 추진위 자체 세미나 및 전입학 학부모 연수 프로그램 기획, 운영 / 전입 예정 학부모 및 어린이들의 자체 활동 프로그램 기획 및 운영 / 교사 초빙 방안 / 새 학교에서 학부모의 위상과 역할 / 학교 시설 및 환경 정비 방안 / 집단 전학에 따른 법적 문제의 해결 / 학교 통학버스 운행 방안 / 휴원 중인 병설 유치원 재개원 활동 / 각종 조사 활동 / 전입 시기 및 2001년 2월 교육 프로그램 협의 / 새 학기 맞이 학교 환경 정비를 위한 학부모 자원 활동 조직 / 기타 새 학교를 만들기 위한 제반 문제에 대한 협의 / 2000년 12월 1일, 제1차 집단 전입(총 37명) / 2001년 2월 1일~2월 26일 제 2차 집단 전입(총 16명) / 2001년 3월 5일 1학년 입학 (총 20명) / 2001년 3월 현재 총 학생 수 103명.

사와 첫 면담을 갖고 교사 초빙 방안과 새 학교의 상을 협의하였다. 이어 서길원(전교조 경기지부 정책실장), 안순억(곤지암초교, 전교조 경기지부 참교육실천위원장), 김영주(남양주 장현초교, 동화 작가, 전 전교조 구리남양주지회장), 최지혜(도척초교, 교사연구모임 '톡톡' 대표) 교사 등이 이 학교에 합류하기로 결정하였다. 11월에는 학부모 토론회를 열고 새로운학교의 상像에 대해 토론을 하였다. 그날의 분위기와 참석자들의 기대가 얼마나 뜨거웠는가는 다음 글에서 알 수 있다.

> 나는 아직도 선명히 기억한다. 11월 19일 스산한 늦가을 일요일, 그날은 전입학 예정 학부모 전원에게 '새로운학교, 남한산학교'라는 주제로, 우리 학교의 향후 교육에 대해 오로지 나의 무모한 상상력에 기댄 거친 발제가 이루어지던 날이었다. 학습관을 꽉 메운 학부모들은 숨죽이며 내 어설픈 그림을 경청했고, 이어진 토론에서는 학교교육 전반에 대한 그들의 생각과 새 학교에 대한 기대가 거침없이 드러났다. 나는 그것을 통해 막연히 머릿속에만 있던 교육 주체들의 새로운 교육에 대한 갈망이 어떤 것인지 느낄 수 있었다(안순억, 2009).

이후 전입학추진위원회는 토의를 거듭하여 남한산초등학교의 새로운학교 상像을 그려냈다. 학교의 지향점은 '참삶을 가꾸는 작고 아름다운 남한산초등학교'로 정했다. 이것은 이오덕의 '아이들의 참삶을 가꾸는 글쓰기 교육'과 전교조 '참교육'을 '아이들의 삶을 아름답게 가꾸는 교육'이라고 정의한 데서 원용한 것으로 보인다. 실제로 새로 전입한 교사 중 4명은 전교조 조합원으로 한국글쓰기교육연구회를 비롯한 교사모임에서 활동하고 있었다. 새 학교의 상像은 구체적으로 다음과 같이 정리되었다.

▶ 교육 본질에 충실한 교육 철학이 분명한 작은 학교

▶ 자율과 자유, 그리고 창의적 삶을 생각하는 자주적인 학교

▶ 자율의 힘이 있는 교사 문화를 만드는 학교

▶ 학부모와 지역사회의 주체적인 학교교육 참여가 이루어지는 공동체 학교

▶ 학교환경, 교육환경을 어린이 교육의 눈으로 바로 세우는 학교

한편 2000년 12월 9일부터 학생들의 전입이 세 번에 걸쳐 이뤄지고, 2001년 1월에는 추진위원 및 학부모 임원과 전입 예정 교사들이 함께 연수를 가졌다. 드디어 2001년 3월 2일, 교사들은 등교하는 학생들에게 장미꽃을 한 송이씩 나누어주며 입학식을 치렀다. 6학급이 완성되어 전교생 103명이 된 것이다. 4월 초가 되자 학생 수는 120명으로 늘어 학교에서는 실제로 이사 와서 전 가족이 살지 않으면 안 받겠다고 선언을 해야 했다(박원순, 2010).

이렇게 남한산초등학교가 폐교 위기를 넘어 학교를 살려내고 새로운 학교로 나아간 것은, 도시 학부모들의 교육적 열망과 지역 주민들의 마을학교를 살리려는 뜻이 합쳐졌기 때문이다. 이것은 '두밀분교'로 상징되는 폐교 반대 운동과 달리 공교육 안에서 '대안'을 찾고자 했던 도시 학부모들의 최초의 움직임이라는 점에서 큰 의미를 갖는다. 끝없는 도시로의 행렬, 큰 학교와 명문 학교에 대한 강렬한 선망을 뒤로하고, 만남과 교감의 교육을 생각하며 시골의 작은 학교를 찾아 나선 도시 학부모들은 당시로서는 보기 드문 현상이었다(안순억, 2009).

또한 이것은 1990년대에 다양하게 출현한 시민사회단체 활동 경험을 가진 지역 주민과 학부모들이 공교육 체제 안에서 자신들이 원하는 학교를 만들어가는 새로운 움직임이기도 했다. 뿐만 아니라 이전의 학부모들

이 자기 자녀만을 위해 학교를 선택하고 입학시키는 것이었다면, 이것은 바람직한 교육과 학교의 모습을 교사와 학부모들이 함께 모색하고 실현했다는 점에서 전혀 다른 교육적 의미를 갖는다.

다. 새로운학교로 거듭나기

남한산초등학교를 새로운학교로 만드는 과정에서 주체들이 가장 중요하게 고려한 것은, 기존의 낡은 관행을 과감히 버리고 아이들이 중심이 되는 학교 문화를 어떻게 만들 것인가였다. 낡은 관행의 타파, 교육과정의 변화, 학생·학부모·교사의 소통 구조 확립, 시설과 환경의 변화가 차례로, 또는 동시에 이루어졌다.

제일 먼저, 애국조회나 반성조회와 같은 행사를 없앴다.[52] 교장 훈화는 다모임 시간에 전교생이 실내에 모여 앉아 교장과 이야기 나누는 것으로 바꾸었다. 교장, 교감도 도덕 수업을 맡았다. 주번제도는 감시나 강제 봉사 구실을 하던 것을 축소, 변형시켰다. 각종 선발 제도와 시상 제도도 대부분 없애고 글짓기, 그리기, 표어 짓기와 같은 형식적인 계기 교육도 없앴다.

두 번째, 교육과정을 새롭게 하였다. 먼저 학교의 시간표를 재구성하였다. 40분씩 진행되던 수업을 묶어 80분 블록 수업으로 하고, 쉬는 시간을 30분으로 하였다. 블록 수업을 하면 스스로 학습 계획을 설정하여 진

---

52. 오성철(2000)은 일제 강점기에 애국조회나 주번제도 등이 실시되고 교사 권력의 일부를 위임받는 반장제도가 도입되었으며, 이 같은 규율 형식이 해방 이후 한국 교육에 잔존하고 있음을 밝혔다. 오늘날 학생 인권 침해 논란이 일고 있는 복장 검사, 학용품 검사, 휴대폰 검사 등이 그 당시 보통학교에서 흔히 일상적으로 이루어지던 학생 감시 제도였던 것이다.

행하는 주제 학습을 할 수 있고, 활동 위주의 수업을 하게 되어 학생들은 집중도가 훨씬 높아진다. 쉬는 시간에 충분히 쉬고 놀기 때문에 학생들의 만족도가 높고, 교사들도 매우 긍정적이다. 중간놀이 시간은 동아리 활동을 하기도 하고, 그동안 교사들은 차를 마시며 하루 생활에 대한 이야기를 나눈다.

아이들은 아침에 등교하면 첫 블록 수업이 시작되기 전까지 교실 밖 자연 속에서 활동한다. 자유롭게 놀거나 도서관에서 책을 읽거나 친구들과 이야기를 나눈다. 그 후 학급별로 숲 산책을 나가서 천천히 걷기, 자세히 보거나 듣고 느끼기 등 오감을 통하여 자연과 교감하는 시간을 갖는다. 끝나면 차 마시는 시간이 있다. 이때 마시는 차는 토요 체험학습 시간에 아이들이 구례, 하동 등에 가서 직접 만들어 온 것이다. 이 시간은 매우 차분하게 진행된다. 차를 나누면서 자유롭게 이야기 시간을 갖는다. 담임교사가 하고 싶은 이야기나 광고 등을 하고, 다음에는 아이들끼리 하고 싶은 이야기를 나눈다. 칭찬하는 이야기, 부탁하는 이야기, 광고하는 이야기 등 생활과 관련된 이야기를 얼굴을 마주 보고 앉아 서로 나눈다.

오전에는 인지적 활동을 중심으로 하는 교과, 오후에는 신체 활동이나 예술 활동을 중심으로 하는 교과를 배치한다. 특기적성 활동은 전교생 대부분이 참여하며, 영어를 제외하고는 오후에 한다. 여름과 가을에는 일주일간 계절학교를 연다. 여름 계절학교는 방학 직전에 도예, 목공, 수공예, 요리, 인형 만들기, 전통 공예, 퀼트, 종이접기, 과학 탐구 영역 가운데 학생이 선택하는 테마 캠프로 운영한다. 방학식과 전시회를 겸해 발표회를 연다. 가을 계절학교는 학생들이 음악, 춤, 극 등을 선택하여 다양한 예술 장르를 체험하는 시간이다. 무학년제 주기 집중형 체험학습을 일주일 동안 하고 '남한산 어린이 예술제' 시간에 발표한다.

6월 초에는 특별활동 시간을 통합하여 전교생이 야영을 하는 여름 숲

속학교를 연다. 전교생, 전체 교사, 전체 학부모가 함께 모여 학교 운동장에서 심신 단련, 남한산 교육공동체의 건강한 소통, 자연 친화와 환경의식 고취를 위한 프로그램에 참여한다(경태영, 2010).

남한산초등학교는 처음부터 학교교육과정을 '체험 중심 교육과정'으로 설정하였다. 여기서 체험이란 일회적 경험이나 행사를 의미하는 게 아니라, '앎'의 과정이 '삶'의 과정과 분리되지 않도록 하는 것이다. 체험은 '참 삶'을 가꾸는 학습의 중요한 키워드(keyword)이며, 교사와 학생 모두를 능동적인 학습의 주체로 바로 서게 하는 교육의 본질적 지향을 가리킨다. 교사들은 교과를 포함한 학교교육과정의 모든 영역에서 효과적인 적용 방식을 계속 고민한다. 수업 역시 교실에서만 이뤄지는 것이 아니라 뒷산, 텃밭, 지역의 역사 유적, 가까운 대도시 공연장이 모두 학습장이 될 수 있다(안순억, 2009).

세 번째, 학생·교사·학부모가 다 함께 참여하고 소통하는 구조를 확립하였다. 운동장 조회가 없는 대신, 주 1회 모든 학생과 교사가 다 모여 학교 전체의 문제를 토론하고 결정하는 '다모임'을 갖고 있다. 매주 훈화, 동아리 발표, 이야기마당, 자치회의 등을 돌아가며 진행한다. 학교 규칙도 학생들이 스스로 결정한다. 교사와 학부모들은 회의를 통해 중요한 것들을 토론하고 합의해나가는데, 그 과정에서 서로 다른 의견으로 심각한 갈등을 겪기도 한다. 학부모들은 또 학부모 동아리와 학교 수업 및 행사 지원, 방과 후 활동 자원봉사, 인문사회 아카데미 등에 활발하게 참여하고 있다.

네 번째, 학교 환경과 시설도 새로워졌다. 남한산초등학교는 축복받은 자연환경 속에 있지만 학교 시설은 형편없었다. 20년 넘게 학생 수가 50명이 안 되어 폐교를 앞둔, 금방이라도 허물어질 것 같은 황폐한 공간이었다. 그러나 2001년 9월부터 교사, 학부모, 전문가가 '커뮤니티 학교 환경 만들기 워크숍'을 매주 열면서 학교 환경 구성의 원칙을 합의해나갔다. 개인용 책상과 사물함, 개인 신발장을 주문 제작하고, 이중창으로 창호를 교체하고 곡면 칠판으로 바꾸는 등 전면 리모델링 작업을 진행했다. 교사용 화장실을 작은 도서관으로 바꾸고, 본관의 모든 교실을 온돌방으로 바꿨다. 낡은 철제 미끄럼틀과 그네, 철봉을 철거하고, 나무가 빽빽한 숲 속에 놀이기구와 나무 벤치, 정자, 연못, 흙 놀이장 등을 갖춘 작은 공원을 만들었다. 건물 앞의 흉물스러운 스탠드는 잔디 언덕과 긴 나무 벤치로 바꾸고, 아름다운 꽃이 사시사철 피어나는 생태적 아름다움을 갖춘 환경을 만들기 위해 노력했다. 오래 방치되어 주차장으로 쓰이던 400여 평의 학교 땅에 학부모들의 도움으로 흙과 퇴비를 넣고 밭을 일구었다. 이 땅은 학년별로 배분하고 학부모들에게 가족 주말농장으로 분양하였다.

이상과 같이 남한산초등학교는 학교 구성원들의 소통과 참여 및 협력을 통해 새로운학교로 거듭났다. 낡은 관행을 대폭 없애고, 체험 중심의 교육과정과 학생을 존중하는 학교 문화를 만들었으며, 노후한 학교 시설을 자연 친화적이고 생태적인 환경으로 바꾸었다.

남한산초등학교의 성공적인 학교혁신 사례는, 수많은 교사와 학부모들에게 새로운 상상력을 불어넣었다. 곧이어 충남 아산의 거산분교, 전북 완주의 삼우초등학교 등이 남한산초등학교를 모델로 학교혁신에 착수하였다.

2001년 5월, 거산분교 교사들은 소식을 듣고 남한산초등학교를 방문하였다. 그들은 1999년부터 지역에서 학부모 두 명과 함께 매주 한 번씩 아이들 글쓰기 교육에 대한 공부를 해왔다. 전교조 조합원이며 한국글쓰기교육연구회와 어린이도서연구회 회원으로 활동해온 그들은, 뜻이 맞는 교사들끼리 근무한다면 아이들 글쓰기와 독서 교육만큼은 잘할 수 있을 것이라고 생각했다. 그리고 자연과 더불어 몸으로 배우고 실천하는 삶을 가르치고 싶다는 꿈을 갖게 되었다. 그런 교사와 학부모들이 남한산초등학교를 방문하고 느낀 감격과 충격은 자못 컸다.

> 그러던 2001년 봄 어느 날, 경기도 남한산초에서 우리와 비슷한 꿈을 가진 교사들이 우리가 그리던 꿈의 학교를 이미 시작했다는 소식을 들었다. 그 소리를 듣고 한 선생님은 온몸에 소름이 돋았다고 했다. 우리는 설레었다. 마치 내 일처럼 흥분되었다. 우리는 그저 꿈으로만 꾼 것을 어떤 이들이 현실로 만들었다는데 도저히 가만히 앉아 있을 수가 없었다. 그래서 2001년 5월, 글쓰기 모임을 같이하던 교사와 학부모들과 함께 남한산초를 방문하게 되었다. 꿈같은 교육 활동이 이루어지고 있는 공간에 처음 들어섰을 때 가슴에서 쿵쾅쿵쾅 뛰던 숨소리가 지금도 생생하다.
>   남한산초는 외부 환경부터 남달랐다. 교사 뒤편 넓은 공간을 아이들을 위해 인라인 스케이트를 탈 수 있는 공간으로 만들고, 뒷산에 산책길을 만들고, 큰 나무에 그네를 만들어놓은 모습은 공교육 학교에서 감히 생각도 해보지 못했던 것이었다. 남한산초를 다녀온 후 용기를 얻어 우리도 해보자며 무모한 도전을 시작했다. 막연하기만 했던 새로운학교에 대한 우리의 꿈에 남한산초는 불을 지핀 것이다(이갑순·조경삼, 2009).

그리하여 두밀분교 폐교 반대 투쟁에 앞장섰던 장호순 교수와 아산지역 글쓰기 교사 모임, 환경운동을 하던 시민들이 함께 거산분교를 새롭게 만들기 시작했다. '전원형 작은 학교'를 지향했던 거산분교는 생태환경교육과 글쓰기 교육에 남다른 애정을 쏟았다. 이렇게 2001년 폐교 위기에 처해 있던 거산분교는 2002년에 천안 아산 지역에서 96명의 학생들이 전·입학하여 새로운학교로 변모하였고, 2005년에는 분교에서 승격하여 거산초등학교가 되었다.

2003년에는 삼우초등학교가 남한산초등학교와 거산분교의 사례를 적극 수용하면서 돌봄, 교육복지, 명상, 농사체험, 전통문화를 교육과정에 담아냈다. 2005년에는 경북 상주에서 '참교육실천학교' 모임을 하던 교사들이 시내 외곽에 있는 상주남부초등학교를 문화예술교육과 프로젝트 학습을 특성화한 학교로 변화시켰다.

이들 학교들은 서로 경험을 공유하며 도움을 주고받았다. 그러다가 작은 학교들을 연계해주고, 새로 시작하는 학교들을 지원해주는 네트워크로 발전하였다. 2005년, '작은학교교육연대'는 그렇게 생겨났다.

남한산초등학교는 공교육의 위기를 넘어선 학교혁신 모델로서 이후 언론을 통해 널리 알려지고, 교육 관련 각종 상을 수상하였다. 나아가 '아래'로부터 지역 주민과 학부모, 교사가 함께 만든 남한산초등학교의 학교혁신 사례는 '위'로 연계되어 교육 당국의 대표적인 확산 모델이 되었다. 2006년 대통령자문 교육혁신위원회는 학교혁신의 대표적인 사례로 남한산초등학교를 꼽고 '학교 구성원의 자발적인 혁신 의지'를 그 핵심으로 보았다. 2008년 교육과학기술부는 남한산초등학교를 전원학교[53] 정책 추진 모형으로 제시하였다. 2009년 당선된 경기도 김상곤 교육감 역시 혁신학교 정책을 수립하면서 그 모델이 남한산초등학교라고 여러 차례 밝힌 바 있다. 2010년에는 소위 진보 교육감이 당선된 6개 교육청에서 남한산초등학교를 필두로 한 새로운학교들을 공교육 학교혁신 모델로 삼아 '혁신학교' 또는 그와 유사한 이름으로 정책적·제도적 지원을 통해 확산시켰다.

---

53. 소규모 학교 통폐합에 대한 지역 주민들의 반감이 거세지자, 2008년부터 정부는 소규모 학교 통폐합과 지원을 병행하였다. 학생 수 50명 미만인 학교는 통폐합을 추진하고, 60~200명인 학교를 '전원학교'로 지정해 3년 동안 모두 1,390억 원을 지원하고 있다(『한겨레신문』, 2011. 5. 13).

3. 새로운학교운동의 등장

2001년 남한산초등학교의 변화 이래 농산어촌의 작은 학교에서 새로운 학교가 하나둘 탄생하였다. 그렇다면 왜 농산어촌의 작은 학교에서 먼저 새로운학교로 변화가 이루어졌을까. 폐교 반대를 하던 농어촌 작은 학교 살리기 운동은 새로운학교운동에 어떤 영향을 미쳤을까. 또 2007년부터 실시된 교장공모제, 2009년부터 추진된 혁신학교 정책은 새로운학교운동의 확산에 어떻게 작용하였을까.

다음에서는 새로운학교운동의 확산에 영향을 미친 주요 계기들을 살펴보자.

가. 작은 학교 살리기 운동: 사라지는 농어촌 학교 살리기

폐교 위기에 몰린 작은 학교는 교장과 지역 주민이 학교 살리기에 적극적으로 나설 경우, 뜻있는 교사들이 변화를 시도할 여지가 많아진다. '마을의 학교'를 살리기 위한 지역 주민과 학교의 의지가 위기 속에서 하나로 결속하는 효과가 나타난다. 따라서 상급 기관의 영향력이 상대적으로 작은 틈을 비집고, 존폐 위기에 놓인 가장 '열악한' 학교에서 역설적으로 가장 '새로운' 학교가 생겨나는 것이다. 그렇다면 구체적으로 농어촌 학교 현실과 거기에서 새로운학교가 탄생하는 과정을 살펴보자.

1980년대부터 학령인구의 증가 추세가 둔화되고, 이농 현상으로 농어촌 학교의 학생 수는 격감하였다. 1966년에 초등학교 입학자 수는 987,954명이었으나 1991년 657,181명으로 감소하였다. 1965년에 총인구의 55.1%이던 농가 인구는 1989년에 16.0%로 급감하였다. 〈표 Ⅱ-6〉은 연도별 농가 인구 및 노인 인구의 변화 추세를 보여준다.

〈표 Ⅱ-6〉 연도별 농가 인구와 노인 인구의 변화 추세

단위: 천 명

연도별/구분	총인구	농가 인구(%)	60세 이상 농가 인구(%)
1965	28,705	15,812(55.1)	-
1970	32,241	14,422(44.7)	1,143(7.9)
1975	35,281	13,244(37.5)	1,164(8.7)
1980	38,124	10,827(28.4)	1,138(10.5)
1985	40,806	8,521(20.8)	1,177(13.8)
1989	42,380	6,786(16.0)	1,235(18.1)

※ 출처: 농림수산부, 『농림수산통계 연보』, 1990; 김용우 외(1992: 79)에서 재인용.
※ 비고: %는 구성비.

그러자 교육부는 1982년에 농어촌 소규모 학교 통폐합을 추진하기 시작하여 1993년 말부터 본격 실시하였다.[54] 당시 교육 당국이 내세운 농어촌 소규모 학교의 통폐합 논리는 교육의 효과성, 경영의 특수성, 교육 투자의 효율성 측면에서 제기되었다. 즉 학생들의 학력이 떨어지고, 사회성

---

54. 교육부는 1993년 학생 수 180명, 학급 수 6학급 이하의 소규모 학교를 통폐합하도록 하였다. 교육부 자료에 의하면 100명 이하 학교가 1,546개교이며 빠른 시일 내 통폐합 정비를 해야 할 분교가 1,194개교에 이르는 것으로 나타났다(교육부 시도교육청 관리국장 회의자료, 1993. 9. 10).

개발이 부진하며, 지역사회의 낙후성과 엇물리어 문화적 결핍 현상이 나타난다는 것이다. 또 학생 수 감소로 학생 1인당 교육비가 급증하고 투자 효율이 낮아지는 대신, 교사의 업무 부담이 커지고, 우수 교사 확보와 유지에 많은 어려움이 나타난다는 것이다(김용우 외, 1992).

도농 간 격차는 ① 교육 기회, ② 학력, ③ 교육 시설, ④ 교육비 부담, ⑤ 진학 능력, ⑥ 취학 능력 등의 측면에서 나타났다(정명채·진동섭, 2003: 4). 이두휴(2004)는 농어촌 학교가 더욱 영세화되고 도농 간 격차가 심화되는 악순환의 구조를 〈그림 Ⅱ-3〉과 같이 정리하였다.

〈그림 Ⅱ-3〉 농어촌 교육문제 악순환의 구조

※ 출처: 이두휴(2004: 73).

이와 같은 이유로 문민정부와 국민의정부에서 집중적으로 학교 통폐합
이 이루어져, 1982~2010년까지 모두 5,653개교가 통폐합되었다. 그 시기
농어촌 소규모 학교 통폐합 추이를 보면 〈그림 II-4〉와 같다.

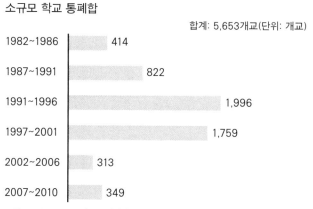

〈그림 II-4〉 농어촌 소규모 학교 통폐합 추이(1982~2010년)

소규모 학교 통폐합

합계: 5,653개교(단위: 개교)

기간	개교
1982~1986	414
1987~1991	822
1991~1996	1,996
1997~2001	1,759
2002~2006	313
2007~2010	349

※ 자료: 1982~2007년 교육인적자원부, 2007~2010년 교육과학기술부
※ 출처: 『한겨레신문』(2011. 5. 13).

1993년 초, 교육부는 소규모 학교 통폐합 추진 방침을 각 시·도에 시
달하였다. 1994년 1월 경기도교육청은 가평군 상색초등학교 두밀분교를
폐교 조치했다. 그러자 전교생이 25명인 두밀분교는 학부모와 지역 주민
들이 교육받을 권리를 주장하며, 전국 최초로 폐교 반대 운동을 일으
켰다. 이후 두밀분교 폐교 반대 운동은 사회적으로 높은 관심과 반향
을 일으켜, 학교 통폐합 정책에 대한 저항의 상징이 되었다.[55] 마을의 정
신적·문화적 구심인 학교가 사라지면 아이들의 교육권이 박탈되고, 이농

55. 홍형숙 감독은 1995년 다큐멘터리 '두밀리, 새로운학교가 열린다'에서 정부의 소규모 학교 통폐
   합 정책에 따른 폐교 반대 투쟁의 과정을 보여준다. 두밀분교의 폐교에 반대하기 위해 단결한 두밀
   리 주민-어린이, 부모, 노인들-들과 정부의 싸움은 당시 상당한 사회적 관심과 반향을 불러일으켰
   고 그 과정을 담은 이 다큐는 제1회 서울다큐멘터리영상제 대상을 수상하였다.

현상도 가속화[56]되어 농촌공동체가 해체될 수 있다는 주장이 정부의 통폐합 논리와 맞붙게 된 것이다.

학부모와 주민들은 마을회관에 학교를 열어 직접 아이들을 가르치면서, 법원에 가처분신청을 내고 사회 여론에 호소하였다. 1994년 8월, 교육개혁과교육자치를위한시민회의, 전교조 경기지부, 또하나의문화 등 10개 단체가 '두밀학교 살리기 연대모임'을 결성하여 모금 운동과 교사 자원봉사대를 만들기로 하는 등 시민사회단체의 지원과 언론의 관심도 높아졌다. 두밀분교 폐교 반대 운동은 농어촌 학교 통폐합 문제에 대한 사회적 논란을 일으키며, 농어촌 작은 학교의 구체적인 실태를 알리는 계기가 되었다.

두밀분교의 폐교처분취소청구소송은 결국 1996년 9월 대법원에서 기각되고, 헌법소원 역시 1998년 10월에 각하되고 말았다. 그러나 1999년 5월, 폐교 대상인 작은 학교 학부모들이 '작은 학교를 지키는 사람들의 모임'을 구성해 연대 투쟁으로 발전하였다.

한편 농어촌 교육에 대한 사회적 관심은 '돌아오는 농촌을 만들자'는 취지의 법 제정 운동으로 이어졌다. 법안의 취지는 농산어촌 작은 학교의 장점을 적극 지원하여 살려야 한다는 것이었다. 당시 농산어촌교육지원특별법 제정 운동을 벌였던 교육사회단체들이 논의한 법안 내용은 첫째, 국가와 지방자치단체의 책무로 농산어촌 교육 진흥과 학생의 학습권 및 주민의 교육 기회 보장을 위한 시책을 강구하고, 장학지도 대신 농산어촌학교운영지원단을 운영하며, 별도 예산과 교원 정원을 확보하도록 하고, 복식 학급의 설치 억제와 농산어촌 실정에 적합한 교재 및 보조 교재 개발

---

56. 이혜영 외(2010)에 따르면, 누적 폐교 수가 1개 증가할수록 시·군 지역의 초·중·고 학생 수는 79~130명 줄었고, 학부모 인구수도 111명 줄어 인구 유입에 부정적 영향을 미쳤다.

을 요구하였다. 둘째, 농산어촌 학생에 대한 배려와 지원을 위하여 통학이 어려운 학생에게 기숙사 설치와 통학버스 운행 등을 지원하고, 다양한 인력풀(pool)로 방과후학교를 운영하며, 대학 특례 입학 기회를 부여하고, 교대와 사대에 입학할 경우에는 등록금을 지원하며, 농산어촌 출신으로 농산어촌 작은 학교에 근무를 약정할 경우, 별도 임용에 필요한 기준을 마련하여 채용할 수 있도록 하였다. 또 학교 급식비, 통학버스 구입비 및 운영비와 주민 대상 시설 설비 개방과 프로그램 운영 경비 지원을 법안에 담았다. 셋째, 농산어촌 교사가 학생 교육에 전념하도록 업무 부담의 획기적 경감과 장기 근무 허용, 학교장 겸임제를 실시하도록 하며, 농산어촌형 자율학교를 운영할 수 있도록 하는 내용을 포함하고 있다(송대헌, 2009).

이처럼 교육사회단체들과 지역 주민들은 농산어촌 교육의 실태와 문제점을 알리면서 농산어촌교육지원특별법 제정 운동을 벌였다. 이에 따라 급속도로 진행되던 소규모 학교의 통폐합은 주춤해졌다. 그리고 통폐합을 할 때에는 주민 의사를 묻는 절차를 거치도록 하고, 폐교된 학교 부지를 교육청이 임의로 처분할 수 없게 되었다.[57]

그렇다면 작은 학교 살리기 운동은 거기에 참여한 농산어촌 지역의 교사들에게 어떤 영향을 미쳤을까. 남한산초등학교를 새로운학교로 일구는 데 주도적 역할을 한 서길원 교사의 진술은, 두밀분교 살리기 운동이 갖는 사회적 의미와 거기에 참여한 한 교사의 삶에 미친 영향이 무엇이었는지 보여준다.

---

57. 두밀분교 싸움에서 얻은 성과는 이 두 가지라고 할 수 있다. 폐교된 학교 부지를 팔지 못하도록 한 것은, 공립학교라 하더라도 예전에 지역 주민들이 땅을 내놓고 돈을 모으고 학교 짓는 일까지 나서서 만든 학교들이 많기 때문에 용도 폐기되면 주민들에게 돌려줘야 한다는 주장이 받아들여진 것이다((카) 구술, 2012. 10. 10).

내게는 남한산초와 만나기 전에 또 하나의 중요한 경험이 있다. 1994년, 경기 가평 두밀분교 폐교 반대 투쟁이다. 낭만적인 참교육을 꿈꾸며 살던 내게 페다고지를 새롭게 한 사건이었다. 두밀분교 투쟁은 지역의 학부모와 지역사회가 나서서 작은 학교 살리기를 운동적 차원에서 전개한 최초의 사건이었다. 지역에서 학교가 사라지면 마을도 황폐해진다고 생각한 지역 주민들은 교육 주권을 지키기 위해 국가를 상대로 싸우기 시작했다. 학교를 살리기 위한 싸움은 2년이 넘는 기간 동안 이어졌고 결국 대법원까지 가는 법정 투쟁에서는 패소했지만, 두밀분교 폐교 반대 운동은 지역사회에서 학교가 어떤 의미인지 사람들의 머릿속에 뚜렷한 각인을 남기며 이후 작은 학교 살리기 운동의 시발점이 되었다(서길원, 2009).

나아가 농어촌 작은 학교 살리기 운동은, 단지 소규모 학교의 폐교를 막는 방어적 운동이 아니라, 도시의 대규모 학교가 못 하는 학교혁신을 해내는 적극적 운동으로 발전했다. 한마디로, '작은 학교 지키기'에서 '새로운학교 만들기'로 진화한 것이다.

그렇다면 왜 새로운학교운동은 농산어촌의 작은 학교에서 시작되었을까? 학부모의 경제 사정이 열악하고, 교사 근무 여건과 교육 시설이 낙후된 농산어촌의 학교에서 새로운학교운동이 시작된 이유는 무엇일까?

농산어촌 작은 학교 운동은……. 학교를 통째로 바꾼다는 게 엄두가 나지 않는 거잖아요. 꿈은 꾸지만 시도한다는 것 자체가 아무도 엄두가 나지 않는 것인데, 작은 학교라는 게 그런 꿈을 꿀 수 있는 조건을 갖춘 학교였던 거예요. 우선 학교가 사라지니까, 학교 살려야 하니까, 그 지역 주민과 학부모들이 절실했던 거지요. 지역사회와 교장의 동의까지 끌어내기가 아주 좋은 조건이었던 거예요. 그리고 사람이 소수였기 때문에 결속도 가능하고. 그래서 새로운학교운동이 농산어촌 작은 학교 살리기 운동에서 시작할 수밖에 없던 조건을 가졌던 거지요. '작은학교교육연대' 이런 것들이 실제 교장공모제가 실시되기 전에, 거기가 중심이 될 수밖에 없었던 거지요((사) 구술, 2011. 8. 9).

폐교 위기에 몰린 학교의 경우, 상급 기관의 개입과 영향력이 가장 작다고 할 수 있다. 학교의 규모가 작으므로 변화시키기가 쉽다. 지역 주민과 학부모, 졸업생들 또한 학교를 살리는 데에 뜻을 같이한다. 따라서 학교를 살리려는 교사들과 교장의 의기가 투합할 경우, 어떤 다른 지역의 대규모 학교보다도 큰 변화를 이룰 수 있다. 그러므로 학교 존폐 위기에 놓인 가장 '열악한' 학교에서 역설적이게도 가장 '새로운' 학교가 탄생하는 것이다.

이상에서 보았듯이, 1990년대에는 농어촌의 작은 학교들이 수없이 폐교되고, 그 과정에서 농어촌 교육의 실상과 문제 해결을 둘러싼 사회적 논란이 일어났다. 두밀분교 사태는 지역 사회의 정신적·문화적 구심이 학교이고, 학교가 사라진다는 것은 이농을 가속화시켜 마을이 사라질 수 있다는 것을 사회적으로 인식시키는 계기가 되었다. 이후 작은 학교 살리기 운동은 남한산초등학교를 시작으로, 농산어촌의 작은 학교가 오히려 공교육의 혁신 모델이 될 수 있음을 보여주면서 2000년대에 새로운학교 운동으로 변화·발전해갔다.

나. 교장공모제 실시: 평교사가 교장으로

오랫동안 교육계는 교장 임용제도로 인해, 점수 따기 위한 승진 경쟁에 매달린다는 비판을 받아왔다. 상급자에 의한 비공개 근무평정과 교장자격제도는 "교사는 교장의 명을 받아 교육한다"라고 명시한 교육법 제75조와 더불어 상명하달의 교직 문화를 고착시키는 원인으로 지적되었다. 1980년대 후반, 교육민주화운동이 크게 일어나면서 교장임용과 인사승진 제도의 개혁은 현장 교사들의 주요한 요구로 떠올랐다. 여기서 교장선출보직제는 교사들의 자율성을 보장하고 교사·학생·학부모가 참여하는 '학교자치' 실현에 필수적인 제도적 장치로 대두되었다. 그러나 그 요구가 실현되기는 오래도록 여의치 않았다.

교사운동이 한창 활발해지자 교직원회의가 활성화되어 학교 운영과 인사에 관한 교사들의 의견이 반영되고 예결산 공개가 이루어지는 등 학교민주화가 상당히 진전되었다. 그러나 5·31교육개혁 이후 단위 학교 책임경영제와 학교평가 등 신자유주의 교육정책이 시행되면시 교장의 권한은 다시 강화되었다. 2007년 9월에 이르러 논란 끝에 교장공모제가 시범 실시되자 그토록 완강했던 교장임용제도에 비로소 변화가 일어났다. 그때까지 교장임용제도는 점수제를 기반으로 한 자격을 필수로 하였는데, 그 자격은 다음과 같았다.

〈표 II-7〉 교장 자격 기준

학교별	교장 자격 기준
중등학교	1. 중등학교의 교감자격증을 가지고 3년 이상의 교육 경력과 소정의 재교육을 받은 자 2. 학식·덕망이 높은 자로서 대통령령이 정하는 기준에 해당한다고 교육인적자원부 장관의 인정을 받은 자 3. 교육대학 전문대학의 학장으로 근무한 경력이 있는 자 4. 특수학교의 교장자격증을 가진 자
초등학교	1. 초등학교의 교감자격증을 가지고 3년 이상의 교육 경력과 소정의 재교육을 받은 자 2. 학식·덕망이 높은 자로서 대통령령이 정하는 기준에 해당한다고 교육인적자원부 장관의 인정을 받은 자 3. 특수학교의 교장자격증을 가진 자

다음에서는 교장공모제 실시의 의미와 과정에 대해 좀 더 자세히 살펴보자. 먼저 전교조가 요구해온 교장선출보직제를 보면, 이는 전교협이 선언했던 교장임기제(1987. 8. 22. 전초협 선언문)에서부터 시작하였다. 1988년 교육법 개정투쟁에서는 임기제에서 한 발 더 나아가 교장선출임기제를 주장했다. 교사운동이 치열해지던 1988년, 전남 함평 학다리 중·고교 교사들은 교장을 직접 선출해 이사회에 승인 요청하고, 전북 전주 신흥고도 교장·교감을 직선으로 선출하는 등 일부 사립학교에서 교장선출보직 사례가 생겨났다. 이로 인해 대학에서는 학장이나 총장을 선출하는 사례가 일반화되기도 하였다. 1988년 야3당은 교무회의 복수 추천 교장선출임기제, 교무회의 의결기구화 등을 포함한 교육법 개정안에 합의했다. 그러나 대한교련(지금의 한국교총), 교장단, 사학연합회 등의 반발로 인해 실제 법 개정은 이루어지지 않았다. 이후 전교조가 창립되는 과정에서 교원노조의 합법성을 두고 정부 당국과 격렬하게 대치하면서 교장선출보직제 실시를 요구하는 뜨거운 열기는 수면 아래로 가라앉았다.

1991년 정부와 여당은 교사들의 승진인사제도에 대한 불만을 해소하기 위한 방편으로 선출제가 아닌 교장임기제(임기 4년, 중임 허용)를 도입하였다. 그러나 그것은 교사들의 인사제도 개혁에 대한 욕구를 충족시키지 못했다. 1992년 전교조는 교육대개혁 투쟁을 벌이면서 교무회의 의결기구화와 교장선출보직제를 포함한 학교자치 실시를 적극 주장했다. 이후 교장선출보직제는 주요한 교육개혁 요구로 자리 잡았으며, 2007년 교장공모제가 시범 실시되는 배경을 이루었다.

전교조의 학교자치 투쟁은 힘 있게 전개되지는 못했지만 교장, 교사 대표, 학부모 대표가 참여하는 학교자치기구로서 학교운영위원회를 대안으로 공식화했다. 그것이 어느 정도 반영되어 1995년에 학교운영위원회가 도입되고,[58] 교사와 학부모의 의사를 학교 운영에 반영할 수 있는 통로가 생겼다. 2002년에는 교육사회단체들의 요구로 교장보직제와 학교자치가 노무현 후보의 대선 공약이 되었다.

한동안 주춤했던 교장선출보직제와 학교자치 사업은, 전교조가 2005년 하반기 중심 사업을 교장선출보직제와 학교자치 입법 발의로 정하면서 다시 진행되었다. 그해 9월 전교조는 '교장선출보직제와 학교자치 추진기획단'을 구성하고 50여 개 교육시민단체와 연대하여 '교장선출보직제와 학교자치 국민운동본부'를 발족시켰다.

당시 교장제도 개선에 대해서는 여야가 비슷한 입장을 보이고 교육부도 이를 인정하고 있었다. 그러나 한국교총을 중심으로 한 교장회 등 보수적인 교원단체는 강력하게 반발하였다.[59] 그럼에도 개선이 필요하다는 여론이 높았기 때문에 교장공모제 쪽으로 정리되었다.[60] 2006년 8월 11일, 대통령 자문 교육혁신위원회는 '교육력 제고를 위한 교원정책 개선 방안'을 의결하여 교장공모제를 도입하기로 하였다(전국교직원노동조합, 2007).

2007년 4월 교육인적자원부는 그해 9월부터 내부형 41교, 개방형 6교, 초빙교장형 16교 등 63교를 대상으로 교장공모제를 시범 실시한다고 발표하였다. 교장공모제는 세 가지 유형으로 첫째, 내부형은 교육 경력 15년

---

58. 5·31교육개혁안이 발표되던 무렵 도입된 학교운영위원회는 학교장의 자문기구라는 점에서 학교 자치기구로서의 위상을 제대로 확보하지 못하고 있으며, 교사와 학부모 대표가 참여하지만 교사회, 학부모회의 제도화가 이루어지지 않은 상태에서 대표를 선발해 참여시키는 것이기 때문에 교육 주체의 의견 수렴 통로가 제도화되지 못한 결함을 지니고 있다는 비판을 받았다(전국교직원노동조합, 2011: 1044).

59. 한국교총은 '자격증 없는 교장 임용으로 인하여 학교 경영 전문성이 저해된다'는 점을 들어 교장공모제를 반대하였다. 전교조는 '승진제 및 교장자격증제 자체를 폐지하고, 당해 학교 교사를 교직원회의 결정을 거쳐 학교운영위원회가 추인하는 형식으로 교장직위에 임용'하는 '교장선출보직제'를 주장하였다(교육인적자원부, 2007. 4. 10 보도자료).

60. 2005년 10월 18일, 주간 『교육희망』이 한길 리서치에 의뢰해 전국의 성인 남녀 500명을 대상으로 교장선출보직제 관련 전화 면접 조사를 실시한 결과를 보면 다음과 같다.
'교장 후보를 교사와 학부모 등으로 구성된 학교운영위원회에서 2~3명을 뽑은 후, 그중 1명을 교육부에서 임명하는 방식인 교장선출보직제에 대해 어떻게 생각하느냐'는 물음에 대해, '찬성한다'가 68.9%였으며, '반대한다'는 23.9%에 불과했다(『교육희망』, 2005. 10. 22).

이상 교육공무원 또는 사립학교 교원에게 공모 교장의 지원 자격을 부여하는 것이며, 일반 초·중·고등학교 중 자율학교에 적용된다. 둘째, 개방형은 자율학교 가운데 특성화중고등학교, 전문계 고등학교, 예술체육고등학교에서는 당해 학교교육과정과 관련된 분야에서 3년 이상 종사한 자에게 지원 자격을 부여하는 유형이다. 셋째, 초빙형은 일반 학교에 교장자격증을 소지한 자를 대상으로 공모 자격을 부여하는 유형이다. 공모를 실시하는 학교는 교육감이 지정하되 학부모 전체 회의, 학교운영위원회 등 학교 구성원의 의사를 토대로 교장의 신청에 의해 지정하고, 필요한 경우 학교운영위원회를 거치지 않고도 교육감이 직접 지정할 수 있도록 하였다. 공모 교장은 4년 임기를 전제로 임용되며, 자율학교 지정에 따라 교사 초빙 권한이 30%까지 확대되었다.

이와 같이 우여곡절 끝에 도입된 교장공모제는 학교개혁의 새로운 계기가 되었다. 새로운 교육을 열망하는 교사와 학부모들이 교장 선출 과정에 직접 참여할 기회가 생긴 것이다. 특히 '내부형 교장공모제'는 기존의 승진 경쟁 체제 밖에서 새로운 교육을 시도해온 교사들이 교장으로 임용될 수 있는 가능성을 열었다. 또한 교사 초빙 권한을 가짐으로써 학교개혁의 상像을 제시하는 교장과 거기에 동의하는 교사들의 결집이 가능해졌다.

이렇게 교장공모제 실시가 발표되자 지역에서 새로운학교를 모색하던 교사모임들은 가능한 학교를 찾기 시작했다. 첫 시범 실시 학교 중 전교조 조합원 가운데 교장으로 선임된 경우는 4개교였다.[61] 그리하여 공모 교장들은 교사·학부모·지역 사회와 연계하여 새로운학교 만들기에 들어갔다.

---

61. 경기 양평의 조현초등학교 이중현 교장, 충남 홍성의 홍동중학교 이정로 교장, 전남 완도의 청산중학교 정연국 교장, 경남 남해의 설천중학교 이영주 교장이 그들이다. 한편 2007년 첫 시범 실시에서 공모 교장은 모두 55명이 임용되었는데, 그중 교사는 8명에 불과하고, 교장자격증 소지자가 37명, 교감 9명, 교수 1명이었다(배제천, 2007: 39).

이후 2009년 공모 교장의 직무 수행에 대한 효과 분석 연구에 따르면, 공모 교장은 일반 승진 교장에 비해 훨씬 높은 평가를 받은 것으로 나타났다(나민주 외, 2009). 그 연구에서 공모 교장은 84.1점, 일반 승진 교장은 74.6점을 얻었다. 특히 교육 경력 15년 이상의 평교사(교장자격 미소지자)를 대상으로 하는 내부형 공모 교장이 가장 높은 평가를 받았다(내부형 85.1, 개방형 83.5, 초빙형 82.0). 교장공모제에 따른 긍정적 변화로는, 학교 운영의 자율성(민주적 분위기)과 학교 경영의 투명성 및 책임성이 높아졌다는 점을 가장 많이 거론했다. 교장공모제가 학교장의 책무성을 높이고 학교를 변화시키는 데 긍정적 효과를 나타내고 있다는 것이다.

구체적으로 김성천(2009)은 교장공모제 학교 중에서 성공적으로 학교혁신을 추진하고 있는 세 학교에 대한 분석을 통해 성공 요인을 제시하였다. 첫째, 학교장의 탁월한 교육과정 리더십이 중요하다는 것이다. 교육과정 리더십이란 창의적인 교육과정 디자인 및 실행 능력, 그리고 그것을 동료(후배) 교사들과 민주적으로 소통하는 능력을 의미하며, 행정적 리더십과 구별되는 개념으로 본다. 둘째, 세 학교 교장이 모두 학교혁신을 위해 연구하고 실천해온 교육단체의 주요 구성원이라는 점이다. 조현초등학교 이중현 교장은 전교조 경기지부장 출신으로 스쿨디자인21이라는 교사운동단체와 관련을 맺고, 이정로 홍동중 교장은 충남교육연구소 소장을 역임하였으며, 김삼진 덕양중 교장은 좋은교사운동의 회원으로 활동하였다. 외부 교사 조직 또는 연구소와 지속적으로 연계되면 학교 안팎을 아우르는 집합적 창의성을 발현시켜 진정한 학교혁신의 가능성을 만들 수 있다.

그렇다면 교사운동의 맥락에서는 교장공모제의 의미와 가능성을 어떻게 볼 수 있을까. 2007년 9월 전남 완도군 청산중학교 교장이 된 정연국 전 전교조 전남지부장은 그것에 대해 이렇게 진술한다.

교장공모제가 우리가 주장했던 교장선출보직제에는 미치지 못하지만 어찌했건, 그 방향에 있어서는 일맥상통하는 측면이 일부분 있다고 봅니다. 교장공모제를 통해 학교의 자율성이 확보되고, 다양하고 창의적인 교육 활동이 가능하다고 본 거지요. 교장공모제를 계기로 교장의 개인 주도적 리더십이 민주적 리더십으로 바뀌어 새로운 교장상이 창출되고 확산되리라 생각합니다.

전교조의 혁신적 마인드로 적극 진출하여 새로운학교 문화를 창조할 수 있다고 본 것입니다. 또한 교장공모제에 진출하여 공모제의 문제점을 현실적으로 파악한 다음, 이후 조직적 대응으로 '교장선출보직제'를 만들어갈 수 있다고 생각하여 지원하게 되었습니다(『전교조 광주지부 교사신문』, 2007. 9. 19).

새로운학교운동에서 교장공모제가 갖는 의미는 학교의 자율성을 확보하여 다양하고 창의적인 교육 활동을 할 수 있다는 점이다. 학교 자율화 정책과 그동안 밝혀진 교장공모제의 효과로 인해 앞으로 교장공모제는 더욱 확대될 것으로 보인다. 그러나 학교장의 책무성이 강조되고, '학력 향상'이 책무성의 중요 기준으로 제시되는 현실에서 교장공모제는 자칫 학력 경쟁을 강화시킬 위험성이 있다. 그럼에도 불구하고 교장공모제의 확대는 학교개혁의 가능성을 높이는 데 기여할 수 있다.[62] 내부형 교장공모제는 교사단체와 연계를 갖고, 학교의 비전과 운영 방안을 준비한 평교사 출신 교장들이 새로운학교운동에 합류할 수 있는 제도적 장치이기 때문이다.

---

62. 3년이 넘는 시범 운영을 통해 교장공모제의 긍정적 효과가 드러나자 2011년 9월 16일, 자율학교에서 교장공모제를 실시하도록 규정한 '초중등교육법 및 교육공무원법 개정안'이 국회에서 통과되었다. 그러나 그 후 교육과학기술부가 입법 예고한 시행령은 자율학교의 15%에 해당하는 학교에서만 내부형 교장공모제를 실시하도록 제한하고, 나머지는 초빙형으로 함으로써 교장공모제 입법화를 추진해온 교육단체들로부터 강한 반발을 샀다.

다. 혁신학교 추진: 운동과 제도의 만남

2009년, 2010년은 소위 진보 교육감의 당선으로 새로운학교운동이 제도적·정책적 지원을 통해 급격 확산되는 분기점이 되었다. 2009년 경기교육청, 2010년 6개 교육청에서 '혁신학교'를 주요 정책으로 추진함으로써 교사들의 자발적·자생적인 학교혁신 운동이 전환기를 맞이한 것이다. 그것은 아래로부터 현장에서 해온 새로운학교운동이 교육청이 추진하는 혁신학교 정책으로 구현되는 과정이기도 했다. 운동과 제도의 만남은 한국 교육사에서 보기 드문 사례로, 그것은 2014년 교육감 선거 이후 또 한 번 도약하여 전국으로 확산되는 놀라운 현상을 빚어낸다. 다음에서 그 과정을 구체적으로 살펴보자.

1) 풀뿌리 교육운동 네트워크의 형성

2009년 3월, 283개 단체 2,721명 명의로 '2009 교육선언'이 발표되었다. 이 선언은 당시 이명박정부의 교육정책으로 인한 교육문제를 강력하게 제기했다.

2009 교육선언

경쟁에서 협동으로! 차별에서 지원으로!

오늘날 우리 교육은 경쟁을 부추기며 모든 아이들을 이기심과 탐욕의 노예로 만드는 잘못된 교육관과 교육정책으로 심각한 위기에 놓여 있다. 무책임한 시장의 논리를 좇아가는 교육정책은 말할 것도 없고, 교과서와 교육과정, 학교 운영 시스템 모두가 일제 강점기의 낡은 굴레를 벗지 못하고 있다. 학생, 학부모는 교육으로 인한 부담에 짓눌리고 교사들 또한 교육적 가치와 소신을 지키기 어려운 지경에 이르렀다.

우리는 언제까지 아이들을 죽음의 경쟁으로 내모는 교육을 지금처럼 끌고 나갈 것인가. 최근 불거진 일제고사 성적 조작 파문은 국가가 과도하게 주도하는 교육 경쟁이 얼마나 졸속이며, 무모한 것인지를 잘 보여주고 있다. 문제는 이것이 경쟁 위주의 정책이 안고 있는 해악의 일면에 지나지 않는다는 사실이다.

'자율'과 '책임'이라는 허명 아래 이명박정부가 추진하고 있는 4·15 공교육 파괴 조치, 자율형사립고, 일제고사, 3불폐지, 국제중학교, 영어 몰입 교육, 역사 교과서 왜곡, 일제고사 관련 교사 파면·해임은 그 전개와 결말이 어떠하리라는 점이 너무나 자명하다. 이미 충분히 경쟁적인 체제 위에 기반하고 있는 현재의 교육 상황을 고려하지 않은 채 이 같은 정책을 무분별하게 도입하는 것은 학생들과 학부모들의 처지를 더욱 위험한 경쟁의 벼랑 끝으로 몰고 가는 위협적인 조처일 뿐 아니라 애초에 정부가 기대하고 있는 긍정적 실효성조차 담보하기 어려운 결과를 빚어내어 정권의 큰 부담으로 작용할 것이 명백하다. (……)

뒤이어 교육사회단체들은 이를 해결하기 위한 네트워크 구성 작업을 시작했다. 종래 교육단체들이 잘못된 교육 현실과 정책을 부분적으로 지적하고 비판하며 반대하는 수준에 머물러왔음을 반성하고, 새로운 교육에 대한 공감대와 사회적 합의를 이끌어내기 위해 전국에 다양한 풀뿌리 소모임을 만들어, 토론과 학습을 통해 비전과 대안을 시민과 함께 만들어가자는 것이었다.

이러한 네트워크 운동은 2010년 지방선거에서 소위 진보 교육감이 6개 시도에서 당선되는 데에 중요한 역할을 하였다. 더 나아가 지속적으로 지역사회에서 교육을 새롭게 해야 한다는 인식 아래 2010년 1월 '교육희망네트워크'를 출범시켰다. 교육희망네트워크는 "▲경쟁과 차별의 낡은 교육을 타파하고, 협력과 배려와 지원의 새로운 교육 창출, ▲낡은 교육을 새로운 교육으로 바꾸기 위한 변화와 혁신의 네트워크, ▲피라미드형 관료주의나 중앙집권적인 패권주의를 넘어서 수평적인 만남과 대화와 소통을 중시하는 새로운 형태의 풀뿌리 교육운동 조직, ▲학부모와 시민, 학생과 교사들 모두에게 힘이 되어줄 '기댈 언덕' 이며 우리 교육의 근본적인 변화를 만들어낼 풀뿌리의 각성과 실천 운동"이 될 것을 선언하였다. 여기서 지역을 단위로 횡적으로 소통·협력한다는 방침은 상당한 의미를 갖고 있다. 중앙에서 교육정책과 제도 개선을 위해 움직이는 것이 아니라, 지역에서 지역의 교육 사안을 중심으로 뿌리내리는 풀뿌리 운동을 하겠다는 것이기 때문이다. 이후 교육희망네트워크는 지역 네트워크를 계속 만들면서 친환경 무상급식, 학생인권조례, 고교 평준화 등 지역 교육 사안을 연대하여 해결하고, 새로운학교네트워크 등 교사들의 학교혁신 운동과 소통·협력하고 있다(교육희망네트워크, 2011).

2) 혁신학교의 추진

2009년 4월 경기도 교육감 선거에서 김상곤 후보가 당선되었다. 김 교육감은 선거 과정에서 ▲공교육 혁신, ▲미래교육 투자, ▲교육복지 실현 등 5대 정책과 6대 실천 공약을 제시했다. 특히 그는 경기지역 200여 개 교육사회단체와 각계 인사들로 구성된 '2009 경기희망교육연대'가 선정한 민주개혁 후보임을 앞세워 "공교육 혁신 등을 통해 새로운 교육, 새로운학교를 선보이겠다"라며 당선되었다(『오마이뉴스』, 2009. 4. 9).

2009년 2학기에 경기도교육청은 혁신학교 13개교를 선정하여 학교혁신 작업에 착수하였다. 혁신학교가 무엇인가에 대한 개념은 여러 번 수정을 거쳐 2012년에 "민주적 자치공동체와 전문적 학습공동체에 의한 창의

지성 교육을 실현하는 공교육 혁신의 모델 학교"라고 규정되었다(경기도교육청, 2012). 혁신학교는 학급당 학생 수를 25명 이내로 줄이고, 교육과정 운영에 어느 정도 자율권을 보장받으며, 도교육청으로부터 행정적 지원을 받았다. 혁신학교로 지정된 학교들은 경쟁과 성적 위주의 수업보다는 다양한 프로그램을 통한 창의성 교육, 자기주도적 학습 활동, 교사와 학생·학부모 간 소통 등에 무게를 두었다.

경기도의 경험을 바탕으로 2010년 6월 지방자치선거에서는 혁신학교 추진이 진보 교육감 후보들의 공통 공약이 되었다. 남한산초등학교, 거산초등학교, 조현초등학교 등 새로운학교운동을 선구적으로 해온 학교들이 혁신학교의 모델 학교로 전파되기 시작했다. 혁신학교가 진보 교육감이 당선된 지역을 중심으로 빠르게 확산된 것은 새로운학교운동이 그 추진 동력이 되었기 때문이다. 교사들이 주체가 되어 학교를 재구조화하는 새로운학교운동은 이제 교육청의 제도적·정책적 지원을 통해 촉진되고 성과를 더 크게 낼 수 있는 조건을 마련한 것이다.

2010년 이후 진보 교육감 후보가 당선된 6개 교육청[63]에서는 이름이 조금씩 다른 혁신학교를 운영하였다. 진보 교육감이 당선되지 않은 충남의 경우, 도 차원에서 '행복공감학교'를 지원하였다. 2011년과 2012년 혁신학교 지정 및 예산 지원 현황은 〈표 Ⅱ-8〉과 같다.

2012년 3월, 전국의 혁신학교 수는 333개교로 1년 새에 두 배 넘게 늘어났다. 급별 분포를 보면 초등학교〉중학교〉고등학교의 순으로 나타났다. 그 이유는 초등학교가 교육과정 다양화가 어느 정도 인정되고 있었기 때문에 많고, 고등학교는 대학 입학 부담이 있기 때문에 적은 것으로 보인다. 지원 예산은 1억 원 안팎으로 다른 연구시범학교 또는 특목고와 자공고 등에 비해 그렇게 많다고 보기는 어렵다.

2012년 3월, 혁신학교가 가장 많은 곳은 123개교를 지정한 경기도이다.

〈표 II-8〉 혁신학교 지정 현황(2011-2012년)

지역	혁신학교 이름	2011년 3월	2012년 3월 (초/중/고)	혁신학교 비율(%)	지역 학교 수	학교별 지원 예산 (예정)
강원	강원행복더하기 학교	9개교	41개교 (22/13/6)	6.4	640	1억 원 안팎
경기	혁신학교	71개교	123개교 (61/46/16)	5.7	2,162	1억 원 안팎
광주	빛고을혁신학교	4개교	10개교 (4/4/2)	3.3	303	2억 원
서울	서울형혁신학교	23개교	59개교 (29/20/10)	4.5	1,317	평균 1억 4,000만 원
전남	무지개학교	30개교	40개교 (25/13/2)	4.8	636	9,000만 원 안팎
전북	혁신학교	20개교	50개교 (32/15/3)	6.5	775	1억 원 안팎
충남	행복공감학교	5개교	10개교 (5/4/1)			5,000만 원 ~3억 원
계		162개교	333개교	5.2	6,033	

※ 출처:
 1. 『교육희망』, 2011. 3. 23.; 『오마이뉴스』, 2012. 2. 27. 참조.
 2. 해당 시도 교육청 누리집 참조.

지역 학교 수 대비 혁신학교 비율이 가장 높은 곳은 6.5%를 차지한 전북이다. 6개 시도의 초·중·고 대비 혁신학교 평균 비율은 5.2%이고, 전국 16개 시도 초·중·고 대비 2.7%이다. 3년이 채 안 된 점을 고려한다면, 학교 수의 비율이 결코 작다고는 할 수 없다. 학생 수로 보면 이 6개 교육청이 다른 교육청 모두와 비슷하므로 혁신학교 추진 정책이 학생 전체의 절반에 영향을 미치는 상황이다.

2012년까지의 확산 속도와 파급력을 볼 때, 혁신학교가 미치는 영향

---

63. 2010년 6월 2일 지방자치선거에서 당선된 서울(곽노현), 경기(김상곤), 전북(김승환), 전남(장만채), 광주(장휘국), 강원(민병희) 교육감을 가리킨다.

은 상당할 것으로 예상되었고 그것은 여러 연구에서 확인되었다. 예를 들어 경기도 내 혁신학교 교육 성과에 대한 연구를 보면, 교사와 학생의 평가가 일반 학교보다 높게 나왔다. 경기도교육연구원은 2012년 11월 1일부터 12월 4일까지 혁신학교 149개교, 일반 학교 151개교 초등학교 5~6학년, 중·고교 2~3학년 교사 5,953명과 학생 1만 4,448명을 대상으로 조사한 결과, 교사의 경우 혁신학교 교사들이 느끼는 수업혁신은 5점 만점에 4.17점으로 일반 학교 교사들의 4.09점보다 높았다고 밝혔다.

생활지도 효능감, 교육과정 혁신, 학교 공동체감, 교사 집단 효능감 등 다른 4개 항목에서도 혁신학교 교사들의 평점이 일반 학교보다 높은 것으로 조사됐다. 학생들의 평가 또한 교사와 비슷하여 수업 참여 면에서 혁신학교 학생들은 5점 만점에 3.47점이라고 평가한 반면, 일반 학교 학생들은 3.25점으로 다소 낮게 나왔다. 혁신학교가 상대적으로 열악한 상황에 있고 최근 지정된 학교도 많은데 각 영역에서 평점이 일반 학교보다 높게 나온 것은 주목할 필요가 있다(『경향신문』, 2013. 1. 21). 실제로 혁신학교 주변에는 자녀의 입학을 희망하는 학부모들이 몰려 집값이 급등하는 현상이 나타나고 있다. 또 입학을 희망하는 학생 수가 많아서 학급당 학생 수 25명으로 제한하려던 애초의 방침을 유지하기 어려울 정도이다.

3) 혁신학교의 확산 전략

그동안 혁신학교를 추진한 지역의 혁신학교 확산 전략은 유사점이 있다. 교육청에 분명한 혁신철학과 기준을 가진 추진 주체를 공고히 세우고, 학교 선정 역시 교사 추진 주체가 분명히 서 있는가를 보았다. 지속적 추진 여부를 중시하며, 이전의 다른 연구시범학교와 달리 교사 가산점, 인사승진 반영 등 유인책을 쓰지 않았다. 대신 학급당 학생 수를 줄이고, 행정 업무 전담 요원 배치와 예산 지원을 하였다.

혁신학교 정책은 추진 초기에 많은 어려움이 있었다. 그러나 경기 김상곤 교육감이 2010년 6월 재선에 성공한 후, 9월에는 총 43개교(초 27, 중 12, 고 4)가 지원했고 그중 10개 학교(초 6, 중 3, 고 1)가 지정되었다. 또 2011년 상반기에는 총 응모 학교 200개교(초 92, 중 78, 고 30) 중 23개교(초 11, 중 9, 고 3)가 선정되었고 예비 지정 학교 11개가 선정되는 등 경쟁이 치열해졌다.

경기도교육청이 혁신학교를 확산시키는 방식은 두 가지 특징이 있다. 우선 혁신학교를 지정할 때 양적 확대보다는 질적 측면을 중시했다. 특히 지속가능성 여부를 가장 중요한 선정 요건으로 삼았다. 혁신학교 선정 요건으로 "교직원의 혁신 수행 의지", "계속 남아서 혁신을 수행하려고 하는 점"을 중요하게 보는 것이 그것을 뒷받침한다(정바울·황영동, 2011).

또 시범학교나 연구학교 정책과 달리 혁신학교의 교사들에게는 승진 인센티브를 부여하지 않았다. 그것은 가산점이 주된 동기가 되어 혁신학교에 지원하는 폐해를 막기 위한 것이었다. "이전에 교과부에서 추진한 열린 학교라든지 공교육 차원에서 변화를 승진 점수와 연관시키는 관 주도 방식은 반짝 효과만 있었지 실효성은 없었기" 때문이다(『시사IN』, 2011. 6. 4).

이 점은 교원들의 자발적 운동이었던 열린교육을 교육부가 정책적으로 확산하면서 왜곡되었던 것과 대조를 이룬다. 열린교육은 시도 교육청의 주요 평가 항목으로 책정되는 1996년부터 전국으로 급속하게 확산되었다. 예컨대, 부산교육청은 1996년에 모든 초등학교에서 열린교육을 실시하며, 각 학교의 38%가 열린 교실을 운영하고 있다고 보고하였다(최유림, 2001). 이와 비교해보면 혁신학교 정책은 교사의 자발성과 주체성을 최대한 살리면서 지속적 추진을 목표로 교육청이 적극 지원하는 새로운 길을 가고 있다.

요컨대, 새로운학교운동은 자발적 교사모임에 의해 진행되다가 진보 교육감의 당선으로 정책적·제도적 지원과 확산의 전기를 맞는다. 혁신학교 추진 세력들은 열린교육의 확산과 좌초의 경험에서 교훈을 얻어, 준비 안 된 학교와 교사들이 대거 몰려들 가능성을 최대한 차단하고자 승진 가산점을 주거나 학교평가에 반영을 하지 않았다.

경기도교육청의 혁신학교 정책이 긍정적 성과를 거두게 된 것은 첫째, 도교육청에 혁신학교추진위원회를 두어 분명한 철학과 기준을 가지고 추진하고, 둘째, 각 학교에서 교사들이 자발적인 추진 주체가 되도록 하고 지속적 추진 여부를 중요한 기준으로 삼았기 때문이다. 셋째, 교사 인사 이동을 유연하게 하고 가산점 등 외재적 보상을 교원 개인에게 안 하는 대신, 학교에 예산과 행정인력 지원을 하였다((다) 구술, 2011. 8. 11). 결국 핵심은 교육청 내의 정책 집행 주체와 학교 단위의 실천 주체가 명확히 서는 것이고, 그들의 자발성과 지속성을 유지시키는 것이라고 하겠다.

4) 혁신학교의 전국 확산

2014년 6월 4일 지방선거는 혁신학교의 새로운 도약이 일어나는 시점으로서 혁신학교가 전국으로 확산되는 계기가 되었다. 6·4 지방선거에서 13개 지역의 교육감[64]이 혁신학교를 핵심 공약으로 내세워 대거 당선되는 놀라운 사태가 벌어진 것이다.

그것은 선거가 있기 전인 2014년 4월 16일, 세월호 참사가 일어나 삼백 명이 넘는 희생자를 내면서 국가권력에 대한 국민들의 불신이 커지고, 안전과 생명의 가치 및 새로운 교육에 대한 기대가 높아진 결과라고 볼

---

64. 2014년 6월 4일 지방자치선거에서 당선된 서울(조희연), 경기(이재정), 인천(이청연), 강원(민병희), 충남(김지철), 충북(김병우), 세종(최교진), 전북(김승환), 전남(장만채), 광주(장휘국), 경남(박종훈), 제주(이석문) 교육감을 가리킨다.

수 있다. 아울러 4년간 6개 교육청에서 추진해온 혁신학교를 비롯한 각종 교육혁신 정책을 긍정적으로 보는 여론이 작용한 것으로 보인다.

이와 함께 1995년 이후 지난 20년 간 교육계를 지배해온 5·31교육 체제를 넘어선 새로운 교육 체제에 대한 담론이 형성되기 시작했다. 5·31교육 체제의 직간접적인 영향으로 경쟁, 서열화, 개별화, 소비자 중심 교육, 인재교육, 소수의 수월성 교육 등이 교육 불평등 심화, 고삐 풀린 사교육, 교육 주체 간의 갈등과 분열 등 학교가 제 기능을 다 하지 못하는 상황으로 몰고 간다는 비판을 받았다. 가만히 있게 하고 틀에서 벗어나지 못하도록 하는 교육, 잘 따르도록 지시하는 교육으로부터 사람 중심 교육, 학생 중심 교육, 모두를 위한 교육을 하는 새로운 교육 체제로 전환이 필요하다는 요구가 높아졌다(서길원, 2014). 그리고 그것은 구체적으로 혁신학교의 전국 확산과 학교혁신 운동의 열기로 나타났다.

2015년이 되자 기존의 6개 교육청에 더하여 경남, 부산, 세종, 인천, 제주, 충북, 충남에서도 혁신학교를 지정하여 학교혁신에 박차를 가하기 시작했다. 2015년 3월 현재, 전국 816개교(6.9%)에서 혁신학교가 운영되고 있다. 급별로 보면 혁신학교의 수는 초 464개교, 중 259개교, 고 86개교로 초등학교가 가장 많지만, 학교 수에 따른 혁신학교의 비율은 중학교 8.1%, 초등학교 7.8%, 고등학교 3.6% 순으로 중학교가 가장 높다. 혁신학교의 비율은 상당히 높아졌지만 아직 특수학교는 4개교로 2.4%, 유치원은 3개원으로 0%에 가깝게 낮다는 것을 확인할 수 있다. 〈표 Ⅱ-9〉는 2015년 3월 현재, 전국 혁신학교 현황을 보여준다.

경기도교육청은 2014년 민선 3기 이재정 교육감의 당선 이후 학생 중심, 현장 중심 교육을 강조하고 있다. 기존 국가 주도 교육개혁 정책의 한계와 상명하달 방식의 관행에서 벗어나 아래로부터 현장 중심 정책을 수렴하겠다는 것이다. 또 학교에서는 학생 한 명 한 명의 존엄성, 소질, 꿈

<표 II-9> 전국 혁신학교 현황(2015년 3월)

시도교육청	혁신학교 이름	최초추진연도	혁신학교 수						
			2014	2015년 3월					
				유	초	중	고	특수	계
강원	강원행복더하기학교	2011	41			27	18	9		54
경기	혁신학교	2009	290			181	129	46		356
경남	혁신학교	2015			7	4				11
광주	빛고을혁신학교	2015	26		19	13	3	3		38
부산	부산혁신학교	2015		1	6	1	1	1		10
서울	서울형혁신학교	2011	67		52	25	11			88
세종	세종혁신학교	2015			4	1				5
인천	행복배움학교	2015			6	4				10
전남	무지개학교	2011	65	1	55	16	3			75
전북	전북혁신학교	2011	101	1	79	35	7			122
제주	다혼디배움학교	2015			4	1				5
충남	행복나눔학교	2015			13	5	3			21
충북	행복씨앗학교	2015			11	7	3			21
혁신학교 총계			590	3	464	259	86	4		816
전국 학교 수			11,408 (초중고)	8,826	5,934	3,186	2,326	166		11,612 (초중고)
혁신학교 비율(%)			5.17	0	7.8	8.1	3.6	2.4		6.9

※ 출처: 교육통계서비스, 성열관(2015), 원덕재(2015)를 참조하여 재구성.

이 존중되어야 하며, 자기주도적으로 삶의 역량을 기르고 '참된 학력'[65]을 신장시키기 위한 학생 중심 교육이 이루어져야 한다고 본다. 이와 함께 2009년부터 선구적으로 해온 경험을 바탕으로 혁신학교의 개념을 다듬어 "혁신학교는 민주적 학교 운영 체제를 기반으로 윤리적 생활공동체와 전문적 학습공동체를 형성하고 창의적 교육과정을 운영하여 학생들이 삶의 역량을 기르도록 하는 학교혁신의 모델 학교"라고 규정하고 있다(경기도교육청, 2015). 2015년 경기도 혁신학교 운영 모델은 〈그림 Ⅱ-5〉와 같다.

혁신학교를 추진하는 여러 교육청에서는 학교혁신과 관련한 기초·심화 연수를 잇달아 개설하여 현장 교사들의 연수를 단계적으로 추진하고 있다. 혁신학교로 선정된 학교의 교원 연수는 물론, 학습연구년 교사들이 혁신교육 연수를 받고 학교혁신을 해낼 교사 역량으로 성장하도록 하며, 혁신교육에 관심 있는 교사들과 교장, 교감 및 행정직 연수도 실시하고 있다. 학교 안에서는 학교혁신을 지속적으로 해내기 위해 교사들의 전문적 학습공동체가 필수라고 보고, 교사들의 연구 역량을 키우고 협력하여 수업 개방과 성찰을 하도록 권장하고 있다.

또한 혁신학교를 추진하는 교육청들은 서로 간의 연대와 협력을 위한 체계를 다각도로 모색하고 있다. 권역별 혁신교육 포럼이나 교사 연수를 기획하거나 교육청 소속 교육연구소들을 연계하여 연구 결과를 공유하는 방안을 추진하고 있다.

---

65. 참된 학력은 교육 목표의 달성도로서 학습을 통해 습득한 교과 지식뿐만 아니라 사고력, 문제 해결력, 창의력 등이 지적 능력과 성취 동기, 호기심, 자기 관리 능력, 민주적 시민 가치 등의 정의적 능력까지 포함하는 포괄적이고 총체적인 능력을 의미한다(경기도 초·중·고등학교 교육과정 총론, 2014).

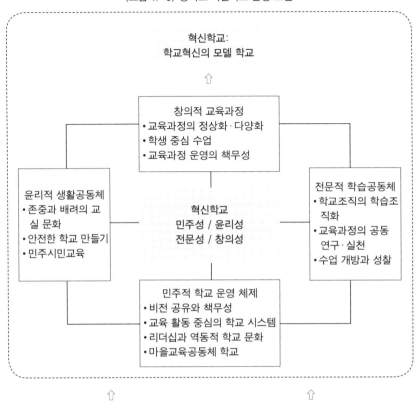

〈그림 II-5〉 경기도 혁신학교 운영 모델

혁신학교:
학교혁신의 모델 학교

⇧

창의적 교육과정
• 교육과정의 정상화·다양화
• 학생 중심 수업
• 교육과정 운영의 책무성

윤리적 생활공동체
• 존중과 배려의 교실 문화
• 안전한 학교 만들기
• 민주시민교육

혁신학교
민주성 / 윤리성
전문성 / 창의성

전문적 학습공동체
• 학교조직의 학습조직화
• 교육과정의 공동 연구·실천
• 수업 개방과 성찰

민주적 학교 운영 체제
• 비전 공유와 책무성
• 교육 활동 중심의 학교 시스템
• 리더십과 역동적 학교 문화
• 마을교육공동체 학교

⇧ ⇧

지원 체제 개선-교육청
• 작은 학교·학급 조성 및 행정 업무 경감
• 단위 학교 자율권 확대
• 우수 인력 지원 및 행·재정 지원 확대
• 혁신학교 연수 및 혁신 리더 발굴 및 양성

성장 지원·협력-지역사회, 전문기관
• 학교 성장 자문·지원
• 자원봉사, 참여
• 지자체 협력 체제 구축

※ 출처: 경기도교육청, 2015: 11.

4. 새로운학교운동의 발전

여기서는 교사연대 학교혁신 운동의 주요 동력인 전교조 운동이 합법화 이후인 2000년대에 어떻게 전개되었는가를 살펴보려고 한다. 왜냐하면 교사연대 학교혁신 운동이 확산된 과정을 이해하기 위해서는 교사운동의 흐름과 연관 지어 보지 않을 수 없기 때문이다. 전교조 참교육운동속에서 어떻게 새로운학교운동이 탄생하게 되었는가? 그 주체들은 왜 새로운학교운동을 추진하였는가? 그리고 새로운학교운동의 유형은 어떻게 분류될 수 있는가?

가. 전교조 참교육운동의 전환: 교실에서 학교로

전교조 참교육운동은 25년 이상 교과 수업의 혁신, 통일교육과 환경교육 등 새로운 가치 교육의 창출, 학생 활동 중심의 학급 운영 혁신, 학생자치 활동 및 동아리 활동의 활성화를 이루는 데 일정한 성과를 거두었다(한만중·이장원, 2009). 학급 운영과 학생 참여 중심의 교육 활동 방법등을 선도적으로 실천하여 법외노조 시기에 전교조 교사는 동료 교사들에게 '우리와는 다르지만 교육 본질을 추구하는 교사'라는 평가를 받아왔다. 이러한 활동은 전교조가 합법화되는 과정에서 확산되었고, 교육 당국이 주관하는 교과모임 등에서 일반화되기도 하였다. 그러나 전교조가 합법화된 이후 제도개선 투쟁에 주력하면서 참교육 실천은 조합원 개인에게 맡겨지고 전교조 사업에서 주변화, 부차화되어 있다는 비판이 내부에서 제기되기 시작했다(한상훈·천희완, 2009). 이러한 반성과 성찰은 개별 교사의 '교실' 내 실천으로부터 교사들의 집단적인 '학교' 혁신 운동으로 참교육운동의 질적 전환을 해나가는 계기가 되었다.

그러면 합법화 이후 전교조 운동은 어떻게 진행되었으며, 참교육운동에서 학교혁신 운동이 탄생하는 과정은 어떠한가.

1999년 1월 국회에서 교원노조법이 통과되어 7월 1일 발효됨에 따라 전교조는 합법화되었다. 그러자 조합원 수가 급격히 증가하여 2002년에는 9만 6,000명이 넘었다.[66] 그것은 교육의 변화를 바라는 교사들이 전교조에 거는 기대와 희망을 반영하는 것이기도 했다.

그러나 2001년, 2002년 두 번에 걸친 단체교섭 이후, 중앙 단위의 단체교섭은 중단되었다. 교원노조법상 교섭 창구 단일화와 교섭 의제 제한 조항 때문에 교원노조 간 공동 교섭 요구안을 만들기가 쉽지 않았기 때문이다. 2003년부터 중앙 단위 교섭이 이루어지지 않은 채, 이후 10년 이상 세월이 흘렀다. 이것은 노조라는 형식을 선택하여 교섭력을 확보하려고 했던 전교조에게 상당히 치명적이었다. 더구나 교육 당국과 교원노조 간에 교육정책에 관한 대화와 협상 창구가 열려 있지 않아 갈등이 잦아졌다. 2002년 7차 교육과정, 2003년과 2004년 NEIS, 2005년과 2006년 교원

---

[66]. 1989년 전교조 결성 직후 정부의 노조 불인정 방침이 발표되자 7월에 조합원 명단 공개가 이루어졌는데, 그 수는 12,370명이었다. 1999년 전교조가 합법화되기 직전인 3월에 30,398명이던 조합원은 7월 1일 교원노조법의 발효되자 노조설립신고서 제출 시 62,654명으로 두 배가 늘었다(전국교직원노동조합, 2011: 510, 775).

평가 도입을 둘러싸고 교육 당국과 전교조 간에 충돌이 일어났다. 다른 일반 노조와 달리 단체행동권이 제한되어 있는 까닭에 전교조는 토론회, 기자회견, 농성, 집회, 단식, 조퇴투쟁, 연가투쟁의 방식으로 의사표현을 하였다. 교육 당국이 학교 현장의 중요한 교육 주체인 교사단체와 협상과 교섭을 하지 않음으로써 정책의 강행에 따르는 부작용 또한 만만치 않았다. 정작 학교 현장에서 개혁을 추진해야 할 교사들은 당국이 교사들을 개혁의 대상으로만 본다는 불만이 매우 높았다.

이와 같은 상황은 새로운학교운동이 탄생하는 중요한 배경을 이룬다. 20년 가까이 전교조 운동을 해온 교사들은, 합법화가 된 후에도 정부 당국의 교육정책과 제도에 대한 문제를 제기하며 반대 투쟁을 계속하는 과정에서 회의와 자괴감을 느끼게 되었다. 교사운동과 학교의 교육 활동을 병행하는 부담도 매우 컸다. 남한산초등학교를 변화시킨 안순억 교사의 고백 속에서 그 심경을 읽을 수 있다.

> 매일 계속되는 모임들, 산더미처럼 쌓인 일들에 대한 책임감 때문에 한때 동료들에게 아무 말도 하지 않고 두문불출한 적이 있어요. 지금 생각해보면 감당 못 할 정도는 아니었다 싶은데, 20대 어린 나이에 중책을 맡고 전면적으로 활동하다 보니 너무 긴장했었나 봐요. 그러니 몸과 마음이 빨리 지친 거죠. 사람이 지치면 부정적인 면이 더 부각되잖아요. 갑사기 회의도 느끼고. 전교조가 합법화될 때까지 딱 10년이 걸렸잖아요. 사람인지라 그렇게 오랜 기간 내내 형형한 눈빛으로 계속 목소리를 높일 수만은 없더라고요(강버리·조선혜, 2010).

남한산초등학교에서 새로운학교운동을 시작한 (가) 교사 역시 전교조가 합법화되었지만 학교가 크게 달라지지 않는 현실에 대한 고민이 많았다.

　그때는 전교조 뜨기 막 직전이었죠. 여주에 와서 글쓰기 사람들을 만났어요. 그리고 자연스럽게 전교조 사람들을 만나서 들어가게 됐죠. 그 안에서 전교협을 했고. 그때까지 삶을 죽 보면, 나를 둘러싼 구조의 문제가 나를 불행케 하는구나, 점 점 점 구조와의 투쟁의 삶으로 들어갑니다. 그것이 변화의 시작이라고 믿었고. 물론 아이들하고는 열심히 살았어요. 교장하고도 열심히 싸웠고. 그것이 정의라고 생각했어요. 그렇게 10여 년 이상 했고 98년도, 99년도 요때, 그전에도 간부 활동 죽 했어요. 경기도 초등위원장도 하고 지회장도 하고, 지회장 하면서 시국선언 해가지고 징계 받고 옆으로 쫓겨나고 이런 과정도 전교조 생활을 전교협 때부터 시작해서 99년도까지 계선 중심의 활동을 죽 했어요. 전교조 1기였어요. 전교조 합법화가 되고 단체교섭을 하고 정권이 바뀌고 하면 교육이 달라질 거라는 믿음이 있었어요……

　나중에 단체교섭이 통과되고 난 다음에 제가 앉아서 하는 일은 교권부장 역할을 하더라고요. 맨날 전화 와서 단체교섭 이행이 안 되는데요, 도와주세요, 그러면 가서 교장하고 싸우고 협박 지르고 당신 고발해버린다고 계속 그 짓을 했어요. 근데 안 달라지는 거죠, 학교 현장은((가) 구술, 2012. 1. 20).

　전교조가 합법화되자 조합원이 급격히 늘고 활동 공간은 넓어졌다. 그러나 한동안 활발하게 진행되던 교과, 주제 분과 중심의 참교육 실천 사업이 정체되고 있다는 비판이 대두되었다. 제도개선 투쟁과 학교 단위의 실천이 맞물려가야 하는데, 전자에 주로 초점이 맞춰지면서 학교 단위의 개혁이 제대로 이뤄지지 않은 것이다.
　5·31교육개혁 이후 신자유주의 교육정책들이 학교 현장에 파고들면서

교사들의 자괴감은 더욱 커졌다. 그동안 전교조가 주장해온 것들이 한편으로 받아들여지고 채택되는가 하면, 새로운 교육정책들이 양산되어 교사의 업무 부담과 학교 간, 교사 간, 학생 간의 경쟁을 심화시켰다. 학부모들의 사교육비 부담이 더욱 커지고 학교교육에 대한 학부모의 불만도 높아졌다. 그것은 학교 현장의 교사들에게, 특히 오랫동안 교사운동을 해온 이들에게 더 큰 좌절과 자괴감을 일으켰다.

이러한 문제의식으로부터 새로운학교운동은 시작되었다. 그동안 참교육운동에 헌신해온 이들의 반성과 성찰을 통한 자발적인 모색에서 비롯된 것이다.

새로운학교운동을 시작한 사람이 전교조 조합원들, 참교육운동을 해왔던 사람들이죠. 제도개선 투쟁 중심 사업에 한계를 느끼고, 참교육 실천 운동의 그간의 양상에도 한계를 느껴서 시작했어요. 합법화될 때까지는 합법화 투쟁에 중심을 실었지만, 합법화 이후에는 교육의 내용을 채워야 하는 것 아니냐. 합법화 이후에는 우리가 제도권 안에서 하나의 세력이 된 거죠. 아무리 정부 정책에 대한 반대를 하더라도 제도 안에서 커다란 조직으로서 거기에 따른 책무가 있다.

결국 대안을 만들고 새로운 교육의 상(像)을 만들어야 하는데, 그 새로운 핵심 지점이 학교라고 본 거죠. 학교라는 것에 응축되어 있다. 이런 총체적인 교육의 문제와 구체적인 교육 실천의 문제가 응축된 것이 학교다. 그래서 학교를 주목하고, 학교를 참교육운동을 해오면서 지향해온 것들이 있는데, 거기에 맞게 재구조화해서 새로운학교를 만들어보자 이런 거예요.

그리고 내가 진짜 소박하게는, 교사로서 자신을 실현해보자는 개인적인 욕망이 복합이 되어 시작한 거죠. 결국은 기존의 전교조 운동과 참교육 실천 운동의 한계를 넘어서고자 한 선구자적인 조합원들이 시작한 거지요. 그 계기는 합법화 이후의 지형에 과거와 같은 방식으로 가서는 안 되겠다는 생각이 있었죠((사) 구술, 2011. 8. 9).

그리하여 전교조 참교육운동은 '교실'에서 '학교'의 변화에 초점을 맞추는 방향으로 질적 전환을 해나간다. 이렇게 탄생한 새로운학교운동은 교사연대의 주체적·창조적 학교혁신 운동이라고 할 수 있다. 교원노조와 교사단체가 조직적으로 지원하는, 세계 어느 나라에서도 유례를 찾기 어려운 운동이다. 오랫동안 교사운동에 참여해온 이들은 정부 당국의 교육정책과 제도에 대한 '비판'의 언어에서 '가능성'[67]의 언어로 옮아가고 있다. 더 나아가 이제는 '가능성'의 언어에서 '현실'의 언어로 새로운학교, 새로운 교육을 만드는 새로운 국면으로 접어들었다.

> 완급의 차이가 있을 뿐 학교개혁 운동은 시대의 큰 줄기로 갈 것이다. 초기의 참교육운동이 독재정권에 대한 저항운동이었다면 학교개혁 운동은 우리가 만들어나가는 주체적·창조적 운동이다(장관호, 2011).

나. 새로운학교운동의 전개: 주체의 중복과 확산

1) 제2, 제3의 남한산초등학교 – 작은학교교육연대

남한산초등학교의 실험은 이후 여러 지역에 흩어져 있던 자발적 교사

---

67. 애플(M. Apple, 1986)은 미국 사회에서 초·중등 교사가 자발적이며 집단적인 교육민주화운동을 전개하고 있는 모습을 보면서 '교육민주화 문제'가 이론적으로나 실천적으로나 매우 중핵적인 교육문제라는 점을 지적하였다. 그는 앞으로 교육과정사회학 연구에서 요망되는 것은 비단 '비판의 언어'뿐만 아니라 '가능성의 언어'라는 점을 분명히 천명하였다(김기석, 1987: 75).

모임들에게 놀랍고 신선한 자극이 되었다. 이들은 충남 아산 거산분교, 전북 완주 삼우초등학교에서 새로운학교로 변화를 시도했다. 이들 교사 모임의 구성원은 전교조 조합원이 대부분이었지만, 이들은 또 다른 교육 사회단체에 이중 삼중으로 가입하여 활동하고 있는 경우가 많았다. 예를 들어 남한산초등학교의 변화를 주도한 서길원 교사와 안순억 교사는, 전교조 핵심 활동가이면서 동시에 한국글쓰기교육연구회 회원이었다. 충남 아산의 거산분교 역시 전교조 조합원이면서 한국글쓰기교육연구회 회원들이 주축이 되었다. 이러한 '주체의 중복' 현상은 전교조 운동, 대안교육 운동, 그리고 새로운학교운동에서 공통으로 나타나고 있다. '주체의 중복'은 결과적으로 이들 운동에서 경험의 '연결'과 '확산'으로 이어졌다고 볼 수 있다.

2005년 여름, 서길원 교사가 제안하여 '작은학교교육연대'라는 단체가 만들어졌다. 작은 학교들끼리 교류와 연대를 통해 서로 도움을 주고받기 위해서였다. 작은 학교 운동은 공교육 체제 안에 있는 보통의 학교를 재구조화하려고 한다는 점에서 대안학교와 다른 차이가 있다. 그 핵심은 오랫동안 굳어져 잘못된 학교의 관행을 바로잡고, 작은 학교의 장점을 살린 교육과정을 새롭게 구성하는 것이다. 그러면서도 대안학교를 공교육 체제 안으로 들여오거나, 외국의 이론과 실례를 그대로 적용하려고 하지는 않았다. 교사들의 경험과 학부모의 요구에 따라, 그 지역의 조건과 환경에 맞는 학교를 만들고자 한 것이다.

2) 등불에서 들불로 – 스쿨디자인21

농산어촌의 작은 학교에서 새로운학교운동이 일어나자, 이제 도시의 중규모 이상의 학교에서도 새로운학교 모델이 필요했다. 2006년 9월, 작은학교교육연대를 만든 서길원 교사는, 경기지역의 전교조 활동가 김주영,

허승대 교사와 함께 스쿨디자인21을 만들었다. 그들은 전국에 흩어져 있는 학교들을 묶는 작은학교교육연대와 달리, 한 지역 전체를 '통째로' 바꾸는 전략을 세웠다. '등불'처럼 점점이 켜 있는 작은 학교들의 연대에서 한 지역 전체를 '들불'처럼 일으켜 바꾸는 전략을 구상한 것이다.

서길원, 김주영, 허승대 교사는 함께 할 교사들을 양평 지역에서 찾기 시작했다. 오랜 기간 서로 돈독하게 지내며, 그 지역을 떠나지 않는 양평 지역 전교조 활동가들과 꾸준히 만나며 의논하였다. 들불처럼 '번지기 전략'에 따라 먼저 양평의 네 학교를 선택하였다. 그들은 모임에서 논의하여 자체 순환 발령을 추진하였다. 5년마다 4개교를 돌아가며 순환 근무하기로 한 것이다. 이로써 교육청과는 독립적으로 지속성을 확보하며 서로 넘나드는 클러스터(cluster)를 만들었다.

2007년에 교장공모제가 시범 운영되자 스쿨디자인21은 (다) 교사를 양평의 조현초등학교에 교장으로 응모하도록 지원했다. 2009년에는 (가) 교사가 성남 보평초등학교에 공모하여 교장이 되었다. 신도시 중산층 밀집 지역에서 도시형 새로운학교를 만들려는 첫 시도였다.

> 결국 우리 교육운동이라는 것이 밑에서도 중요하지만 한국 사회의 여론층인 중산층의 바람을 일으키지 않고서는 안 된다. 두 번째, 특목고가 아니어도 초등학교에서 혁신학교로 중산층의 반응을 넣어주지 않고서는 한국 교육에 답이 없다. 그러려면 어디냐. 경기도의 강남인 곳, 경기도의 대치동에서 승부수를 두어야 한다. 그래서 내가 여기에 가야 한다, 그랬어요……. 특목고 교육은 선별 교육의 상징이거든요. 나는 그런 교육 하지 않고 본질 교육으로도 국민들에게 희망을 줄 수 있다, 라는 답을 내고 싸움을 한 거예요((가) 구술, 2012. 1. 20).

그는 새로운학교가 교육의 본질에 충실하기 때문에, 중산층 학부모의 교육적 요구에도 부합한다는 믿음을 가지고 있다. 현재 보평초등학교는 학부모들이 서로 보내고 싶어 하는 학교가 되어 주변 집값이 치솟고,[68] 새로운학교의 성공적인 도시형 모델로 소개되고 있다.

스쿨디자인21은 교사들이 스스로를 실천 연구자로 자리매김하여 학교 혁신을 위한 실천을 공유하고 축적하여 연구물로 만드는 일에도 관심을 가졌다. 경기지역을 중심으로 회원들이 정기 모임을 갖고 연구와 실천을 병행하던 스쿨디자인21은 이후 경기도 혁신학교 추진의 실질적인 원동력이 되었다.

2011년 새로운학교네트워크가 전국적인 조직으로 창립된 이후 2014년 2월 스쿨디자인21은 새로운학교네트워크에 지원센터가 생기자 거기에 통합되었다.

3) 전교조 학교개혁 운동

전교조는 2005년 '교육희망21 학교혁신운동본부'를 구성하여 학교혁신 전략을 탐색하였다. 학교자치를 교원평가 대신 학교 교육력을 높이는 방안으로 제시하고, 2007년부터 적극적으로 학교개혁 운동에 나서게 된다. 그것은 "전교조 계선 조직[69]이 주도한 운동이 교사의 전문성을 높이는 참교육 사업을 부차적 사업으로 주변화해왔고, 올바른 교육이 무엇인지에 대해 사회적 담론을 형성하는 데 역할을 제대로 하지 못하였으며, 교육 현장의 실천을 이론화·학술화하여 교사가 전문직임을 입증해오려는 노력을 제대로 하지 못"한 현실을 극복하기 위한 것이었다(황호영, 2007).

---

68. 『한국경제』(2012. 5. 7). "집값 1억 올린 혁신학교의 힘".
69. 계선 조직이란, 여기서 전교조 본부-지부-지회로 이어지는 조직의 계통을 의미한다.

이후 참교육운동의 큰 갈래는 교실에서 교과를 중심으로 한 실천에서 학교를 개혁하는 새로운학교운동으로 나아간다. 2007년 황호영 전교조 부위원장이 학교자치교장선출보직제특별위원장을 맡으면서 경기 서길원, 서울 정영배, 인천 배제천 교사 등과 함께 새로운학교운동을 지원하였다. 2007년 5월 교장공모제에 대비하는 '교육희망 새로운학교 만들기, 2007년 1차 학교자치교선보 워크숍'을 같이 준비하여 개최한 것이 출발점이었다(전국교직원노동조합, 2007) 이후 2010년까지 4년간 학교자치교장선출보직제특별위원회는 전교조 새로운학교운동 지원 기구 역할을 하였다. 2007년 9월, 교장공모제가 시범 운영되고 전교조 조합원 출신 교장이 출현하면서 학교개혁 모델을 만들어내기 위한 연구와 실천은 더욱 탄력이 붙었다. 그러나 그것이 전교조의 중심 사업으로 자리 잡지는 못하였다. 2007년에는 교원평가 법제화 반대, 사립학교법과 연금법 개악 반대 등이 주요 투쟁 과제로 떠오르면서 전체 계선 조직의 역량이 그쪽으로 배치되었기 때문이다. 2008년에는 이명박정부 출범 초기부터 영어 몰입 교육, 일제고사, 자율형 사립고 등 경쟁 교육 반대 투쟁에 주로 힘을 실었다. 교육과학기술부가 발표한 4·15 학교 자율화 조치[70]에 대해 전교조는 '공교육 포기 선언'으로 간주하고 위원장 단식농성을 포함한 총력 대응을 하였다. 곧이어 미국산 광우병 위험 쇠고기 수입에 반대하는 촛불시위가 5월부터 대대적으로 벌어지자, 교육 관련 단체들과 연대하여 교육문제를 강력하게 제기하였다.

그러나 한편으로는 정부의 경쟁 교육에 대한 대안이 절실하게 필요하

---

70. 교육 관련 각종 규제를 완화 및 해제한다는 조치로서 그동안 금해온 심야 보충수업, 우열반 편성, 0교시 수업, 자율학습, 사설 모의고사 등이 부활할 가능성이 크다고 보아 전교조를 비롯한 교육 관련 단체들은 강력하게 반대하였다. 이후 촛불시위에서 학생들은 "밥 좀 먹자", "잠 좀 자자"라는 손피켓을 들고 교육정책 전환을 요구했다.

다는 인식 아래 새로운학교운동을 추진하였다. 전국에 산발적으로 흩어져 있는 학교혁신 운동의 주체를 조직하고 자발적 모임을 연계하며, 전교조 조합원의 교장 공모를 통한 학교혁신 모델 개발에 적극 나섰다. 또한 전교조 합법화 이후 두드러지게 나타난 교사중심 운동에서 탈피하여 학부모, 학생, 교육사회단체, 언론과 교육문제를 공동 대응하는 연대의 회복을 이루고자 했다. 그 일환으로 2008년 10월에는 교육사회단체 대표와 언론 관계자들이 경기도 양평 조현초등학교를 방문하였다. 이것은 2009년 1월 전교조에서 기획한 핀란드와 스웨덴 교육 탐방으로 이어졌다. 이후 언론과 교육사회단체에서는 학교혁신의 가능성과 학교혁신 모델에 대한 관심이 더욱 높아졌다.

2009년 창립 20주년을 맞아 전교조는 제2의 참교육운동을 선언하고,[71] 6월에 발족한 새로운학교네트워크 준비위원회에 참여하였다. 새로운학교네트워크는 새로운학교의 철학과 이념, 학교상과 실천 전략 등을 연구하는 한편, 거점 학교를 세우는 데에 주력하였다. 2010년 6월 지방선거 이후 6개 시·도 교육감들은 서로 다른 이름으로 '혁신학교'를 만들기 시작했다. 그 과정에 전교조 교사들은 직접 또는 간접으로 활발하게 참여하였다. 학교와 지역에서 교사들의 연구 실천 모임이 계속 만들어지고,[72] 새로운학교들 사이에 네트워크가 형성되어 각종 연수와 연구 사업이 활발하게 이루어졌다. 현장 교사와 교육학자들 간의 공동 연구와 토론회, 정책 포럼이 진행되는 등 연구와 현장이 밀착하여 함께 연구·실천하고 있

---

71. 2009년 9월 대의원대회에서 전교조는 (1) 경쟁 교육 패러다임을 협력 교육 패러다임으로 바꾸어 내는 것이 제2참교육운동의 방향이 되어야 하며, (2) 그간의 참교육 실천의 한계를 넘어서기 위하여 주로 교실 내에 머물렀던 실천 활동을 학교 단위로 넓히고, 개인적으로 실천하던 모습에서 조직적 실천으로 나아가야 한다고 그 실천 방향을 제시하였다(전국교직원노동조합, 2010: 7).

72. 2011년 현재, 전교조 내에 새로운학교 연구모임은 전국에 137개가 활동하고 있다. 그 분포는 다음과 같다. 강원 11, 광주 23, 경기 23, 경남 10, 경북 10, 대전 2, 부산 4, 서울 21, 울산 9, 인천 10, 전남 9, 전북 4, 제주 1(전교조 참교육실천위원회, 2011, 전국 새학교모임 현황 참조).

다. 지금 이러한 현상은 해방 이후 그 어느 때보다 활발하게 일어나고 있다. 교원단체와 교육사회단체들이 분출하는 교사들의 열정을 조직적으로 지원하여 학교를 변화시키는 것 역시 전례를 찾아보기 어려운 새로운 현상이다.

전교조는 먼저 혁신학교에 조합원들이 참여하도록 권장하고, 시·도 지부에 새로운학교 특위를 만들어 워크숍과 자율·직무 연수 등을 개최하였다. 2011년 5월 11~18일에는 학교개혁 국제 심포지엄을 교육사회단체들과 함께 개최하였다.[73] 독일 헬레네 랑에, 스웨덴 푸투럼학교, 핀란드 스트룀베리학교 등에서 교사들과 교장이 내한하여 학교개혁에 관한 대화와 경험을 나눴다. 지역별로 순회하며 개최된 이 심포지엄에는 연인원 10,000여 명이 참여하여 교사들의 뜨거운 관심을 보여주었다(『교육희망』, 2011. 3. 23).

아울러 진보 교육감이 당선된 교육청에서는, 왕성하게 일어나는 교사 연대 학교혁신 운동을 위로부터 정책적·제도적으로 확산시켜나갔다. 학교혁신에 선구적인 교사들은 교육청에 파견되거나 현장 연구팀으로 학교혁신 정책 수립과 실현에 적극 참여하였다. 일각에서는 교육청의 학교혁신 사업이 자발적인 운동의 흐름을 발전시키는 측면도 있지만 운동의 역량이 교육청으로 집중될 경우, 문제가 생길 수 있다는 우려를 한다. 이것은 새로운학교운동을 하는 교사들이 교육청의 정책 입안과 실행 과정에 참여하고 연수 강사로 활동하는 등, 교육청이 벌이는 사업에 깊이 관여하고 거기에 역량을 집중하는 것이 운동의 자생성과 성장·발전에 도움이

---

73. 학교개혁 국제 심포지엄 조직위원회는 "유럽 국가에서의 학교개혁을 통한 성공 사례를 배움으로써 우리나라의 학교교육의 혁신을 위한 한국 교육계의 창조적인 상상력을 자극하며, 교육의 미래를 근본에서부터 새롭게 설계해야 한다는 절박한 문제의식에서 이 심포지엄을 준비하게 되었다"라고 취지를 밝혔다.

되는지에 대한 검토가 필요하다는 뜻이다((자) 구술, 2012. 8. 10).

또한 전교조는 일반 학교의 혁신을 위해 새로운학교 사례를 일반화, 보편화시키기 위해 힘을 기울여왔다. 새로운학교 모델을 개발하고 전파하는 한편, 일반 학교도 가능한 범위에서 적용하도록 학교혁신 운동을 주요 사업으로 설정하여 진행하였다. 그러나 최근에 해직 조합원을 인정하는 규약을 개정하라는 정부의 압력을 거부하여 법외노조 판결 위기를 맞는 등 학교혁신 운동에 힘을 싣기 어려운 가운데 역사 교과서 국정화 반대, 2015 개정 교육과정 반대와 같은 현안 투쟁에 힘을 쏟고 있다.

4) 새로운학교운동의 그물망-새로운학교네트워크

남한산초등학교가 새로운학교로 변화한 이래 새로운학교 만들기는 커다란 흐름이 되어 새로운학교운동으로 발전하였다. 이에 따라 학교혁신이라는 주제가 교사운동에서 중요한 영역으로 꾸준히, 집중적으로 이루어져야 할 필요가 생겨났다. 2007년에 흩어져 있던 자발적 교사모임들이 전교조 안에서 연결되고, 교장공모제를 활용한 새로운학교 만들기에 관심이 높아지자 이러한 문제의식은 더욱 커졌다. 교원노조로서 전교조는 해결해야 할 교육 과제가 다양하고, 새롭게 생겨나는 현안에 대응하느라 새로운학교운동에 힘을 싣기 어려웠다. 따라서 안정적으로 그 일을 해낼 별도의 독립된 기구가 필요하다는 논의가 이루어졌다. 새로운학교운동을 지속적으로 확산시키기 위해 학교혁신 주체를 묶어내는 전국적인 네트워크가 필요하다는 데 의견이 모아졌다. 새로운학교를 추구하는 자생적인 모임, 공모 교장 학교 교원, 관심 있는 활동가 등을 연결하는 네트워크를 만들어 체계적이고 종합적인 노력을 해야 한다는 것이었다(전국교직원노동조합, 2008). 또한 학교혁신은 교사들뿐 아니라 학부모와 교장, 교감을 비롯하여 지역 주민, 연구자까지 함께 하는 운동이므로 운동의 성격

상 관심 있는 다양한 사람들이 참여하는 조직을 만들어야 한다는 판단도 작용했다.

2008년 11월 학교개혁 활동가 워크숍에서 (가칭)새로운학교네트워크 추진단이 구성되고 2009년 1월 전교조 참교육실천대회에서 논의를 거쳐 2009년 6월 27일 학교개혁을 위한 새로운학교네트워크 준비위원회가 발족하였다. 전교조는 여기에 적극 참여하였고 취지에 공감하는 교사, 학부모, 연구자, 교육행정가들이 함께 하도록 폭넓게 참여 가능성을 열어놓았다.

이후 전교조 참교육실천대회 새로운학교분과와 교육정책 포럼 및 워크숍을 운영하면서 활동가들이 모여 2011년 9월 24일 새로운학교네트워크(대표 서길원)를 창립하였다. 새로운학교네트워크는 "학교와 지역에서 연구자와 교육 실천가들이 공동체 교육을 추구하며 새로운학교운동을 전개하는 과정에서 얻은 경험과 정보를 나누는 소통과 나눔의 협력적 네트워크"로 자리매김하였다. 2014년 2월 스쿨디자인21과 통합하고 2015년에 회원이 1,200여 명에 이르는 새로운학교네트워크는 새로운학교 이론과 담론 형성을 위한 포럼과 학술 세미나를 개최하는 연구, 회원 역량 향상과 성장을 위한 연수, 회보와 책자를 출간하는 홍보 출판 등을 주요 사업으로 추진하고 있다.

지방에서는 2011년 2월 새로운학교전남네트워크를 시작으로 인천, 대구, 경기, 경남, 충남, 충북, 세종, 부산에서 지역 네트워크를 창립했다. 지역 네트워크가 없는 지역에서도 자체 모임을 갖고 새로운학교에 대한 모델을 연구하고 실천하며 꾸준히 모임을 이어가고 있다.

예컨대 전남에서는 2003년 서정분교 작은 학교 살리기 운동을 통해 폐교를 유보시킨 경험을 발판으로 2007년부터 교사들이 소모임을 만들어 새로운학교를 준비해왔다. 2008년 별량초등학교 송산분교를 교사들과 학부모들이 새로운학교로 만들기 시작하고, 그해 강진 칠량중학교에 내부형 공모제로 심경섭 교장이 부임하면서 지역사회와 학교가 농촌교육의 새로운 전형을 만들어내려고 노력하였다. 2010년 무지개학교를 지정하자 그동안 모임에 참여한 회원들이 송산분교, 별량중, 칠량중, 두륜중, 영광고 등에서 주도적으로 학교혁신에 나서게 되었다.

경남에서는 2011년 제황초, 동광초, 용지초, 2012년에는 김해 구봉초, 2013년에는 진주 관봉초를 새로운학교로 변화시키며 준비하다가 2014년 교육감 선거 이후 혁신학교가 추진되자 회원들이 적극 참여하고 있다. 충북에서는 2011년부터 새로운학교 관련 강좌와 행사를 개최하며 연구회와 지역별 모임을 3년간 꾸준히 해오다가 역시 2014년 교육감 선거 이후 혁신학교에 참여하고 교육청 연수를 같이 기획하는 등 활발한 활동을 벌이고 있다. 세종에서는 타 시도 전입 교원과 젊은 교사가 많은 조건에서 2014년부터 교육청 연수를 통해 교사연구회를 꾸리고 혁신학교로 선정된 학교 교원연수 등을 실시하여 그것을 발판으로 2015년 11월에 새로운학교세종네트워크를 창립하였다. 부산 역시 2010년부터 자발적인 새로운학교모임을 만들어 독서토론과 새로운학교 탐방, 초청강연과 직무연수를 개최하는 등 지속적인 만남과 논의를 거쳐 2014년에 부산혁신학교를 준비하여 2015년 현재 6개교에서 주도적인 활동을 하고 있다. 2016년 4월에 이르러 새로운학교부산네트워크가 창립되었다.

새로운학교네트워크 회원들은 혁신학교뿐만 아니라 지역의 교육청과 연구소를 비롯하여 공모 교장으로 진출하는 등 다양한 활동을 하고 있다. 아래로부터의 자발적·자생적 운동이 교육청의 제도와 정책을 뒷받침해주는 동력이 되고 있는 것이다. 2014년부터 혁신학교가 전국으로 확산되는 과정에서 새로운학교네트워크의 고민과 과제도 커졌다. 혁신학교는 교육청에서 정책으로 추진되기 이전 10년간 새로운학교운동이 낳은 결과물이라고 할 수 있다. 그러나 혁신학교가 교육청의 정책으로 추진되는 과정에서 교육청의 역할이 점점 커지고, 특히 새로운학교운동의 토대가 없거나 약한 지역에서 그런 현상이 더욱 심하게 나타나는 데 대한 우려가 생겨났다(황호영, 2015).

또한 혁신학교 정책을 추진하지 않는 몇몇 지역에서는 여전히 교사들의 자발적 운동에 의지하는 실정이다. 교사들의 운동만으로는 그 속도와 파급력이 상당히 느리고 작기 때문에 교육청 간의 격차가 앞으로 문제가 될 수 있다.

새로운학교운동은 '혁신학교'에 거점을 두고 '학교혁신'으로 나아가고, '교육혁신'으로, '지역공동체 형성'으로 나아가는 운동이다. 그러므로 지역교육 거버넌스 구축에도 힘을 쏟아야 한다(황호영, 2015). 학교혁신 운동을 아래로부터 더욱 탄탄히 하고 교육청의 지원이 없는 상황에서도 운동을 지속해가기 위해서는 지역 단위의 다양한 연대가 대단히 중요하다(서길원, 2015).

다. 새로운학교운동의 유형과 기본 조건

새로운학교를 만드는 과정에서 없어서는 안 될 핵심 주체는 교사들이다. 교사들은 학교 안팎에서 모임을 만들어 집단적인 노력을 기울였다. 교사모임이 주축을 이루되, 교장공모제 또는 혁신학교 지정을 통해 촉진되기도 한다. 자발적 교사모임이 민주적 교장과 만날 때 새로운학교는 시작된다.

이렇게 본다면, 새로운학교는 네 가지 유형으로 나눌 수 있다. (1) 제도적 지원 없이 교사모임이 주도하여 만드는 경우, (2) 교사모임이 공모 교장과 함께 만드는 경우, (3) 교사모임이 주도하고 혁신학교로 지정된 경우, (4) 교사모임이 주도하고 공모 교장과 혁신학교 지정이 이루어진 경우이다. 새로운학교운동 초기에는 (1) 유형으로 시작되었지만 (2), (3) 유형이 많아지고 (4) 유형도 조금씩 늘어나고 있다.

첫 번째 유형은 학교 안팎의 교사모임이 주도하여 새로운학교를 만드는 형태이다. 예컨대 거산초등학교는 글쓰기 교육을 논의하던 교사·학부모 모임이 주축이 되었고, 삼우초등학교는 교과연구모임에서 교사들이 뜻을 모았다. 상주남부초등학교는 2002년 교사들이 남한산초등학교를 다녀온 뒤 '참교육실천학교'를 만들어 공부를 계속하며 준비하였고, 금성초등학교는 '좋은학교만들기' 모임에서 논의하였다.

자발적인 교사모임이 주축이 된 첫 번째 유형은 새로운학교운동 초기에 많이 나타났다. 학교 밖에서 교사모임이 새로운 교육, 새로운학교를 논의하며 준비해오다가 실행에 옮겼다. 여기서 교장은 새로운학교의 상像에 동의하고 지원해주는 역할을 한다. 현재 진보 교육감이 당선되지 않은 지역에서 대체로 이런 유형의 새로운학교 만들기 작업이 이루어지고 있다. 이런 지역에서는 교장공모제 역시 매우 제한적으로 실시되기 때문에 자발적인 교사모임에 의존해서 더디게 진행되고 있다. 자발적인 교사모임은 교사단체와 지역 교육연구소 및 다른 사회단체의 지원을 받거나 연계를 맺는다. 그리고 교장의 동의와 지원이 가능한 학교를 찾아서 새로운학교로 만든다. 그러나 2000년대 초반과는 다르게 새로운학교 사례가 상당히 쌓여서 전파되고 있으므로 지역의 어려움을 이겨내는 데 힘을 얻고 있다.

두 번째 유형은 학교 안팎의 교사모임이 공모 교장과 함께 학교혁신을 하는 경우이다. 여기서 교장공모제는 주로 내부형 공모제를 가리킨다. 2007년 첫 시범 실시 이후 교육과학기술부는 내부형 공모제를 크게 확대하지 않았고, 2011년 법제화 된 이후 시행령에서 자율학교의 15%로 내부형 공모제를 제한해버렸다. 국회에서 법률을 제정하였는데, 교육과학기술부가 시행령으로 범위를 제한한 것은 권한 범위를 넘어선 것이라는 비판이 교육 관련 단체들에서 강력히 제기되었다. 이로써 교장공모제의 확대는 아주 완만한 흐름을 보이고 있다. 특히 2010년 이후 6개 시·도 교육청에서 혁신학교 정책이 추진되는 속도에 비하면 아주 대조적이다. 이는 한국교총을 비롯해 교장 자격증제를 유지하려는 교육계 한쪽의 반대와 저항이 매우 거세기 때문이다.

세 번째 유형은 학교 안팎의 교사모임이 주도하고 혁신학교로 지정된 경우이다. 여기서는 교사모임이 주도하고 교장은 이를 동조, 지원한다. 진보 교육감이 있는 시도 교육청에서는, 아래로부터의 자발적인 혁신 흐름을 교육청이 정책적·제도적으로 뒷받침하여 급속하게 확산시키는 양상을 보이고 있다. 혁신학교로 지정돼 새로운학교를 만들어가는 과정에서 가장 중요한 것은 교내 교사모임의 역할이다. 이것이 없을 경우, 학교혁신이 제대로 추진되지 않아 연구시범학교와 별 차이가 없게 된다. 그만큼 학교혁신에서 주체의 문제는 중요하다고 하겠다.

네 번째 유형은 교장공모제와 혁신학교 지정이 이뤄진 곳에서 교사모임이 주축이 되어 새로운학교를 만드는 경우이다. 새로운학교를 만드는 주체와 계기가 모두 결합된 유형이므로 가장 탄력을 받으며 추진할 수 있다. 예컨대 보평초등학교, 호평중학교, 흥덕고등학교 등인데, 최근 이런 유형의 학교가 늘어나는 추세다. 혁신학교가 되면 예산과 행정 지원 및 학교 자율권을 더 많이 부여받아 새로운학교를 만드는 데 유리하기 때문이다.

이제 혁신학교는 2015년 현재 13개 교육청에서 추진 중이고 다른 교육청에서도 검토하고 있다. 그러나 혁신학교를 추진하지 않는 지역의 교사들은 새로운학교로 변화하는 데에 훨씬 큰 어려움이 따른다. 그런 지역에서는 수가 얼마 되지 않는 내부형 교장공모제를 활용하거나 교사모임이 독자적으로 학교혁신을 해나가야 한다. 따라서 지역 간 격차가 상당히 크게 나타나고 있다. 이것은 교사모임이 자발적으로 열정을 가지고 노력하더라도 그것을 지원해주는 교장과 교육청의 역할이 크다는 것을 말해준다.

그동안 드러나지 않은 새로운 사실은, 2000년 남한산초등학교를 새롭게 변화시키는 작업을 하던 시기에 다른 곳에서도 비슷한 작업이 진행되었다는 것이다. 서울 북한산초등학교와 인천 계산동에서도 새로운학교를 만들려는 움직임이 있었다. 공동육아협동조합에 활발히 참여하던 학부모들 사이에서 아이들이 초등학교에 갈 무렵이 되자, 초등 대안학교를 설립하자는 이야기가 나온 것이다. 그러나 대안학교가 아닌 일반 학교에서 변화를 이끌어보자는 의견도 못시않게 존재하였다. 공동육아협동조합, 한국글쓰기교육연구회, 전교조, 동화읽는어른모임 등 교육사회단체 회원들과 학부모들은 가능한 학교와 교사를 찾았다.

서울 갈월동에서 공동육아협동조합을 하는 사람들은 한국글쓰기교육연구회 회원들과 함께 서울 북한산초등학교를 새로운학교로 만들고자 하였다. 그러나 교장이 받아들이지 않고 서울시교육청에서도 교사 3, 4명을 한꺼번에 인사이동을 시킬 수 없다고 난색을 표하는 바람에 중단되었다. 북한산초등학교는 근무 가산점이 적용되는 학교여서 교사 이동이 어려웠던 것이다. 또 주축이 되어 활동할 교사에게 사정이 생겨 가지 못하게 된 것도 중요한 이유였다. 인천 계산동 사례는 공동육아 학부모들의 요청이 있었으나 교사들을 구하지 못해 좌절된 경우이다((카) 구술, 2012. 8. 20).

남한산초등학교와 달리 북한산초등학교와 인천이 실패했던 원인을 살펴보면, 새로운학교를 만드는 기본 조건이 무엇인지 알 수 있다. 학교혁신을 실제로 해낼 주체인 교사모임과 거기에 동조·지원하는 교장이 새로운학교를 만드는 두 가지 기본 조건이라고 할 수 있다.

여기서 새로운학교운동에 영향을 미친 계기적 요인을 연구 대상인 15개교에 적용하면 〈그림 Ⅱ-6〉과 같다.

〈그림 Ⅱ-6〉 새로운학교운동의 계기적 요인 분석

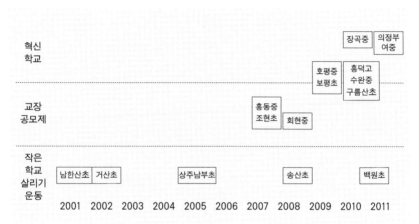

이렇게 초기에 작은 학교를 살리고 바꿔보려는 자발적 교사모임에서 시작된 학교혁신 운동은, 교장공모제와 혁신학교라는 제도적 지원을 받아 확산되는 양상을 보인다. 그러나 학교혁신의 주체인 교사들의 준비와 역량에 비해 제도화 차원의 확산 속도가 앞지를 경우, '혁신 확산의 역설'이 발생할 수 있다는 우려도 나오고 있다. 이를테면 남한산초등학교의 경우, 너무 많은 학생들이 몰리면서 작은 학교라서 가능했던 교육과정을 바꾸지 않을 수 없고, 탐방과 강연 요청이 쇄도하여 온전히 학교 활동에 전념하지 못하는 방해 요인이 되기도 한다. 구름산초등학교도 학교 규모가 급격히 커지면서 교육 활동에 제한을 받고 과밀 학급으로 인한 어려움을 겪는데 이런 현상을 '혁신 확산의 역설'이라고 한다(정바울·황영동, 2011).

실제로 이런 점 때문에 새로운학교운동 내부에서는 급속하게 확산하기보다, 확실한 모범 사례를 만들어 내용을 채워나가는 쪽에 중점을 두어야 한다는 의견이 나오고 있다. 그래야 학교혁신 운동이 온전하게, 지속적으로 추진될 수 있다는 것이다. 새로운학교를 만드는 기본 조건인 자발적인 교사모임이 탄탄하게 운영되는 기반이 조성될 때 교사연대 학교혁신 운동은 '지속가능한 확산'이 될 수 있기 때문이다.

Ⅲ.

새로운학교의 주요 특징

2000년 남한산초등학교가 새로운학교로 변화를 시작한 이래, 여러 학교에서 의미 있는 변화가 일어나고 있다. 이들 새로운학교는 어떤 점에서 새로운가? 기존의 일반 학교와 무엇이, 어떻게 다른가? 일반 학교와 다른 새로운학교의 특징은 무엇인가?

최근에 변화가 시작된 학교들의 경우 새로운학교의 특징을 갖춰가는 중인데, 여러 해 동안 모델 학교 또는 거점 학교 역할을 하는 새로운학교들은 공통된 특징을 비교적 뚜렷이 갖추고 있다. 전반적으로 볼 때 새로운학교의 특징은 아직 완성태가 아니라 만들어지는 과정에 있다.

새로운학교로 바뀌는 첫 단계는 관료주의와 행정 중심 업무에서 벗어나 교육 활동 중심으로 학교를 재편하는 것이다. 각종 시상과 대회, 행사, 공문서 처리 등 교사들의 시간을 대부분 차지해온 관행에서 벗어나는 '뺄셈의 개혁'을 먼저 추진한다. 그리고 학생 중심의 학교 문화와 교육 활동 중심의 학교 운영 체제로 전환해나간다. 그 원리는 경쟁과 통제, 지시에 의해 유지되는 학교로부터 자발성과 협력이 살아 있는 역동적인 학교로 변화시키는 것이다. 그 바탕이 마련되면 다음에는 교육과정을 재구성하는 방향으로 나아간다.

이런 과정을 거쳐 남한산초등학교는 폐교 위기를 극복하고 새로운학교의 성공 모델로 자리 잡았고, 다른 학교들도 비슷한 경로를 밟았다. 이 학교들은 저마다 특색 있게 운영되고 서로 다른 점도 적지 않으나, 크게 다섯 가지 면에서 중요한 특징을 공통적으로 지니고 있다. (1) 학교자치와 교육 활동 중심으로 학교 운영 체제 변화, (2) 참여와 소통·협력을 중심으로 학교 문화 변화, (3) 교육과정 및 수업의 변화, (4) 학교 및 학급 규모 등 학교 체제와 건물·시설 등 학교 공간의 변화, (5) 학교를 둘러싼 지역사회와의 연계가 그것이다.

1. 학교 운영 체제

가. 학교자치

새로운학교의 학교 운영 방식에서 가장 중요한 특징은 학교자치를 이루고 있다는 점이다. 교육의 세 주체인 교사, 학생, 학부모를 비롯하여 지역사회까지 학교 운영에 참여하는 학교자치가 공통점이다. 여기서 학교자치라는 개념은 첫째, 교육청과 교육과학기술부 등 상급 기관과의 관계에서 학교가 상대적 자율성과 독립성을 갖는다는 뜻이다. 상급 기관에서 실시하는 각종 대회 및 지시 사항, 공문 처리 등을 최우선으로 시행하지 않고 최소화함으로써 학교 자체의 자율성을 확보한다. 둘째, 학교자치는 학교 구성원들의 참여와 소통을 통해 학교가 운영된다는 의미이다. 학교 운영의 결정권을 갖는 교장 권력이 교육 주체들에게로 옮겨 감으로써 교사·학생·학부모의 의견을 최대한 수렴하고 반영한다. 일반 학교에서 중요한 결정이 최종적으로 교장 의사에 따라 좌지우지되는 현실과는 상당히 다른 양상을 띤다.[74]

그렇다면 새로운학교에서 학교자치는 구체적으로 어떻게 이루어지는가. 그것은 또한 일반 학교와 어떻게 다른가. 다음에서 교사·학생·학부모 세 주체의 학교자치가 이루어지는 구체적인 실제를 보자.

1) 교사

일반 학교에서 전체 교직원회의는 매주, 격주 또는 매월 1회 열린다. 일반적으로 각 부 부장들이 업무와 관련된 안내를 먼저 하고, 교감과 교장 또는 행정실장이 강조할 사항들을 이야기하고 마친다. 전교조가 창립되던 1989년 당시 교사들은 매일 아침 교직원 조회를 하였다. 부장, 교감, 행정실장, 교장이 차례로 교사들이 해야 할 일을 전달하고 강조하는 조회가 길어지면, 학급 조회 시간이 생략되고, 1교시 수업을 늦추는 경우마저 종종 있었다. 그 당시 교직원조회는 교사들의 의견을 모으고 토론하는 자리가 아니었다. 교사운동이 활발해지면서 교직원 조회는 교사들이 의견을 내기도 하고 토론이 이루어지기도 하는 등 회의의 성격을 조금씩 띠게 되고, 횟수도 주 1회 정도로 줄었다.

최근에는 전체 교직원회의가 축소된 반면, 각종 소규모 회의는 늘어났다. 부장회의가 주 1회 열리고, 성적관리위원회, 교육과정위원회, 학년협의회, 교과협의회, 부서협의회, 인사자문위원회, 급식소위원회, 예결산위원회 등 각종 위원회와 협의회가 있다.[75] 거기에서 논의된 결과는 전체 교사

---

74. 2005년 '학교 교육력 제고 방안'의 하나로 제시된 교원평가 도입 여부를 놓고 정부와 교원들 사이의 긴장과 갈등이 첨예해졌을 때, 전교조는 그 대안으로 '학교자치'를 내놓았다. 그리고 교원 개인별 평가가 아니라 학교교육 전반에 대한 학교종합평가제가 이뤄져야 한다고 주장하였다. 경쟁 기제가 바탕에 깔린 교사 개인별 평가로 학교 교육력이 제고되는 것이 아니라, 교사·학생·학부모가 학교 운영의 주체로서 서로 협력하고 참여하는 구조를 갖추는 것이 필요하다는 것이었다. 교육부가 '수업의 질 개선'을 목표로 한다면 교사 개개인에 대한 교원평가보다 학교자치를 전제로 한 학교종합평가제가 더욱 효과적이라는 것이다.

75. 학교에 설치하도록 되어 있는 상설기구 가운데 급식소위원회, 인사자문위원회, 예결산위원회 등은 전교조가 학교 민주화 차원에서 구성원들의 의견을 수렴하고 엄정한 관리를 요구하여 만들어진 것이다. 그런데 그런 기구들이 학교 안에 많아지면서 해당 교사들은 각종 회의에 참석해야 하는 부담을 지게 되었다. 특히 학교 운영과 관련하여 적극적으로 활동하는 교사들은 2, 3가지 이상 회의에 참여하면서 중요한 결정을 해야 하는 부담이 커졌다.

들에게 메신저나 인쇄물로 알리거나 그냥 회의록에 남아 있다. 다른 교사들이 이에 대해 의견이나 이견을 제시하기는 어렵다. 그 회의 단위의 고유 권한으로 인식되어 거기에 다른 교사들이 개입하는 것은 적절하지 못한 것으로 여기는 풍토이기 때문이다.

그러나 각종 소위원회 결정 사항이 전체 교사에게 미치는 파급력이 있기 때문에, 논의 과정과 결과에 대한 교사들의 불만이 있을 때, 그것을 해결하기란 쉽지 않다. 특히 월 1회 교직원회의를 하는 학교는, 이미 많은 것들이 결정되어 통보되고 진행되는 상황이므로 이의를 제기하더라도 이미 늦은 것으로 간주되고 다음 연도에 검토해보겠다는 식으로 넘어가는 일이 많다.

이처럼 일반 학교에서 교사들은 학교 운영에 관한 의견을 개진할 기회가 많지 않고, 전체 교직원회의는 부서 업무 안내 위주로 끝나며, 토론이 벌어지는 경우는 아주 특별한 예에 속한다. 김정원(1997)은 초등학교 참여관찰연구를 통해, 커피 타임 등과 같이 매일 이루어지는 학년별 모임은 주로 주임 교사가 전달 사항을 전달하는 성격으로, 이때 내용 전달 방식은 주로 어떠한 부연 설명이나 질문이 없는 상태에서 이루어지며, 그 밖의 대화는 주로 몇몇 교사들 사이에서 이루어지는 사적인 것들이라고 지적한다. 수업과 관련된 대화가 이루어지는 경우는 극히 드물며, 있다고 해도 일시적이거나 행사와 연구수업과 같은 특별한 경우에 국한된다는 것이다.

일반 학교에서 교직원회의가 어떻게 이루어지는지 구체적으로 다음 사례를 통해 살펴보자.

한 초등학교 교직원회의 시간. 회의를 주재하는 교무부장이 "학교 화장실 변기를 좌변기(앉는 변기)로 할 것인가, 화변기(쪼그리는 변기)로 할 것인가"에 대해 의견을 줄 것을 요청했다. 교원들의 반응은 시큰둥했고 결국 거수로 표결을 실시하게 되었지만, 투표에 참여한 교원 수는 좌변기 찬성과 화변기 찬성 모두 합쳐 전체 참여자의 5분의 1 정도밖에 되지 않았다. 손을 들지 않고 기권표를 던진 한 교사는 "물론 화장실 문제가 중요하지 않은 건 아니지만, 정작 창의적 의견을 모아내고 갈등을 조절해야 하는 각종 학교교 육과정이나 업무 처리 등은 관리자들이 독단적으로 하며 이러한 사안들에 만 표결을 실시하는 의도를 모르겠다"라며 "오늘의 표결 사례가 '민주적 의 견 수렴'의 서류상 '실적'으로 둔갑하지 않기를 바란다"라고 말했다(『교육희 망』, 2012. 12. 28).

이와 같은 일반 학교의 교직원회의 분위기와 새로운학교의 회의는 어떻 게 다른가.

처음 왔을 때 회의 분위기가 너무 다른 거예요. 다른 학교 같으면 부장교 사가 뭐 며칠까지 내세요, 이럴 텐데 저희는 물론 전달하는 것도 있지만, 주 무자만 일을 담당하고 주무자가 결정하는 대로 따라가는 게 보통인데, 여기 는 전 교사가 회의를 통해 결정을 하는 거예요. 교무실에 큰 원탁이 있는데 거기에 둘러앉아 가지고 교장 교감도 회의에 참석하는 다른 선생님들과 똑 같이 돌아가며 해요. 특별히 더 들어라, 내가 먼저 하셨나, 이런 게 없어요 (전교조·에듀니티, 2011a: 20강).

일반 학교들은 수직적 위계질서에 의한 '한 줄 서기' 문화가 교직사회 에 형성되어 있다. 교사들 간의 관계는 단절되어 있고 승진을 위한 교사 들 간의 경쟁은 암암리에 치열하다. 교실과 교실 사이는 폐쇄적이고, 학생 과 학생 사이의 상황을 파악하기 어렵다(전교조·에듀니티, 2011a: 13강).

그러나 새로운학교에서는 일반 학교에서 교직원회의와 각종 위원회 회의로 분산되어 있는 교사들의 의사소통 체계를 효과적으로 종합하는 구조를 갖추고 있다. 각종 위원회 회의는 축소 또는 폐지하고, 전체 교직원회의에서 학교 운영에 관련된 중요 사항을 논의하여 결정한다. 사실상 교무회의의 의결기구화이며 직접 민주주의를 실현하는 것이다. 이것은 전교조가 창립 당시부터 요구하였던 교육민주화를 위한 요구 사항의 핵심이기도 하다.[76]

또 하나의 특징은, 많은 경우 새로운학교에서는 교사들의 자율적인 실천 윤리를 제정한다는 것이다. 학교 운영에 대한 교사들의 의사결정 권한이 커진 만큼 책임의식을 강조한다. 거기에는 교사만이 아니라 학생·학부모가 지켜야 할 실천 윤리도 포함되어 있다.

예를 들어 보평초등학교는 '3무 3행'을 만들어 지키고 있다. 구성원이 함께 만든 규범으로, 그 내용은 학년 초에 알려서 모두가 지키도록 하고 있다. '보평초등학교 안전과 신뢰의 학교 문화 형성을 위한 3무 3행'[77] 가운데 교사의 3무 3행을 보면 다음과 같다.

〈3무〉

① 교사는 어떠한 경우에도 금품, 물품, 향응을 제공받아서는 안 된다.

---

76. 1988년 교육법 개정 당시 '학교 민주화'에 대한 교사들의 요구가 교장선출임기제와 교무회의 의결기구화라는 쟁점으로 부각된 것도 자율성을 보장받고자 하는 교사들의 의지를 반영한 것이라 할 수 있다(장신미, 1998).

77. 〈보평초등학교의 학부모 3무 3행〉
  - 일과 시간에는 외부인은 물론 학부모도 교실을 출입하지 않는다.
  - 학급에선 지정된 급식 외에 음료나 다과를 제공하지 않는다.
  - 청소, 미화 등의 목적으로 교실에 출입하지 않는다.
  - 경쟁보다는 협력을 통해 배우도록 격려하고 지원한다.
  - 올바른 자녀교육을 위한 상담과 교육 등에 적극적으로 참여한다.
  - 학부모 볼런티어에 가입해 우리 학교 모든 학생을 위해 봉사한다.

② 교사는 학생에게 체벌을 가해서는 안 된다.

③ 교사는 수업 시간을 엄수해야 하며, 수업에 태만해서는 안 된다.

〈3행〉

① 누구에게나 공평하게 대하며, 모두에게 배움이 일어나도록 가르친다.

② 학생들에게 친절하고 상세한 학습 안내와 안정된 학습환경을 조성한다.

③ 모든 학생이 자신의 능력을 다할 수 있도록 노력과 지원을 아끼지 않는다.

흥덕고등학교도 '교직문화 혁신을 위한 직무규범'을 제정하여 운영하고 있다. '3행 3무'라 하여 수업 및 연구에 전념하기, 상담 많이 하기, 자기 성찰하기 등 3행과 편애, 무관심, 무책임(준비 안 된 수업, 참여 없는 수업, 소통 없는 수업) 안 하기 3무를 실천하고 있다.

호평중학교도 '교사의 약속'을 정하여 실천에 힘쓰고 있다.

〈그림 III-1〉 호평중학교 교사의 약속

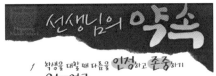

1 학생을 대할 때 다름을 인정하고 존중하기
2 웃는 얼굴로 학생 대하기
3 학생과 한 약속 꼭 지키기
4 학생을 바라보며 따뜻하게 말하기
5 다른 일보다 학생과의 일 우선시 하기
6 학생과 사랑하고 공감하는 관계 맺기
7 학생 이야기 먼저 듣고 이해하기 위해 노력하기
8 내 수업, 내 업무에 책임 다하기
9 끊임없이 연구하고 성장하기
10 일관성 있게 말하고 행동하기

호평중학교의 교무회의는 다른 일반 학교와 크게 다를 바 없어 보인다. 그런데 부장회의에서 결론이 안 나는 것이나 교사들의 의견을 더 들어볼 필요가 있으면 안건으로 상정하여 교무회의에서 결정한다. 미리 교사들이 안건을 검토해볼 수 있도록 일주일 전에 제시하는 것은 일반 학교와 다른 점이다. 일반 학교에서는 보통 교무회의가 열릴 때에야 교사들이 회의 자료를 보게 된다. 따라서 내용을 잘 이해하지 못하여, 수동적으로 듣게 된다. 교사들의 의견을 수렴할 때도 미리 설문조사를 하여 그 결과를 교무회의에서 알리는 방식을 취한다. 설문 문항과 다른 새로운 안을 제시하고 싶을 경우, 이미 설문조사가 진행 중이기 때문에 개인 의견으로 설문지에 서술하거나, 해당 부서에 개인적으로 이의를 제기하는 방법 외에는 다른 방도가 없다.

그러나 호평중학교와 같은 새로운학교에서는 회의 진행 시 교장이 의장이 되어 중립을 지키며 회의를 진행하고, 결정된 대로 교장이 집행한다. 이러한 회의의 역할과 기능은 교사들에게 주인의식을 갖게 하고 결과적으로 학교 운영에 적극 참여하게 하였다.

회의에서 합의한 것이 제대로 추진되는가에 대해서도 새롭게 접근했다. 일반 학교처럼 교장이 독촉하고 "왜 성과가 없느냐", "진행이 안 되느냐"라고 하는 대신, 수완중학교에서는 분기별로 학부모, 학생, 교사의 만족도 조사를 통해 교사들의 자발성을 끌어내는 데 성공했다. 이와 같이 관점의 차이를 극복하고, 합의한 내용이 얼마나 구성원들의 만족도를 얻고 있느냐를 조사하여 순조롭게 추진되도록 하였다. 또 교사가 추진하는 일에 대해 스스로 권한을 가지고 자율적으로 할 수 있도록 교장이나 관리자가 행·재정적으로 전폭 지지해준다. 말하자면 교무회의에서 의결을 하고 집행 여부를 평가해서 환류가 이루어지는 시스템이라고 할 수 있다.

수완중학교는 교직원들의 의사를 수렴하고 집행하기 위해 세 가지 회의 형태를 갖고 있다.

(1) 교무행정지원팀, 교육과정팀, 혁신팀, 창의인성팀, 진로상담팀, 학년팀 등 6개 팀 팀장 회의: 시스템을 점검하고 시스템 활용이 잘되고 있는가를 체크, 조율, 통제하는 기능을 하며, 학년 팀장은 담임 맡지 않고 생활지도에 전념하도록 한다.

(2) 12개 법정 주임 부서장 회의는 격주 또는 주 1회 연다.

(3) 교무회의는 월 1회 개최한다.

(전교조·에듀니티, 2011b: 15강)

(1)은 새로운학교의 내용을 채우고 그것을 점검하기 위해 6개 팀으로 나누어 조율, 통제하는 기능을 한다. 그러나 일반 학교에서는 팀 체제가 아니라 행정 업무 중심으로 부서 편제를 하고 있다.[78] 위에 나온 (2), (3) 은 일반 학교에도 존재한다. 그러나 새로운학교가 일반 학교와 다른 점은, 회의를 어떻게 운영하느냐, 얼마나 소통이 잘되고 있느냐, 회의에서 교사들이 얼마나 결정 권한을 갖느냐 하는 것이다.

요컨대 새로운학교에서는 전체 교직원회의가 활성화되어 있고 의결기구의 성격을 띠며, 교사들의 의견을 적극 수렴함으로써 자발성을 높이고 주인의식을 갖게 하는 특징이 있다. 일반 학교에서 업무에 대한 지시와 전달 위주로 진행되는 교직원회의가 새로운학교에서는 안건을 토론하고 합의하여 결정하는 기구로 전환된다. 안건은 미리 공지하여 준비할 시간을 충분히 주고 토론에 들어간다. 교장은 의장으로서 회의를 주재하거나

---

78. 일반 학교에서 부서 편제는 학교마다 다르지만 대체로 교무부, 연구부, 생활지도부가 중심 부서이고 학년부, 인문사회부(또는 사회교육부), 과학교육부, 예체능부, 교육상담부, 진로진학부, 교육정보부로 나뉘어 있다.

결정된 사항을 집행하는 역할을 담당한다.

따라서 새로운학교에서는 전체 교직원회의가 대단히 중요한 기능을 하며, 각종 위원회 회의는 축소되거나 전체 교직원회의로 넘겨져 직접민주주의가 상당히 이루어진다. 합의된 내용을 집행한 후에는 구성원들의 만족도 조사를 실시하여 평가하고, 다음 연도에 보완하는 환류 시스템이 실질적으로 작동하고 있다. 이렇게 자율성을 갖는 만큼 교사들이 실천윤리를 자발적으로 정하여 스스로 책임의식을 높이는 학교가 많다는 것도 또 다른 특징이다.

2) 학생

일반 학교에서는 학생들의 직접선거를 통해 회장단을 선출하고 정기적인 자치회의를 개최하도록 학교 규정에 명시하고 있다. 학생자치회는 학급 회장단으로 구성된 학생 대의원회의(학생회)와 학급 자치회로 구성되며, 연간 계획을 세워 자율적으로 운영하도록 되어 있다. 학급 자치회의는 월 1~2회 정도 학교가 제시하고 있는 공통 주제를 안건으로 하거나, 학급별로 자율 주제를 선정하여 회의를 한다. 한 예로 서울 ○○중학교 학급 자치회의 연간 계획을 보면 〈표 Ⅲ-1〉과 같다.

〈표 Ⅲ-1〉 ○○중학교 학급자치회의 계획

의견	월	주제
1	3	새 학년이 되어서 우리는 어떤 마음으로 출발할까?
2		내가 원하는 우리 반의 모습은?
3	4	나는 이런 학생이 되련다
4		진짜 성공한 사람은 어떤 사람일까?
5	5	감사할 줄 아는 사람
6		학급 자율 주제

7	6	각자가 주인 되는 기억에 남는 수련회
8		자기주도적인 학습 분위기 활성화 방안
9	7	학생자치 활동의 활성화
10		의사소통을 어떻게 하고 있는가?
11	8	학급 자율 주제
12		방학을 맞이하며 내가 꼭 이루고 싶은 것들
13	9	훌륭한 리더가 되기 위해서 필요한 것들
14		우리나라 아름다운 전통을 알자
15	10	학급 자율 주제
16		내가 가진 것을 어려운 이웃과 나누고 싶어요
17	11	내가 부모라면 내 아이는 이런 학교를 보내고 싶다
18		학급 자율 주제
19	12	어떤 일을 해야 나와 사회가 함께 행복할 수 있을까?
20		건전한 졸업식 문화 조성 방안
21	2	서로를 칭찬하자

※ 출처: 2011학년도 00중학교 학교교육계획서.

일반 학교에서는 연초에 학교교육계획서를 만들 때 학급 자치회의 주제를 학교에서 미리 정해서 싣는 경우가 많다. 그마저도 자치회의가 제때 열리지 않고 각종 교육 시간으로 대체되는 경우가 빈번하다. 금연, 안전, 학교폭력, 성폭력 등 교육청 또는 상급 기관에서 내려온 주제에 대해 전교생을 대상으로 교육하기 때문이다. 따라서 학교 운영에 대한 학생들의 의견을 학급 단위에서 모을 기회는 거의 없다. 건의 사항이 나온다 하더라도 그것을 체계적으로 수렴하여 반영할 단위가 없고, 학교에 비치된 건의함을 이용하여 개인적으로 건의 사항을 적는 정도인데 그마저 유명무실하다.

학급 회장, 부회장으로 구성된 학생 대의원회의 역시 학생들의 의견을 수렴하고 주체적으로 참여하는 역할과는 상당히 동떨어져 있다. 학생 대의원회의의 주제 또한 학년 초에 정해져 있다. 이를테면 ○○중학교 학생 대의원회의의 주제는 〈표 Ⅲ-2〉와 같다.

〈표 Ⅲ-2〉 ○○중학교 학생 대의원회의 주제

의견	월	주제
1	3	우리가 학교의 주인이다
2	4	공부할 수 있는 학습 분위기 조성
3	5	5월은 가정의 달 청소년의 달
4	6	학교 폭력을 어떻게 없앨까?
5	7	녹색생활을 실천하자(Green Day)
6	8	1학기를 돌아보며 새 학기를 꿈꾸며
7	9	모두가 한마음 한뜻으로, 즐거운 체육대회
8	10	○○○○은 우리 손으로!!
9	11	명문 ○○으로 가는 길
10	12	추운 겨울, 우리 주위 어려운 이웃과 함께 나누며 살자
11	2012. 2.	학년을 마무리하며

※ 출처: 2011학년도 ○○중학교 학교교육계획서(2011: 89).
※ 비고: 월별 주제 가운데 10월은 학교 축제와 관련한 내용임.

2011년에 ○○중학교 학생 대의원회의는 월 1회(매월 첫째 화요일 15:30~16:30) 정기 개최하도록 되어 있다. 주제는 "학교 발전 관련 내용"으로 미리 정해져 있다. 그러나 실제로 학생 대의원회의는 정기적으로 열리지 않았고, 주제 또한 계획된 대로 하지 않았다. 생활지도부 교사들이 학교 폭력 금지 캠페인, 금연 캠페인, 불우이웃 돕기 성금 모금 등을 학생회가 나서서 하도록 하였을 뿐이다. 학교에서 필요에 따라 학생 생활지도의 보조 역할로 학생회를 활용한 측면이 강하다. 따라서 회의는 토론이 활발하지 않고, 교사들이 정해준 주제에 따라 실천을 다짐하는 수준으로 간단히 진행된다. 학급 자치회에서 나온 건의 사항이나 학교 운영에 관한 의견이 있더라도 학급 대표가 제안하여 학생 대의원회의 안건으로 다루는 경우는 매우 드물다. 실제로는 ○○중학교 학교교육계획에 나와 있는 학생자치회 운영 계획의 목표[79]에 부합한다고 보기 어렵다. 그리고 이것은 비단 이 학교만이 아니라 일반적인 현상이라고 할 수 있다. 1987년 6월 항쟁 이후 교사운동의 지지를 받은 고교생 운동으로 학생회장 직선제를 쟁취했지만, 최근 학생회의 역할과 기능은 이렇게 형식화되고 유명무실해진 것이다.[80]

반면, 새로운학교에서는 학생들이 학생회를 중심으로 자신들의 의견을 표현하고 수렴하며, 주요한 학교 행사와 학교 규정 제정, 학생 동아리 등을 기획하고 진행한다. 송산초등학교는 매월 1회 학생·학부모 대표, 교사들이 모여 학교생활과 교육과정에 대해 논의하는 한자리 모임을 갖고 있다. 한자리 모임은 송산초등학교 교육에 대한 평가, 제안, 논의, 결정 등을 하는 학교의 소통 기구이다. 그와는 별개로 교사 다모임, 학생 다모임을 두어 교사, 학생들의 의견을 수렴하고 있다. 한자리 모임 외에 학생 생활 문제를 도와주는 학생생활위원회, 생일 축하를 준비하는 모임인 생일축하위원회, 체육기구 관리를 위해 봉사하는 체육기구 관리위원회, 학교 행사를 준비하는 행사준비위원회가 있다.

---

79. ○○중학교 2011학년도 학교교육계획 학생자치회 운영 목표를 보면 다음과 같다.
  △학급과 학교에서 일어나는 제 문제에 대해 적극적으로 참여함으로써, 민주시민의 기본 자질과 태도를 기른다.
  △다양한 실천과 협의 경험을 통해 합리적으로 문제를 해결할 수 있으며, 민주적인 의사결정의 기본 원리를 익혀 실생활에 활용한다.
  △역할 수행을 통하여 일에 대한 기쁨을 맛보고, 학급 또는 학교 일에 적극적으로 참여하는 태도를 기른다.

80. 1987년 실업계 사립고교 재단 비리 척결 투쟁으로 불붙기 시작한 고등학생들의 자주적 운동은 1988년 학생회 직선제 쟁취, 보충자율학습 폐지 등 학생자치 활동으로 이어졌다. 학생회 직선제는 사회 전반의 민주화 열망과 전교조 교사들의 지원을 배경으로 급속히 확대되었다. 서울의 경우 1990년 4월 당시 258개 고교 중 56.6%인 146개 학교에서 직선제로 학생회를 구성하였으며, 중학교도 37%인 121개 학교에서 직선으로 학생회를 구성했다(『한겨레신문』, 1990. 4. 10; 전국교직원노동조합, 2011: 861에서 재인용).

또한 송산초등학교 학생과 교사 전체가 참여하는 다모임이 2주에 1회 열리는데, 여기서는 전체가 공유해야 할 생활과 규칙을 반성하고 의논한다. 매월 둘째 주 금요일 6교시에 실시하며, 교사도 학생과 마찬가지로 발언권을 얻어 참여한다. 다모임은 열릴 때마다 희망자가 진행과 기록을 각각 맡아 민주적인 의사결정 경험을 갖도록 한다. 이때 담당 교사는 진행 학생을 도와준다. 문제가 발생했을 때 이끔이를 하고 싶은 사람이 신청하면, 다모임의 이끔이가 되어 다모임을 열고 문제를 해결한다. 다음은 송산초등학교의 학생자치 활동이 이루어지는 모습이다.

저희가 학생 다모임에서 몇 가지 아이들 생활의 문제가 되는 것을 해결했어요. 예를 들면 언어폭력에 대해 선생님들이 힘들어서 제안을 했고, 그것을 아이들이 해결하면서 잘못한 아이들한테 벌을 주는 게 아니라 도움을 줘야 한다, 도움을 줄 수 있는 친구들을 모으겠다. 그래서 갑자기 위원회가 만들어졌거든요. 그러다 보니까 자생적으로 생활위원회, 체육기구위원회, 생일축하위원회, 동아리위원회 이렇게 만들어서 활동을 하고 있고요, 물론 완벽하게 잘되고 있는 것 같지는 않아요. 모여서 해야 하는데 모임이 잘 안 될 때도 있고 문제가 발생했을 때도 선생님이 말할 때까지 참고 기다리는 아이들도 있고 그런데, 어찌 되었든 아이들이 자기네 생활의 문제를 해결하기 위해서 만들어서 활동하고 있는 게 큰 의미가 있다고 생각하고, 동아리는 아이들이 제일 좋아하는 활동이더라고요. 학교생활에서.
동아리 활동 시간을 없앤다 하면 아이들의 소요사태가 일어나요. 왜냐면 교사가 전혀 개입하지 않고 아이들끼리 모든 걸 계획하고 실행하고 평가하고, 아이가 중심이 돼서 하다 보니까 아이들이 좋아하는 것 같고요. 단지 교사는 그 모임이 모였는지, 오늘 활동할 게 뭔지, 확인하고 필요한 물건이 없는지, 지원해주는 역할만 하고 있고요(전교조·에듀니티, 2011a: 24강).

조현초등학교는 학생, 교사들이 모두 참여하는 어울마당을 매주 1회 운영하고 있다. 그 목적은 "학생자치 활동의 활성화로 건전한 학생 문화를 창조한다.", "하나 되고 즐거운 학교생활을 위하여 학생회가 스스로 다양한 행사를 기획하고 운영하여 즐거운 공동체문화를 창조한다." 등으로 설정하였다. 이를 위해 학생들이 직접 기획하고 운영하게 함으로써 스스로 주체가 되어 학생회 활동을 한다. 학생회 신문도 한 학기에 두 번 제작한다. 어울마당에는 학년을 고루 섞은 무학년 모둠이 24개 있으며, 한 모둠은 10명 안팎이다. 어울마당은 매주 수요일 5교시에 전교생이 모여서 한다. 6교시까지 길어지기도 하므로 6교시 수업은 비워두되 빨리 끝나면 운동장에서 놀이를 한다.

조현초등학교의 어울마당 주별 활동 내용을 보면 〈표 Ⅲ-3〉과 같다.

〈표 Ⅲ-3〉 조현초등학교 어울마당 주별 활동 내용

날짜	모임 주제	모임의 내용	비고
첫째 주	전체 가족 모임	한 달을 시작하는 전체 가족 모임 (생일, 전학 축하, 선생님 말씀, 학교 소식)	1~6학년
둘째 주	학생회 회의	학교 구성원들 사이에 생기는 일, 학교에 바라는 점들을 중심으로 토론, 모둠 토론 후에 전체가 모여 함께 토론	3~6학년
셋째 주	학생회 주관 행사	학생회가 주관하여 전체 학생들을 대상으로 행사를 기획하고 진행	1~6학년
넷째 주	학급회의	학급별 자치활동	3~6학년
다섯째 주	봉사활동	학교 내외 봉사활동	3~6학년

※ 출처: 2011 조현초등학교 꿈자람 교육과정, 큰 꿈을 가꾸는 작은 학교(2011: 62).

조현초등학교의 어울 활동은 예컨대 ▲생일잔치, ▲협동 작품 만들기, ▲모둠별 고구마 요리대회, ▲신입생 예쁘게 꾸며 패션쇼 하기, ▲우리가 지켜야 할 일 정하기, ▲허수아비 만들기, ▲빙고 게임, ▲모둠 대항 도전

골든벨, ▲장막 토크−나도 할 말 있어요, ▲기네스북 도전 등으로 진행된다.

그중에서 장막 토크는 얼굴이 보이지 않게 장막으로 가린 상태에서 마음속에 눌러둔 이야기, 쌓아놓은 말을 전체 앞에서 하도록 하는데, 어느 순간 아이들의 말이 봇물처럼 쏟아진다고 한다. 수줍음이 많은 학생도 가슴속 이야기를 털어놓으면서 편안해진다는 것이다((바) 구술, 2012. 5. 6).

조현초등학교 학생회는 전교 회장, 부회장, 3~6학년 학급 임원으로 구성된다. 전교 회장은 1년에 한 번, 학급별 회장은 학기마다 선출되는데, 선출 직후 학생회 임원들은 1박 2일 워크숍을 떠난다. 거기서 한 학기 동안 무엇을 할 것인지 계획을 짠다. 일반 학교에서는 교사들이 주도하는데 여기는 학생들이 기획, 진행, 사후 처리까지 한다. 하다 보면 학생들이 실수하고 어떨 때는 소란스러워서 진행이 잘 안 되지만, 아이들이 배워나가는 과정이라고 보고 교사들의 개입은 최소로 한다. 그러면서 학생들 스스로 질서를 만들어내고 약속을 정하도록 한다(전교조·에듀니티, 2011a: 28강).

수완중학교는 4월에 선출하는 학생회 임원 외에 학급에 교과목을 맡는 부장을 선출하여 교과목 중심 '팀'으로 학급을 운영한다. 형식적인 임원 선출 대신 수업 활동을 뒷받침하도록 교과목 부장 체제로 대체한 것이다. 학생들은 학교생활의 중심이 행정이나 행사가 아니라 수업이라는 걸 느끼게 되고, 각 과목별 부장은 선생님을 도와 수업이 잘되도록 한다. 과목별 부장은 자체 스터디 그룹을 짜기도 하고, 공부일촌이라는 '자발적 학습 생태계'를 구성하기도 한다.

수완중학교의 학생회 활동은 설문조사를 통해 학생들의 요구를 바탕으로 학생복지 사업, 학교 문제 해결 사업(쓰레기, 화장실, 급식실), 학생인권 사업을 하기로 하고 4월 말 수련회에서 토론했다. 여기서 ▲학생복지

사업은 학생회실에 복사기와 컴퓨터를 두어 자유롭게 이용하도록 하고, 동아리방을 정식으로 만들어 화이트보드와 의자 등을 비치하였다. ▲학교 문제 해결 사업은, 예를 들어 급식실에서 남학생들이 식판을 그냥 던져버리고 무질서하므로 질서 지키기 캠페인을 벌이고, 교사와 남학생이 같은 줄에서 식사를 하도록 하여 관심을 갖게 했는데 성공을 거두었다. ▲학생인권 사업은 5·18 특별주간을 학생회 주관으로 인권영화제, 5·18 사진전, 5월길 답사, 일본군 위안부 할머니 한 분을 돕는 10만 릴레이 모금운동에 참여하는 것 등이다(전교조·에듀니티, 2011a: 18강).

앞에서 살펴본 바와 같이 새로운학교에서는 학생자치 활동과 동아리 활동을 중시하고 대단히 활성화되어 있다. 학급 학생들에게 기회를 골고루 주기 위해 형식적인 역할에 미무는 회장, 부회장이 없는 학교도 상당히 있다. 그럴 경우 학생들이 회의를 돌아가며 진행해보는 경험을 한다. 학교 규모가 작은 학교에서는 다모임, 어울마당, 한자리모임, 두레 등의 이름으로 전교생이 함께 모여 생일잔치, 학생규율 제정, 학교생활 돌아보기, 다 함께 즐기는 공동체 놀이를 비롯해 다양한 학생자치 활동을 한다. 여기에 교직원들도 발언권을 갖고 학생들과 똑같은 자격으로 참여하기도 한다. 규모가 큰 학교에서는 학년 모임을 갖거나 전체 대의원회의를 하지만, 소규모 학교에서는 다 같이 모여 논의하는 직접민주주의 방식을 채택하는 것이 특징이다. 학생회 역시 교사회처럼 전체 모임에서 중요한 논의와 교류가 이루어지며, 산하 모임과 기구는 축소된다. 전체 모임은 익명성이 배제되고 친밀감이 생겨 학년 간 거리가 좁아지며, 함께 결정하고 어울리는 과정에서 공동체의식이 형성되는 장점이 있다.

3) 학부모

학부모회는 공식적으로 어느 학교에나 있다. 일반 학교에서는 정기 학부모회가 일 년에 한 번 열리고 그날 학급 대의원들이 학급에서 선출되지만, 이후 학급 대의원들의 모임은 거의 열리지 않는다. 학교 운영에 관해 의견을 내고 논의하는 학부모회의 기능은 사실상 작동하지 않는 것이다. 예전에는 학부모회 임원들이 학급 대의원들에게 회비를 걷어 학교 측에서 요구하는 물품을 사거나 체육대회, 스승의 날, 수련회 등 학교 행사 때 교사들에게 선물을 주고 회식비를 지불하는 관행이 있었다. 그러나 이러한 학부모회의 역할에 전교조와 참교육학부모회를 비롯한 교육 관련 단체들이 계속 문제를 제기했고, 이후 학부모회비 거출은 금지되었다. 그런데도 해마다 학부모회 및 어머니회, 아버지회를 비롯한 학교 학부모 모임에서 회비를 걷고 집단적으로 불법 찬조금을 거출하는 사례가 언론에 자주 보도되고 있다.

일반 학교에서 학부모회는 정기 총회를 연 1회 개최하고, 임시회의가 열릴 수는 있지만 실제로 열리는 일은 극히 드물다. 대신 학부모 임원 모임, 어머니회, 아버지회 등이 간혹 열리는데 주로 학부모의 의견 수렴을 위한 것이라기보다는, 친목을 도모하고 각종 학교 행사에 참여하는 활동을 한다. 학부모 취미 동아리가 있긴 하지만 거의 미미한 편이고, 학부모 봉사활동 기관이 학생들과 봉사활동을 하거나 학교에서 요청하는 청소, 교통지도 등 봉사활동을 한다. 그 밖에 학부모가 방과후학교나 학생 동아리 활동에 강사로 참여하는 경우가 있지만 아주 소수에 지나지 않는다. 또한 예산을 편성하여 일 년에 몇 번 학부모를 위한 강좌를 열고 있는데, 학생을 통해서 가정통신문 형식으로 안내문을 보내도 참가 희망 학부모가 별로 없어 학부모 동아리나 임원진에게 참석을 따로 부탁해야 하는 실정이다.

학교 운영과 관련하여 학부모들의 전체 의사가 반영되는 방식은, 학부모회에서 논의하여 결정하는 것이 아니라, 보통은 설문조사 형식을 취한다. 가정통신문을 통해 학부모 의견을 묻는 방식으로 설문을 취합하여 학부모 의견으로 간주하고, 교직원회의나 교사 의견 조사를 통해 모아진 의견을 동시에 고려하여 결정된다. 설문조사 응답 회수율은 매우 낮아서 담임교사가 특별히 독려하지 않으면 절반을 넘기 어렵다.

이상에서 본 바와 같이, 일반 학교에서 학부모들이 학교에 참여하는 방식은 정기총회를 포함한 수업 공개의 날에 학교 방문, 청소와 교통지도 등 봉사활동, 가정통신문을 통해 의견을 묻는 각종 설문조사, 일부 학부모들의 취미 활동이나 친목 도모를 위한 동아리, 학부모를 위한 강좌가 일 년에 몇 번 열린다. 그중에서 학부모들이 직접 학교에 오는 날은 일 년에 두세 번 정도이므로 학부모의 대체적인 의견을 모아내는 방식은 사실상 설문조사 외에는 없다고 볼 수 있다.

물론 학교운영위원회에 학부모위원이 참여해서 학교 운영과 관련한 여러 안건을 다룬다. 학교운영위원회는 학교 운영과 관련한 모든 사안을 다룰 수 있는 심의기구이다. 하지만 실제로는 학부모위원이 전체 학부모 또는 학부모 대의원들의 의견을 수렴해서 참여하는 것이 아니고, 논의 결과 역시 학부모들에게 제대로 공유되지 못한다. 이와 같이 일반 학교에서 학부모들의 의견을 수렴하고 반영하는 기구는 형식적으로는 존재하지만, 실제로는 가동되지 않고 있다. 학부모가 교육 주체로서 학교 운영과 교육과정 편성에 의견을 내고 소통하는 구조 자체가 막혀 있는 것이 현실이다.

반면에, 새로운학교에서는 학부모들이 학교 운영과 학교교육 활동에 적극 참여한다. 학부모 교육과 연수가 활발하게 운영되어 강좌, 동아리, 캠프 활동을 다양하게 한다. 학부모 모임이 활성화되어 학부모들 간의 소통과 이해를 위한 노력을 하고 있다.

예컨대 송산초등학교 학부모들은 매월 자체 모임을 갖고 다른 학교의 사례를 공부하며, 학부모의 역할에 대해 논의한다. 다른 지역의 학부모를 초대하여 강연을 듣고, 이 학교에 적용할 만한 내용을 고민하기도 한다. 또한 아이들의 학교생활을 함께 나누고 필요한 일들을 논의한다. 교육과 정지원분과, 차량지원분과, 노작분과 등 학교교육을 도울 수 있는 체제를 스스로 만들기도 한다. 학교에서는 매월 1회 학부모 다모임을 열고 있다. 학교의 중요한 행사와 교육과정을 알리거나 학부모 교양 강좌 시간을 갖는다. 학부모들의 제안을 허심탄회하게 듣고 학교 운영에 대해 함께 논의하는 '좋은 소리함'이라는 제도도 운영하고 있다. 2009년 들어서는 학부모들이 학년 캠프나 모임을 통해서 친목을 쌓을 수 있는 기회를 가졌다. 특히 1학년 신입생 학부모들에게는 이런 학부모 모임이 학교교육에 적극적으로 참여하고 다른 재학생 학부모와 친밀감을 쌓는 기회가 된다(김현진, 2009).

조현초등학교는 월 1회 학년 학부모 대표들이 학년 대의원대회를 갖는다. 여러 학년이 한 달에 한 번이나 두 달에 한 번씩 집집마다 학부모들이 돌아가며 모임을 갖고 학교 일에 관한 논의를 한다. 조현초등학교는 학부모회, 학년 대의원회 이외에도 전입 학부모 연수회, 학부모 동아리, 학부모가 여는 여름 캠프, 가족 캠프, 교육과정소위원회에 학부모들의 참여가 여러 형태로 활발하게 이루어지고 있다. 특히 교육과정 소위원회는 학교운영위 산하 기구로 학부모, 교원, 지역 인사가 모여 학교교육과정을 분석하고 의견 수렴 및 평가 작업을 통해 다음 해 준비를 하는 협의기구이다. 해마다 10월이 되면 벌써 그 작업을 시작한다.

회현중학교는 학부모회 운영위원회가 회장, 부회장, 총무, 각 학급 학부모 회장(6), 동아리 대표(5)로 구성된다. 학부모회에서 하는 활동을 미리 학교와 충분히 협의하고, 학교운영위원회와 소통하여 도움을 주고받는다.

2011년의 경우, 학부모총회에 절반이 넘는 90명가량이 참여하여[81] 임원진을 선출하고, 가정통신문을 통해 영역별 희망자를 조사하여 학부모 동아리를 운영하였다. 학부모 동아리는 ▲학교교육 전반에 대해 모니터링하여 학교와 소통하는 학교교육 모니터링 동아리, ▲교육 수요 조사 및 기획과 독서교육 행사 지원 등을 하는 학부모 교육 동아리, ▲학교에서 진행하는 봉사활동에 학생들과 함께 참여하는 자원봉사 동아리, ▲전문 강사가 지도하는 도예 동아리, ▲칠보 공예 동아리 등이 있다. 회현중학교 학부모 교육은 분기별 1회 저녁에 배치하여 직장 다니는 부모도 참여할 수 있게 하고, 청소년 문고를 읽고 자녀의 세계와 청소년 문화를 이해하는 내용으로 진행하였다. 학부모 자원봉사는 방과후학교 프로그램 참여 및 보조 교사 역할, 학교 축제와 테마 학습 등 주요 학교 행사 도우미, 직업박람회 등 학생들의 진로교육에서 지도교사 역할을 하고 있다(전교조·에듀니티, 2011b: 10강).

이상에서 살펴보았듯이, 새로운학교에서 학부모들은 학교 운영에 실질적으로 참여하여 학부모들의 의견을 적극적으로 내고 수렴하는 명실상부한 자치 구조를 가지고 있다. 일반 학교에서 학부모총회가 사실상 이루어지지 않고, 학부모 전체 의사가 모아지는 통로가 유명무실한 채 몇몇 학부모 임원들이 학교 행사에 참여하거나 동원되고 있는 실정과는 다른 모습이다. 새로운학교에서 학부모회의는 전체 학부모들의 의견 수렴과 논

---

81. 2012년 3월 현재 회현중학교 학생 수는 6학급 190명이다. 학부모총회 때 절반 가까운 90명이 참석하여 다 같이 안건에 대해 토론한다. 그러나 대도시 대규모 학교는 학부모총회를 할 때, 각 교실에서 학부모들이 먼저 대의원을 뽑고 대의원들만 모여서 회의를 한다. 다른 학부모들은 교실에서 방송을 통해 학교장 인사와 부장 소개 등 학교에서 마련한 내용으로 간단한 식을 갖는 정도이다. 일 년에 한 번 학부모총회를 한다고 하지만 전체 학부모들이 자리에 모여 논의하는 자리는 없다. 이러한 학부모총회 방식은 적어도 서울의 경우 일반적이다.

의의 장이 되고 있으며, 학부모 다모임, 학년학부모회, 학부모 연수, 학부모 캠프, 학부모 자원봉사, 학부모 동아리 등 학부모 활동이 활발하게 이루어지고 있다. 해마다 학교교육을 수립하는 교육과정소위원회 활동을 비롯하여 학부모회에서 모아진 의견이 학교운영위원회 학부모위원과 의사소통이 이루어져 학교 운영에 다각도로 반영되고 있다.

나. 교육 중심 운영 체제

학교 조직에서 교사는 수업 외에도 학교 조직과 관련된 각종 업무를 담당한다. 어떠한 학교 조직 관련 업무를 맡느냐, 어느 학년을 맡느냐, 담임 또는 비담임이냐에 따라 교사의 학교 일과는 다르게 구성된다. 신귀옥(1996)은 초등학교 교사의 업무 문화를 분석하는 연구에서 교사의 다양한 역할을 크게 수업과 수업 이외의 업무로 분류하고, 수업 이외의 업무는 다시 담임으로서의 업무와 부서 담당자로서의 업무로 분류하였다. 그는 교사들이 수업 이외의 상당한 잡무를 수행해야 하는 상황에 계속 직면하면서 나름대로 업무를 분담하고 수행하는 독특한 방식을 취하게 됨을 밝혔다.[82] 학급 담임 선정과 업무 분장에 있어, 연령과 경력에 따라 우선순위가 정해지며, 교사들은 업무 부담이 적은 저학년을 선호하고 초임자일수록 힘든 일을 맡게 된다(최유림, 2001).

---

82. 신귀옥(1996)은 동 학년 교사들의 업무 처리 전달 방식으로 가장 많이 사용되는 회람에 대한 교사들의 생각을 분석하였다. 회람을 빨리빨리 돌리지 않고 늦장을 부리는 교사는 무능한 교사로 낙인이 찍히며, 그런 교사는 문제 교사, 부진 교사, 일처리를 지연시키는 교사로 불리고, 같이 일하기 힘든 교사로 분류된다. 그리고 교사들은 '자기 일 다 하고 회람 처리하면 안 된다', '모든 일을 제쳐두고 회람부터 처리해야지'라는 생각을 공유하고 있다고 지적한다. 학교에서 행정 업무 처리 방식은 대체로 이와 유사하게 진행된다고 할 수 있다.

학교에서 교사의 업무는 수업, 생활지도와 학급 운영, 사무 분장에 따른 업무로 분류할 수 있다. 여기서 학생의 지적·도덕적 성취를 목표로 하는 교사의 교육 활동에 직접 관련된 것은 수업, 생활지도와 학급 운영이다. 그 밖에 행정적 공문 처리 등 잡무라고 불리는 사무 분장에 따른 행정 업무가 있다. 그러나 교사가 해야 하는 교육 본연의 역할인 수업과 생활지도 및 학급 운영보다는, 학교에서 매우 중요하게 여겨 교사들에게 확인하고 독촉하는 것은 행정 업무이다. 행정 업무 처리를 얼마나 잘하느냐에 따라 유능한 교사냐 무능한 교사냐 하는 평가와 평판이 따른다.

이렇게 일반 학교는 행정 중심 업무체계로 짜여 있어 교사들이 자발성과 창의성을 발휘하기 힘들다. 상부의 지침을 처리하고 형식적인 보고에 여념이 없는 실정이다. 학교평가를 강화하는 추세 역시 그러한 상황을 더욱 가속화시킨다. 그로 인해 교육과정 등 교사와 학교 본연의 교육 활동은 소홀해지고 학교 운영 또한 경직되고 비효율적으로 흐르는 폐단이 커졌다.

새로운학교를 만드는 교사들은 우선 이러한 학교 운영 체제를 행정 중심에서 교육 중심으로 바꾸는 데 주력했다. 학교 규모가 큰 것도 교육 목적을 달성하는 데 장애가 되므로 '스몰 스쿨(Small School)' 체제로 정비하거나 학년 또는 연구 동아리 형식의 팀별 체제를 띤다.

보평초등학교의 경우, 주 1회 세 시부터 '스쿨'[83] 안에서의 문제점, 교육과정 운영, 학교에 건의할 사항 등을 협의한다. 그 결과를 가지고 기획회의를 하는데 교장, 업무부장, 행정실장이 참여하여 스쿨 회의 결과를 발표하고 해결점을 찾는 식으로 운영된다. 교직원회의는 한 달에 한 번 정

---

83. 스몰 스쿨 체제로 운영하는 학교에서 학교 전체를 몇 개의 그룹으로 분리해 독자적으로 운영하는 일종의 교내 작은 학교를 흔히 '스쿨'이라 부른다.

도, 혁신학교 운영에 관한 연수 활동과 안건 중심으로 이루어진다. 공문은 행정보조, 교무보조, 교감, 업무부장 선에서 처리하고 교육청 주관 행사는 "무시하기는 어렵지만 불필요하게 온 학교가 교육과정을 파행적으로 하지 않고" 희망자 중심으로 대회를 실시하여 교육청에 보낸다.

보평초등학교는 교육과정 운영 중심으로 학교 조직을 개편하였다. 학교 조직의 업무를 효율화하고 민주적으로 의사결정을 하며, 각종 위원회 및 회의 체제를 정비하고 예산 운영을 투명하게 하기 위한 것이다. 이는 수직적·위계적 학교 조직을 수평적·민주적 조직으로 재편하는 것이다. 보평초등학교는 3개 스쿨에 학습 지원실을 두고 학습 지원 도우미를 배치함으로써 교사들이 수업에 전념할 수 있도록 하였다. 학습 지원 도우미가 학습 자료 제작이나 학습 자료 및 복사한 자료도 교실에 가져다주므로 교사들 입장에서는 수업에 더욱 집중할 수가 있다. 그래서 교사들의 만족도는 대단히 높다. 또 행정 업무 경감을 위해 방과후학교 개설이나 만족도를 주로 담당하는 업무 교사와 함께 운영을 맡아주는 교사, 방과 후 코디까지 채용하였다. 교사들은 2시 30분까지 수업하고, 방과 후 아이들 활동 전체를 봐야 하고, 서류 작성도 하고, 결석하는 아이도 체크하고, 수업의 질 관리도 해야 하고, 반마다 생기는 문제, 학부모 상담 전화도 받아야 한다. 교사가 가르치면서 이런 일들을 다 하기 어렵기 때문에 수업 시간에 사고 발생 시 처리, 출석 관리, 강사 자료 챙기기, 부모 상담 등을 할 전문 인력이 필요하다. 프로그램 짜고 서류 업무, 프로그램 진행 시 교실을 다니며 관리해줄 코디 교사가 특히 대규모 학교에서는 필요하다(전교조·에듀니티, 2011a: 11강).

조현초등학교 역시 교육과정 운영 지원 체제로 학교 조직을 재편하였다. 그 학교 특유의 학년 전담제를 실시하여 교사가 해마다 같은 학년을 전담케 하여 전문성을 확보하고, 교원 행정 업무를 줄여 수업 준비와 학생 상담 시간을 늘렸다. 이로써 학생들의 학업성취 향상과 인성지도에 전념할 수 있게 되어 교육 기획력이 높아진다는 것이다. 학교 조직은 크게 교육행정 지원팀, 교육과정 운영팀, 교육과정 지원팀으로 나누고, 기존 교무 행정과 일반 행정의 공간을 통합하여 협력적 관계로 개선하였다(전교조·에듀니티, 2011a: 27강).

의정부여자중학교는 기존의 행정 업무 중심 체제를 교육 활동 중심 체제로 변화시키기 위해 여러 차례 논의를 거쳐 〈그림 Ⅲ-2〉과 같이 부서 편제를 바꾸었다.

〈그림 Ⅲ-2〉 의정부여자중학교의 팀 및 네트워크 조직 혁신

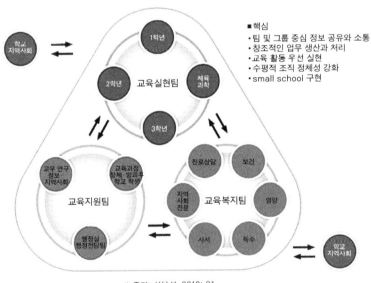

※ 출저: 서용선, 2012: 81.

또한 의정부여자중학교는 교사들의 의견을 받아 불필요한 행정 업무 경감을 즉각 시행하여 교사들의 공감을 얻어냈다. 그리고 복잡한 결재 라인을 단순화하거나 학교장의 권한을 부장, 교감에게 가능한 한 위임, 분

산하여 거기에 소요되는 시간과 노력을 줄여나갔다.

> 마지막에 업무 경감을 한 것은 메신저였어요. 3월부터 7월까지 담임한테 온 메신저가 700개가 넘었어요. 이걸 다 분석해서 표로 쫙 정리해서 2학기 때 담임한테 이런 메신저는 보내지 말라고 진행하려고 하지요. (자료를 보여 주며) 이게 1차 결과였는데 이것 때문에 선생님들이 박수를 쳤어요. 이것 때문에 성공한 것 같아요. 소통하고 업무 경감하고 하면서. 이것들이 없애거나 바꾸거나 줄인 것이에요. 3월 말까지 이걸 하고 조율들 다 하고. 환경미화부터 싹 없애고 보건 선생님이 체육부장한테 사인 안 받게 하고. 보건은 독립적인데 내부에서 얼마든지 동의를 하면…… 교무, 연구부장들하고 논쟁도 많이 했었고, 당신이 책임 질 거냐, 하고. 교육청하고 상의를 해가지고 근거를 가지고. 10만 원 이하면 교장한테 품의하지 않아도 되거든요. 그것도 모르고 다 교장한테 미리 가가지고 하잖아요. 부장이 30, 40% 권한을 갖고 있는데 그런 권한도 알려주고요. 교장, 교감하고 상관없이 부장이 결정할 수 있거든요. 그게 위임 전결 규정이거든요((라) 구술, 2011. 8. 21).

장곡중학교는 학교 특유의 공문 처리 시스템을 만들어 학교 업무를 축소, 통합하여 운영한다. 공문전담요원이 처리한 공문이 97%라고 할 정도로 복잡한 행정 사무를 간소화하고, 결재 라인을 단순화하였다. 행정 업무 전담 인력은 공문전담요원 2명과 학교혁신요원 1명을 채용하고, 교무보조원의 역할을 강화하였다. 행정 업무 전담요원과 교사들이 같이 식사하는 등 관계를 형성하여 업무 협조를 원활하게 하였다. 행정 업무 전담요원들은 단순 업무만 처리하던 입장에서 교사들과 같은 입장이 되면서 자존감과 업무 효율이 높아지고 협력적 관계를 맺을 수 있었다. 행정전담요원이 할 수 없는 계획서 작성이나 교육과 직결된 일은 교사들이 한다.

학부모교육지원단도 교육 활동을 돕는 지원군 역할을 하고 있다(전교조·에듀니티, 2011b: 22강).

새로운학교에서 새로운 교육과정을 짜고 새로운 학교 문화를 만들기 위해서 가장 먼저 하는 일은 '버릴 것'과 '더는 것'을 골라내는 것이다. 전시성 행사와 관행으로 해오던 일들을 최대한 걷어내고, 교감 이하 행정 업무 전담 부서를 두어 각종 공문, 대회 및 시상 등을 전담하게 한다. 교사들은 수업과 학생 생활지도에 집중한다. 이를 위해서 기존의 인력만으로 부족하기 때문에 일손을 더는 행정 보조원이나 코디네이터를 두고 있다. 그렇게 학교 운영 체제를 변화시키지 않고서는 새로운학교로서 교육과정과 수업의 변화 등을 감당해낼 수 없기 때문이다.

그러나 행정 업무를 상당히 줄이더라도 새로운 교육과정을 짜는 것은 쉬운 일이 아니다. 따라서 같이 일할 교사들을 확보하는 것이 매우 큰 과제가 된다.

행정 업무 경감과 교사 확보가 새로운학교의 교사들에게 새로운 교육과정을 만들고 수업을 준비할 여건을 마련해주는 것이라면, 그와 함께 예산도 교육 활동 지원의 핵심 요소라 할 수 있다. 예산을 지원하는 것뿐 아니라 예산 집행에서 교사들에게 자율성을 얼마나 부여하는가 하는 점이다. 행정 업무 경감과 더불어 예산 집행의 자율성을 학교에서 어떻게 부여하고 있는지 구름산초등학교의 경우를 보자.

혁신학교가 교사 연수에 많은 투자를 하고 아이들 체험 프로그램, 학부모, 학생자치에 쓰고 있는 게 일맥상통한데요, 특징이라면 예산 집행 과정인 것 같아요. 교사가 예산에 관해 처음부터 끝까지 한다는 것이고, 교장 교감이 결정권을 가지고 예산에 관여하지 않는다는 거예요. 물론 공식적인 통로를 통한 절차나 결재는 하지만 그 내용에 대해서는 저희가 다 주도권을 가지고 하는 것은, 일반 학교에서는 전혀 사례가 없어요. 교장 교감은 굉장한 양보이신 거죠. 100% 선생님들을 신뢰하고 맡기는 것은 (다른 학교에서) 못 본 것 같아요(전교조·에듀니티, 2011a: 7강).

위에서 보았듯이, 교육 활동 중심 운영 체제로 변화한다는 것은 먼저 기존의 불필요하거나 구태의연한 관행을 먼저 없애는 데서 시작한다. 즉, '뺄셈'의 개혁을 추진하고, 행정 업무를 전담하는 부서를 두기 위해 외부 인력을 추가로 배치한다. 학교 운영 체제는 교육 활동 중심으로 재편되고, 예산 편성과 집행의 자율성을 부여하여, 교사들은 수업과 학생 생활 교육에 최대한 집중하게 된다.

2. 학교 문화

새로운학교의 두 번째 특징은 학교 문화의 변화이다. 첫 번째 특징인 학교 운영 체제의 변화가 학교자치를 근간으로 한 교육 중심 운영 체제로의 전환이라면, 그것은 주로 학교 운영의 체계적 틀에 대한 것이다. 학교 문화의 변화는 그 틀 안에서 이루어지는 구성원 간의 관계 양식이 어떻게 형성되는가와 관련이 있다. 여기에는 구성원 간의 참여와 소통의 협력적 관계와 이를 지지·지원하는 교장 리더십의 상호작용이 포함된다. 그것은 바로 학교 문화의 변화로 압축된다.

가. 참여와 소통, 협력

새로운학교에서 교사·학생·학부모는 학교 운영에 다양한 방식으로 소통하면서 참여하고 협력한다. 이때 참여는 무엇을 의미하는가? 최근에 거버넌스[84] 논의를 하면서 정책 결정 과정에 시민이 참여하는 것이 정책의 정당성과 책무성을 높이고, 정부와 시민 간 신뢰를 조성하며, 갈등 해결을 기반으로 한 합의를 형성하고, 더 나은 정책을 산출하게 한다고 한다

(Priscoli & Creighton, 1998). 이때 시민 참여의 수준과 유형은 다양하다. 국제시민참여학회(International Association for Public Participation)는 '정보 제공'부터 '시민 결정'에 이르기까지 5단계로 시민 참여의 유형을 나누고 있다. 이 분류를 토대로 시민 참여의 유형과 내용을 정리하면 〈표 Ⅲ-4〉와 같다.

〈표 Ⅲ-4〉 시민 참여의 스펙트럼: 단계별 유형과 주요 내용

단계	1. 정보 제공	2. 의견 수렴	3. 자문 협의	4. 공동 결정	5. 시민 결정
참여 방식	정보 공개 공지·홍보	여론 수렴 비공식 자문	제도적 참여 협의·권고	정부-시민 간 협동-합의	시민 결정 ⇨ 정부 집행
참여 절차 /프로그램	정보 공개 공람 공고 정책 홍보 설명회	공청회 진정·민원 여론조사	자문위원회 협의기구 공론 조사 정책 다이얼로그	민관합동위 협동 계획 협상에 의한 법규 제정	주민투표 시민배심제 시민주도형 입지 선정

※ 출처: 강영진(2009: 70).

이것을 학교 내 의사결정 참여 유형과 내용으로 변형시켜보면 〈표 Ⅲ-5〉와 같다.

〈표 Ⅲ-5〉 학교 구성원 참여의 스펙트럼: 단계별 유형과 주요 내용

단계	1. 정보 제공	2. 의견 수렴	3. 자문 협의	4. 공동 결정	5. 시민 결정
참여 방식	정보 공개 공지·홍보	설문조사 의견 수집 비공식 자문	자문, 협의	교장-구성원 토론, 합의	구성원 결정 ⇨ 교장 집행
참여 절차 /프로그램	정보 공개 공람·공고 설명회	설문조사	각종 소위원회 회의	학교운영위원회 등	투표, 합의

---

84. 거버넌스(governance)란 용어는 학문적 합의는 아직 존재하지 않지만, 주로 전통적 행정(government) 패러다임과 대조되는 개념으로서, 협의의 거버넌스 또는 협치(協治, collaborative governance)를 가리킨다. 강영진(2009)에 의하면, 거버넌스 개념은 "사회의 여러 주체들 간 협력으로 공통의 문제를 해결하기 위한 사회적 조정 기제"라 할 수 있다.

일반 학교에서는 1. 정보 제공 2. 의견 수렴 3. 자문 협의 수준에서 정책이 결정되는 경우가 대부분이다. 공식 기구에서 논의를 하지만 교장이 최종 결정한다는 점에서 4. 공동 결정이 온전히 이루어진다고 보기는 어렵다. 새로운학교에서는 1, 2, 3단계가 기본적으로 이루어지지만 그것은 4. 공동 결정, 5. 구성원 결정 단계로 가기 위한 전 단계라고 할 수 있다. 그러므로 새로운학교에서는 구성원들이 교장과 공동 결정하거나 구성원 모두가 함께 결정한 것을 교장이 결정된 대로 집행한다는 점에서 일반 학교와 크게 다르다고 할 수 있다.

이러한 참여 방식의 차이는 구성원들의 소통과 연결된다. 그렇다면 새로운학교에서 소통은 어떻게 이루어지고 있는가? 일반 학교와 어떤 차이가 있을까?

의사소통 및 담론과 관련해 하버마스가 '이상적 담화 상황'의 조건으로 제시한 것은 다음 세 가지 원칙이다.

1. 말하고 행동할 수 있는 모든 주체는 대화에 참여하는 것이 허용된다.

2a. 어떤 주장에 대해서든 누구나 질문하는 것이 허용된다.

2b. 누구든 자신의 주장을 펴는 것이 허용된다.

2c. 누구든 자신의 태도와 열망과 욕구를 표현하는 것이 허용된다.

3. 누구든 내외의 강압에 의해 위와 같은 권리를 행사하는 것을 금지당
   하지 않는다(J. Habermas, 1990).

일반 학교에서 구성원들의 소통은 하버마스의 세 가지 원칙 가운데 어디에도 부합한다고 보기 어렵다. 말하고 행동할 수 있는 모든 주체가 대화에 참여하는 것이 명시적으로 부정되지는 않지만 "그럴 만한 분위기가 아니다." 교직원회의, 학생회, 학부모회 등 공식 회의 단위에서 누구든지

질문과 주장을 하는 일이 드물다. 그렇게 하도록 기대되지도 않는다. 미리 정해진 회의 순서에 따라 전달과 안내 중심으로 진행하고, 질문과 주장을 포함한 토론은 권장되지 않는다. 회의는 빠르게 끝나고 구성원들 역시 여기에 익숙해져 회의가 길어지는 것을 원하지 않는다. 한자리에 모여 토론 끝에 결론을 새롭게 내는 것이 아니므로 불참하거나 회의 무용론이 생겨나기도 한다.

이제 교육의 세 주체인 교사, 학생, 학부모로 나누어 참여와 소통, 협력이 어떻게 새로운학교에서 이루어지고 있는지 구체적으로 보자.

1) 교사

고영상(1998)은 초등학교 신임 교사의 교직 입문 과정에 관한 연구에서, 초등학교 교사의 경우, 생활이 대부분 학급을 중심으로 이루어지기 때문에 동료 교사들과 적극적으로 상호작용하기 어렵다고 지적하였다. 초등학교 교사들의 일상생활은 대부분 학급 내에서 학생들과 함께 이루어지며, 교실이라는 울타리를 거의 벗어나지 않는다. 학생들을 집으로 보내고 난 후에도 교실에서 수업 외의 업무나 교실 관리와 같은 일을 하며, 동료 교사들과 별로 접촉하지 않는다.

중·고등학교 교사의 경우에는 수업을 마치고 쉬는 시간에 교무실로 온다 해도 맡은 교과와 학년이 다른 교사들과 함께 있기 때문에 교과 협의나 학생 지도에 관한 대화가 이루어지기 어렵다. 교무실에서 교사들은 다음 시간 수업을 준비하거나, 학교 행정 업무와 학급 운영 관련 업무를 처리한다. 특별한 문제 행동을 보인 학생들에 대한 이야기를 나누기도 하는데, 바람직한 처리 방향에 대해 구체적으로 의견을 모으기는 어렵다. 서울의 경우, 학년제를 지향하며 학년 체제로 학교 부서 배치가 달라진 2012년 이후 같은 학년의 교과와 담임을 맡은 교사들이 함께 있게 됨으로써 학생 생활지도와 관련한 대화를 이전보다 더 많이 나누게 되었다.

새로운학교에서 교사들은 서로 다른 교육관과 학생에 대한 관점, 학부모와의 관계에 대한 생각 등 여러 가지 면에서 드러나는 차이를 소통과 합의를 통해 좁혀나간다. 교사들의 업무와 교실에서 진행되는 수업, 학생 생활지도 등을 교사 개인에게 맡기지 않고, 교사 전체 또는 관련 교사들이 논의하고 합의하여 진행하는 일이 많으므로, 서로 간 의견 차이를 어떻게 극복하느냐가 매우 중요한 문제가 된다. 그렇다면 일반 학교와 새로운학교의 교사 간 상호작용은 어떻게 다를까.

그런 남한산초등학교에서도 새로운 교사공동체를 만들어가는 길은 정말 쉽지 않았다. 행복한 학교를 위해서는 무엇보다 '교사들의 열정과 헌신'이 빠질 수 없다. 학교개혁이 전면적 양상을 띨 수밖에 없다는 것은 교사들이 학교를 구성하는 모든 요소들에 대한 고민과 실천을 온몸으로 겪어야 함을 의미한다. 그리고 가르치는 행위에 깃든 사상과 철학에 대한 분명한 성찰과 지적 자세가 마지막 과제가 될 수밖에 없으며, 이는 하나의 문화적 힘으로 제도화되는 것이므로 구성원들끼리의 끊임없는 갈등과 대립, 조정과 화해라는 수공업적인 단계를 피할 수 없다.

기존 학교교육 속에서 교사는 양면성을 가지고 살아간다. 관료화되고 획일화된 문화와 교육과정은 교사로 하여금 '교육'을 하는 존재가 아니라 '무엇'인가를 대행하는 존재에 불과한 것 같은 절망감을 안겨준다. 하지만 한편으로 이 구조는 교사에게 적당히 익명화된 관계를 맺으면서 그늘에 숨을 수 있는 '여유 공간'을 주는 '장점'이 있다. 기계적 합리성을 전제한 이 익숙한 제도 속에서 교사는 '성질만 조금 죽이면' 직업인의 일상적 삶을 살아가기에 크게 불편하지 않을 수 있는 것이다.

그러나 우리처럼 한 발짝 앞으로 나아가려는 꿈을 꾸는 '작고 새로운 학교'에서는 그 모든 것의 역전 현상이 나타난다. 교사들의 합의와 협력에 근거하여 '민주적 원리와 절차에 충실'한 학교는 모든 사안에 대하여 각각의 교사가 지닌 '삶과 교육'에 대한 생각을 꺼내 올 수밖에 없게 한다. 도대체 어디 하나 숨을 곳이 없는 것이다. 또한 작은 학교의 특성상 모든 논의는 한 사람 한 사람의 실천을 담보로 할 때만 진척될 수 있으므로 아무리 교육적으로 근사한 사안일지라도 나에게 주어질 '일'을 고민하지 않을 수 없는 구조인 셈이다(안순억, 2009).

여기서 새로운학교 남한산초등학교를 만든 주역의 하나인 안순억 교사는 교사공동체를 만드는 전면적인 변화 과정의 어려움과 그 의미를 토로하고 있다. 관료화되고 획일화된 문화와 교육 과정에서 교사는 적당히 익명화된 관계를 맺으면서 그늘에 숨을 수 있는 여유 공간이 있다. 그러나 학교를 구성하는 모든 요소들에 대한 고민과 실천을 온몸으로 겪어야 하고, 교사들의 합의와 협력에 근거하여 '민주적 원리와 절차에 충실'하고자 하는 새로운학교에서는, 모든 사안에 대하여 각각의 교사가 지닌 '삶과 교육'에 대한 생각을 꺼내 올 수밖에 없다. 그러므로 새로운학교에서 교사는 어디 하나 숨을 곳이 없다는 것이다. 일반 학교에서는 적당히 익명화된 관계를 맺으며 부딪치지 않고 직업인의 일상을 유지할 수 있었지만, 새로운학교에서는 서로의 삶과 교육에 대한 생각과 실천이 적나라하게 드러나고 갈등하며, 부딪히고 조정하고 합의해가는 전면적 관계로 전환되기 때문이다.

호평중학교 교사의 말에서도 혁신학교를 신청하면서 교사들 사이에 생겨난 갈등과 화해를 해나가는 과정을 잘 볼 수 있다.

혁신학교 할 때 교사들이 다 찬성할 줄 알았어요. 그런데 60~70% 반대,

30% 찬성이었어요. 이대로만 가면 되고 신호등에 따라 가면 되는데, 아무도 가지 않은 길을 가자고 하니까 얼마 없는 거지요. 교사들만큼 규칙, 규범에 익숙한 사람들이 없어서 포기했는데, 다른 학교도 그랬는지 다시 기회가 왔어요. 교장이 이번에는 하자고 하니까 하는 거예요.

먼저 준비할 주체가 될 교사를 모집하고, 강제하는 건 없이 할 건가 말건가 모든 걸 협의해서 결정했지요. 대다수가 찬성하는 건 별로 없어요. 수준별 이동수업은 압도적으로 폐지를 찬성했어요. 예를 들어 연구학교 신청하는 것에 대해 대다수가 반대했는데 이미 신청을 해버린 거예요. 불만을 제기하고 협의회가 열렸는데 한동안 안 좋고 힘들었어요.

돌이켜 생각해보면 굉장히 의미 있는 과정이었죠. 그동안의 학교는 갈등을 회피하는 것이었으니까. 갈등해서 달라질 것 같지 않으니까 외면하고 회피하는 상태라고 할까요. 그러나 혁신학교는 갈등을 즐기는 단계에 와 있다고 봐요. 물론 괴로울 수 있지만 갈등을 겪으면서 문제 해결 방식이나 태도를 배우는 경험. 모든 혁신학교 교사들이 작은 문제부터 교육과정에 이르기까지 크고 작은 갈등을 피할 수 없어요. 강압적으로 이거 이거 해라 하는 게 아니라면, 교사들이 끊임없이 같은 문제를 놓고도 이야기를 해야 해요 (전교조·에듀니티, 2011a: 28강).

일반 학교에서 교사들은 교무회의든 다른 상황에서든, 갈등을 회피하는 경향이 있다. 교사들의 주 업무인 수업은 교실 안에서 이루어지기 때문에, 다른 교사들의 방해나 간섭 없이 독립적으로 하는 활동이 된다. 따라서 갈등이 일어나면 대개는 그것을 근본적으로 논의하고 그 연원까지 깊이 들어가 해결하려는 방식보다는, 회피하고 외면하게 된다. 이것은 교사들이 문제를 공동으로 해결하는 대신 적당히 넘어가는 방식으로 갈등을 회피하고 있으며, 그 결과 교사들 간의 '분리'와 '단절'을 낳고 있다는 것을 의미한다. 그런 점에서 새로운학교는 작은 것부터 큰 것에 이르기까지 갈등을 겪더라도 서로 다른 교육관과 교육 활동을 드러내놓고 논의하여, 합의를 통해 통합해나간다고 볼 수 있다.

아울러 그러한 과정은 교사들이 서로를 존중하고 인정하며, 서로 가진 생각을 교환함으로써 동료성을 구축해가는 것이다. 호평중학교의 한 교사는 동료성이 구축되는 과정을 다음과 같이 말한다.

교장이나 몇몇 교사들이 추진하면 교사들이 소외, 억지로 하게 되죠. 어떻게 바뀌어야 할지 많은 이야기가 필요해요. 시작하게 되면 뜻 맞는 교사들이 자꾸 이야기하고 탐방도 다니고 다른 학교 사례도 이야기하고 메신저 돌려 공유하는 노력 많이 해야죠. (A)라는 학교를 바꾸고 싶다면 (A)라는 학교의 교사들이 주인이 되어야 해요. 새로 오신 교사들한테 힘들지 않으냐고 물으면 힘들다, 그런데 힘들다고 말을 못 하겠다, 더 고생하는 선생님들과 교장선생님이 있으니까라고 하거든요. 이심전심으로 서로의 고생을 알아주는 분위기가 어떤 사업을 시작하고 어떤 모델을 도입하기 이전에 제일 중요하다고 봐요.

'편의점식 교육'이라는 말을 쓰는데 이 학교 저 학교의 좋다는 것을 다 갖다가 하는 우를 혁신학교도 범하게 되는 것 같아요. 배움의 공동체를 지향하는 우리 학교가 잘하고 있는 건지, 맞는 건지 답하기는 어렵지만 구성원들이 스스럼없이 대화할 수 있는 문화를 만들어가는 것이 제일 중요하겠죠. 힘들게 하는 것도 동료요, 힘나게 하는 것도 동료인 것 같아요(전교조·에듀니티, 2011b: 28강).

전교조와 에듀니티의 공동 기획으로 실시된 연수의 연수 후기에 올라온 글을 보면, 일반 학교와 새로운학교의 차이점을 더 구체적으로 이해할 수 있다.

　　흥덕고등학교의 노력은 고등학교에 근무하는 나에게 큰 자극이 되었던 것 같다. 입시라는 것을 절대 무시할 수 없는 고등학교에서는 변화에 극히 한계가 있을 것이라고 생각하였지만, 흥덕고등학교의 예를 보면서 얼마든지 가능하다는 것을 알 수 있었다. 창체, 멘토링…… 많은 부분이 우리 학교와 비슷하게 운영되면서도 우리 학교와 흥덕고등학교의 느낌이 많이 다른 이유는 무엇일까에 대하여도 많은 생각을 하게 한다.
　　참여와 소통을 기반으로 한 학교 만들기, 존중과 배려가 있는 학교 만들기…… 이런 주제들을 보면서, 결국은 융통성과 배려가 이 학교의 가장 큰 강점이 아닐까 하는 생각을 한다(이경선, 2012. 1. 9).

　여기서 이 교사는 새로운학교가 일반 학교와 비슷하게 운영되면서도 상당히 다른 점이, 참여와 소통을 기반으로 한 존중과 배려가 있는 학교라는 것을 꼽고 있다. 그래서 그런 점 때문에 일반 학교에서도 새로운학교로의 변화가 가능하다는 것을 인정하고 있다.

　2) 학생
　새로운학교에서는 학생회와 동아리를 중심으로 학생자치가 활발하게 이루어지고 있다. 학생들이 주체가 되어 스스로 학교 행사를 기획하고 진행하며, 학생회 또는 동아리 활동에 참여한다.

　　아이들도 개교 과정부터 아이들 중심으로 시작을 하고 자기들이 결정하는 것이 다 받아들여지는 것을 경험하면서 주인의식이 대단해요. 일상적으로 그것들이 반영되는 학급 운영 등이 다 같이 함께 가는 문화지요. 학교가 좋다는 것은 프로그램이 좋다는 것이 아니고, 단위 학급에서 만나는 교사와 학생들의 관계에서 그것이 확인될 때, 그것을 경험할 때 이루어지는 것이라고 생각해요(전교조·에듀니티, 2011a: 9강).

구름산초등학교의 한 교사에 따르면, 2010년 개교한 학교에서 학생들은 자신들의 의견이 받아들여지고 존중받는다고 느끼며, 주인의식을 갖는다. 그것은 학급 운영을 포함하여 학교의 일상생활에서 전반적으로 이루어진다. 그런 경험을 하며 학생들은 주인의식을 갖고, 학교가 좋다는 소리를 한다. 그 핵심은, 프로그램이 아니라 교사와 학생의 관계가 어떠하냐에 달려 있다는 것이다.

학생들에 의한, 학생 스스로 만들어가는 교육 활동이라는 면에서 본다면 수완중학교는 학생들이 하고 싶은 동아리를 만들어 스스로 운영하도록 지원하고 있다. 2011년에 학생들은 풍물, 방송 댄스, 만화/공공미술, 운동, 천체 관측, 포도밭 동아리를 만들어 방과 후에 자체적으로 활동하였다. 학생들이 만든 자율 동아리가 30개 정도인데 그중 가장 인기 동아리는 축구 동아리이다. 미니 월드컵 행사를 한 달 전부터 학생들이 준비하며 함성, 노래, 연습 등을 하면서 재미를 느끼게 되었다고 한다. 현재 축구 동아리는 제일 큰 수완중학교 FC를 포함하여 4개로 늘었다(전교조·에듀니티, 2011b: 18강).[85]

장곡중학교는 학생들에게 좀 더 다가가기 위해 교사들이 다양한 프로

---

85. 동아리를 지원하면서 교사들이 중점적으로 고민했던 부분은 시간과 공간이었다. 2011년에는 점심시간을 한 시간 반으로 늘려서 동아리 활동을 할 시간 여유를 주었다. 또 동아리를 위한 공간을 마련하여 밴드부, 체육 관련 동아리 외에도 동아리실을 마련해주었다. 2010년은 교실 세 개를 배정하였는데 2011년에는 완성 학급이라서 교실 하나를 이용하도록 하고 있다. 동아리 예산은 30개 동아리에 작게는 5만 원에서 10만 원 정도를 지원하고 있다. 내용에 대한 심사를 통해 엄밀한 기준을 적용하여 지원한다.

그램을 진행하고 있다. 예컨대 모두가 함께 하는 '행복한 학교 만들기' 프로젝트의 하나로 1년에 4회 '친구 사랑의 날'을 정해 다양한 주제로 진행한다. '학급 단체사진 촬영', '단짝 친구끼리 등교하여 같이 다정한 포즈로 사진 찍기' 등 서로 가까워질 수 있는 프로그램을 갖는다. 2010년에는 시험을 1주일 앞두고 오뚝이 스트레스 해소 펀치를 설치하여 등굣길에 학생들이 펀치를 때릴 수 있게 하여 호응이 높았다. 연 2회 청소년 포럼을 열고, 학생의 날 행사는 교사들이 등교하는 학생들 입에 초콜릿을 넣어주고 반갑게 포옹하는 것으로 시작하였다.

장곡중학교에서는 '우리가 만드는 학교 축제'라는 축제준비위원회 성격의 동아리도 만들었다. 기획, 공연 준비, 홍보 등 각 분야에 맞는 외부 전문가를 초빙하여 교육을 받고 지방 문화축제, 지역축제 관람, 축제 진행자 인터뷰를 하였다. 학교에서는 배정한 예산 범위에서 학생들이 학교 축제를 스스로 기획-진행-평가 하도록 하였다. 이 밖에도 특별한 만우절 행사를 가져 그날 하루는 학생과 교사가 서로 역할을 바꿔서 체험한다. 학생들이 직접 수업도 하고 종례도 하고, 친구들과 인사할 때도 교사, 학생의 관계로 인사한다. 그러면서 교사의 입장을 이해하는 계기가 된다. 학생들과 가까이 소통한 것이 의미 있고, 교사로서 알기 어려웠던 교실 상황과 학생들의 교우 관계 등을 알게 되었다(전교조·에듀니티, 2011b: 20강).

장곡중학교에서 이처럼 교사들의 생각이 변하게 된 계기는, 학생들이 신나게 학교를 다니도록 해야겠다는 공감대를 갖게 된 것이었다. 어떻게 해야 할지 방법을 몰랐거나 엄두를 못 냈던 교사들이 차츰 동참하자, 학생들과 교사가 부딪치는 사안이 줄어들었다. 예년에 비해 학생 사안이 절반으로 감소되었다. 그 학교의 한 교사는 그 이유를 이렇게 설명한다.

기존의 학생부는 학생들을 울타리 안에 가두려고 꽉 붙잡으려고 하다 보니 아이들과의 관계가 개선되지 않고 충돌, 갈등이 심해졌어요. 그 문화를 바꿔보자고 했는데, 제 나름대로 햇볕정책이라고 생각해요. 아이들에게 강압적으로 눌러서 지키게 하기보다 자율적인 분위기를 만들어 소통을 하게 되면 훨씬 잘 이루어지죠. 이제는 잡는다, 힘으로 누른다는 것은 안 맞는 것 같고 학생부 교사들이 아이들과 친하지 않으면 문제가 발생해요.

아이들이 신나고 즐겁고 행복하게 학교를 다닐 수 있도록 아이들과 관리자의 중간에서 아이들을 대변할 수 있는 교사가 필요하다고 봐요. 아이들을 잡지 않는 학생부, 아이들을 잡아서 기성세대가 원하는 것을 틀 잡아주려고 하기보다 아이들이 즐겁게 다니면서도 아닌 것은 아니라고 해줄 수 있고 바른 길을 인도해줄 수 있는 역할. 학생 스스로 뭔가 결정할 때 조언, 조력자 역할을 하는 거죠(전교조·에듀니티, 2011b: 20강).

이렇게 장곡중학교에서는 학생들의 생활지도를 맡고 있는 학생부 교사들이 학생들의 교복, 두발과 같은 용의 복장 등 규율로 통제하지 않고, 학생들이 즐겁게 다니도록 하는 조력자 역할을 한다.

학생들의 생활과 관련한 규율 또는 규범은 학생들의 지대한 관심사이며, 흔히 교사와의 긴장관계 역시 여기서 발생한다. 보통은 일반 학교에서 특별한 문제가 없는 한, 학교 규정은 학생들이나 교사들의 재검토 없이 해마다 그대로 유지된다. 신설 학교인 경우에도 가까운 학교 규정집을 참조하여 거기에 나오는 학생 규율 관련한 내용과 비슷하게 만드는 것이 보통이다. 학생회나 학급별 토론에 부치는 최소한의 절차도 생략하거나 형식적으로 진행하는 경우가 대부분이다.

2009년 경기도 교육감의 당선 이후 학생인권조례 제정 등 학교 규율과 관련한 변화가 시작되었다. 2010년 이른바 진보 교육감의 당선 이후 학생인권조례 제정은 지역별로 확산되고 있다.

흥덕고등학교에서 학교 규율이 제정되는 과정을 보면, 새로운학교에서 학생 규율에 어떻게 접근하는지 알 수 있다. 2010년 학교가 신설되어 혁신학교 지정을 받고 공모 교장이 부임한 흥덕고등학교는 학생들이 참여의식을 갖도록 하기 위해 2박 3일 동안 예비 학교를 진행하였다. 거기서 140여 명의 전교생을 10개 모둠으로 나누어 규정안을 주고 토론한 후, 모둠별 발표를 하여 총회처럼 진행하였다. 학생들의 관심이 높은 용의 복장에 관한 의견을 규정에 모두 반영하였다. 다음 해에 1학년이 새로 들어오자 규정을 부분 손질하기만 했다. 처음 규정을 만들 때 학생들과 같이 만드는 게 중요하며, 다른 학교 규정을 '짜깁기'하면 이후 어려움이 발생한다는 것이다(전교조·에듀니티, 2011b: 12강).

민주적 절차와 합의 과정을 만들기 위해 각별히 힘쓴 흥덕고등학교의 용의 복장에 관한 규정은 〈그림 Ⅲ-3〉과 같은 절차를 거쳐 제정되었다.

〈그림 Ⅲ-3〉 흥덕고등학교 규율 제정 과정

학생총회(모둠별 토론-학생 설문조사)
학부모총회(설문조사)
학생자치회 간부 수련회 실시
학생생활규정 권련 교육 실시
학생 교복 선정을 위한 의견 수렴
학교생활지도교육(시청각실)
학생자치 임원 용의복장 규정 토론
학생생활 인권 규정을 위한 공청회

이런 과정을 거치면서 얻게 된 장점은 ▲학생들의 주도적 참여로 인권 존중 의식 형성, ▲학생자치의 실질적 장치 마련, ▲품격 있는 학교 문화 창출 가능성 제시, ▲교사·학생·학부모 참여로 실질적 파트너십이 형성된 것이다. 단점이라고 한다면 ▲신설 학교여서 임시 규정을 만들어 적용하는 과정 혼란, ▲힘을 이용한 소수가 제정 과정에서 민주적 토론 방해, ▲민주적 경험이나 방법이 미숙하여 학생 전원이 주도적으로 참여하지 못한 것이라고 보고 있다.

흥덕고등학교는 학생자치 활성화를 통한 자율과 책임의 학생 문화를 위해 학생자치회를 주 2회에 걸쳐 자발적으로 운영하며, 학생자치회 주관 아침 조회를 격주에 한 번씩 실시한다. 학생자치회가 교장 및 교감과 대화하는 시간을 갖고 축제, 봉사활동, 학생독립운동기념일, 창의적 체험활동, 선거, 학생인권 규정 등을 제정하고 기획·진행한다. 또 학생들이 자발적으로 과제를 제시하고 지키는 HDPM(Heung Deok Possible Mission) 운동을 통해 학생 스스로 규범을 만들고 지키도록 하고 있다. 정해진 규범을 수동적으로 따르는 것보다 적극적으로 공동체에 필요한 절제를 배우고 경계를 세울 수 있는 것이 진정한 학생자치라고 보기 때문이다. 예를 들면 수업 시간 지키기, 슬리퍼 착용하기, 금연주간, 생 얼짱 주간을 설정하여 운영하고 있다. 예산은 독자적으로 학생자치회가 운영하고, 학생자치학교에서 자치 능력을 향상시키도록 하고 있다(전교조·에듀니티, 2011b: 14강).

호평중학교는 학생들 스스로 학급 안에서 맺는 관계와 갈등 문제를 해결한다. 달마다 학급에서 학교생활을 평가하여 자기 학급의 문제가 되는 부분이 무엇인지 토론한다. 2010년 9월에는 교사·학생·학부모가 참여한 학생생활 인권 규정 개정을 위한 토론회를 개최하여 규정을 개정하였다. 학생 자율 동아리를 활성화시키기 위해 7개 자율 동아리에 50만 원씩 지원하였다. 학생들의 자발적 참여로 축제를 준비하고 진행하며, 혁신학교 예산에서 400만 원을 지원하였다. 졸업식은 학생 중심의 축제 성격으로 사은 행사를 갖는데 역시 혁신학교 예산 400만 원을 지원하였다. 학생자치회를 통해 기본을 지키는 '호평인의 약속'을 제정·실천하며, 정기적으로 대의원회의를 개최하고, '친구 사랑의 날' 행사를 진행한다(전교조·에듀니티, 2011b: 26강).

호평중학교 교장은 학생자치 및 생활지도에 대해 다음과 같이 말한다.

> 학생들에게 정신적인 지원, 학생회를 학생회답게 만들어주기 위해 노력한다든가 학생 하나하나를 존중한다든가 하는 게 중요합니다. 특기적성도 100% 학생 희망을 받아 들어주고, 건의 사항을 함에 써넣으면 그것을 들어주는 게 중요하지요.

> 수업에서 엎드려 자거나 방해하는 학생이 있으면 수업에 참여할 수 있고 친구들과 잘 지낼 수 있도록 하는 것이 필요하고요. 생활지도를 생활지도부 교사들만 해서는 잘 이뤄지지 않을 수 있어요. 그 원인을 살펴봤을 때 가정적, 정서적 문제가 있을 수 있으므로 종합적 대책을 세워야겠지요. 사서, 영양, 사회복지사, 상담, 보건 교사들이 하나의 팀을 이루어 종합적으로 그 아이에 대해 분석하고 대책을 내놓고 아이들이 잘 성장할 수 있도록 지원-복지문화팀 체제를 갖춰야 한다고 봐요.

> 학생들에게도 학교의 비전을 공유. 목표를 세워줘서 중심을 잡고 함께 노력해서 갑니다. 교사들 입장에서는 허용하기 어려운 생각이나 행동을 할 경우가 많지요. 허용적인 분위기가 어느 정도는 있어야 합니다. 수경 스님이 하신 말씀 중 도 중에서 가장 큰 도가 '냅도'라고 하시더군요. 여유 있고 넉넉한 분위기 속에서 같이 미래를 개척해나가려 합니다(전교조·에듀니티, 2011b: 28강).

〈그림 III-4〉 호평중학교 '호평인의 약속'

〈그림 III-4〉 호평중학교 '호평인의 약속'

호평중학교에서는 학생의 생활지도를 위해 가정적, 정서적 문제까지 해결하도록 지원-복지문화팀 체제를 갖추고 있다. 사서, 영양, 사회복지사, 상담, 보건 등 관련 교사들이 팀을 이루어 학생을 위한 종합 진단과 대책을 강구하는 것이다. 그리고 학교 전체 차원에서 학생회를 지원하고 학생을 하나하나 존중하며, 특기적성 교육과 건의 사항 등이 학생 희망대로 이루어지는 학교 문화를 만들어나가고 있다. 호평중학교에서 학생들에게 허용적인 교사들의 태도는 여유 있고 넉넉하게 대하는 '냅도'라고 표현되고 있다.

이상과 같이 새로운학교에서 학생들은 학생자치 활동, 동아리 활동 등을 통하여 활발하게 소통하고 참여하며 협력한다. 스스로 축제와 학교 행사를 기획하고 진행하며, 예산까지 확실하게 지원받는다. 학생들과 관련한 학교 규율 제정에 학생들은 주체적으로 참여하여 규율을 함께 정하고 실천하기 위해 노력한다. 학생 생활교육에서도 학생들에게 징계와 처벌 위주가 아니라 학생을 위한 종합 진단과 대책을 마련하여 문제가 해결되도록 접근한다. 결국 학교의 적극적 지원과 교사들의 수용적 태도 및 조력자로서의 역할이 학생을 존중하고, 학생자치 활동을 보장하는 학교 문화를 형성한다고 볼 수 있다.

3) 학부모

그렇다면 새로운학교에서 학부모들의 참여는 어떻게 이루어지며 일반 학교와 다른 점은 무엇인가.

상주남부초등학교 학부모들은 일반 학교처럼 학교운영위원회, 어머니회가 있지만, 그 밖에 독서 동아리, 학부모 책 읽어주기,[86] 수업 참여, 보조 교사 등 교육 활동 참여와 학부모 연수가 있다. 학부모들은 교사의 요청이나 참여 의사가 있으면 수업을 볼 수 있고 참여할 수도 있다. 학부모들은 주로 토요 체험활동에서 요리, 민들기, 외부 체험에 많이 참여한다. 학부모 연수는 연 3회 열리는데 처음에는 2월 말 개학 전에 새해 교육과정 운영, 중심 분야, 담임 구성은 어떻게 되는지에 대한 안내 연수, 학부모의 교양을 쌓거나 수업과 아이들에 대한 이해를 돕는 연수가 두 번 있다. 연수 내용은 학부모들이 원하는 내용으로 하며, 사전에 의견 수렴을 많이 한다(전교조·에듀니티, 2011b: 19강).

홍동중학교의 학부모 학교 참여 방식은 학교교육 지원, 학부모를 위한 평생교육, 참여수업, 식사 제공, 학부모 연수(연 6회 조청 상연) 등이다. 학교 정보 공개, 협력, 대화 및 소통하는 구조를 만들면 학부모의 이해를 구하기 쉽다. 의견 차이가 있으면 원인이 무엇인가 서로 대화하고 소통하며, 학부모들이 적극적으로 대안을 찾고, 교사 의견을 반영하려고 한

---

86. 책 읽어주기는 아침에 학부모가 교실에서 학생들에게 책을 읽어주는 것을 말한다. 학생들이 책을 읽게 하는 가장 좋은 방법은, 누군가가 다정하고 거리감이 없는 사람이 책을 읽어줄 때 아이들이 심리적으로 안정되고, 책에 대한 좋은 감정과 호감을 갖게 되기 때문이다.

다. 학교가 먼저 학부모에게 학교를 개방하고 이용 가능한 시간대에 언제라도 이용하도록 하여 진정성이 통했다고 한다. 그래서 왕따 학생 문제에 대해 학부모회 임원들이 나서서 조정자 역할을 하기도 했다. 피해 학생 부모를 위로하고 가해 학생들 상담을 기꺼이 맡아준 것이다. 이처럼 학부모 역량은 진정성이 통할 때 학교교육에 대단히 긍정적인 힘이 될 수 있다. 또한 홍동중학교에서는 특별한 가정방문을 한다. 3월 초 전교생 대상 심리검사를 하여 전문심리검사기관에 의뢰, 연구원을 초청하여 결과에 대한 해석 연수를 교원들에게 한다. 3월 말에 가정방문을 하여 4, 5월 교사와 학부모가 공동으로 가정학습지도 계획을 짠다. 학부모들은 이런 가정방문에 대해 매우 고마워한다(전교조·에듀니티, 2011b: 7강).

조현초등학교의 학부모 참여는 더욱 적극적이고 폭이 넓다. 학교운영위원회 산하 기구인 학교교육과정소위원회에 학부모·교원·지역 인사가 모여 교육의 질을 높이고 교육 내용이 지속 가능하도록 논의한다. 학교교육과정소위원회는 학부모와 함께 만들어가는 학교가 되도록 학교교육계획 분석 및 내용 수립을 학부모와 협의한다. 학부모와 교원들의 의견을 수렴하여 평가 작업을 하고 기타 학교교육과정 참여와 운영을 위한 대내외 활동도 한다. 그 결과는 학교교육과정위원회에 보고한다. 이러한 학부모 참여는 '꿈자람 교육과정'에 대한 이해를 높이고, 향후 안정된 교육과정 운영의 기반을 조성하는 데 도움이 된다. 그 과정에서 조현초등학교 학부모들은 교문과 교실 문턱을 자연스럽게 넘나든다. 일반 학교에서 학부모가 학교에 한번 찾아가기가 어렵고 불편하여 학교의 '문턱'이 얼마나 높은가를 고려해본다면, 조현초등학교는 교문과 교실 문이 열린 학교이다. 학부모도 학교의 주체라는 것을 교사들이 인식하고 있기 때문이다. 일반 학교에서는 학부모들이 학교에 오는 것을 교사들이 꺼리는 경우가 많은데, 조현초등학교에서는 학부모가 학교에 오는 것이 일상화되어 있다. 전입

학부모 연수회, 학부모 동아리, 학부모가 여는 여름 캠프, 가족 캠프, 교육과정소위원회 등 다양한 학부모 활동이 이루어지기 때문이다. 이에 대해 (바) 교사는 다음과 같이 말한다.

학부모들은 학교 시설을 이용해 동아리, 취미활동 모임을 자주 갖고요, 평생교육 프로그램도 일상화되어 있어요. 우리 학교에서는 다른 학교에서 하지 않는 연수가 3, 4월에 전입 학부모 연수라고 진행돼요. '아이가 이웃을 만든다'는 주제로 도시에서 전입해온 학부모님들이 시골 생활에 어떻게 적응하느냐, 편하게 할 수 있느냐 하는 연수인데요, 이 학교는 시골 학교예요. 할아버지, 엄마, 이모, 고모, 삼촌이 대부분 이 학교 출신이고 학부모들 사이에 형님, 동생하고 다 알고 있는 사이였는데, 어느 날부터 외지에서 전학 온 학생들이 늘어나니까 아이들은 어울마당이나 활동을 통해서 서로 아는데, 학부모님들이 서로 모르고 토요일 날 아이들을 데리러 왔는데, 서로 모른 채 서먹서먹하게 서 있는 경우가 있잖아요. 3월 말에 가정방문을 가는데 학부모님께서 아버님 같은 경우, 도시로 직장 때문에 가는 경우가 많은데, 어머니 같은 경우 처음 도시에서 와서 아는 사람도 없고 인터넷 쇼핑해서 장바구니에 가득 담아놓았다가 아이가 오면 삭제를 하고, 이런 경우도 많고 해서 뭔가 거리를 줘야 하겠다. 그러려면 이 지역에 대해 잘 알고 해야 해서 '아이가 이웃을 만든다' 공개 강좌를 샀고, 기존 학부모님들이 새로 온 학부모님들을 환영해주고, 이런 과정 속에서 이게 발전해가지고 5월 달에 학부모 체육대회를 열었어요. 학부모들이 참여해서 하는 체육대회인데, 학년별로 뭉치고 단합할 수 있는 기회가 된 거죠. 차츰 발전해서 학년 학부모회에서 아이들을 위해 1박 2일 가족 캠프를 열었어요. 그런 학년이 하나둘씩 가족 캠프가 늘어나고 있고요, 이럴 때 선생님들은 초대를 받아서 가고 있고요, 모든 기획과 진행은 학년 학부모회에서 하고 있어요. 아침 자습 시간에 독서 동아리 같은 경우 저학년 아이들에게 어머니들이 책을 읽어준다거나, 미술 시간에 도자기하는 분들이 도움을 주신다거나 하는 활동이 계속 있어요. 축제 때도 학부모님들이 나와서 발표도 하시고……(전교조·에듀니티, 2011b: 28강).

수완중학교의 학부모 활동은 학부모 아카데미 교실, 학부모 동아리, 생태체험학습 지원, 학생 동아리 보조 활동 등으로 나눌 수 있다. 학부모 아카데미 교실은 2010년에 시작하여 연간 32시간을 배정하여 진행하고 있다. 2010년 첫 번째 아카데미 주제는 "지혜로운 학부모가 행복을 키운다-배움의 공동체 철학, 새로운학교의 철학"이었다. 또 "통하는 부부, 통하는 부모"라는 주제로 행복한 가정을 만들기 위해 어떻게 관계를 만들 것인가, 학생들이 가정에서 만족스럽게 지낼 수 있는가, 학교와 가정이 서로 어떻게 도움을 줄 수 있는지에 관한 강좌를 가졌다. 학부모 아카데미 마무리는 아카데미 수료식과 워크숍을 2시간 반 동안 진행한다. 문화제처럼 학생들에게 했던 방식을 접목한다. 배움의 공동체 식으로 협력해보고 평가해보고, 게시판 토론도 전개한다.

그러니까 부모님 간의 대화가 많아서 16시간 동안 배우면서 생각한 것, 실천한 것, 강좌에 대한 평가까지 자세히. 함께 시 낭송하기, 편지 쓰기 등을 통해 감동적인 여운. 부모들이 그것을 통해 자신들이 성장하게 되었다고 말씀하시고, 지금까지는 경쟁해야 하고 단순히 자녀의 성적이 어떻다는 이야기만 들었는데, 수완중학교에 와보니 협력해야 한다고 이야기하고, 자녀의 성적보다 자녀를 잘 이해해서 자기주도적으로 공부할 수 있도록 봐줘야 하고 자녀의 흥미가 어디에 있는지 잘 봐줘야 한다.
처음에는 이런 게 대학 가는 데 도움이 될까 생각했는데, 서서히 이게 올바른 방향이라고 생각하게 된다고 말씀하시며 많이 변화한다(전교조·에듀니티, 2011b: 17강).

또 학부모와 학교교육 방향에 대한 공유와 합의를 만들어가기 위해 학기가 새로 시작하기 전에 교사와 학부모가 함께 연수를 하면서 준비하는 시간을 갖기도 한다. 특히 새로운학교를 만드는 초기 단계에서 이 과정은 매우 중요하다. 거산초등학교 같은 경우 2002년 2월 말에 거산초등학교 가족이 될 학생, 학부모, 교사 모두가 충북 진천의 한 수련원에서 1박 2일 연수를 하였다. "새로운학교에 대한 꿈을 현실로 맞이하기 전 함께한 이 자리에서 거산초등학교 가족이라는 동질감은 서로를 들뜨게 하고 희망을 갖게 하기에 충분했다." 이 연수에서 학교교육과정을 안내하고 학년 담임도 발표하여 담임교사와 학부모가 함께 학년교육과정 계획을 공유했다. 이것이 전통이 되어 매년 2월 말에는 1박 2일 동안 거산초등학교 가족 겨울 연수를 진행하고 있다(이갑순·조경삼, 2009).

이와 같이 새로운학교에서는 학부모의 교육 활동 참여, 학부모 연수, 학부모 동아리가 매우 활발하다. 학교가 개방되어 수업 공개와 상담이 자연스럽게 이루어지고 학부모가 주최하는 행사와 캠프도 있다. 특히 학교의 철학과 비전을 공유하기 위해 학부모 연수와 아카데미 등을 비중 있게 진행한다. 학교교육과정에 대한 평가와 계획 수립 과정에 학부모도 참여하여 의견을 적극적으로 개진하고 반영한다.

4) 참여와 소통의 학교 문화

새로운학교의 학교 문화를 관통하는 핵심은 참여와 소통이다. 모든 학교 구성원들이 논의 과정에 의미 있게 참여하고 상호 간에 충분한 소통이 이뤄지도록 하는 것이야말로 조직을 건강하게 만들고, 일을 원만하게 성사시키는 관건이기 때문이다(강영진, 2011).

처음 새로운학교에 오기 전에 교사들은, 일반 학교에서 자신의 일과 관련한 전문성에 대한 자신감이 줄어들고 의견이 받아들여지지 않는 학교 문화에 대한 무기력감과 교직에 대한 회의를 가졌다. 거산초등학교 교사의 이야기는 일반 학교에서 느끼는 좌절과 새로운학교에 대한 열망이 어떤 것이었는지 고민의 한 자락을 보여준다.

> 학교나 이런 데서 겪는 어려움들을 털어놓는 과정에서 우리는 교사 문화를 생각했어요. 그래서 우리는 10년이 넘은 교사들이 많았는데, 정말 점점 갈수록 아무것도 모르는 선생님들이 되어가는 것 같애, 라는 고민들을 하면서 좀 배우고 성장하고 아이들과 더불어 행복해질 수 있는 공간이 없을까, 그런 고민이 가장 우선적이었고, 그러다 보니 학교 문화라든가 학교 운영 체제에 대한 고민이 함께 올 수밖에 없었고……(전교조·에듀니티, 2011a: 30강).

하지만 막상 새로운학교에 와서 뜻이 맞는 교사들과 일을 하면서 겪는 갈등은 의외로 많았고, 교장이나 다른 교사들과 합의하기가 결코 쉽지 않았다. 그래서 교사들의 다양한 의견을 어떻게 모아내고 합의해서 추진하느냐가 대단히 중요한 과제가 되었다. 남한산초등학교의 안순억 교사 역시 소통과 합의해가는 과정의 어려움을 솔직하게 털어놓았다.

> 어디라도 문제가 없는 곳은 없다. 남한산초도 마찬가지다. 이곳에서 모든 것이 좋기만 했고 마냥 행복하기만 했다는 사람은 아무도 없을 것이다. 겉에서 볼 땐 유토피아처럼 보이기도 하지만 그 속엔 갈등과 고통, 원망과 미움도 존재한다. 그럼에도 불구하고 지금까지 남한산초가 존재할 수 있었던

것은 소통하는 노력을 중단하지 않았기 때문이다. 공동체 구성원 간의 갈등이 때로 거칠기도 했지만 '아이들이 행복한 새로운 학교'라는 대전제에서 벗어나지 않았다는 점도 남한산초를 존재하게 만든 힘이었다. 문제를 해결하는 구체적인 힘은 언제나 진정성과 작은 실천들에서 나온다. 이기심이나 공명심을 버리고 다시 한 번 스스로를 돌아보고 껴안는 진정성, 불편을 감수하고라도 같이 살아가는 인생이 더 아름답다는 믿음을 버리지 않는 사람들의 소박하지만 의미 있는 실천, 남한산초 공동체의 건강성도 그런 것들에 의해 유지될 수 있었다.

남한산초의 교사나 학부모들은 아이들을 행복한 곳에서 배우고 자라게 하자며 모였지만 자신들이 사람답게 사는 법을 먼저 배웠다는 말을 자주 한다. 그 말 속엔 새로운 것을 희망하는 사람들에게 필수적으로 따르는 일정한 절망까지도 담겨 있을 것이다.

아주 진부한 말 같지만 고민과 고통이 우리를 성장시켜준다는 건 부인할 수 없는 진실이다. 사소하고 내밀한 문제들이 자주 드러나는 남한산에서 그걸 아주 실감나게 경험한다. 이런 경험은 거창한 교육 이론이나 교육적인 구호보다 더 소중하고 의미 있다고 나는 생각한다. 아이들을 통해 어른의 삶도 풀어헤치고 재조정하는 것, 결국 그렇게 해야만 해결되는 아이들의 문제를 놓고 머리를 맞댈 수 있는 것이 남한산초등학교의 진정한 힘이라 믿기 때문이다(안순억, 2009).

일반 학교에서 벌어지는 문제에 대해 공감하더라도 막상 새로운학교를 만드는 과정에서 대안을 찾는 방법은 다양할 수 있기 때문에 더욱 갈등을 일으키기도 한다. 또한 교사들이 갈등과 견해 차이를 조율하고 조정해 나가는 민주적 훈련 기회를 가져보지 못한 것도 갈등 해결을 어렵게 한다. 그러나 끊임없이 토론과 합의를 존중하는 문화를 형성해가는 것이 새로운학교에서 가장 중요한 문제라고 보고 있다.[87] 그 과정은 교사들을 굉장히 성장시키고 학생·학부모 관계에서 서로 신뢰를 쌓는 요소가 된다는 것이다.

소통이 활발하고 깊이 있는 토론의 기회가 많은 새로운학교에서는 초기에 교사-교사, 교사-학부모, 교사-학생, 학부모-학부모가 교육 철학과 학교의 상像을 놓고 구체화시키는 과정에서 많은 갈등을 겪는다. 의견 차이를 좁히는 방법을 알지 못해 목소리가 커지고 감정이 상하는 경우가 수도 없이 되풀이되었다. 그것은 서로의 성장 과정이 되었고 공적公的 논의 과정을 학습했다고 할 수 있다. 학부모들은 제각기 다른 교육관과 학교교육 활동에 대한 의견 차이를 공식적인 학부모회의와 대표자회의를 통해 걸러내어 학교에 전달하고, 학교와 다시 협의해나갈 수 있게 되었다. 이것은 일반 학교에서 공식 학부모회의가 사실상 이루어지지 않고 학부모 임원들 몇몇 사이에서 논의된 내용이 학부모 전체 의견으로 제시되는 경우와는 커다란 차이가 있다.

송산초등학교는 학교 철학이 모든 교육 활동에서 가장 중요한 판단의 잣대가 되었다. 이것을 합의해가는 과정은 매우 어렵고, 시간이 많이 걸렸다. 서로한테 상처가 되는 말을 할 수도 있고, 저 사람은 나하고 다르다고 단정 지을 수도 있었다. 송산초등학교의 한 교사는 공동 학습을 통해 그 문제를 극복하였다고 한다.

같은 책을 읽고 같은 생각을 하고 같이 느끼자. 연수도 다 같이 가서 듣고 같이 느끼고 우리 학교에 어떻게 적용할 수 있을지 같이 공유하는 작업

---

87. (차) 참교육원격교육연수원장은 "새로운학교를 만들 때 7, 80%의 에너지는 이와 같은 교사들 간의 소통과 갈등 해결에 쓰일 정도이다"라고 그 어려움과 중요성을 강조한다((차) 구술, 2012. 8. 17).

을 많이 했어요. 그럼에도 불구하고 접점을 찾지 못할 때는 그 잣대가 자율과 협력이 되더라고요. 선생님 그렇게 생각하는데 그것이 우리 학교 자율에 맞는 것이냐, 누군가 그렇게 되물어준다면 제가 생각을 하게 된다. 아, 그렇구나. 내가 아이들을 내 스스로 내 판단에 의해 재단하고 있었구나 하고 되돌아보게 되더라고요. 그러는 과정을 통해서 의견을 하나하나 좁혀나갔고요. 그래서 학교 철학이 굉장히 중요한 것이구나 생각하게 됐어요(전교조·에듀니티, 2011a: 21).

상주남부초등학교의 한 교사는 새로운학교를 만드는 과정에서 주도적 역할을 하는 교사들과 다른 교사들의 갈등으로 인해 관계가 어떻게 어려워지는지 이렇게 말한다.

처음에 학교를 바꾸려고 여러 가지 사업을 했을 때 기존의 분들이 많이 힘들어하셨어요. 저희는 희생을 각오하고 출발했으니까 일을 하다 보면 늦은 시간 할 수밖에 없고, 처음 학교를 시작하다 보니 그것이 필요했고, 그분들은 개인 사정도 있고 한데 여기 오래 같이 할 수 없고, 우리끼리도 마찬가지였어요. 같이 가보자고 들어온 분들이었지만 실제로 학교에서 부딪쳐본 적이 없었던 거지요. 막상 딱 들어와서 일을 하다 보니까 다 달랐던 거예요. 초기에 이런 갈등들 때문에 회의를 정말로 오랫동안 했어요. 가끔씩은 삐져서 일주일 이상 서로 말도 안 하고 지내는 때도 있었고, 연배가 많은 분이 중간에 들어서서 조정도 해주시고(전교조·에듀니티, 2011b: 17강).

그 밖에 상주남부초등학교에서 학교의 교육 철학과 목표를 위한 교육 활동을 둘러싸고 학부모들과 빚는 갈등은 적지 않았다.

학교 상(像)을 '참삶을 가꾸는 행복한 작은 학교'로 세우고 학교 운영 계획을 짠 후, 학교발전위원회를 통하여 학부모들뿐만 아니라 동창회, 지역사회 인사들과 공유하는 절차를 거쳤다. 우리는 당연히 지역과 학부모들이 새 학교 운동을 진정으로 환영하고 있는 줄 알고 있었다. 그런데 3월이 되어 프로그램이 투입되면서부터 학부모들의 태도가 달라지기 시작했다. 각자가 바라는 학교 상이 같지 않았던 것이다. 교사들은 '자율', '더불어 사는 것', '아름다운 감성', '과정 중시' 같은 가치를 지향하고 싶은데 '경쟁성', '수월성', '가시적 성과'를 바라는 학부모들이 있었다. 우리가 지향하는 '삶을 가꾸는 교육'에 대하여 의심하는 시선도 있었다. 그래서 공부는 소홀히 하고 쓸데없는 활동에 골몰하고 있다는 것이었다. "농촌 학교에서 노작 체험이 왜 필요하냐?", "'행복한'이라는 표현도 의심이 간다. 언제 아이들이 공부를 좋아했는가?"

특히 학구의 학부모들은 시내 학교 아이들보다 앞서는 학력을 갖도록 해주길 바랐다. 아이들이 멋대로 놀도록 내버려두지 말고, 싫어하고 힘들어해도 아이들 장래를 위해서 공부를 열심히 가르쳐야 한다고 했다. 반대로 시내에서 전학 온 학부모들은 '참삶을 가꾸는 행복한 작은 학교'를 선택하여 찾아왔으니 약속대로 학교교육과정을 이행해주기를 요구했다. 결국 양측 학부모가 편을 갈라 싸우는 형국이 되고 말았다. 학구 학부모들은 학교와 교사 그리고 시내 학부모들이 자기들을 무시한다고 여기기도 했다(오일창·김주영, 2009).

수완중학교의 한 교사는 "교육은 어떤 한 부분이 아니라 알파와 오메가, 처음부터 끝까지 같이 협력하는 의사소통 구조가 이루어져야 한다. 그것을 지원해주는 시스템-소통, 협력, 지원의 세 박자-이것을 어떻게 조직하느냐가 관건이다. 학교의 가장 큰 어려움과 걸림돌이 의사소통과 회의 문화 구조인데, 그것을 어떻게 가져가느냐가 고민이다"라고 소통과 협력의 회의 문화 형성의 중요성을 강조하고 있다(전교조·에듀니티, 2011b: 16강).

이렇게 일반 학교에서 경험하지 못했던 충분한 소통 문화를 접하면서 생각이 다른 교사들의 태도와 반응도 서서히 변화해간다. 의견의 차이가 있더라도 성급히 결정하려 하지 말고 최대한 합의를 추구하는 것이다. 대립되는 사안에 대해 충분히 논의하여 쟁점을 해소하고, 합의점을 찾도록 하는 것이다. 논의를 서두르지 않고, 결론을 조급하게 내리려 하지 않고, 구성원들의 충분한 대화와 공감을 불러일으키려는 자세로 하게 되면, 이러한 느린 과정은 결과적으로 가장 빠른 과정이 될 수 있다(강영진, 2011).

그렇다면 학교 구성원들 사이에 의견 차이가 커서 합의되지 않고 공전할 경우 어떻게 할 것인가. 상주남부초등학교는 의견이 좁혀지지 않을 경우, 합의되는 내용에 대해서만 추진하고, 합의되지 않은 내용은 진행하지 않는다고 한다. 또 다른 방법은, 충돌하는 의견 가운데 결정하는 기준을 정하는 것이다. 조현초등학교의 경우, '아이들한테 조금이라도 이로운 것'이 무엇인가를 마지막 결정 기준으로 삼았다.

> 서로 소통하고 이야기하고 토론하고 하면서 어떻게 학교를, 저희는 학급 운영보다는 어떻게 학교 전체를 움직일 것인가 하는 합의점을 찾아가는 데 많은 시간을 쏟았어요. 반드시 그것이 필요했고요. 어떨 때는 밤늦게까지도 있고 선생님들이 며칠씩 똑같은 문제를 가지고 토론하기도 하고, 그래서 일단 저희도 마찬가집니다. 합의가 딱 되면 모든 것이 일사천리로 진행하고요. 합의된 것은 언제나 존중을 해주고요, 합의가 안 되는 경우에는, 저희는 합의하는데 최종, 다른 학교도 마찬가지겠습니다만, 마지막에 결정이 안 될 때는 두 가지 의견이 있을 때, 어느 쪽이 아이들한테 조금이라도 이로운가,

그걸 먼저 항상 생각을 하고 그걸로 결정을 봤다고 보거든요(전교조·에듀니티, 2011a: 30강).

전체의 뜻을 모으기 어려울 경우 세 번째 방안은, 원하는 사람들이 해보게 하고, 그 결과에 대해서도 책임지게 하는 것이다. 그럴 경우 원하는 사람들은 좋아서 그 일을 하므로 문제가 발생할 소지가 적고 에너지가 집중되며, 이후 결과가 좋으면 전체로 확대시키는 단계적 접근이 가능하다. 여기에는 '자신의 의견을 다른 사람에게 강요하지 않는다'는 학교 문화가 전제되어 있어야 한다(위성남, 2011).

보평초등학교 (가) 교장의 학교 운영 방식이 그런 사례를 보여준다. A 교장은 어떤 제안을 하고 나서 할 수 있는 사람부터 하도록 권장하며 기다린다. 이후 교사 3분의 2 정도가 하게 되면 그때쯤에는 모두가 하도록 요구한다. 다수결로 처음부터 결정하려고 하면, 새로운 제안들은 부결되기 쉽다는 것이다. 먼저 하겠다는 사람들이 하는 것을 지켜보면서 다른 교사들이 좋다고 느끼게 되고, 먼저 하는 교사들이 성취감을 얻으면 동조하는 사람들도 많아지고, 이후 모두가 하는 것으로 혁신될 수 있다고 보는 것이다. (가) 교장은 이러한 학교 운영 방식을 '변혁적 리더십'이라고 규정하고 있다. 일례로 어떻게 학생 아침맞이를 교사 모두가 실천하게 하였는지 보기로 하자.

수업 중에는 아이들 하나하나를 관심 갖기가 어려운 구조이기 때문에 유일한 시간이 아침이에요. 교문에서는 교장, 교사가 교실 문 앞에서 작은 실천을 선언해야 해요. 총체적인 선언해봐야 안 바뀌어요. 작은 팁에서부터 해보자. 이름 부르고, 인사하고, 악수하고 포옹한다.

교장의 솔선수범이 중요하죠. 내가 1년간 먼저 한 뒤 선생님들에게 권유

했어요. 저항이 있지만 이것을 벗어나는 게 '변혁적 리더십'이에요. 그건 '민주성' 아니에요. 우리는, 권위적 사회에서 구조적 싸움을 해온 사람은 핵심적 키워드가 민주라고 봅니다. 민주에 대한 맹신, 다수결주의의 맹신이 있어요. 그래가지고는 못 바꿔요. 변화, 혁신, 다수결로 하려면 부결돼요. 더 나은 세상, 더 좋은 게 있다는 것을 느끼게 해야 해요. 하나 해보면 성취감 느껴요. 그때까지 기다립니다. 동조하는 사람들이 많아지면 해봅시다. 교사 3분의 2가 될 때까지 기다려요. 그러면 나머지 3분의 1 교사들에게 요구해요. 해보고, 느껴보고, 성취감을 가져보면, "괜찮아" 동조하는 사람들이 많아져서 전체가 하게 됩니다. 학교 전체가 하기까지 그래서 2년이 걸려요.

우리 학교 교무부장도 20년 경력이지만, 학생 아침맞이를 안 했어요. (1년 뒤에) 교육방송을 보고 우리 학교도 해야죠, 하고 방송으로 "어린이들은 아침 시간에 교실 앞문으로 들어오세요"라고 하고는 해버리는 거죠. 교사들이 선택적으로 할 수도 있으니까 그렇게 아이들한테 선언을 해버리는 거죠. 어떤 교사가 바쁘니까 늦게 교실에 들어갔더니, 아이들이 복도에 다 서 있더라는 거예요. 선생님이 맞이해주기를 기다리고 있는 거였어요. 그다음에 그것을 아침에 안 해줬어요. 그날 유별나게 아이들이 잘 다투고, 인사 안 한 날은 아이들 말 안 들어요. 한 날은 아이들이 평온하고 잘된다고 해요. 그것만 가지고 아이들이 달라져요((가) 구술, 2012. 1. 20).

조현초등학교 (다) 교장은 교사들의 소통이 중요하되, 소통의 핵심이 가치와 비전을 중심으로 한 소통이어야 한다고 강조한다. 교사들의 협의 내용도 주로 수업과 학생들의 생활에 대한 것이다.

우리 학교 상황에서는 선생님들과의 대화는, 협의 시간이 있으면, 수업과 아이들 생활 중심으로 하고 있습니다. 수업과 아이들 생활 중심으로 이야기하다 보니까 아이들의 변화에 대한 이야기를 많이 하게 되고, 그 긍정적인 변화가 선생님들의 성취감을 주고, 우리 학교 운영을 하는 데 힘들지만 보람을 느끼게 하는 과정이라 생각이 돼요.

다른 학교와 달리 교육 내용 운영과 관련하여 선생님들이 상당히 바쁘지요. 교육 내용과 관련한 소통은 있어도 사적인 소통은 부족한 편이지요. 학교에서 소통은 굉장히 중요할 텐데, 제가 더 중요하다고 생각하는 것은 가치와 비전을 중심으로 한 소통입니다. 그렇지 않으면 업무 분담, 아니면 사소한 것 가지고 갈등이 일어날 소지가 있어요. 그러나 우리나라 공교육의 대안을 만들자는 큰 가치나 비전 속에서는 그런 자잘한 것들이 용해될 수 있는 그런 상황이라고 보고, 우리 학교에서 소통의 핵심 원리는 보다 큰 가치와 비전 중심의 소통, 이렇게 정하고 있습니다(전교조·에듀니티, 2011a: 25강).

조현초등학교에서 교사들은 워크숍을 몇 차례 하면서 의견 교류를 하고, 한 달에 한 번 월말 평가회를 갖는다. 교육과정을 운영하거나 학급 운영을 하면서 나타나는 문제에 대해 다른 사람에게 조언을 듣고, 좋은 점은 칭찬하고 격려해주는 과정이다. 교육과정 운영을 위한 전문 강사 초빙, 교사 자질 함양, 학교교육 평가 등 다양하다. 10월이면 다음 학년도 교육계획을 세우기 위해 교원과 학부모가 함께 논의를 시작한다. 일반 학교에서처럼 1, 2월에 담당 부서장과 한두 명의 교사가 각 부서에서 제출한 자료를 편집하여 해마다 비슷한 학교교육계획서를 만드는 것이 아니다. 10월부터 다음 해 2월까지 5개월 이상 소위원회에서 여러 차례 논의하여 마련하고, 교육과정위원회에서 다시 검토한다. 교사, 학부모 등 학교 구성원들의 소통과 논의를 거쳐 함께 만드는 학교교육계획서는 계획서로 그치지 않고 그대로 진행이 된다((바) 구술, 2012. 5. 6).

의정부여자중학교에서는 학생들에게 학생만민토론회를 열도록 하여 학교에 대한 학생들의 불만 사항을 토로하고 논의에 부쳤다. 용의 복장에 대한 원활한 토론을 위해 희망하는 교사들이 교과 시간에 토론 수업을 하고, 학생회가 자원하는 학생들로 준비 팀을 구성하여 토론대회를 열었다. 토론 참가자를 사전 선발하고, 방청하는 학생들과 교실에서 시청하는 학생들까지 직간접 참여를 하도록 하였다. 토론대회가 어떻게 진행되었는지 의정부여자중학교 (라) 교사의 말을 들어보자.

1학기 때는 교사들한테 초점을 맞췄는데 이제는 학생들한테도 그렇게 해야겠다 해서 혁신부에서는 처음에 학생만민토론회를 진행해야겠다, 이렇게 아이디어를 내고 아이들이 학교에 대한 모든 불만을 마이크 잡고 쏟아내게 하겠다고 계획했다가 쉬운 작업이 아니어서 조금 미뤄두었는데, 토론 수업을 하면서 토론대회로 연결된 거예요. 우리 학교가 굉장히 열악한 학교예요, 학생회가 그동안 형식적으로 움직였는데, 학생회장과 학생부회장과 같이 할 학생들을 모았는데 25명 정도가 와서 준비하겠다고 해서 3주 정도 준비를 했어요.

무슨 주제로, 어떤 포맷으로 할 것인가, 토론의 논거를 어떤 것으로 잡을 것인가 계속 같이 훈련하고 토론하고 책 찾아 공부하고, 학생들과 참여할 의사가 있는 선생님들이 같이 논의한 거예요. 굉장히 논란도 많았고 방송으로 해야 하나, 체육관에 모여야 하나 고민했는데, 그러다가 합의한 게 교실에서 자발적으로 올 수 있는 학생 10명 정도, 체육관에 300명이 모여서 했는데 교실에 방송이 안 됐어요. 그래서 방송시설을 해서 교실에 쏴주고 제목은 '나도 학생이다', '나는 가수다'에서 콘셉트를 따와서 최종적인 것은 재밌게 하자고 해서, 찬반 논쟁이 뚜렷한 게 학생들한테 좋으니까 찬반으로 나누고 찬반을 신청해서 오디션을 해서 대표 주자를 다섯 명을 선택하고,

떨어진 학생들은 프런트에서 대표 학생을 지원하는 패널이 되도록 뒤에서 학습 준비를 같이 하고 발언 기회는 뒤에 패널들도 주고, 선생님들을 위촉해서 심사위원을 하도록 하고, 선생님들도 토론이 이상한 방향으로 흐르지 않고 즐길 수 있도록 누가 제일 토론을 잘했는지 제일 잘한 토론자를 뽑는 방식이었는데, 처음으로 학생들이 정말로 깊이 있게 자기 이야기를 할 수 있는 토론이 있었어요.

그게 선생님들도 가장 기억에 남는 것이고 학생들도 혁신학교로서 가장 좋았다고 평가를 했고, 끝나고 나서 아이들의 제안이 '정례화'였어요. 이때 문제는 두발과 복장이었어요. 결론을 내는 토론회는 아니었지만 그 내용이 규정심의위에 전부 반영이 되고 학생회장이 들어가 있으니까. 이게 연쇄반응으로 계속 이어지고 있다는 것. 이게 제일 중요한 사례고요((라) 구술, 2011. 8. 21).

의정부여자중학교에서는 학생대토론회가 교사들에게 가장 기억에 남는 것이고 학생들도 혁신학교로서 가장 좋았다는 평가를 하였다. 나아가 학생들은 이러한 학생대토론회를 정례화하도록 제안하였다. 형식적이던 학생회가 이러한 과정을 통해 자치활동의 중심으로 서고 학생들의 토론 결과는 그대로 규정심의위원회에 반영되었다. 이런 경험을 통해 학생자치가 활발해지고 소통과 참여가 더욱 적극적으로 이루어지는 '연쇄반응'을 일으키게 되었다. 왜냐하면 이러한 사례들이 서로 영향을 끼치고, 상승작용을 하면서 다른 변화를 연속적으로 유발하기 때문이다.

누구 한 명의 아이디어가 무시, 폄하되지 않고 왜 그런 아이디어가 나왔을까 생각해주는 분위기가 혁신학교의 굉장히 중요한 핵심 요소인 것 같아요. 그것을 가능하게 해주는 것은 역시 교장선생님의 침묵의 리더십, 선생님들 간의 신뢰, 기존 학교에서 변화되어야 한다는 열망이 모아진 게 아닌가 그런 생각이 들어요((라) 구술, 2011. 8. 21).

상주남부초등학교에서는 되도록 규제를 하지 않지만 학생들을 규제해야 할 때 동의를 구하는 방식으로 한다. "이건 이렇게 해주면 어떻겠니?" 하고 부탁하는 식으로 하는 것이다. 나아가 학생들이 필요에 의해 규칙을 스스로 정하기를 교사들은 바란다. 예를 들면, 쉬는 시간이나 중간놀이 시간에 다른 반에 들어가는 문제에 대해 토의를 했다. 결국 회의에서 결정된 내용은 필요할 경우에만 조용히 들어와서 볼일을 보고 조용히 나가기로 정했다. 그 후 지금까지 학생들은 불만 없이 잘하고 있다고 한다(전교조·에듀니티, 2011a: 20강).

새로운학교에서 교사들은 여러 가지 면에서 서로 갈등하고 충돌하기도 하지만, 이렇게 자신의 생각을 드러내고 표현하고 주고받으며 합의해가는 과정에서 특별한 의미를 발견한다. 서로의 차이를 인정하고 존중하는 속에서 학생들을 가르친다는 일의 가치와 교사로서의 보람을 깊이 느끼게 된다. 송산초등학교 교사는 그러한 경험을 이렇게 기술하고 있다.

이렇게 가끔 다투기도 하고 의견의 차이도 많았지만, 이런 과정 속에서 '사람'을 잃어서는 안 된다는 것과 서로의 다름을 인정하고 존중해주어야 한다는 소중한 배움을 얻었다. 의견이 다르더라도 사람은 미워하지 말자고 다짐했다. 그렇게 1년의 시간이 지난 후에 정년을 2년 앞둔 선생님께서 "이 학교에서 정년을 맞고 싶네"라고 말씀하실 때 그동안의 고생은 다 날아가버렸다. 많은 부담감을 안고 본교에서 전입한 선생님께서도 "가르친다는 일이, 그리고 아이들이 행복하게 배운다는 것이 이런 것이었구나!"를 깨달았다고 말씀하셨다(김현진, 2009).

일반 학교처럼 지시와 통제로 운영되는 학교가 아니라 작은 일까지 모두 논의하고 결정하는 새로운학교에서 교사들은 보람과 기쁨을 느낀다. 자신이 하는 일의 의미를 발견하고 행복해한다. 그래서 퇴근 시간이 되면 뿔뿔이 흩어지는 일반 학교와 달리 자연스럽게 학생들 이야기를 하면서 어떻게 가르칠 것인가를 같이 이야기 나눈다. 이러한 소통과 참여는 구성원들의 자발성을 높여주어 '살아 움직이는' 학교 문화를 형성한다. 그리고 이것은 학교에서 진행되는 여러 가지 일에서 상승작용을 하며 상호 관련성을 높여주고, '연쇄반응'을 일으킨다고 할 수 있다.

나. 교장 리더십

새로운학교로 변화하기 위한 기본 조건은 자발적 교사 집단과 학교장의 리더십이다. 일반 학교에서 학교장의 독선에 의한 학교 운영은 교사들의 자발성을 저해하고, 무기력하게 관행대로 따르게 하는 일차적 요인이었다. 교사들의 의견을 수렴하여 지원하고 예산을 배정하는 새로운학교의 교장은 교사들의 자발성을 최대화하는 한편, 교사들에게 권한과 책임을 동시에 부여한다. 새로운학교에서 교장의 리더십이 어떤 역할을 하는지, 교장의 태도가 어떻게 다른지 먼저 □□초등학교의 사례를 살펴보자.

> □□초등학교는 학부모들이 학교가 없어진다는 소식을 듣고 없애지 않으려고 갖은 고생을 다하고 있었다고 한다. 이러한 학부모들과 몇몇 뜻있는 교사들이 마음을 모은 것이다. 교장은 이런 학부모들과 교사들이 꿈꾸는 일이 "너무 큰일이라 내가 감당하기 어렵다"라고 하면서 스스로 다른 학교로 떠났다고 한다. 그다음에 온 교장은 '바라만 보고 계신 분'이었는데 2년

뒤에 다른 데로 갔고, 그 뒤에 새로 온 교장은 교사들을 '독립운동을 하는 사람들'이라며 격려해주고 궂은일을 본인이 다 처리해줄 정도로 적극적이다. 교사들은 날개를 단 셈이 되었고, 학부모, 교사, 교장이 비로소 한 몸이 되었다(박원순, 2010).

□□초등학교의 교사들이 새로운학교를 만들기 위해 학부모들과 뜻을 모았으나, 당시 교장은 감당하기 어렵다고 보고 스스로 다른 학교로 떠났다. 이러한 교장의 태도는 회피형이라고 할 수 있다. 그다음 교장은 회피하고 떠나지는 않지만, 교사들이 하는 것을 바라만 보고 있는 방임형 교장이라고 할 수 있다. 세 번째 온 교장은 교사들을 '독립운동 하는 사람들'이라고 지지·격려하며, 적극 나서서 궂은일을 다 처리하고 교사들을 지원하는 리더십을 발휘한다. 이러한 교장의 리더십이 교사들과 상승작용하면서 적절한 역할을 해낼 때 새로운학교의 효과는 배가된다.

남한산초등학교가 새로운학교로 변화해갈 때 학교를 이끌었던 교장은 평소 '좋은 리더는 멍게'라는 말을 많이 자주 했다. 여기서 '멍게'는 멍청하고 게으르다는 뜻이지만, 사실은 멍청하게 보일 정도로 자기주장은 적게 하고, 게을러 보일 정도로 일일이 간섭하지 않는다는 것이다. 즉, 조직 구성원들의 자발성과 열정이 최대한 발휘되게 하는 리더를 의미한다. 전체 교사와 교장, 교감이 참여하는 월요일 오후 주례회의 때에도 교사들은 늦도록 토론하고 격론을 벌이기도 하지만, 교장은 가만히 들으면서 논의가 마무리되기를 기다린다. 남한산초등학교에서 교감을 맡다가 공모 교장이 된 후임 교장도 남한산초등학교의 교육 방향과 문화를 잘 이해하고 이끌어갔지만 학교에서는 말을 아끼고 교사들의 의견을 존중했다. 교장의 이러한 리더십에 대해 안순억 교사는 이렇게 표현한다.

두 분 모두 학교 운영에 관한 한 교사들에게 100% 자율권을 부여해오셨어요. 교사들의 논쟁이 과열될 때마다 뭐 그리 심각하냐며, 아이들은 그냥 내버려둬도 잘 큰다, 어째 모두들 만날 교육 타령뿐이냐고 한마디씩 농담을 던지면서 주의를 환기시키고, 교사들을 웃기시기도 하죠. 모두 그분들 나름대로의 깊은 교육 철학과 교육적 연륜에서 나온 행동이라고 생각해요(강벼리·조선혜, 2010).

2010년 혁신학교로 지정된 의정부여자중학교 교장도 '침묵의 리더십'을 발휘한다. 교사들의 의견이 자유롭게 오가고 때로는 논쟁을 벌이며 정리가 되도록 교장은 지켜보며 말을 아끼고 기다려준다.

여기서 더 나아가 조현초등학교 (다) 교장과 보평초등학교 (가) 교장은 적극적인 비전과 철학을 가지고, 학교 운영 계획을 제시한다. 교사들과 토론 및 연수 등으로 많은 시간을 보내며, 학교의 상像과 비전을 공유하기 위해 노력한다. 그렇다고 일방적으로 교사들을 이끌고 가지는 않는다. 교사들이 새로운 변화에 동의하고 공감하며 준비가 될 때까지 기다려준다.

조현초등학교 (다) 교장은 공모 교장으로서 지역의 교사모임과 논의하며, 학교의 구체적인 상像과 교육 철학 및 학교교육 계획을 준비하고 시작하였다. (다) 교장은 '학력'의 개념을 점수에 의한 양적 개념이 아니라 질적 개념을 적극 반영하여 학생의 지식 정보의 양뿐만 아니라 지적 능력(문제 해결력, 판단력, 창의력 등), 정의적 능력(성취 욕구, 도전의식, 호기심 등)을 포괄하는 개념으로 보았다. 그러한 학력의 의미를 교사들과 학부모와 공유하기 위해 강연과 토론의 자리를 많이 가졌다. 그리고 그러한 개념에 맞게 시험과 성적에 얽매이지 않고 학생들이 미래를 살아가는 데 필요한 역량을 길러주기 위해 융합적 사고, 통합적 인식을 할 수 있도록 독창적인 교육과정을 구성하였다. '조현초등학교 교육과정 9형태'가 바로 그것이다. (다) 교장은 교장이라는 역할이 학교의 대표이면서 책임자라는 권한은 있지만, 상하관계가 아니라 교사들을 지원하는 역할로 보았다. 교사들과 논의할 때도 한 표를 행사하는 수평적·민주적 리더십을 보여주는 예라고 하겠다.

새로운학교의 교장이 하는 역할은 먼저 학교 구성원들이 학교의 비전을 공유하게 하는 것이라고 할 수 있다. 교사들과 소통하고 비전을 제시하며 교사들과 함께 새로운학교를 만들어가는 리더십을 발휘한다.

> 내 나름대로 다짐이라고 할까요, 나는 조현초등학교에 교장으로 오는 것이 아니라 교장은 내가 학교혁신을 하기 위한 수단이다, 그런 점에서 내가 온 것은 학교의 혁신이 어떻게 가능할 것인가 그 역할을 하러 왔다, 그런 생각, 다짐을 가지고 부임했습니다. 우리 학교의 비전이라고 할 수 있는데, 작은 학교에서 우리나라 학교교육의 새로운 모델을 만들어보자, 그런 생각이었습니다.
>
> 우리나라 학교교육의 핵심적인 과제 중에 학교교육 내용의 획일성이 있어요. 이 획일성을 어떻게 극복할 것인가, 우리 학교 정책이 특목고, 자사고 등의 학교 체제 다양화로 진행되어왔던 것에 대한 대안으로 교육 내용의 다양화를 이루겠다, 조현초등학교가 공교육 정상화의 새로운 모델로서 역할을 하자, 그러한 비전을 가지고 있었습니다(전교조·에듀니티, 2011a: 25강).

(다) 교장은 왜 교장이 되었는가에 대해 학교혁신을 하기 위한 수단으로서 교장 역할을 선택하였다고 한다. 그리고 그 비전은 작은 학교에서 한국 학교교육의 새로운 모델을 찾아보자는 것이었다. 그 핵심은 지금 정부 차원에서 진행되고 있는 학교 체제의 다양화가 아니라, 교육 내용의

다양화를 구현하는 것이다. 그래서 부임 이후 조현초등학교 교육과정 9 형태를 만들고, 교사들과 함께 그것을 구현하는 데 힘을 쏟았다. 그는 독자적인 교육과정을 만들었기 때문에, 다른 새로운학교에서 일본의 '배움의 공동체'나 프랑스의 '프레네 학교' 등 외국의 다른 사례를 그대로 적용해보려는 경향에 대해 상당히 비판적이다. "왜 핀란드나 스웨덴 교육을 본뜨려 하는가?"라는 질문을 던지면서 전교조의 참교육운동으로부터 출발하여 한국의 교육 현실에 맞는 교육으로 자생적 발전을 이뤄야 한다고 역설한다. 이러한 생각은 특히 새로운학교운동의 초기에 해당하는 남한산초등학교, 거산초등학교 교사들에게서 공통적으로 나타난다.

한편 새로운학교에서 교장은 예산 확보를 위해서 노력한다. 다양한 교육 프로그램과 체험활동을 운영하기 위해서 많은 예산이 들어가기 때문이다. 또 새로운학교가 대부분 가정 형편이 어려운 학생들이 많은 농어촌 지역의 작은 학교이므로, 학교가 마련한 프로그램을 제대로 수행하기 위한 예산 확보는 교장이 해야 할 중요한 역할이다. 동창회나 지역사회에서 도움을 받지 못하면 교육부나 교육청의 각종 프로젝트에 참여하여 예산을 마련한다.

이상에서 본 바와 같이, 새로운학교를 만들고 이끌어가는 데 필요한 바람직한 교장 리더십은 다음과 같이 정리할 수 있다.

첫째, 교장이 새로운학교의 비전을 확고하게 가지고 학교 구성원과 공유하는 것, 둘째, 학부모와 지역사회를 비롯해 교사·학생이 학교 운영에 참여하고 소통하게 하는 것, 셋째, 하지 않아도 될 일을 줄임으로써 교사들의 자발성을 살려주고 지원하는 것, 넷째, 새로운 교육 프로그램 운영을 위해 필요한 예산과 자원을 확보하는 것, 다섯째, 솔선수범하면서 원하는 교사들이 일단 해보게 하고 동의를 구해 확산시키는 것이라고 할 수 있다.

3. 교육과정과 수업

여기서는 새로운학교의 교육 철학과 교육 목표, 그리고 그것을 실현하는 교육과정과 수업 및 평가에 대해 그 특징을 살펴보기로 하겠다.[88] 새로운학교가 학교자치를 실현하고 참여와 소통의 학교 문화를 만들어 교사·학생·학부모를 주체로 세우는 데 우선 역점을 두고 있다면, 새로운학교를 만드는 사람들이 지향하고 실현하고자 하는 교육적 가치는 무엇인가. 학생을 바라보는 관점은 무엇이며 어떤 인간상으로 교육하고자 하는가.

먼저 새로운학교의 교육 철학 및 교육 목표가 무엇인지 살펴보자.

가. 교육 철학과 교육 목표

새로운학교의 교육 철학과 교육 목표를 간단하게 규정하기는 힘들다.

---

88. 이 장의 내용은 『혁신학교에 대한 교육학적 성찰』에 발췌하여 실은 바 있음을 밝힙니다(정진화, 2014a).

하지만 새로운학교운동을 하는 사람들이 자주 쓰는 주제어를 보면 그들의 가치 지향과 교육 철학을 유추해볼 수 있다. 새로운학교 관련 자료와 연수 또는 강연에서 가장 많이 등장하는 단어는 배움, 학습, 공동체, 주체, 자발성, 성장, 참여, 소통, 협력, 돌봄, 배려 등이다. 또한 한국 교육과 일반 학교의 문제를 경쟁, 선별, 교육 양극화, 획일성, 관료주의, 교장 독단, 사교육비 증가 등이라고 지적한다.

그동안 교육 관련 단체들은 '국가 책임의 질 높은 공교육'을 요구해왔다. 특히 이명박정부의 신자유주의 교육정책을 국가의 교육 책임을 축소하려는 정책이라고 비판해왔다. 이들은 교육을 복지로 보고, 국가 책임 아래 학교를 학생들의 생활복지 공간으로, 학생들의 재능을 계발하는 교육 공간으로 만들어야 한다고 주장한다. 그래서 '학습과 돌봄을 지원하는 학교'를 지향한다(이용관, 2010).

이들은 이명박정부의 학교 정책이 '경쟁'을 통한 '선별'에 의한 엘리트 교육, 성적 비교를 위한 '획일'적인 교육과 평가 일변도로 간다고 비판한다. 또한 특목고, 자율형 사립학교 등 학력 수준에 의한 선별을 통해 '다양화'라는 이름으로 사실상 학교 차별화 정책을 펼치고 있다고 본다. 그러므로 교육과정과 학습과정의 다양화가 이루어져야 하며, '학교선택권'이 아닌 학생의 '학습선택권'을 보장해야 한다고 주장한다. 이것은 구성원을 차별하지 않고 공평하게 대한다는 점에서 통합 학교, 통합 학급을 지향하며(통합성), 구성원 간 상호 협력에 의해 서로 존중하며 함께 배우고 성장하는 협력적 교수학습 과정을 실현하며(협력성), 학생 개개인을 존중하고 배려하는 교육을 구현하는 개별화 교육과정, 학습의 다양화(개별화)를 추구하는 것으로 연결된다(이용관, 2010).

전교조는 2009년, 창립 20주년을 맞아 제2참교육운동을 선언하였다. '경쟁에서 협력으로!', '교실개혁에서 학교개혁으로!', '개별 실천에서 집단

실천'으로 나아갈 것을 선언한 것이다(김현주, 2010). 그것의 교육 철학적 함의는 학습자 중심 교육관을 견지하며, 협력 학습을 주요한 학습 방법으로 채택한다는 것이다. 그것은 전교조의 참교육운동 초기부터 표방해온 '더불어 함께 살아가는 학교'와 일맥상통한 점이 있다.[89] 또한 1989년 당시 "참교육이란 콩나물이 아니라 '콩나무를 키우는 교육'"이라는 표현에 담긴 '학생이 교육의 주체'라는 관점을 견지하는 것이다(이장원, 2010).

그렇다면 새로운학교의 교육 철학은 어디에 연원을 두고 있을까. 새로운학교의 효시에 해당하는 남한산초등학교의 안순억 교사는, 새로운학교의 상像을 어떻게 구상하고, 누구의 영향을 받았는지 술회한 바 있다. 그는 이오덕 선생으로부터 참삶을 위한 교육, 학생 인권이 존중되고 살아있는 글쓰기 교육을 통해 참교육 실천이 무엇인지 알게 되었다. 1980년대 중반부터 10년간 이오덕 선생과 글쓰기교육연구회의 영향을 받았고, 이후 1990년대 중반에 송순재 교수를 만나, 교사로서 깊은 사유와 교육의 본질에 대한 접근을 통해 국내외 학교혁신 사례를 접하게 되었다. 그러면서 학교마다 교사들을 중심으로 한 운동이 일어나야 한다는 생각을 하게 되었다. 교육에 대한 비판만으로는 안 되고, 구체적으로 학교를 변화시켜가는 것이 중요하다는 생각에 이르게 된 것이다. 안순억은 이 두 스승과의 만남을 통해 남한산초등학교의 밑그림을 그리게 되었노라고 고백한

---

89. 전교조 초기의 참교육운동에서, 전교조 교사들이 학급에서 급훈을 정할 때 많이 애용한 급훈 중에 "스스로 서고 더불어 살자", "배워서 남 주자" 등이 있었다. "스스로 서고 더불어 살자"는 것은 학생들이 수동적이고 시키는 대로 하는 대상이 아니라, 스스로를 존중하고 사랑하며 주체적으로 판단하고 행동할 수 있는 존재라는 것, 혼자가 아니라 이웃과 사회 속에서 더불어 사는 공동체적 존재라는 의미이다. "배워서 남 주자"는 공부를 하는 까닭이 자신의 출세와 성공을 위해서가 아니라 사회에 기여하고 다른 사람들과 나눈다는 공동체적 의미를 담고 있다.
'배워서 남 주자'는 초·중등교원 봉사단체인 초원봉사회 이훈 교사가 우리 속담인 '배워서 남 주냐'에 대한 비판을 하면서 '배워서 남 주자'로 바뀌어야 한다고 하였다. 초원봉사회원이던 김익승 교사가 급훈으로 '배워서 남 주자'를 정했고, '배워서 남 주자'라는 학급문집을 해마다 펴내면서 널리 퍼지기 시작했다. 김익승은 한국글쓰기교육연구회 회원이면서 전교조 조합원이다((카) 구술, 2012. 10. 10).

다(강버리·조선혜. 2010). 전교조 운동이 정부 정책을 비판하고 제도를 개선하여, 교육의 민주화와 학교 현장의 변화를 어느 정도 가져오긴 했지만, 그것으로는 충분치 않아 구체적인 학교의 변화와 재구조화를 하는 쪽으로 착안하여 나아간 것이다.

1990년대 중반부터 일본 배움의 공동체, 프랑스의 프레네 교육 등 국내외 혁신학교가 소개되면서 참교육운동을 해온 실천가들은 새로운 방향을 모색하게 된다. 이것은 초기 참교육운동의 정신과 실천을 잇는 것이기도 하면서, 개별적으로 실천하고 있던 참교육운동을 학교혁신이라는 차원에서 새롭게 접근하는 시도이기도 했다.

2007년부터 전교조 본부에서 새로운학교운동을 본격화시킨 (사)새로운학교특별위원장의 구술에서 이 점에 대한 전교조의 입장을 구체적으로 알 수 있다.

연구자: 참교육 실천 사업이 교과모임이 그 중심에 있었고 주제분과 등이 있었는데요, 참교육실천대회가 그것을 총화해내는 자리였던 것이고, 이제까지 한계도 있었지만 많은 것을 해냈지요. 예를 들면 교과서가 자유발행제가 아니더라도 적어도 검인정이 되었고, 조합원들이 교과서를 쓰는 저자가 되었고, 학교운영위원회도 요구해서 만들었고. 다만 지속적으로 그것을 가동시켜내지 못하는 게 한계였다면…….

(사): 학교를 새롭게 만들어서 책임진다는 관점과 그 운동 속에서 그동안 쌓아온 것을 더 좀 살려내고 더 발전시켜낼 필요가 있는 거지요. 그래서 배움의 공동체라든가 프레네 교육을 너무 절대적으로 받아들인다든가 추종하는 것에 대해서는 그렇게 해서는 안 된다고 봐요. 또 실질적으로 그렇게까지 가지는 않는다고 봐요. 배움의 공동체가 문제인데, 배움의 공동체가 기존의 참교육 실천의 흐름을 다소 일깨워주는 측면이 있었다고 보고 배움

의 공동체가 제시하는 문제 제기들이 사실은 지금까지 참교육운동에 녹아들어 있었다고 봐요. 그동안 참교육운동이 침체하고 가라앉는 과정에서 다시 배움의 공동체를 통해서 우리가 제안했던 그런 가치들을 재발견한 측면이 상당히 강해요. 그리고 배움의 공동체가 제시하는 게 상당히 대중성이 강하잖아요. 결국은 그것을 하나의 계기로 삼아서 우리 방식의 틀을, 모범들을 만들어낼 수 있다고 봐요.

연구자: (다) 선생님이 말씀하시는 바, 왜 우리가 핀란드나 해외의 학교에서 배우는가? 우리 나름의 우리 자신의 참교육을 정립해내고 그것을 새로운 것으로 만들어낼 수 있는데……

(사): 결국은 그리로 돌아오고 있어요. 결국은 이 운동을 지탱하는 사람들이 참교육운동 속에서 우러나온 사람들이기 때문에. 그리고 우리가 그러한 기반을 축적해온 것이기 때문에. 그래서 배움의 공동체나 핀란드 교육이 상당히 우리에게 자극제가 되고 계기가 되었지만, 결국은 우리나라의 조건과 풍토에 맞는 한국식 모델을 만들어야 한다, 하는 지점은 명확하게 지향을 가져가야 한다((사) 구술, 2011. 8. 9).

여기서 (사) 특별위원장은 배움의 공동체나 프레네 교육을 너무 절대적으로 받아들인다든가 추종하지 말아야 한다고 생각하며, 실제 그렇게까지 가지는 않을 것으로 본다. 그동안 참교육운동이 침체하고 가라앉는 과정에서 다시 배움의 공동체를 통해서 전교조 참교육운동이 해왔던 가치들을 재발견하였다는 것이다. 그러므로 그동안 해온 참교육운동의 철학과 내용을 토대로 한국의 조건과 풍토에 맞는 한국식 새로운학교 모델을 만들어가야 한다고 강조한다.

이는 2011년 9월 24일 창립된 새로운학교네트워크 대표로 선출된 (가)의 이야기에서도 확인된다. (가) 대표는 최근에 해외 학교개혁 사례가 새로운학교운동을 하는 교사들 사이에 전파되고 연수가 성황을 이루고 있는 것에 대해 비판적 관점으로 바라보았다.

> 관계와 의미를 중심에 둔 교육 담론을 새로 쓰자, 방법론에 빠지지 말자, 타 이론에 빠지지 말고 자기 성찰적. 현재 자기 모습에 대해 날카롭게 지켜보는 것. 아프지만 그것이 답이라고 생각해요. 벤치마킹하지 말라, 이제 더 이상 학습하지 말자, 누구누구 이론 읽을 것 없다. 저도 책 읽기 싫어하는 사람이지만, 저는 뭐가 있느냐면 직관적으로 봐요. 어떤 틀로 사물을 보기 시작하면 갇혀서 안 보여요. 자기 감각을 살려내려면, 상상력을 살려내려면, 그 틀에 갇혀선 안 돼요. 특정한 수업 모형과 방법론, 이론에 갇히지 말자. 우리가 생각했던 초심에 그런 거였잖아요. 인간교육 하자, 참교육 하자, 이때의 것들. 저는 저의 모든 것들이 어디서 만들어졌느냐? 전교조의 경험 속에서 살아나왔어요. 그것이 저의 모든 것이에요((가) 구술, 2012. 1. 20).

(가) 대표는 20년 전교조 참교육운동 속에서 새로운학교운동의 가치와 내용과 방법이 나왔고, 현재 자신이 있는 곳을 성찰하는 데서 해답을 구하는 것이기 때문에, 어떤 이론과 방법론에 갇혀서는 안 된다는 것을 역설한다. 전교조 운동 속에서 의미와 가치와 관계를 발견하고 경험한 것이므로, 외국의 이론에 참교육의 자리를 내주어서는 안 된다고 강조한다. "20년을 어떻게 살아온 건데"라는 말로 외국의 이론과 사례를 받아들이려는 현재의 경향을 비판한다. 특히 그는 전교조의 민족·민주·인간화 교육 중에서도 인간교육에 초점을 맞춰야 한다고 보고 있다. "민족·민주 교육은 정치화될 가능성이 있으므로 인간교육을 새롭게 정립할" 필요가 있다는 것이다((가) 구술, 2012. 1. 20).

상주남부초등학교 교사는 새로운학교가 기존의 일반 학교와 어떻게 달라졌는지 〈그림 Ⅲ-5〉와 같이 정리한다(전교조·에듀니티, 2011a: 17강).

〈그림 Ⅲ-5〉 일반 학교와 새로운학교의 비교

일반 학교		새로운학교
▲인력 양성/길들이기 교육	-------	▲인간교육/삶의 교육
▲전체성/표준과 획일성	-------	▲개별성/지역성
▲경쟁성, 수월성, 효율성	-------	▲다양성/창의성
▲관리 통제/규제형	-------	▲민주성/공동체성
▲과업/평가 중심	-------	▲자율성, 자발성, 책무성
▲교육의 결과 중심	-------	▲교육의 과정 중시(이해, 작업, 표현, 태도)
▲지침/교과서 중심	-------	▲자율/통합적 이해와 표현

　　새로운학교운동에서 핵심적인 문제는, 학교교육에서 무엇을 가르쳐야 하는가 하는 가치의 문제와 직결된다. 그동안 교실에서 교과서, 텍스트를 얼마나 잘 전달하느냐, 학생들이 잘 숙지하느냐, 좋은 일터로 가느냐가 학교교육의 목표인 것처럼 인식되었다면, 이제는 교육의 본질에 대한 숙고가 필요하다는 것이다. 이와 관련하여 새로운학교운동을 하는 사람들은 유네스코에서 제시한 '21세기를 준비하는 교육의 원리'[90]로 알기 위한 교육, 행동하기 위한 교육, 함께 살기 위한 교육, 존재하기 위한 교육을 참조하였다. 또한 OECD에서 제시하는 DeSeCo(Definition and Selection

---

90. 유네스코 21세기 세계교육위원회(1996).
　(가) '알기 위한 교육'은 일반화되고 객관화된 지식이 아닌, 개인의 실생활 문제를 해결하기 위한 '살아 있는 지식'을 학습시키기 위한 교육이다. 즉, 개인이 스스로 지식을 구성할 수 있도록 '학습하는 방법'을 가르치는 교육이다.
　(나) '행동하기 위한 교육'은 평생 학습 사회에서 살아가기 위해 '다양한 직업 세계를 이해하고, 그 직업 세계 속에서 주체적으로 행동할 수 있는 개인적 능력'을 신장시키기 위한 교육이다.
　(다) '함께 살기 위한 교육'은 '공동체 속에서 다른 사람과 조화되는 삶을 살면서 모든 활동에 함께 참여할 수 있는 능력'을 신장시키기 위한 교육이다.
　(라) '존재하기 위한 교육'은 각 개인의 전인 발달을 토대로 '개개인의 당면 문제를 스스로 해결하고, 스스로 결정하며, 자신의 결정에 대한 책임을 질 수 있는 능력'을 신장시키기 위한 교육이다.

of Competences) Project[91]도 검토하였다. 도구의 상호작용적 이용 → 이질적 집단과 상호작용하는 능력 → 자율적으로 행동하는 능력을 미래 역량으로 본다. 새학교넷의 (가) 대표는 학교에서 이러한 미래 역량을 위한 교육이 이루어져야 하며, 현재 일반 학교에서 흔히 보는 교실주의, 교과서주의, 교사주의에서 벗어나야 한다고 역설한다. 즉, 교실과 교과서와 교사 중심으로 이루어지는 교육을 탈피해야 한다는 것이다. 결론적으로 새로운학교에서 공통으로 추구하는 가치는 아이들의 삶을 위한 교육, 행복한 학교, 공동체 교육으로 압축된다.

학생들이 중심이 되고, 학교의 주인이 되어 건강하고 조화로운 삶을 살도록 하는 교육 철학은 송산초등학교의 경우 어떻게 구현되고 있는지 실례를 보자.

아이들의 삶이 어떤 경우에도 수단이 되어서는 안 된다고 봅니다. 직장을 얻기 위해 12년을 보내서도 안 되고, 상을 위해 착한 일을 해서는 안 되는 것이지요. 스스로 공부하고 활동하는 것이 즐거운 것이 되어야 해요. 시상제에 대해서도 참 많이 고민했어요. 시상하기 위해서는 누군가가 평가를

---

91. DeSeCo (Defition and Selection of Competences) Project에서 말하는 미래 역량을 위한 교육의 구체적인 내용은 다음과 같다(http://www.deseco.admin.ch/에서 인출; 이중현, 2011: 43).
   (가) 도구의 상호작용적 이용(Use tools interactively)
      -언어나 상징, 텍스트를 상호작용적으로 사용할 수 있는 능력
      -지식과 정보를 상호작용적으로 사용할 수 있는 능력
      -기술을 상호작용적으로 이용할 수 있는 능력
   (나) 이질적인 집단 내에서의 상호작용(Interact in heterogeneous groups)
      -다른 사람들과 좋은 관계를 맺는 능력
      -협동할 수 있는 능력
      -갈등을 관리하고 해결할 수 있는 능력
   (다) 자율적으로 행동할 수 있는 능력(Act atonomously)
      -큰 그림 안에서 행동할 수 있는 능력
      -생애 계획과 개인 프로젝트를 만들고 실행할 수 있는 능력
      -권리와 흥미, 한계와 필요를 주장할 수 있는 능력

해야 합니다. 독서상을 준다고 하면 어떻게 평가를 해야 할까요? 모든 사람이 그 기준에 동의할 수 있을까요? 그 시상 기준이 아이들에게 영향을 주기 마련입니다. 독서록을 잘 만든 아이에게 상을 준다면 모두가 독서록을 만들 것입니다. 시상제가 가진 문제는, 평가 기준을 만들고 그것이 다양한 활동과 창의성을 막는다는 것이죠(박원순, 2010).

그래서 송산초등학교는 시상을 위한 모든 대회를 폐지했다. 일반 학교에서 실시하는 과학 행사, 통일 안보 행사, 글짓기 대회, 환경 그림 대회 같은 행사들을 학교교육과정에서 없앴다. 그림을 그리는 것 자체를 아이들은 즐거워하고 좋아하며, 교사가 그림에 대해 칭찬을 해줄 수도 있기 때문이다. 그런데 굳이 거기에 상을 줄 필요가 있느냐는 것이 교사들의 의견이다. 경쟁보다 협력을, 결과보다 과정을 중시하는 새로운학교의 철학이 이렇게 반영된다는 것을 알 수 있다. 송산초등학교 외에 여러 새로운학교에서 시상제를 없앤 것도 같은 맥락이다.

그러면 새로운학교에서 추구하는 교육 목표는 무엇일까. 서용선은 일반적인 혁신학교의 철학을 다음과 같이 정리하였다(서용선, 2012).

(가) 참여와 협력을 통해 학생 스스로 배울 수 있게 함
(나) 배려의 관계 형성 및 교육 복지의 연계
(다) 한 명의 학생도 소외되지 않는 교육
(라) 민주시민 양성을 통한 민주적인 학교 문화 형성

그렇다면 이러한 학교의 교육 목표를 통해 길러내고자 하는 인간상은 무엇일까. 이 연구에서 분석한 동영상 매체에 나오는 15개교의 교육 목표와 인간상을 정리하면 〈표 Ⅲ-6〉과 같다.

〈표 Ⅲ-6〉 새로운학교의 교육 목표 또는 기르고자 하는 인간상

학교	교육 목표 또는 인간상
남한산초등학교	▲ 교육 본질에 충실한 교육 철학이 분명한 작은 학교 ▲ 자율과 자유 그리고 창의적 삶을 생각하는 자주적인 학교 ▲ 자율의 힘이 있는 교사 문화를 만드는 학교 ▲ 학부모와 지역사회의 주체적인 학교교육 참여가 이루어지는 공동체 학교 ▲ 학교환경, 교육환경을 어린이 교육의 눈으로 바로 세우는 학교
거산초등학교	▲ 참삶을 가꾸는 작고 아름다운 학교 ▲ 내 삶의 주인은 나, 더불어 사는 우리
조현초등학교	▲ 자기의 장점을 최대한 발휘하는 어린이(수월성) ▲ 더불어 나누는 삶의 자세를 가진 어린이(공동체성) ▲ 자연과 예술을 사랑하는 어린이(심미성)
상주남부 초등학교	▲ 참삶을 가꾸는 행복한 어린이 • 자신을 소중히 생각하는 어린이 • 배움을 사랑하는 어린이 • 자연을 사랑하며 아름다운 감성을 지닌 어린이 • 더불어 사는 삶이 행복한 어린이
송산초등학교	▲ 자율과 협력을 바탕으로 참삶을 가꾸는 작고 아름다운 학교
백원초등학교	▲ 질문할 수 있는 어린이 ▲ 스스로 탐구하는 어린이 ▲ 표현하며 성장하는 어린이 ▲ 공동체를 이룰 수 있는 어린이
보평초등학교	▲ 활기찬 학교 행복한 교실 • 지·덕·체를 고루 갖춘 조화로운 어린이 • 자유 의지로 행동하고, 삶을 주체적으로 꾸려가는 어린이 • 차이를 인정하고, 모든 생명체와 더불어 살아가는 어린이
구름산초등학교	▲ 창의적으로 생각하고 스스로 학습하는 어린이 ▲ 차이를 인정하고 더불어 나누는 삶의 자세를 가진 어린이 ▲ 자연 그리고 예술과 더불어 살아가는 건강한 어린이
장곡중학교	▲ 원칙을 지키고 기본에 충실한 사람 ▲ 나눔을 실천하는 사람 ▲ 몸과 마음이 아름다운 사람 ▲ 나를 아끼고 남을 배려하는 사람 ▲ 공동체 속에서 참여하고 소통하는 사람
홍동중학교	▲ 지역사회와 함께 하는 푸른 꿈 교육 • 배움을 즐기고 실천하는 사람 • 스스로 서고 더불어 사는 사람 • 희망찬 미래를 열어가는 사람 • 생명을 존중하며 자연을 사랑하는 사람
회현중학교	나를 가꾸고 남을 배려하는 세움 나눔 인간 육성
의정부여자중학교	▲ 배움으로 세우는 자존감, 실천으로 완성하는 배려

수완중학교	▲ 자기 스스로 올바르게 판단하고 행동하는 사람 ▲ 정의롭고 합리적인 사고를 지닌 사람 ▲ 조화와 협동을 중시하고 사랑과 봉사를 실천하는 사람 ▲ 사람의 아름다움이 깃든 문화와 예술을 사랑하는 사람
호평중학교	▲ 참된 배움과 가르침으로 모든 학생의 성장을 돕는 학교
흥덕고등학교	▲ 열정과 공헌력을 갖춘 미래 시민 육성

※ 출처: 각 학교 누리집에서 인출.

위에서 본 바와 같이 새로운학교에서 지향하는 인간상을 정리해보면, 개인적 덕목으로는 자신의 삶을 소중히 여기고 주체적으로 행동하며, 비전을 실현하기 위해 노력하는 창의적 인간이다. 사회적 덕목으로는 다른 사람을 배려하고 나눔을 실천하며, 생명과 자연을 사랑하는 정의로운 인간이라고 할 수 있다.

이것을 일반 학교의 교육 목표와 비교하기 위해 서울의 몇몇 중학교의 교육 목표를 보면 ▲ 바르고 슬기롭게 온 힘을 다하자, ▲ 푸른 기상으로 꿈을 이루기 위해 노력하는 자주적이고 창의적인 인재 육성, ▲ 미래 사회에 능동적으로 대처할 수 있도록 성실하고, 자율적이며, 긍지를 지닌 인간교육, ▲ 올바른 인성과 충실한 실력으로 미래를 여는 인재 육성 등이다. 일반 학교의 교육 목표 또는 교훈은 이처럼 개인적 덕목 위주로 되어 있는 경우가 많다. 이와 달리 새로운학교의 교육 목표 또는 교육 철학은 주체성과 창의성을 중시하는 개인적 덕목과 아울러 나눔과 협력의 공동체성을 강조하며, 개인적 덕목이 사회적 덕목으로 연결되는 경우가 많다고 할 수 있다.

요컨대 새로운학교의 교육 목표와 철학은 한 아이도 소외되지 않는 '배움과 돌봄'을 지향한다. 학생 중심의 배움과 학생의 자율성을 강조하며, 협력과 나눔의 공동체성을 길러주고자 한다. 그런 점에서 전교조 참교육 운동의 철학과도 일맥상통한다. 거기에 돌봄의 복지 개념이 보강되고, 생명과 자연 사랑이라는 가치가 더해졌다고 할 수 있다.

나. 교육과정

새로운학교의 교육 철학과 교육 목표에 근거하여 새로운학교의 교육과
정은 어떻게 구성되고 있을까. 초등에서는 교육과정의 변화에 초점을 맞
추고, 중등에서는 수업의 변화에 초점을 맞추고 있는 것으로 보인다. 그
이유는 중등은 교과 간, 교사 간 분리가 뚜렷하게 나타나는 반면, 한 교
사가 한 학급에서 여러 교과를 맡고 있는 초등에서는 교과 간 관계와 통
합성을 고려한 전체 교육과정의 재구성이 비교적 쉽기 때문이라고 할 수
있다.

조현초등학교 (다) 교장은 학교혁신의 가장 본질적인 과제가 획일화된
교육과정을 다양화하여 대안을 만드는 것이라고 보았다(전교조·에듀니티,
2011a: 25강). 학교 운영 체제를 변화시켜 잘못되거나 불필요한 관행을 없
애고, 행정 업무를 줄이며 학교 구성원의 참여와 소통을 활발하게 했을
때, 교육과정의 재구성은 본질적인 주요한 과제로 떠오른다. 그리고 그것
은 수업과 평가의 변화로 이어진다.

새로운학교에서 시도하는 교육과정의 재구성은 7차 교육과정의 범주
에서 크게 벗어나지 않는다. 7차 교육과정에서 다양하고 창의적인 수업
과 교육과정 편성권이 어느 정도 보장되기 때문에, 새로운학교의 교사들
이 교육과정의 제약을 크게 받지는 않는다. 이미 1995년부터 실행된 제6
차 교육과정에서 시도 교육청과 일선 학교의 자율성이 확대되어, 중앙집
권형 교육과정이 점점 분권형 교육과정으로 전환되기 시작했다. 2000년
부터 실행된 제7차 교육과정은, 학생의 능력·적성·진로에 적합한 학습자

중심 교육을 강조하고, 교육과정의 분권화 경향을 더욱 촉진시켜 학교와 교사의 자율성이 커졌다. 문제는 실제로 그것을 학교 단위에서 구현할 조건이 갖춰져 있는가이다. 경직된 학교 운영 체제, 관료적 행정, 과밀 학급 등 교사들의 자발성과 창의성을 유도하고 실현할 조건이 사실상 마련되어 있지 않기 때문이다.

1980년대 말, 거창고등학교와 영산성지고등학교, 풀무고등기술학교는 교사운동을 하는 교사들에게 새로운학교의 상像을 보여주는 대표적 사례였다. 이어서 평교사회를 만들고, 학교를 민주적으로 변화시킨 사립학교들이 나타나기 시작했다. 그 학교들은 민주적인 학교 운영을 통해 교사와 학생의 자발성이 살아나 학교 문화가 달라진 경우라고 할 수 있다. 당시에는 국가 주도 교육과정이 엄격하게 실시되었기 때문에, 교육과정을 학교 차원에서 재구성기는 어려웠다. 다만 풀무고등기술학교와 영산성지고등학교는 공교육 체제 밖의 대안학교였기 때문에 학교 운영만이 아니라 교육과정까지 자유롭게 구성하여 생태와 공동체라는 가치를 구현할 수 있었다((아) 구술, 2012. 4. 6).

그렇다면 새로운학교에서 교육과정 구성을 실제로 어떻게 하고 있는지 몇몇 사례를 통해 살펴보자.

보평초등학교는 학생들이 중심이 되는 창의적 교육과정(다빈치 프로젝트)을 운영하고 있다. 학습자 중심으로 블록제, 4학기제, 체험 중심 활동으로 구성된 교육과정이다. 학교교육 목표가 '참삶을 가꾸는 교육'을 지향하는 진정한 교육(authentic education)이며, 미래 사회의 필요 역량인 협업적 지성과 집단 지성을 길러주기 위해 프로젝트 학습, 주제통합 학습이 적당하다고 본다.

다빈치 프로젝트는 다빈치가 예술가, 과학자 등 여러 방면의 전문성을 보이는 통합형, 융합형 인간이라고 볼 때, 학교가 지향하는 교육 목표와 일맥상통하여 다빈치라고 하였다. 이것은 아틀리에 학습, 자유탐구 학습, 공동체 학습 세 가지로 구성되어 있다. 아틀리에는 공방이라는 말인데, 그 안에서 일어나는 문화 예술적 활동을 가리킨다. 격주 네 시간씩 한 학기에 27~28시간을 하며 미술전시, 체육 영역, 무대공연 세 분야로 되어 있다. 자유탐구 학습은 아이들 스스로 주제를 선택해서 심도 있게 탐구하는 것이며 4, 5, 6학년 대상으로 연간 30~34시간 진행한다. 예를 들어 농촌탐구 자유탐구 학습이라면, 체험학습계획서를 쓰고, 그룹으로 밖에 나가 직접 체험하고 오는 것이다. 보고서가 완성되면 학급 또는 학년 단위로 발표를 하고, 상호 평가를 한다. 공동체 학습은 교과 간 주제통합 학습으로 현장 체험학습을 포함하여 연간 48시간을 진행한다.

위와 같은 체험활동 외에 교사들의 팀 티칭도 이루어지고 있다. 경력이 많은 교사와 경력이 부족한 교사들이 공동 작업하는 스캐폴딩(scaffolding, 비계[92]) 방법을 시행하고 있는데, 만족도가 아주 높다고 한다. 기존의 수업 연구에서는 교사들이 만족감을 잘 느끼지 못했으나, 공동 수업 팀 티칭을 통해 교사들의 자존감이 매우 높아졌다(전교조·에듀니티, 2011a: 12강).

조현초등학교의 경우 독특한 조현 교육과정 9형태를 운영하고 있다. 그것은 학생들이 미래를 살아가는 데 필요한 것이 무엇인가, 우리나라 학교교육에서 부족한 것을 어떻게 보완할 것인가, 지역사회의 여건을 학생들의 여건에 맞게 어떻게 보완할 것인가 하는 관점에서 만들어졌다. 현재 분과학문 체계로 되어 있는 학교교육을 융합적 사고, 통합적 인식을 할

---

92. 비고츠키는 근접발달영역(zone of proximal development)을 '실제적 발달 수준(level of actual development)과 잠재적 발달 수준(level of potential development) 사이의 거리'로 보고, 학습자가 성인의 안내 혹은 더 능력 있는 또래들과의 협동(비계)을 통한 문제 해결에 의해 실제적 발달 수준이 계속 발달해나간다고 하였다(Vygotsky, 1978: 86).

수 있도록 초점을 맞춰 교육과정을 구성하였다. 이것은 지나치게 지식·기능 위주의 교육인 학력 개념을 보완하기 위해서였다.

(다) 교장은 수업 방법 개선 위주로 접근하는 것을 경계하고, 교육과정과 수업의 철학 및 관점을 중요시한다. 지적 능력에 치우치지 않고 인성과 창의성 등 정의적 능력을 균형 있게 육성해야 한다고 본다. 수업의 내용 속에서 그러한 능력이 길러지도록 교육과정을 구성해야 한다는 것이다(전교조·에듀니티, 2011a: 26강). 그렇다면 조현초등학교 교육과정 9형태는 어떻게 구성되어 있는가.

〈표 III-7〉 조현초등학교 교과 교육과정 형태

교과 재구성 형태	내용
디딤돌 학습	언어, 수리 기초 능력의 신장
다지기 학습	전 학년 음악과(리코더)와 체육과(민속놀이-제기차기 등) 학년 단계에 맞는 수준의 기능 익히기
발전 학습	학생이 만들어가는 교육과정으로 자기주도적 학습
통합 학습	종합적 문제 해결력 향상을 위한 주제탐구 활동, 체험학습과 연계한 교과 통합 학습
문화예술 학습	체육, 국어과 재구성으로 문화예술 교육 프로그램으로 운영하여 문화예술을 통한 창의성, 감수성, 사회성 신장
생태 학습	학교와 마을 주변의 생태환경을 활용한 생태체험 및 생태탐구 학습

※ 출처: 조현초등학교, 2012: 18.

조현초등학교의 창의적 체험활동은 창조학습, 어울마당, 동아리로 나뉜다. 창조 학습은 예술적 표현 기능, 탐구 기능, 창의적 능력을 기르기 위한 주기 집중 학습을 가리키며, 어울마당은 전교생이 함께 하는 자치, 적응, 행사 활동이고, 동아리 활동은 4~6학년 학생들이 스스로 만들어가는 계발 활동이다. 교과와 창의적 체험활동을 종합하여 독특한 교육과정으로 구현한 조현초등학교 교육과정 9형태를 〈표 III-8〉에서 살펴보자.

<표 III-8> 조현초등학교 교육과정 9형태

구분		내용	목표량(학년별)	시기	비고
조현 교육 과정 9형태	교과	디딤돌 학습	34차시	3월~2월	학교 역점 사업
		다지기 학습	자율	3월~2월	
		통합 학습	4회	학기별 2회	
		문화예술 학습	36차시	4월~12월	
		발전 학습	17~34차시	3월~2월	
		생태 학습	12차시	5월~11월	
	창의적 체험활동	창조 학습	16차시	주기 집중	
		어울마당	34차시	3월~2월	
		동아리 활동	34차시	4월~11월	

※ 출처: 조현초등학교, 2012: 18.

새로운학교의 교육과정에서는 체험을 중요시한다. 체험 중심 프로젝트 학습은 교과 간 장벽을 극복하고, 통합적인 수업을 가능하게 한다. 교사들이 공동 개발하여 팀 티칭을 할 수 있기 때문에 자연스럽게 수업을 중심으로 학교 체제가 변화하게 된다.

안순억 교사는 체험 중심 교육과정이 갖는 의미를 더욱 구체적으로 설명한다. 교사와 학생을 능동적인 학습의 주체로 서게 하고, 스스로 필요에 따라 학습하게 하는 효과를 갖는다는 것이다. 또한 '앎'과 '삶'이 일치하는 것이 되므로 '참삶'을 가꾸는 작은 학교라는 교육 목표에 부합하게 된다. 그는 체험 중심 교육과정은 교수 기법의 문제가 아니라 교육 철학과 맞닿아 있음을 강조하면서 우리 교육의 많은 문제를 해결해줄 것으로 기대한다.

우리는 처음부터 학교교육과정의 조직과 운영을 '체험 중심 교육과정'에 두고 학교 그림을 그려왔다. 여기서 '체험'이란 단순히 일회적 경험이나 행사를 의미하지 않는다. 이것은 '앎'의 과정이 '삶'의 과정과 분리되지 않도록 하는 것이고, '참삶'을 가꾸는 학습의 중요한 키워드이며, 교사와 학생 모두를 능동적인 학습의 주체로 바로 서게 하는 교육의 본질적인 지향을 가리키는 말이다. 그리고 이것은 그동안 우리 교육이 아이들에게 느끼지 못하는 공부, 선택이 없는 공부, 스스로의 필요에 의해 움직이지 않는 공부, 선택이 없는 공부, 스스로의 필요에 의해 움직이지 않는 공부, 교사와 아이들 간에 상호 교감이 없는 공부, 그리고 안다는 것과 잘 살아간다는 것의 연관성을 놓치는 공부를 강요해온 것이 가장 큰 문제라는 인식을 전제하는 것이다.

체험 중심 교육과정을 중심에 두고 사고하면 많은 부분에서 우리 교육이 가진 이러한 문제들의 해법이 보인다. 이것은 단지 교수 기법상의 문제가 아니라 교육 철학과 밀접하게 관련을 맺고 있는 것이므로 교과를 포함한 학교교육과정의 모든 영역에서 효과적인 적용 방식을 고민해야 한다(안순억, 2009).

또한 체험 중심 학습은 한 줄 세우기라고 비판받아온 한국 교육의 악습에서 벗어나는 기회가 된다. 학생들의 흥미와 적극적 참여 속에 이루어지기 때문에 학생들의 만족도와 성취감도 높아진다. 또한 학생들의 잠재된 재능이 드러나는 경우도 많다. 그동안 누적된 학습 부진이 학습 지능과 집중력 등 학습 습관 때문이기도 하지만, 교과 학습을 통해 형성된 학습에 대한 막연한 두려움 때문에 저하된 자신감을 회복할 수 있기 때문이다. 그러나 체험을 중심에 둔 이러한 교수학습 운영 방식이 크게 새로울 것은 없다. 열린교육의 이름으로 이러한 교수 기법이 권장되기도 하였으나, 이제 그것은 실패한 교육정책의 상징처럼 되어버렸다. 그 이유를 안순억은 학교교육의 철학 속으로 녹여내지 못한 채, 단순히 교수 기법의 측면만으로 접근한 데서 찾는다. 경직된 학교교육과정 운영 체제는 그대로 둔 채 단순히 수업만을 따로 떼어내, 열린교육 방식을 따르라고 말하는 것은 옳지 않다는 것이다. 체험 중심의 열린 수업 방식이 되려면 교사들에게 다양한 인적, 물적 자원을 활용하여 학습을 구성할 수 있는 자율성을 주고, 유연한 학교 체계와 긴밀하게 상호작용할 수 있도록 해야 한다.

새로운학교의 교육과정은 국가교육과정의 범주 안에서 최대한 자율성을 발휘하여 학교의 특성을 살리도록 학교교육과정을 구성한다. 또 그 내용은 각기 분리·단절되어 있지 않고 서로 연결되어 있다. 각 교과와 주제로 나누고, 분절적으로 가르치는 것이 아니라, 교과 내용이나 수업 시간을 통합하여 하나의 일관된 흐름으로 만들어낸다. 주제통합 수업, 블록 수업, 협동 학습, 체험학습 등을 결합시켜 상호 연관, 상승작용이 일어나도록 일관되게 추구한다. 그것이 학습에 대한 몰입과 즐거움을 낳고, 자기주도적 학습을 통한 학력 신장을 가져온다는 것이다(서길원, 2009).

다. 수업

브라질의 교육학자 파울로 프레이리(1971)는 『피억압자의 교육학』에서 피억압 계급에 속한 사람들의 학습이, 지식이나 기능을 단지 축적하는 예금 개념(banking concept)에 의해 지배되고 있다고 지적했다. '언젠가 도움이 될 것이다'는 생각으로 오로지 암기하고 축적한다는 것이다. 학습을 '예금 개념'으로 보는 것은, 하층민들과 성적이 저조한 아이들에게 학습을 즐거움과 거리가 먼 것으로 만들고 있다. 그런 점에서 본다면 새로운학교의 수업은, 파울로 프레이리가 주장하는 바와 같이 '전달로부터 대화로' 전환하는 것이다. 지식과 기능을 획득하고 축적하는 것으로 다루는 것이 아니라, 교실에서 친구들과 문제를 도출하고 해결하는 과정에서 표현하고 공유하는 것으로 활용한다(사토 마나부, 2001).

우리나라에서 입시 준비와 결부된 암주식 수업, 암죽식 수업, 주입식 수업은 일반 학교의 수업 형태로 오랫동안 존속해왔고, 지금도 상당히 많은 학교의 교실에서 이루어지고 있다. 일반 학교에서는 학생들이 이러한 지식 전달 위주의 수업으로부터 흥미를 잃고 벗어나려는 움직임이 갈수록 커지고 있다. 수업 시간에 엎드리거나 반응을 하지 않는 모습이 학년을 올라갈수록 더 많이 나타난다. 학습에 대한 내재적 동기유발이 되지 않는 현상이 새로운학교에서는 어떻게 변화할까.

> 일반 학교에서는 학습 우둔화, 학문적 탈진이 일어난다. 고학년으로 올라갈수록 일반 학교에서 나타나는 현상이 그러하다. 중·고등학교에 올라가면 자는 현상은 참 이상한 일로, 정상적인 교육과정이라고 하는 것으로 수업을 하고 있지만, 아이들은 냉담한 반응을 보인다. 어떤 교수학습 방법을 끌어오든 내적 동기를 끌어내는 것이 문제일 것이다. 내재적 동기를 끌어낼 수 있는 유일한 길은 수업의 내용과 방법을 아이들 삶 속에서 가져와서, 아이들이 그 속에서 놀이를 하듯 여러 가지 사고 활동과 협력적 상호작용을 통해 배움에 몰입하고 기쁨을 누리는 등 스스로 새로운 경험을 조직하도록 해야 할 것이다. 그러기 위해서 교사들은 찾고 또 찾는 것이 수업의 변화의 시작이자 끝이라는 생각이 든다(전교조·에듀니티, 2011a: 19강).

새로운학교에서는 학생들을 어떻게 수업의 중심에 둘 것인가를 최우선적으로 고려한다. 그것이 학습에 대한 내재적 동기를 유발할 뿐 아니라 학생들 관계를 협력적으로 만드는 효과가 있다고 보기 때문이다. 그 방법은 수업의 내용과 방법을 학생들의 삶 속에서 가져와 삶과 연관시키는 것이다. 또한 교사들은 수업에 관한 연구와 협력을 적극적으로 한다. 수업 연구 및 수업 공개 후 수업 협의에 큰 비중을 둔다. 수업 공개는 모든 교사들이 일 년에 적어도 한 번 이상 돌아가며 한다. 상주남부초등학교나 백원초등학교처럼 외부 전문가에게 수업 공개와 협의까지 함께 하는 수업 컨설팅을 받기도 한다. 외부 전문가의 도움 없이 학교 안에서 자체 수업 공개와 협의를 하면서 수업의 변화를 꾀하기도 한다. 외부 수업 컨설팅을 받던 구름산초등학교는 자체 교사 협의로 바꾸었다. 그 이유는 모방이 그렇게 도움이 되지 않는 위험한 것일 수 있다는 인식에서였다.

> 혁신학교 교사들이 모여 회의를 하면 수업에 대한 고민 때문에 답을 못 찾아요. 작년 내내 협동 학습, 배움의 공동체, 수업 비평 등 연수를 전체 선생님 모시고 다 했어요. 컨설팅 받고 하다가 올해는 고민 지점이 남의 것 계속 모방하지 말자, 우리만의 수업을 만들어보자, 다른 사람, 다른 나라에서 하는 것을 무조건 따라가는 것은 내 것을 찾지 못하는 위험한 것일 수도 있다. 구체적 방법과 사례가 없어서 고민하다가 작년에 수업에 대한 관점과 인식을 공유하고 협의를 해나가는 것이 좀 편안해졌거든요.
>
> 인원이 전체적으로 많아 학년 단위로 수업 연구의 날을 만들자, 올해는 매주 수요일이 수업 연구의 날이에요. 그날은 어떤 경우에도 일정을 잡지 않고 방해하지 않도록 일정을 잡아드렸어요. 오로지 수업에 대한 이야기만 하도록 진행했지요. 구체적인 방식은 드리지 않았는데, 학년마다 굉장히 다양하고 괜찮은 사례를 만들어가고 계셔요(전교조·에듀니티, 2011a: 10강).

이렇게 새로운학교에서 수업의 변화는 곧 교사들의 일상적인 교육 활동의 변화를 의미한다. 즉, 교사들 스스로 변화와 혁신을 위한 지속적인 노력을 한다. 새로운학교에서는 수업 및 교육 철학과 관련한 각종 연수를 교사들이 함께 교내외에서 받고, 수업 공개와 수업 협의를 하여 수업의 변화를 함께 만들어가는 것이 중요한 특징이다. 일반 학교에서는 수업이 교사들의 개별적인 영역으로 간주되어, 수업 공개는 교사들이 가장 싫어하는 일 중에 하나로 꼽히고 있다. 학년 초, 일반 학교에서는 교과별 수업 공개 교사를 선정하기가 어려울 정도로 서로 미루는 분위기다. 해마다 하는 것이 아니라 2, 3년에 한 번씩 하기로 한 경우에도 그렇다.

새로운학교에서 수업의 변화는 통합 수업, 프로젝트 수업, 배움의 공동체 수업, 협력 학습 등 여러 형태가 있지만 그 밑바탕에 공통적으로 흐르는 것은 학생들을 어떻게 대하느냐 하는 것이다. 즉, 학생들을 존중하고 그들의 자발성과 창조성을 일깨워주는 수업인가가 관건이 된다. 거기서 교사와 학생의 관계는 새로워진다.

새학교넷 (가) 대표는 교사가 수업힐 때 가져야 할 태도를 다음과 같이 제시한다.

(1) 상호 존중하는 언어: 경어

칭찬은 잘했을 때만 주어지는 보상적 기제로 쓰이므로 틀린 답에 대해 두려움이 생기는데, 틀린 답을 자유롭게 말할 때 배움에 대한 도전이 이루어진다.

(가) 칭찬하지 말고 인정하라.

(나) 호응해주기: 눈길을 마주치고 고개를 끄덕이며 넘어간다.

(다) 혼내거나 때리는 대신 침묵하기

(2) 행동적 기제

(가) 칠판 앞에만 교사가 서 있거나 뒷짐 지고 호주머니에 손 집어넣고 하면 수업의 지배력이 30%밖에 안 된다. 교사들이 칠판 앞을 떠나 아이들

숲으로 들어가야 한다.

(나) 표정: 아이들과 눈길을 마주치고 표정을 읽어야 학습은 능동적으로 변화한다. 수업을 찍어서 모니터링해보면서 교사 자신의 모습을 살펴보면, 아이들에게 교사의 말투, 표정, 행동이 어떻게 다가가고 있느냐를 확인할 수 있다.

(전교조·에듀니티, 2011a: 2강)

새로운학교운동에서 수업과 학교 문화의 상관관계는 논쟁이 되기도 하였다. 수업혁신이 먼저냐, 학교혁신이 먼저냐 하는 것이 그것이다. 사토 마나부 교수의 '배움의 공동체' 교육이 '수업이 바뀌어야 학교가 바뀐다'는 쪽으로 나아가는 데 대해 (가) 대표나 (다) 교장은 학교 문화의 변화가 먼저라고 보았다. 또 수업이나 교육과정의 혁신에서 누군가가 주도성을 가지고 강제로 끌고 가려고 해서는 곤란하며, 서로에 대한 이해의 폭이 넓어지고 동료성을 갖는가가 관건이라고 보았다. 어떤 주의, 이론, 특정 모형을 내세우면 안 되고, 서로 함께 제로베이스에서 출발하여 토론하는 성찰적 분위기를 바탕으로 수업에 대한 방법론이나 교육과정으로 들어갈 수 있다는 것이다. 그것은 (가) 대표가 "좋은 학교란 무엇인가?"라는 질문에 "좋은 선생님이 많은 학교라기보다 비난받는 선생님이 없는 학교, 뒤처지는 선생님이 없는 학교"라고 답하는 데서도 알 수 있다(전교조·에듀니티, 2011a: 2강).

1) 블록 수업

미국 공립학교에서 30년 이상 근무하고 '올해의 교사상'을 받은 존 테일러 개토는 기존의 교과 중심 교육이 얼마나 비교육적인 결과를 낳고 있는가에 대해 아주 신랄한 비판을 제기하였다. 그는 '교사들의 일곱 가지

죄'라는 내용으로 근대 공교육 학교 체제에서 교사가 하는 일의 근본적인 문제를 지적하였다. 특히 학생들이 하던 일에서 즉각 손을 떼도록 요구하는 종소리가 학생들에게 어떤 일도 끝낼 만한 가치가 없는 것이라는 무관심을 감염시킨다는 것이다(J. Gatto, 2005).

학교마다 차이는 있지만 새로운학교에서는 블록 수업을 하는 경우가 많다. 블록 수업은 초등학교에서 40분 수업하고 10분 쉬는 교수·학습 리듬을 80분 수업하고 30분 쉬는 리듬으로 바꾸는 것이다. 수업 시간이 늘어나면서 수업 방법을 다양하게 시도할 수 있고, 소주제 중심의 차시 학습 방식에서 단원 목표 중심의 학습으로 변화시킬 수 있다. 이러한 블록 수업의 효과는 무엇일까.

수업의 키워드는 배움과 돌봄으로 했는데, 수업에 대한 변화는 필수예요. 80분 (블록) 수업을 하면 활동 중심의 수업이 될 수밖에 없고, 그것은 아이들한테 무한한 흥미와 이런 것들을 유발하고, 시간이 어떻게 지나가는지 모르게 80분 수업이 흐르거든요. 매시간 그렇게 준비할 수는 없지만 교사들이 그런 시간을 계속 보내면서 경험을 통해 교사들이 감각적으로 발달하게 되죠. 80분 수업을 1학년 아이들도 지루하지 않게 보내고 있어요. …… 블록 수업의 교육적 효과는, 쉽게 말하면 깊게 들어간다는 거예요.

…… 대부분 혁신학교에서는 블록 수업을 하고 있는데 의미는 초기 단계에서는 블록 수업의 효과가 가장 다양하게 나타나요. 작년 3, 4월 두 달 지나서 학교에 대한 아이들 설문조사를 했는데 블록 수업이 가장 좋다고 했어요. 블록 수업이 아니라 블록 수업제가 가져오는 중간 30분간 놀이 시간이 좋다는 거예요. 아이들한테는 굉장한 새로운 시너지 효과를 준다고 할까요. 충분히 놀 수 있는 시간을 어디서도 확보 받지 못하는 게 도시 아이들이잖아요. 놀이 문화도 없고 놀이 시간도 없고, 놀 친구도 없는 게 도시 아

이들의 특징인데, 학교 제도 속에서 딱 그 장치를 만들어줬잖아요. 애들이 그 시간을 천국이라고 했어요. 지금도 학교에 비상사태가 생겨서 중간놀이 시간을 조정하려고 하면 난리가 납니다. 목숨처럼 지키는 게 중간놀이 시간이고요, 블록제는 2블록 같은 경우 1블록 끝내고 중간놀이 시간을 보내고 오면, 생기가 가득한 얼굴로 와서 다음 시간에 활력을 주는 효과가 있는 거죠(전교조·에듀니티, 2011a: 10강).

블록 수업은 학생들이 수업에 몰입하고 활동 중심 수업이 가능하게 한다. 또 중간놀이 시간이 길어 충분히 놀 수 있다는 장점과 이후 수업 시간에 몰입도가 높아지는 효과도 있다. 실제로 블록 수업을 한다고 해서 학교 일과가 길어지진 않는다. 블록 수업은 시간이 길기 때문에, 교과 내용에 깊이 들어갈 수 있다는 장점이 있다. 일반 학교에서 교사들이 교실에 오가고 준비와 도입 단계에서 꽤 많은 시간을 허비하는 데 비하면, 밀도 있게 집중하여 충분히 익히게 만드는 효과가 있다. 또 다른 장점은 하루에 6과목이 아니라 3, 4과목을 하게 되므로 숙제와 학습량 부담이 적다.

블록 수업을 하면 강의식 수업은 할 수 없게 되어 교육과정이 풍부해진다. 즉, 학생들이 서로 협동하면서 문제를 해결할 수 있는 수업, 학생 중심 활동이 보장되는 수업, 심층적인 탐구가 가능한 수업, 충분한 토의와 실습을 통해 스스로 다양한 결론을 이끌어내는 수업이 이루어진다.

2) 통합 수업

통합 수업 또는 프로젝트 수업[93]도 새로운학교에서 많이 도입하고 있는 수업 방식이다. 교과 또는 주제통합 수업은, 교과 간 장벽을 넘고 학생들이 통합적, 종합적으로 사고하도록 한다.

상주남부초등학교는 새로운학교를 시작한 지 3년이 지나자 수업의 변화를 가져오는 데에 집중하였다. 주제통합 수업 또는 프로젝트 학습을 통한 배움은 아이들의 삶 속에서 주제를 가져와 자연스럽게 배움이 일어나게 한다.

아이들이 재미있게 물어 하다 보니까 학습이 일어나고, 그것을 다른 말로 표현하면 배움이라고 할 수 있지요. 아이들이 자기 삶 속에서 주제를 찾아와서 수업을 하니 자연스럽게 거기에 집중하고 몰입해요. 그 과정을 거치다 보면 그 주제를 거치면서 배움이 자연스럽게 일어나게 되는 거예요. 학습은 인위적인 것이라면, 교과서를 가지고 교육과정에 맞게 억지로 동기유발을 시켜서 하는 것이라면, 이것은 동기유발이 별로 필요하지 않아요.

…… 배움은 혼자 하는 게 아니라 같이 하는 거다, 그렇다면 배움의 과정 속에서 자기가 갖고 있는 것을 친구들한테 내어놓고 합의의 과정, 논의의 과정이 필요하게 되고 때로는 갈등도 일어나고 갈등 속에서 사람과 사람 관계도 자연스럽게 배우게 되죠. 도덕 시간이 굳이 없어도 자연스럽게 배우게 되고, 나눔은 그래서 중요한 것이고 학습 내용을 공유하는 자체도 아이들한테는 중요해요(전교조·에듀니티, 2011a: 19강).

상주남부초등학교에서 실시되는 프로젝트 학습의 흐름을 보면 다음과 같다. 먼저 교과서 안에서 교사가 주제를 잡는다 → 교사가 주제망을 만든다 → 교사가 아이들에게 큰 대주제를 제시하고 관련 자료를 검토한 후

---

93. 프로젝트 학습은 교사가 대주제를 정하면 학생들은 관련 소주제를 찾고 정한 주제에 관한 지식이나 활동을 전개한다. 학생들이 주도하여 과제를 이행한다. 교사는 조언자 역할을 한다. 지식의 탐구자로서의 모습을 학생들이 지니게 된다. 교사는 수업을 세분화하여 각 단계에서 학생들에게 적절한 도움을 주어야 한다(김성천, 2011, 108).

학생들이 주제망을 짠다 → 주제망과 관련된 소프로젝트를 잡는다 → 관련 학습 차시별 계획의 활동 순서를 짠다 → 활동계획에 맞춰 수업을 한다 → 마지막에 그림, 동영상, 학습지 등 다양한 표현활동을 한다.

여기서 교사들의 주제망 선정은 교과서와 교과서 밖을 통합하여 이루어진다. 예컨대 4학년 1학기에 '경상북도의 자연환경과 우리의 생활'을 주제로 주제망을 단원별, 조 주제별, 차시별 계획까지 짠다. 학생들은 도서관, 인터넷에서 자료를 찾아 주제망을 선정한다. 도청에 편지를 보내 경상북도 관련 자료를 받는 등 자료를 검토하여 학생들은 주제망을 짠다. 그리고 선택된 소주제에 대해서 차시별 계획을 짜는데, 일의 순서는 교사가 조정해줘야 한다. 학생들이 소프로젝트 주제를 짜는 과정은, 자료 검토 후에 자기만의 주제망을 구성해놓고 배우고 싶은 것을 낱말별로 적어두었다가, 나와서 하고 싶은 것들을 붙여놓은 다음, 전체 주제망을 같이 만들어나간다. 이때 재미 위주로 가버리면 생각할 거리가 부족해질 수 있으므로 포괄적인 질문을 제시하도록 유의한다. 프로젝트 수업을 진행한 결과 아이들에게 나타나는 변화는 수업이 즐겁고 주춤하는 것이 없고, 다가서는 도전 정신이 탁월해진다. 발표할 때는 조금 겁을 내지만 활동할 때는 전혀 겁을 내지 않는다(전교조·에듀니티, 2011a: 19강).

상주남부초등학교에 수업 컨설팅을 하고 있는 조용기 교수의 이야기를 들어보면 프로젝트 수업의 의미와 진행 과정을 더 구체적으로 알 수 있다.

프로젝트 학습은 우리나라처럼 국정으로 하는 나라에서는 안 쉽습니다만, 아이들의 전적인 자유에 입각해서 하는 게 아니어서 서양에서 하는 대로 하기는 어렵지만, 교과서까지도 준수하는 범위 내에서 프로젝트 정신을 실천해보자, 그런 방법이 뭐가 있겠나. 단원 전체를 한 문제로 보고 접근하면 국가적 요구에도 크게 어긋나지 않고 프로젝트 학습의 정신에도 충실한 수업을 할 수 있겠구나.

매 단원마다 가장 포괄적인 문제를 한 문제 뽑아내고 그것을 몇 시간 동안 수행해나가겠나. 실제로 해보니 하루에 5시간 내내 동일한 주제를 가지고 해내는 학교가 대구에 있었어요. 상식적으로 생각하기에는 지루해할 것 같지만, 아이들이 너무나 재미있어하고 세상에 공부가 이렇게 재미있을 줄 몰랐다고 이구동성으로 일기를 써 올 정도로 아주 인상적인 수업이에요. 문제는, 문제를 잘 잡아내야 해요. 실험해봐야 소용없어요. 문제 하나 제시만 잘되면 시청각 자료, 인터넷 자료, 실험, 이런 거는 학생들과 더불어 설정했던 가설을 검증하기 위해 필요한 것이지 실제 수업 단계에서는 방해가 되는 경우가 많아요. 우리는 오히려 교과서, 참고서, 인터넷 자료를 쓰지 마라, 그저 머리와 입 가지고 충분히 이야기하고 나눈 다음에 그리고 모여서 해보면 자기들끼리 그룹별로 이야기하고 나중에 전체를 대상으로 이야기하고 질문 받고 답하고 하는 과정을 거치면, 나중에 교과서를 들추면 다 들어 있어요. 너무나 신기해하죠. 깜짝 놀라죠.

자기들끼리 해보니 다 교과서 안에 들어 있네. 한 교과만 이렇게 해봐도 다른 교과에도 전이되는 것을 경험해요. 과학만 그렇게 했는데 국어과, 수학과, 심지어 체육과도 달라지게 되요. 이젠 일상적인 수업을 못 해요. 아이들이 야단나죠(전교조·에듀니티, 2011a: 19강).

상주남부초등학교의 '포괄적 문제 해결 중심 수업'은 큰 질문을 적절하게 선택하는 것이 매우 중요하다. 자료에 의존하지 않고 모둠별로 학생들이 서로 의견을 나눠보고 나중에 확인한다. 그러면 이미 교과서와 자료 속에 내용이 다 있다고 할 정도로 아이들은 풍부한 이야기를 나눴다는 것을 알게 된다. 그래서 배움에 몰입하여 기쁨을 얻게 되고, 수업을 즐거

위한다.

송산초등학교는 무학년제 프로젝트 수업을 하고 있는데, 1년 혹은 한 학기 동안 한 가지 큰 과제를 선택하여 진행한다. 한 프로젝트 안에 몇 개의 작은 프로젝트 또는 개인 프로젝트를 병행하여 이어서 진행하는 것이다. 창의적 체험활동 영역은 도전 활동, 프로젝트 학습, 다모임 활동, 학교행사 활동 네 가지 영역으로만 구성한다. 다른 학교처럼 학교 행사 활동을 거의 하지 않는다. 전시나 실적이나 상을 주는 행사를 거의 없애버렸더니 일 년에 6, 7시간 정도 입학식, 방학식, 졸업식 정도만 하면 되고 소풍 2번 등 모두 12시간을 다 프로젝트 학습에 배정했다. 한 학기에 40시간, 일 년에 80시간 확보해서 1학기에 총 10번의 프로젝트를 한다.

송산초등학교 프로젝트 수업의 운영 방침을 보면 다음과 같다.

(가) 인류생활의 기초적인 것, 특히 의식주에서 주제를 찾는다.
(나) 몸으로 하는 작업이 중심이 되거나 출발점이 된다.
(다) 아이가 흥미를 느껴 자발적으로 참여하는 지적 탐구이다.
(라) 이미 있는 지식을 활용하여 자기 자신의 지식을 창조한다.
(마) 활동의 선택이나 모둠 편성에 유연성을 갖는다.

그렇다면 무학년제 프로젝트 수업의 장단점은 무엇일까.

아이들은 아이들에게서 더 많이 배울 수 있어요. 아이들이 프로젝트를 선택하다 보니까 한 학년에 많은 분과를 만들 수 없어 학년 전체가 같이 시발점이 되었던 게 무학년제 모둠살이가 되었어요. 1학년부터 6학년까지 함께 가고 했는데 상당히 평가가 좋았고 저학년들이 고학년을 보고 배운다고 보았죠. 실제로 많이 보고 배우는 것 같아요. 고학년들은 자신이 알고 있는

것을 남에게 알려주고 환원시켜주면서 따뜻한 마음을 많이 배우는 것 같아
요. 단점은 도우미 교사가 한두 분 계셔서 잘 안 되는 저학년 아이들을 도
와주면 좋겠다. 기능적으로 잘 안 되는 아이들에게 맞게 다시 아이들의 수
준을 정리해서 할 수 있는 만큼 계획해야 한다는 게 힘이 들어요(전교조·에
듀니티, 2011a: 22강).

이와 같이 통합 수업은 학생과 교사가 같이 주제를 선정하여 교과 간
분리의 벽을 넘고, 학생들의 삶과 밀착된 주제로 접근하여 학생들의 참여
와 관심을 높인다. 융·복합적인 학문의 필요성이 대두된 시대에 맞게 학
생들의 통합적 프로젝트 수업은 학습의 주체로 세우는 것이기도 하다.

3) '배움의 공동체' 수업

새로운학교 가운데 중등학교는 수업혁신을 모색할 때, 사토 마나부의
'배움의 공동체' 수업을 적용하는 학교가 많다. 일본의 사토 마나부 교수
가 제창한 '배움의 공동체'로의 학교개혁이란, 학교를 학생들이 서로 배우
면서 성장하는 장소일 뿐 아니라 교사들도 교육 전문가로서 서로 배우면
서 성장하는 장소로 만드는 개혁을 말한다. 아울러 학부모나 시민, 학교
행정가 역시 학교개혁에 협력하여 서로 배우면서 성장하는 관계를 구축
하는 개혁을 뜻한다.

'배움의 공동체'로 학교를 만든다는 것은 수업혁신을 중심으로 학교의
변화를 가져오는 것이다. 그 기반은 교사들이 수업을 서로 공개하고 전문
가로서 서로 배우면서 성장하는 연대(동료성=collegiality)를 구축하는 것
이다. 사토 마나부는 일 년에 단 한 번도 동료에게 자신의 수업을 공개하
지 않는 교사는 엄밀히 말해 공교육 교사라고 부를 수 없으며, 그런 교
사는 교실과 수업을 사물화私物化하고, 학교의 공공성을 진작하는 책임

을 게을리하고 있다고 단언한다. '교육의 공공성과 민주주의를 위하여'라는 부제를 단『교육개혁을 Design한다』에서 그는 초등학교에서 교실의 장벽, 중·고교에서 교과의 장벽을 넘어, 학교에서 개성과 다양성을 서로 존중하는 동료성을 구축하라고 강조한다. 교사 모두가 수업을 공개하고 서로 비평하여 교육 전문가로서 서로 배우며 성장하는 동료성 구축이 모든 학교개혁의 필수 조건이라고 본다(사토 마나부, 2001).

'배움의 공동체'에서 강조하는 교사 수업 공개와 수업 검토회는 수업의 잘된 부분이나 서투른 부분을 평가하는 것이 아니라, 수업에서 어려웠던 점과 재미있었던 일을 공유하는 것이 목적이다. 지금까지 수업 연구는 수업의 '좋고 나쁨'을 평가하기 때문에 서로 간에 상처를 받고 커다란 부담을 주었다. 일반적으로 수업 연구에서는 교재 연구, 수업 전개, 발문이나 지시에 대해 중점 검토한다. 그러나 '배움의 공동체'의 수업 검토회는 학생들의 배움과 교사의 대응이 검토의 중심 과제가 된다. 참관자 역시 학생들의 '배움'과 교사의 '대응'을 관찰할 수 있는 위치로 이동하여 가능하면 교실 앞쪽의 양옆으로부터 아이들 한 명 한 명의 세세한 말과 행동과 뉘앙스, 교사의 대응 자세를 느낄 수 있는 위치에서 관찰한다.

수업 사례 연구는 추상적인 말을 배제하고 관찰한 사례에 입각하여 소박한 인상과 구체적인 사실만을 서로 이야기한다. 사토 마나부는 수업 연구를 통해 학교를 바꾸려면 적어도 100회 이상의 수업 연구 사례가 필요하다고 한다. 그는 학교개혁에 보통 3년이 걸린다고 본다. 그것은 100회 이상의 수업 사례 연구가 필요하기 때문이며, 한 차례 수업 연구에서는 수업 참관과 기록에 1시간, 수업 사례 협의에 최소한 2시간이 필요하다는 것이다(사토 마나부, 2011).

'배움의 공동체' 수업에서 첫 번째는 듣는 것(경청)을 중심으로 한 교실 만들기이다. 배움이란 마음과 신체를 타자에게 열고 이질적인 것을 받아들이는 일로부터 출발하는 것이며, '수동적 능동성'에 의해 실현되는 행위이다. 유상덕(2006)은 사토 마나부의 '배움의 공동체'의 철학을 '대화적 실천으로서의 배움', '발돋움과 도약(jump)', '서로 배우는 관계(서로 들어주는 관계를 바탕으로)', '교사의 동료성'으로 요약했다.

의정부여자중학교의 (라) 교사는 '배움의 공동체 수업'을 하면서 나타난 변화와 교사들의 반응을 다음과 같이 말했다. 경청을 중요시하는 '배움의 공동체' 수업에서 교사들의 말수가 줄고 톤이 낮아지자, 해마다 목이 쉬던 교사들이 10년 만에 처음으로 목이 쉬지 않았다고 한다.

> 선생님들이 말수가 줄고 톤이 낮아지고 아이들이 훨씬 더 많이 말을 하면서 아이들도 선생님 말과 친구들 말을 잘 들어야만 수업이 진행될 수 있거든요. 경청을 해야 하는 수업이라서 크게 달라졌고. 그러니까 선생님들이 농담 삼아, 십 몇 년 만에 목이 안 쉰 적이 없는데, 처음으로 목이 안 쉬었다고 해요. 모든 선생님들의 한결같은 이야기(웃음). 목이 쉬지 않는다. 겉으로 드러나는 모습이긴 한데 그 말은 무슨 말이냐면, 선생님이 수업을 이렇게 끌고 가야 한다는 디자인만 잘해주고, 디자인으로 접근하고, 아이들은 그 디자인 속에서 각자 생각하는 것을 말하고 듣고 새로 만들어내고 그 과정을 지켜보고 관찰하고 경청하고 도와주고 이런 역할로 교사 역할이 바뀌어버리니까 목이 쉬지 않는다는 이야기가 나오는 것 같아요((라) 구술, 2011. 8. 21).

호평중학교도 '배움의 공동체' 방식으로 수업을 진행하고 있다. 경청하기, 모르는 것은 적극적으로 묻기, 친절하게 가르쳐주기, 서로 도우며 배우기(협동), 표현활동에 적극 참여하기를 장려하고 있다. '배움의 공동체' 수업을 하면서 학생들이 느끼는 수업의 변화는 모둠 구성원에 따라 많이 다르지만 친구들과 의견을 잘 나눌 수 있게 되었고, 스스로 알아가는 게 많아 잘 기억난다고 한다. 또 많이 떠든다고 하지만 과제는 시간 내에 해 놓게 된다.

한 교사의 예를 들면, 모든 수업을 '배움의 공동체' 수업으로 할 수는 없고 기초 개념, 도입, 이론 설명을 한 다음 활용, 단원의 마무리 단계에서 모둠 활동으로 '배움의 공동체' 수업을 한다. 4명을 기본으로 모둠을 구성하여 마주 보게 하고, 교실 전체의 책상 배치는 ㄷ자 형으로 한다. 모둠은 문제를 해결할 수 있는 학생을 한 명씩 배치하여 모르는 게 있으면 우선 친구에게 요청하고, 안 될 경우 문제를 해결한 옆 모둠이나 교사가 돕도록 한다. 모둠으로 뭉치기도 쉽고, 모둠 활동을 하지 않을 때도 서로 마주 보고 있으니 처음엔 어색하지만, 누가 보고 있다고 의식해서인지 덜 졸게 된다. 연말에 평가를 해본 결과, 70% 이상의 학생이 도움이 된다고 하여 34% 학생이 만족한다고 응답한 전년도보다 훨씬 만족도가 높았다. 그렇다고 수업에 참여하지 않는 학생이 전혀 없는 것은 아니다. 그것은 앞으로 교사들이 해결해야 할 모두의 숙제라고 할 수 있다.

그러나 아직 호평중학교에서 '배움의 공동체' 수업과 수업 연구는 교사들에게 갈등을 일으키기도 하고, 정확한 '배움의 공동체' 방식의 수업 연구(공개수업)에 대한 개념이 서 있지 않아 혼란스럽기도 하다.

예전에는 도입-전개 등 틀이 정해져 있고 시간 계산 설계해서 종이 침과 동시에 끝내야 한다고 생각했고, 정리되어야 잘된 수업이라고 보았어요. 이제는 수업 지도안 4, 5줄에 수업 흐름만 나와 있어요. 한 주제를 한 시간 내에 끝낼 수도 있고 다음 시간으로 넘어갈 수도 있죠. 지도안이 굉장히 간소화되었어요. 또 수업 협의를 과거와 비교하면 수업 설계나 교사의 발언 등 교사에 대한 것이 주로였는데 '배움의 공동체'는 학생들의 반응 등 학생들에게 교사의 시선이 가서 부담이 적어요. 갈수록 수업 협의에서 토론을 하면 원칙이 있게 되죠. 교사에 대해 비판을 하지 않고 수업에 대한 학생들을 관찰하고 학생들에 대한 이야기를 하는데, 학생들의 행동이 거기서 거기잖아요. 할 말이 없고 말만 맴돌게 되고 그게 지루해지더라고요.

어느 정도 '배움의 공동체' 틀은 있지만 어떻게 해야 하는지 잘은 모르겠어요. 기본도 모르는 아이들이 어떻게 점프가 이루어질지, 무조건 던질 수도 없는 것이고, 교과서를 뛰어넘는 자료와 활동지를 준비하도록 하고, 학생들이 생활에서 많이 접할 수 있는 것을 하라고 하는데, 업무가 많아서 이론이 정립되지 않은 상태에서 활동지를 만들어 적용하기가 어려워요. 매시간 활동지를 구성하지 못하고 생활과 접목되는 주제로 하지 못한다는 게 어려움이죠. '배움의 공동체' 수업을 바르게 하고 있나, 이게 맞을까, 제대로 하고 있나 이게 가장 큰 부담이에요(전교조·에듀니티, 2011b: 25강).

이상에서 살펴보았듯이, 일본에서 커다란 반향을 불러일으켜 학교교육 개혁 모델로 각광을 받고 있는 사토 마나부 교수의 '배움의 공동체' 수업은 학생들의 협동적 배움을 강조한다. 그 목표는 교사와 학생의 성장을 가져오는 배움을 만드는 것이다. 이를 위해서 교과와 교실의 벽에 갇혀 있는 현재의 일반 학교에서 그 벽을 허물고 교사들의 수업 공개와 수업 협의를 통해 동료성을 구축할 것을 강조한다. 현재 새로운학교 가운데 중등학교에서 '배움의 공동체' 수업이 많은 교사들의 호응을 받으며 전파되고 있다. 아직 교사들이 '배움의 공동체' 수업을 어떻게 해야 하는 것인지 혼선을 빚기도 하지만, 협력 학습의 원리를 도입하고 학생 중심 수업이라는 점에서 전교조 참교육운동의 수업 원리와 상통한다고 할 수 있다.

라. 평가

새로운학교에서는 교육과정과 수업의 변화가 이루어진 만큼 그에 따른 평가도 달라진다. 기존의 선다형 평가 방식에서 자기 생각을 기술한 서술형 평가 방식으로, 가르친 것을 얼마나 아느냐가 아니라 학생들이 얼마나 성장했느냐 하는 성장형 평가를 함으로써 수업이 바뀌도록 한다(전교조·에듀니티, 2011a: 2강). 즉, 평가가 달라짐으로써 거꾸로 수업의 변화를 더 혁신적으로 이끌어내는 효과가 생긴다고 할 수 있다.

평가에 대한 교사들의 고민과 실제 나타난 변화는 무엇일까.

평가에 대한 고민을 수업만큼 많이 했어요. 지향점이 다르고 목표가 다르고 접근하는 방식이 다른 만큼 평가도 달라야죠. 객관식 4지 선다는 '아니다'로 작년에 합의했고 전국의 괜찮은 다른 학교 평가지와 통지표를 분석하여 맘에 들지 않는다, TF팀에서 구름산초등학교만의 통지표를 학년마다 만들었어요. …… 스몰 스쿨마다 큰 틀은, 기본선은 같지만 구름산초등학교의 평가는 스몰 스쿨마다 달라요. 저학년의 경우 학교에 적응하고 관계를 잘 만들어가고 몸으로 활동하는 데 비중을 두고, 1학년 같은 경우 1, 2학기에 평가 자체를 하지 않고 포트폴리오 형식으로 생활 중심의 수행평가만 해요. …… 새로 도입한 것 중 평가가 좋았던 것은 학생의 자기평가예요. 학교생활, 친구관계, 교사 멘토와 함께 학생 자기평가를 넣도록 했지요. 배우는 공부에 대해 자기가 어떻게 느끼고 있는지 서술형으로 평가가 가능하게 했어요. 교사가 피드백하기도 좋고, 교사의 평가가 맘에 들지 않고 객관적으로 학부모가 느끼지 않을 때 학생의 자기평가가 들어간 것은 굉장히 추천할 만한 방식이에요(전교조·에듀니티, 2011a: 8강).

구름산초등학교는 4학기제[94]를 운영한다. 기존의 학기제는 한 학기가 너무 길어서 정리 및 피드백할 시간이 부족하다고 보기 때문이다. 1학기는 5월 초, 3학기는 10월 초에 끝나고 잠시 쉬는 기간을 갖는다. 한 학기는 8주인데, 첫 주는 교육 내용을 안내하고 계획하며 2~7주는 배움의 과정이다. 학기가 끝날 때마다 평가를 하므로 일 년에 네 번 통지표가 나간다. 일반 학교와 달리 자체 개발한 통지표가 책 한 권 정도 분량의 포트폴리오로 나간다.

일반 학교에서는 교육 목표와 수업, 평가가 각기 별개로 이루어지고 있는 것이 문제이다. 그것을 일관성 있게 하나로 관통하는 교육이 되기 위해서 새로운학교의 평가는 선다형 문제 대신 서술형 평가를 주로 한다. 또 수업 중에 이루어지는 수행평가의 비중이 높다. 교사들 사이에 학력이 무엇인지, 학교에서 무엇을 길러줘야 하는지에 대한 논의와 연수가 계속되고, 평가도 거기에 입각해서 이루어진다.

평가 방법에 대한 개선 논의가 계속 있었어요. 학력의 기준이 뭔가, 시험 점수가 높으면 학력이 높은 건가, 아이들이 시험을 잘 보는 것 못지않게 문제 해결 능력, 창의력 등 미래 역량을 지향한다면 목표 따로 수업 따로, 수업 따로 평가 따로 하는 게 현 교육의 문제잖아요. 평가, 수업 방법을 비전에 맞춰 바꿔가고 있는 시작점에 있는 학교다. 이것이 되면 그런 문제 제기에도 당당하게 답할 수 있는 시기가 있지 않겠냐(전교조·에듀니터, 2011b: 24강).

---

94. 2011년의 경우 구름산초등학교는 1학기 10주 3. 4~5. 7, 2학기 10(1)주 5. 9.~7. 19, 3학기 10주 8. 25~10. 29, 4학기 10(1)주 11. 1~2. 16로 4학기제를 운영하였다.

조현초등학교의 경우 평가가 더욱 세밀하고 수업과 다양하게 연관되어 진행된다. 평가는 크게 두 가지로, '자기 생각 만들기'라고 부르는 논술 평가와 학기말 평가가 그것이다. 국가 수준의 평가는 하지만 학교 자체로 실시하는 일제 평가는 없다. 예를 들어 3학년 1반과 2반이 있는데, 치르는 문제도 다르고 날짜도 다르다. 평가 문제는 담임이 자율적으로 출제한다. 출제 문제를 다른 교사나 교장·교감이 결재하지 않는다. 교사별 평가가 이루어지고 있다고 할 수 있다.

'자기 생각 만들기' 논술 평가는 국어, 수학, 사회, 과학 등 4과목인데 거기에 한정하지 않고 생태 학습, 창조 학습에서 했던 것들을 같이 평가할 수 있다. 기본적으로 수행평가는 계속한다. 학기말 평가는 논술 형태를 띠지만 일반 학교에서 시행하는 객관식, 주관식도 혼합한다. 또 국어, 수학, 사회, 과학으로 국한하지 않고 폭을 더 넓혀서 예를 들어 국어 시간에 읽는 다른 책에서 지문을 활용하여 평가한다. 조현초등학교 학력 평가 시스템을 구체적으로 보면 다음과 같다(전교조·에듀니티, 2011: 26강).

〈조현초등학교 학력 평가 시스템 운영 방침〉

(가) 교육과정 중심의 목표 지향 평가와 학습과정 중심의 평가로 전환하여 창의력, 비판력, 사고력 등 고등사고 능력을 측정하는 평가가 되게 한다.

(나) 흥미, 태도, 행동발달상황 등 정의적 영역에 대한 평가를 강화한다.

(다) 학습의 실제 진행 상황에서 평가가 이루어지도록 하고, 평가에 필요한 자료는 학생 개인의 포트폴리오로 작성하여 변화 과정을 지속적으로 평가한다.

(라) 평가는 학급별로 담임의 계획하에 진행하며 모든 평가는 수행평가이고 상시 평가로 진행한다.

(마) 수행평가의 주요 내용을 가지고 학급대회로 진행하고 진로적성 검사도 평가에 반영한다.

(바) 통지표는 연 3회 통지하고 학년 초나 학기 중간의 통지는 학부모 상담주간, 가정방문, 기타 담임별로 적절한 통지 방법을 활용한다.

이를 바탕으로 한 평가 체계도를 그리면 〈그림 Ⅲ-6〉과 같다.

〈그림 Ⅲ-6〉 조현초등학교 평가 체계

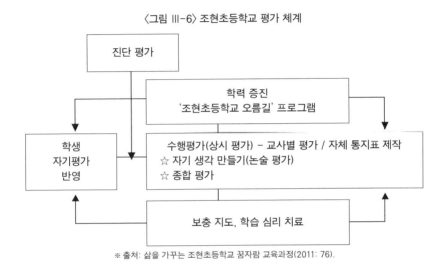

※ 출처: 삶을 가꾸는 조현초등학교 꿈자람 교육과정(2011: 76).

조현초등학교 학력 평가에서 특기할 점은 구름산초등학교와 마찬가지로 학생의 자기평가를 반영하고, 자체 통지표를 제작하여 활용한다는 점을 들 수 있다. 자기 생각 만들기를 통해 논술 평가를 병행하고 있는 것도 학생의 종합적 능력을 평가하는 방법으로서 의미 있다고 할 수 있다. 조현초등학교 학력 평가 시스템의 운영 방법을 살펴보면 〈표 Ⅲ-9〉와 같다.

<표 III-9> 조현초등학교 학력 평가 시스템 운영 방법

종류		운영 방법	시기	학년	활용
자기 평가 (온라인)		• 학생 스스로 학습 평가를 통해 자기주도적 학습력 신장 • 경기도교육청과 사이버 가정 '다높이'와 에듀넷을 활용	수시	전 학년	• 온라인 학습 진행 상황과 결과를 담임과 학습 도우미가 확인, 학습 도우미가 보충 지도
진단 평가		• 전 학년 선수 학습 요소를 진단하고 학년별로 실시	3월	2~6학년	• 결손 학습 요소 파악, 보충 지도 • 지도 방향 및 수준에 참고
수행평가	형성 평가	• 과목별(국어, 수학, 과학, 영어) 형성 평가 실시		전 학년	• 수준별 수업을 위한 자료로 활용
	학급별 대회	• 수행평가와 연계한 다양한 학급별 대회	수시	전 학년	• 다양한 영역에 걸쳐 학생의 소질을 찾아주고 참여의 기회를 제공 • 수행평가 및 학습 결과에 대한 평가로 활용
	수행 평가	• 단원별로 수행평가 기준 설정하여 학생 개개인의 변화, 발달 과정을 종합적으로 평가	수시	전 학년	• 포트폴리오 활용(학습 진행 과정에서 창의성, 문제 해결력, 비판력, 판단력, 정보 수집 및 분석력, 종합력 등 고등사고 기능을 평가) • 프로젝트 수행 여부, 참여 정도, 문제 해결 정도 등을 관찰 기록하여 평가
	자기 생각 만들기 (논술)	• 3학년 이상은 각 교과별 혹은 통합논술 평가 실시 • 교육과정 범위 내에서 출제	5월, 10월	3~6 학년	• 논술 평가의 범위는 교과와 '꿈자람 교육과정'인 통합학습, 창조 학습, 생태 학습 반영 • 논술 평가에 학생들이 적응하도록 사고력과 창의력을 기르는 토론식 수업을 적극 실시
	종합 평가	• 1학기 말, 2학기 말에 선다형, 단답형, 논술형이 혼합된 종합 평가로 성취도를 확인 • 종합 평가는 선다형, 서술형, 논술 평가를 종합한 평가로 실시	7월, 12월	전 학년	• 교사의 교수-학습 개선에 활용 • 학생의 학습 결손 보충, 심화 지도

※ 출처: 조현초등학교 꿈자람 교육과정(2011: 77).

4. 학교 규모와 시설

가. 학교와 학급 규모

'2010년 초·중등학교 주요 공시 정보 분석 보고서'에 의하면, 2010년 학교 급별 학급당 학생 수는 초등학교 26.9명, 중학교 34.1명, 고등학교 34.1명, 특수학교 4.5명이다. 2008년 초·중등학교 정보 공시가 시작된 이후 3년간 고등학교를 제외한 학교급에서 지속적으로 감소 추세를 보이고 있다. 시도별로는 특별시와 광역시에서 학교들의 학급당 학생 수가 도 단위에 비해 상대적으로 많았으며, 지역 규모별로는 중소도시, 대도시, 읍·면지역 순으로 나타났다. 2014년에는 초등학교 22.8명, 중학교 30.5명, 고등학교 30.86명으로 감소했다(만재친 외, 2011).

새로운학교는 처음부터 농산어촌의 작은 학교에서 출발했다. 학교의 규모는 교육의 가능성을 실험하고 최대한 높이는 데 중요한 교육 여건이다. 새로운학교운동을 시작한 사람들은 작은 학교, 작은 교실을 지향함으로써 익명성에서 비롯되는 문제들을 제거해나가고자 했다. 요즘 교육문제로 크게 떠올랐으나 대처 방안을 찾지 못해 사회적 과제가 되고 있는 왕따, 학교 폭력, 괴롭힘 등 학생들 사이의 문제도 주로 대규모 학교, 과밀 학급에서 벌어지고 있는 현상이다. 그 밖에 학교와 학급의 규모가 커지면 학생과 교사, 학생과 학생, 학부모와 교사, 교사와 교사 등의 관계에서 소외감이 커지게 된다. 소극적이거나 방관하는 태도가 만연하며, 학교 운영에서도 주인의식과 책임감을 가지고 일하는 분위기가 저해된다. 새로운 것을 시도하고 변화시켜내기에 어려움이 많으며 관리와 안전 및 통제 위주로 갈 수밖에 없는 조건이 형성된다. 학교 규모와 학급당 학생 수가 적은 농어촌의 작은 학교에서 새로운학교가 시작된 까닭은 무엇일까?

이들은 왜 유독 폐교 직전의 작은 학교에서 다시 새로운 교육에 대한 희망의 꽃을 피우려고 했을까? 그건 교사 개인의 교육적 상상력이나 열정만으로는 교육적 이상을 펼칠 수 없다는 것을 경험했기 때문이다. 학교를 바꾸기 위해서는 함께할 동료 교사가 꼭 필요하지만, 구조화된 근대 학교 틀에서는 뜻을 함께하는 교사들과 머리를 맞대고 일하며 이상을 현실화하는 게 불가능하다. 작은 학교는 자신들의 능력을 펼칠 수 있는 적정한 규모이고, 그간의 연구모임을 통해 이런 정도는 실천해볼 수 있는 역량을 축적하고 있었고, 함께할 인적 네트워크가 있었다(서길원, 2009).

학교 규모와 학급당 학생 수가 왜 교육 활동과 성취에 중요한지 남한산초등학교를 새로운학교로 일군 안순억 교사는 이렇게 이야기한다.

나는 올해 156명인 우리 학교 모든 아이들의 얼굴과 이름을 다 알고 있다. 내가 가진 아이들에 대한 정보는 이에 그치지 않고 집안 형편이나 부모의 성향, 아이의 성격 특징이나 학습 발달 상태에까지 두루 걸쳐 있다. 아이들끼리도 서로 모르는 사이가 없다. 1, 2학년 아이들이 점심시간이나 놀이 시간이면 6학년 교실에 와서 어울려 논다. 모든 학년을 망라한 동아리들이 옹기종기 모여 활동하는 모습은 날마다 보는 일이다. 한 아이의 문제가 전체 교사회의에서 중요한 의제로 다뤄지기도 하고, 학부모들 또한 끊임없이 모여서 교육을 이야기한다(안순억, 2009).

이렇게 학생 수가 적고 학교 규모가 작기 때문에 교사들과 학생들은 서로를 잘 안다. 학생들은 같이 어울려 놀고, 동아리 활동을 같이 하며, 온 종일을 함께 보내기 때문에 서로에 대해 잘 알고 가까워진다. 교사들 역시 학생들 모두의 얼굴과 이름, 가정 형편, 아이의 발달 상태까지 자세히 알고 있다. 대규모 학교의 익명성이 갖는 문제들은 찾아보기 힘들다.

혁신학교인 구름산초등학교는 2011년 들어와 봉착한 최대 문제가 과밀 학급이다. 36학급 규모로 지은 학교인데 37학급이 되었고, 학급당 학생 수가 40명에 이르렀다. 1학년만 학생 수가 260명이 넘었다. 학생 수가 많아지면서 어떤 문제가 생겼을까.

작년에만 해도 급당 23명으로 출발했기 때문에 아무리 신설 학교 업무가 많고 혁신학교가 힘들어도 학급 안에서 굉장히 행복했어요. 힘들어도 이 학교를 떠나지 않겠다, 오래오래 구름산초등학교에 있고 싶다, 인사제도를 바꿔서라도 구름산초등학교 선생님이 영원히 되고 싶다, 이런 말들을 했는데 올해 그런 말이 다 사라졌어요. 공개적으로 하지 않더라도 뒤에서는 이렇게 힘든, 40명이 그냥 40명이 아닌 거죠. 개구쟁이들도 많이 몰려 있고, 이런 상태다 보니 일반적인 수업도 굉장히 공을 들여야 가능한 형태이다 보니까 선생님들이 마음의 짐을 싸고 있는지도 모르겠어요. 이렇게 자꾸만 어려워지면 내년에 가야지, 그다음에 가야지, 그런 생각을 하실 수도 있다, 그런 정도의 상황에 와 있다. 많아진다는 것이 여러 가지 문제를 동시에 끌고 들어가는 것 같아요. 학부모의 불만이라든지, 갈등이라든지, 그 부분이 구름산의 가장 큰 과제고요. 교실이 없어서 미술실을 없애고 일반 교실로 했는데, 당장 내년에 두세 학급이 자연 증가가 되거든요. 그러면 어디를 없애야 할지, 교육청에다가 증축 이야기를 하고 있는데 보평을 보니까 일 년 이상 공사를 하더라고요. 그리고 그 기간을 우리는 어떻게 견뎌낼지, 그런 우리가 꿈꾸는 수업이나 내용이 그 속에서 담겨질 수 있을지, 고민이 되지요(전교조·에듀니티, 2011a: 30강).

이렇게 새로운학교를 선호하여 학부모들이 이사 와서 전입 학생 수가 급격히 늘어나자 교육의 질 문제가 등장했다. 교육 활동 역시 제한을 받고 안전 문제가 생겨났다. 과밀 학급 해소가 새로운학교의 실험에서 매우 중요한 요소가 되었다. 그것을 해결하기 어려운 경우, 학교 자체적으로 학생 수를 제한하여 더는 전입하지 않도록 한다. 교장이 직접 "제발 전학 오지 마세요"라고 호소문을 학교 홈페이지에 낸 학교도 있다. 그래도 자리가 비면 오겠다고 예비 신청을 한 학생 수가 수십 명씩 된다.

그리고 학교 규모와 관련하여 규모가 큰 도시의 새로운학교에서는 기대하는 교육 효과를 얻기 힘들기 때문에 새로운 전략을 쓴다. 스몰 스쿨제(small school)를 도입하여 학년 단위나 두 개 학년을 묶어 독립성을 부여하여 운영한다. 스몰 스쿨제는 하나의 학교 안에 작은 학교들을 여러 개 둔다는 개념이다. 학교 운영과 예산 운용의 권한을 학교장으로부터 부여받아 실질적으로 권한과 책임을 가지고 스몰 스쿨 단위로 교육 활동이 이루어진다. 각 스몰 스쿨장은 교장과 행정실장 등과 협의하는 모임을 통해 소통하면서 전체 학교 운영의 통합성을 만들어낸다. 대규모 도시형 새로운학교에서 의사소통을 원활히 하고 교사들의 자발성을 높이며, 학교 운영과 교육 활동에 적극 참여하도록 하는 방안이다.[95] 예를 들어 보평초등학교는 3개 스몰 스쿨로 나누어 1, 2학년 배움 스쿨, 3, 4학년 나눔 스쿨,

5, 6학년 보람 스쿨로 구분하였다. 스쿨장에게는 복무 관리, 교육과정 운영의 자율성을 부여한다(전교조·에듀니티, 2011a: 11강).

요컨대, 과밀 학급과 대규모 학교의 문제는 새로운학교의 교육 효과를 크게 저해하는 요소이다. 그래서 도시 중·대규모 학교에서는 스몰 스쿨제를 채택하여 작은 단위로 학교 운영과 교육과정, 예산 운영과 집행의 자율성을 부여하는 전략을 쓰고 있다. 과밀 학급에 대해서는 교육청 차원의 적극적인 대책이 필요하다. 결국은 학부모들의 요구에 따라 새로운 학교를 확산시키는 노력이 근본적인 해결책이라고 할 수 있다.

나. 건물과 시설

우리나라 학교 대부분은 일제 강점기부터 시작된 표준화되고 관리하기 쉬운 시설과 권위적이고 전시 위주의 내부 환경이라고 할 수 있다. 유럽의 학교들이 다양하고 편리하며 무엇보다 아이들의 시선에 눈을 맞춘 아름다운 공간으로 구성되어 있는 것과 대조적이다(안순억, 2009).

해방 이후 급격한 학교교육의 양적 팽창이 일어나고 학교교육에 대한 열망으로 인해 유상 중등교육이 이루어진 사정을 고려할 때, 건물과 시설

---

95. 스몰 스쿨제 아이디어는 서울 한성여중 고춘식 교장의 생각과 상통하는 점이 있다. 고춘식 교장은 2005년 도시의 대규모 학교에서 교사들의 자율성을 높이고 학교 운영의 효율성을 높이기 위해 '작은 학년제'를 제안하였다. 예를 들어 한 학년에 8개 학급이 있다면 4학급씩 묶어 그 안에서 5~6명의 교사들이 교과와 담임을 계속 3년 동안 맡는 방식이며 그 그룹 안에서 학생들의 진급이 이루어지고 반 편성을 하는 것이다. 이는 익명성을 줄이고 교사와 학생들의 친밀도를 높여 교육 효과를 높이려는 방안으로서 이 제안을 한 고춘식 교장은 그해 국무총리상을 받았다(한겨레, 2005. 6. 5).
이 아이디어는 남한산초등학교와 같은 아름다운 학교가 작은 규모라는 사실에서 착안하였다. 스몰 스쿨제가 학년을 단위로 한 횡적 분할이라면, '작은 학년제'는 모든 학년이 포함된 종적 분할이라고 할 수 있다.

의 열악함은 예견된 일이라고 할 수 있다. 특히 폐교 대상인 농산어촌 학교의 경우, 몇 년째 예산 투자가 이루어지지 않고 최소한의 관리조차 되지 않았다. 상주남부초등학교가 새로운학교로 변모하기 직전 상황이 그러했다.

> 초기 환경은 가관이었죠. 폐교 대상 학교로 지정되면서 투자가 전혀 이루어지지 않아서 교문을 들어서면, 낡은 교문 양옆으로 아주 낡은 콘크리트에다가 황토색 페인트를 다 부서지게 칠해놓은 출입문부터 시작해서 교실에 들어가면, 지금도 그렇기도 하지만 삐거덕거리는 것, 과학실이 제가 초등학교 다닐 때 과학실, 도서관도 마찬가지고. 교실은 턱없이 부족하고 주변 환경도 아이들과 함께 살아가기에는 너무 어려운 공간이었어요. 그래서 일단 바깥부터 봐야 되겠다, 우선 상주시에서 학교 담장 허물기 사업을 한다고 해서 우리 학교에 유치하기 위해 노력했지요. 수차례 시청을 찾아가고 담당자를 만나 그런 것들을 만들면서 이 사업을 시작으로 학교 분위기를 바꿔봤죠. 맨 처음 시작한 사업이었어요(전교조·에듀니티, 2011a: 17강).

상주남부초등학교는 이후 학교 환경을 생태적으로 만드는 데 역점을 두었다. 특히 학교 구성원들이 환경을 함께 변화시켜야 오래 보존되고 아끼게 될 것이라고 보고, 교사들과 학생들이 의견을 여러 차례 나누면서 환경을 하나씩 바꿔나갔다. 예컨대 학교 연못을 만들 때, 교사들은 여러 번 회의를 열고 다른 사례들을 찾아보며 연못을 설계했다. 그러다가 연못에 징검다리를 만들어달라는 한 학생의 제안에 따라 징검다리를 만들었다. 유실수 숲을 만든 것도 어떤 인터뷰에서 한 학생이 학교가 좋은 이유가 "먹을 게 많아요."라고 말한 것을 보고 교사들이 의논하여 만든 것이다. 또 목공 동아리 학생들에게 학교에 앉을 자리가 있으면 어떻겠느냐고

하여 학생들이 담당 교사와 의논하여 벤치를 시작으로 피크닉 테이블, 그네, 의자까지 직접 만들어서 설치하였다. 학교 벽화도 밑그림은 전문가가 그렸지만 학생 전체와 교사, 학부모가 함께 참여하여 벽화를 그렸다. 나중에 이 자리에 수도가 설치되어 벽화를 가리게 되자, 학생들이 한자리 모임 시간에 거세게 항의를 하여 다시 벽화가 보이도록 수도를 변경·설치했다. 이런 환경과 시설의 변화로 말미암아 학교 안에 있는 모든 것이 아이들의 놀이터가 되어 휴일에도 학생들이 놀러 온다고 한다(전교조·에듀니티, 2011a: 17강).

글쓰기 교육과 생태교육을 중심으로 하는 거산초등학교는 친환경적인 교육환경을 만드는 데 역점을 두었다.

먼저 학교 시설 면에서 가장 큰 두 가지 관심은 우리의 교육과정을 담아낼 수 있는 시설을 갖춰야 한다는 점과 친환경적인 교육환경을 만들어가야 한다는 것이다. 머리가 아닌 몸과 마음으로 배우는 교육과정을 담아내기 위해서는 다양한 체험활동이 가능한 공간이 만들어져야 한다. 2009년 7월에 교육부의 '농산어촌전원학교육성사업' 지원 대상교에 선정되었는데, 이 사업을 통해 짓는 다목적 교실은 다양한 예술 체험활동과 목공 등 노작 활동, 체육 활동이 가능한 공간으로 준비하고 있다. 다양한 체험활동이 가능하기 위해서는 건물뿐만 아니라 여러 교구들도 충분히 갖추어야 할 것이다.

또한 자연 친화적인 교육 환경을 위해 자연 채광 등 적은 에너지로 운영되는 건물을 만들고, 놀이를 통해 에너지와 환경에 대해 배울 수 있는 환경놀이 시설도 필요하다. 이를 위해 핀란드 등 교육 선진국의 사례를 연구하고 친환경 건축 전문가와 교육 주체, 지역 주민이 참여하는 자문단을 구성하여 함께 고민하고 방법을 모색하고 있다(이갑순·조경삼, 2009).

이렇게 학교 건물을 지을 때도 여러 나라 사례를 연구하고 건축 전문가와 지역 주민까지 참여하여 자문하고, 함께 방법을 찾는 것은 일반 학교와 다른 모습이다. 일반 학교에서는 필요한 건물을 위한 예산을 학교장이 '따내고' 그것을 교육청에서 설계하여 지어준다. 학교 구성원들이 그 과정에 참여하는 일은 매우 드물다. 교사들이나 학부모는 공사를 한다는 것만 알 뿐, 어떻게 설계되고 어떤 모양으로 어떻게 지어질지 잘 알지 못한다. 교사들의 의견 수렴은 건물 도색을 할 때 교사들의 의견을 물어 페인트 색깔을 정한다든가 하는 정도로 극히 제한되어 있다. 학생들이나 학부모의 참여와 의견 수렴은 전무하다고 할 수 있다. 구성원의 참여와 의견수렴 및 소통을 통해 만드는 새로운학교의 공간은, 그래서 구성원들에게 적합하고, 그들의 의사를 반영한 것이기에 각별한 의미를 갖는다.

　회현중학교는 학교 공간에 대해 특별한 관심을 기울였다. 학생들을 반기기 위해 교문 대신 '배움 공동체'라고 새긴 기둥을 세우고, 철문을 없애 "누구나 아껴주고 내 집처럼 드나드는 곳"으로 만들고자 했다. 담장 대신 아트월을 만들어 갤러리 겸 휴식 공간으로 학교 이미지가 밝아지는 효과를 거두었다. 중앙 계단은 색깔을 다양하게 하고, 도서관 옥상의 '햇살마루'에서는 도서관 1박 2일 프로그램을 진행하거나 학생들이 기타를 치기도 한다. 이 학교 1학년 학생은 놀 때, 쉴 때, 심심할 때 들르면 시원한 바람이 불어서 시원한 바람을 선물해주는 놀이터 같아 좋다고 한다.

　학생들과 주민들이 같이 이용하는 정자 '나눔정'은 풍력발전기를 이용하여 음악이 나온다. 교실은 책상을 ㄷ자로 배치하여 한지를 바르고, 교실과 학교 곳곳에 편백나무를 심어 숲처럼 느낄 수 있도록 하였다. 학교 중앙현관은 다른 학교들처럼 상장이나 상패를 전시하지 않고, 학생 전체 사진과 명함 사진을 게시하였다. 각 실의 명패도 예쁘게 이름을 붙여 꾸몄다. 도서관 게시판은 정보와 소식을 풍부하게 게시하여, 하루에 한 번씩 대다수 학생들이 이곳에 들러 게시물을 확인한다. 게시판 아래에는 책장과 소파를 두어 잠깐씩 잡지와 책을 읽을 수 있도록 하고 있다. 이렇게 짧은 순간에도 배움이 일어날 수 있다고 보고, 분실이나 파손을 무릅쓰고 독서를 위해 공간을 개방하고 있다(전교조·에듀니티, 2011b: 11강).

회현중학교 이항근 교장은 학교의 모든 곳에 교육적 관점과 의미가 담겨 있어야 한다고 보고, 어떤 것을 고려해야 할까를 고민하였다. 학교 공간이 학생의 성장에 영향을 주는 교육 요소라고 보기 때문이다. 학생의 관점과 입장에서 공간 구성을 하기 위해 학생들이 참여하는 위원회가 필요하다고 믿고 있다. 그는 큰 건물보다 작은 공간 배치가 중요하다고 강조하며, 학교 공간을 의미 있게 만드는 이유를 이렇게 설명했다.

아이들이 대개 학교에 올 때 칭찬받고 오는 경우보다 꾸중 듣고 와요. 칭찬받고 오는 경우가 드물어요. 그 스트레스와 감정을 갖고 오거든요. 그 아이들을 다독거려야 하기에 학생들에게 교사들은 친절하자, 그런 모토인데 학생들을 따뜻하게 받아주는 건물이어야겠지요. 건물도 친절해야 한다 생각해요. 마음만 있다 이거예요. 적절한 배치인지는 모르겠어요(전교조·에듀니티, 2011b: 11강)

새로운학교에서 학교 건축과 시설은 실용성보다 학습사의 정서를 고려한 심미적 관점의 설계와 공간 배치를 한다는 점이 특징이다. 학생들을 따뜻하게 맞아주는 건축은 반갑게 맞아주는 교사만큼 중요하다고 여긴다. 건물을 지을 때 건축가와 학교 관리자, 교사들이 학교 건축과 배치를 함께 논의하여 추진한다. 수업 개선, 학교 민주화의 실천, 다양한 프로그램이 소프트웨어라면 학교 공간에 대한 기획과 단장은 하드웨어라고 할 수 있기 때문이다. 이 두 가지 요소가 골고루 갖춰졌을 때 학생들의 정서와 사고가 성장하며, 모두가 만족하는 행복한 학교로 발전한다는 것이다.

5. 지역사회와의 연계

　새로운학교는 '마을의 학교'다. 학교가 지역사회와 유기적인 연결을 가지며 적극적으로 소통하고 협력한다. 특기적성 교육이나 체험학습, 봉사활동, 방과후학교 프로그램 등 학교교육 활동에 지역사회의 인적·물적 자원이 다양하게 참여하고 지원한다. 역으로 지역사회에 필요한 일들을 학교가 찾아서 한다. 이렇게 상호 유기적 관계를 맺음으로써, 학생들은 학교를 자신의 삶과 분리된 것으로 보지 않는다. 학교 담장을 사이에 두고 마을과 구분되고 지역사회와 동떨어진 격리된 학교가 아니라, '마을의 학교'로서 마을 공동체의 구심 역할을 한다. 도시보다 농산어촌의 작은 학교 같은 경우 더욱 그렇다.

　학교와 지역사회의 소통과 협력은 쌍방향으로 이루어진다. 학생과 교사들은 학교 울타리 안에서 시작되고 완결되는 교육을 지역사회로까지 확장한다. 그럼으로써 학생들은 지역사회에 대한 이해를 넓히고 거기에 참여하여 이바지할 수 있는 기회를 갖는다. 일반 학교가 지역사회에 갖기 쉬운 방어직 태도와 달리, 지역사회와 함께하는 학교로 바뀐다. 서로 교류하면서 학교와 지역사회가 더욱 밀접하게 연결되고, 학교와 학생들에 대한 관심과 책임의식이 지역사회에 형성된다. '마을의 학교'로 탄생하는

것이다. 또한 거꾸로 '한 아이를 키우기 위해서는 온 마을이 필요하다.'

예를 들어 농촌 소규모 학교였던 회현중학교는 학생이 줄어들어 통폐합 위기에 처하게 되었다. 그러자 교사, 학부모, 동창회, 지역 주민 사이에 학교를 살리고 변화시켜야겠다는 공감대가 형성되었다. 변화를 일으키기 위해 교장공모제, 전원학교 등 교과부나 교육청의 각종 제도 및 프로젝트 사업을 적극 활용하면서 학생·교사·학부모가 모두 행복한 학교로 가꿔 가기로 하였다. 학교가 폐교되면 옛일을 추억할 학교가 사라지니 마음의 고향을 잃은 것같이 허전하다고 하였다. 동창회가 나서서 학교에 도움을 주고 발전기금을 마련하기 시작했다. 동창회는 체육대회, 축제, 졸업식 등 중요 학교 행사에 빠짐없이 참여하고, 신입생에게 학교 체육복을 기증하였다. 도시 문화 체험을 갈 때에는 저녁에 숙소에서 선배와 대화하는 시간을 갖고 학생들에게 생생한 진로교육을 하기도 했다. 이천만 원이 넘는 장학금을 성적 우수자, 가정 형편이 어려운 학생, 선행이 돋보이는 학생 등에게 지급하였다(전교조·에듀니티, 2011b: 10강).

동창회는 학교를 어떻게 생각하고 있는지 당시 학교운영위원장의 이야기를 들어보자.

> 지역 주민, 동문들이 감사하게 느끼는 부분은 신경 쓰는 것의 몇 배가 되게 학교가 변화되는 것이 너무 뿌듯하고 사회생활하면서 어느 학교 나왔느냐, 물어보면 고등학교를 대개 말하는데 회현중학교 나왔다고 할 정도로 동문들이 자부심을 가지고 있어요(전교조·에듀니티, 2011b: 10강).

회현중학교 지역 주민과 동문들은 학교의 변화를 매우 고맙게 느끼고, 다른 사람에게도 졸업한 학교를 말할 때 고교 대신 회현중학교 졸업이라고 말할 만큼 자부심을 가지고 있다.

양평 세월초등학교 사례는 지역사회와 결합하는 또 다른 형태를 보여 준다. 2007년 통폐합 대상이 된 세월초등학교에 교사들이 들어가서, 학교가 폐교되지 않게 하려고 애쓰던 동문들과 함께 학교를 살리기 위해 노력하였다. 동문들이 재학생 숫자를 늘리기 위해 버스를 사고, 그 지역의 목사가 차량을 운전해 학생들을 통학시켰다. 이전까지 교사들이 지역과 교류하는 일이 전혀 없고 교사도, 교장도 떠날 생각만 하던 학교에서 교사들이 지역 주민과 함께 학교를 살려낸 것이다. 2007년 세월초등학교에 온 남궁역 교사는 문화예술 교육에 주목하였다. 강사를 초빙하여 연극 수업을 시작으로 학생들에게 기능보다는 가치를, 연극 자체가 아니라 수업을 통해 관계 맺기를 가르쳐주려는 시도를 하였다. 다음 해에는 문화예술 교육을 더욱 확장하여 학교가 '마을 속으로' 들어갔다(박원순, 2010).

2008년 6월 학교 축제 이름을 학생들에게 공모하고, 교사회의에서 수정하여 '달님과 손뼉치기'라고 정하였다. 축제 테마를 '마을'로 정하고 교과 연계 수업을 계획하여 마을 사람들을 만나 삶을 공부하는 살아 있는 교육과정을 만들고자 했다.[96]

> 1학년부터 6학년까지 학년 프로그램은 각 학년 교사들의 관심과 흥미에 따라 선정했다. 1학년은 '그림책 읽기를 통한 마을 만나기', 2학년은 '마을의 자연과 함께 크는 아이들', 3학년은 '살아 있는 그림으로 바라보는 마을', 4학년은 '우리 마을 탐사 지도 그리기', 5학년은 '우리가 만드는 마을 표지판',

---

96. "(교사와 아이들이) 그렇게 마을로 나가니 공부거리가 많이 생겼다. 할머니들이 가게 앞에서 도란도란 이야기하는데 아이들과 함께 지나갔다. 그 할머니들이 "세월초 선생들이 옛날과 많이 달라. 동네 사람들과 친하게 지내고 어쩐 일이래?" 하는 이야기를 들었다. 학교와 교사들이 이제 마을의 일부로 자리했다는 느낌이 들었다. 학부모들에게 교사는, 2년만 있다가 가는 사람이었다. 그러나 지금은 교사와 아이들이 나서서 소통하고 대화하니까 신뢰가 쌓여간다. 이제 마을 사람들과 함께 나눈 대화와 이야기, 그 작업을 가지고 가을 축제 무대에 올리는 일만 남았다"(박원순, 2010: 123-124).

6학년은 '우리 마을 다큐 영화'로 정했다. 우선 아이들과 마을에 대하여 공부하는 일부터 시작했다. 6학년 아이들은 자기 마을의 할머니, 할아버지를 만나 마을의 옛이야기를 조사했다. 아이들은 삼삼오오 짝을 지어 마을회관으로 향했다. 마을회관에서 할머니들을 만나 인터뷰를 시작했다. 언제부터 이 마을에서 사셨는지, 옛날 우리 마을의 모습은 어떠했는지, 우리 동네 지명의 유래는 무엇인지 조사했다. 할머니들은 난데없는 어린 꼬마들의 방문에 어리둥절해하며 귀찮게 생각하시다가 이내 옛이야기를 풀어 놓으셨다. 시집을 오게 된 이야기며, 전쟁으로 학교가 불에 탄 이야기, 중공군의 공격으로 치열한 전쟁터로 변한 마을 이야기, 마을 한복판에 큰 시장이 있었고 금을 캐기 위해 많은 사람들이 모여 살았던 이야기…… 아이들이 조사해온 이야기는 마을을 이해하는 정말 소중한 자료가 되었다. 조사한 이야기는 사회 수업에서 토론 발표 자료로 이용했다. 6학년이 조사한 내용은 곧 카페에 올려졌고, 다른 학년들이 '마을'을 공부하는 자료로 사용되었다. 아이들은 보충할 자료를 더 얻기 위해 밭에서 일하는 할아버지를 만나러 달려가기도 했다. 아이들이 이렇게 재미있게 공부한 적이 있었던가(남궁역, 2009).

세월초등학교 남궁역 교사는 2007년 2학기 사회 수업을 연극놀이로 강사의 도움을 받아 하던 중 지역공동체 연극을 제안 받았다. 학생, 교사, 학부모가 함께 만드는 연극을 하자는 것이었다. 학생들은 마을 이야기를 조사하고 연극 수업을 하면서 연극 내용을 만들어나갔다. 도시에서 전학을 온 학생의 눈으로 바라보는 세월초등학교를 그리며, 달님이 내려와 세월 마을을 이루고, 전쟁과 지역 갈등을 극복하고 마을 사람들의 화합으로 폐교 위기를 이겨낸다는 내용이었다. 이 연극에는 마을 이장, 동문, 학부모, 교감, 교사, 전교생 56명 모두가 무대에 올라 2008년 10월 학교 축제 공연을 하였다. 교장의 학교 종 타종을 시작으로 몇 달을 준비한 공동체 연극 '달님과 손뼉치기' 공연이 진행되었다. 객석에서는 눈물을 훔치는 사람들이 많을 정도로 감동의 물결 그 자체였다. 연극이 끝나고 운동장 가운데 모닥불 가까이에 모여 서로를 격려하며 온 마을이 하나임을 확인하는 시간을 가졌다(남궁역, 2009).

또 하나 특기할 만한 것은 빈집 프로젝트였다. 2학년 교육과정에 집의 구조와 종류에 대한 내용이 있어서 교사와 아이들이 함께 마을의 빈집을 방문했다. 나중에 교사회의에서 이야기를 꺼내자 그동안 흉물스럽게 동네 미관을 해치는 폐가를 학생들과 함께 예쁘게 꾸며 작은 미술관으로 만들면 좋겠다는 의견이 모아졌다. 비교적 상태가 양호한 빈집을 찾아 주인의 양해를 구해서 크레파스로 벽화를 그리고, 떨어진 문짝에 창호지를 다시 붙였다. 빈집을 청소하고 벽을 예쁘게 색칠하여 외벽에는 큰 걸개그림을 내걸어 '꿈꾸는 작은 미술관'을 완성하였다(남궁역, 2009).

2009년에는 '우리 마을 달인을 만나다'라는 프로그램을 만들었다. 산책을 좋아하는 교사가 마을을 돌아다니다가 서울에서 이사 온 할아버지 할머니 집 안마당에 예쁜 장독과 돌이 있는 것을 발견했다. 오래 수집한 것들로 보였는데, 이런 이야기가 교사회의에서 오가다가 신기한 물건이나 재주를 가진 마을 사람들을 학생들과 함께 찾아보기로 했다. 돌을 깎는 일을 하는 돌의 달인, 지푸라기로 망태기와 짚신 등을 만드는 사람, 젖소키우는 아주머니, 판화를 하는 교수 등이 발굴되어 재량활동 수업에 강사로 초빙되었다. 2009년 9월 마을의 달인들을 모셔서 주기 집중 형태로, 다양하고 생생한 살아 있는 수업을 진행하였다(박원순, 2010).

마을의 학교로서 새로운학교는 새로운 일자리를 만들어내는 역할도 한다. 지역사회의 노인이나 여성 등 일이 필요한 사람들이 학교에서 일하게 하고, 필요한 교육과 프로그램을 제공한다.

예컨대 구름산초등학교는 교사 업무를 줄이기 위해 노인복지관에 부탁하여 급식 도우미, 청소 도우미를 노인들이 하게 하였다. 그러다가 그 노인들의 평생 소원이 학교 선생님한테 배우는 게 꿈이라고 하자 '아름드리 학교'를 만들었다. 자원봉사 희망 교사를 모집하여 교사 네 명이 목요일 방과 후 한 시간 동안 문해 교육을 하였다. 그런데 몸이 아파 병원에 가는 노인이나 휠체어 타는 노인도 빠지지 않고 열심히 하고 행복해하였다고 한다. 또 손주 프로그램을 만들어 학생들과 아름드리 학교 노인을 일대일로 손주를 맺어 같이 수학여행을 다녀오기도 하였다.

홍동중학교는 '지역사회와 함께 하는 푸른 꿈 교육'이라는 학교교육 목표에 맞게 학교와 지역사회를 '동반자' 관계로 만들어가고 있다. 방과후학교 프로그램을 지역사회에서 맡거나 각 시군의 청소년 지원센터를 이용하고, 지역사회 기관이나 단체를 직업체험 장소로 이용하는 등 마을 전체를 학습의 장(場)으로 활용하고 있다.

홍동중학교 사례에서 보이듯, 특히 농촌 지역에서 학교의 역할은 더욱 크다고 할 수 있다. 농촌 인구 감소, 가정의 형태 다양화, 장애 가정과 다문화 가정의 확산 등으로 학교가 학습 중심의 공교육 역할만으로는 부족해졌다. 교사들은 학생들 하나하나가 건강한 생각을 가지고 자라는지 교사와 학부모와 지역 주민이 함께 관찰하고 도와줘야 한다고 본다. 학습만이 아니라 학생들이 정신적으로 건강하고, 문화적으로 시골에 산다는 이유만으로 불리한 경험을 겪지 않도록 도와주는 것이 학교의 책무라는 것이다. 이렇게 학습과 더불어 돌봄 기능은 새로운학교에서 더욱 커지고 있다.

홍동중학교 역시 지역사회와 다양하게 연결되어 성장하는 학교를 지향한다. 홍동중학교가 지역사회와 연계하여 실시 중인 프로그램은 다음과 같다(전교조·에듀니티, 2011b: 5강).

(1) 정규 교육과정과 지역사회의 교육적 자원 결합
- 지역 거주자들이 수준별 수업, 특정 교과 프로그램의 전문가로 참여
- 다양한 경험과 능력을 학교교육에 활용하는 형태
- 진로교육: 다양한 직업 가진 분들을 강사로 초청
- 생태체험교육: 생태농업연구소에 분석 의뢰, 전문가 초청해 채집 활동
- 인성교육: 육아원 운영자 초청, 비폭력 대화법 전수, 다양한 전문 분야 강사

(2) 학교 프로그램을 단체와 연계한 위탁 교육
- 홍성여성농업인센터에 위탁 교육: 여성 농업인 자녀들의 방과 후 활동 및 문화 활동 제공. 센터와 학교가 함께 프로그램을 기획하고 센터에 위탁해서 전문가 섭외해 프로그램 진행.
- 충남교육연구소에 위탁: PREP(읽기이해 능력 신장 프로그램)

(3) 지역사회의 교육적 활동과 연계
- 홍동 거리축제: 동아리 / 방과 후 활동의 성과물 전시 및 공연, 홍동천 수질 검사 결과 전시
- 벚꽃길 행사: 그리기, 생태체험
- 면민체육대회: 봉사활동
- 노인 및 장애인 시설 등 지역사회 프로그램과 결합
- 풀무신협: 역사문화 탐방 경비 제공, 지역 역사에 대한 자부심 교육

학교 예산 일부를 지역사회를 위해 쓰는 경우도 있다. 조현초등학교는 전원학교로 지정되면서 받은 예산 중 일부를 이 지역의 경제 살리기를 위해 사용하려고 한다. 산 아래 관광지인 그곳에 마을 자원을 활용해 체험

학습장을 개발하여 학부모들의 창업 지원 사업을 벌이려는 것이다. 이 사업과 관련해서 '예술문화 체험을 통한 학부모 연수'를 2010년 학교 예산 3,000만 원으로 시작했다. 다른 지역에서 오도록 체험 학습장을 만들고 거기서 마당극과 인형극도 하고, 자연물을 활용하여 UCC를 제작하겠다는 계획이다. 또한 마을의 특산물도 팔고, 학부모들이 가이드 역할, 강사 보조 역할을 맡아 학부모 일자리를 만들어내자는 것이다. 그 수익은 마을과 학부모가 나눠 가질 예정이다. 학교와 교사들이 지역 경제 활성화와 마을 살리기에 적극 개입해서 성공한다면, 전국적으로 좋은 모델이 될 것이라는 기대를 가지고 있다. 그동안 농산어촌의 일반 학교에서는 지역사회에서 제대로 역할을 하지 못하다 보니 학교와 교사들이 마을로부터 고립된 '섬'이 되었다. 대부분 교사들이 다른 지역에 살면서 학교로 출퇴근을 하기 때문에 지역 주민이 보기에는 이방인일 뿐이다. (다) 교장은 지역사회에 교사들이 적극 참여해야 한다고 역설한다. 학교가 학부모와 소통하는 공간을 넘어 마을을 창조하는 공간이 되어야 한다는 것이다(박원순, 2010).

호평중학교는 도시형 새로운학교로서 지역사회와 함께 하는 방과 후 활동을 하고 있다. 정규 교육과정에는 시설, 사람, 예산 문제로 지역사회가 참여하기가 현실적으로 어렵지만, 신설 아파트 단지이므로 주민센터, 교회, 체육문화시설을 활용할 수 있다. 학생 희망 조사를 해서 학생들이 희망해도 가르칠 수 있는 교사가 없는 경우, 단체와 개인을 찾아다니며 방학 내내 준비를 했다. 그렇게 하여 국가대표와 함께 하는 농구교실, 전직 프로팀 선수의 야구교실을 운영하고, 지역 주민센터에서 풍물을 무료로 빌려 배우거나, 교회에서 록 밴드 연습을 한다.

2009년에는 대안 교육 프로그램을 연구하여 그 안에 생태교육이 공통으로 들어 있음을 발견하고, 생활 속에서 환경생태교육이 이뤄지도록 학교 빈터를 무상임대 받았다. 남양주시 유기농과에 찾아가 중장비를 빌리고, 남양주시가 2011년 세계유기농대회를 개최하므로 학생들에게 유기농 교육을 해줄 것을 부탁하였다. 학부모들도 어머니 텃밭을 만들고, 유기농 요리교실을 열고 장 담그기를 응모하여 지원을 받았다. 또 4개 교과를 연계하여 농사 수업을 하고, 지역사회를 위한 봉사활동을 하고 있다. 재활원과 장애인 복지관과 협약을 맺고 모든 학생들이 돌아가면서 봉사하고 온다. 90% 이상의 학생들이 자기를 돌아보게 되고, 의미 있다고 평가했다 (전교조·에듀니티, 2011b: 27강).

이와 같이 새로운학교는 지역사회와 연계하여 '마을의 학교'가 되고자 한다. 지역사회의 인적·물적 자원이 학교교육에 활용되거나, 학교가 지역사회로 나가서 봉사하고, 지역사회에 기여한다. 이처럼 지역사회와 연계하여 학교도 성장하고, 지역 주민과 학부모도 함께 성장하는 것을 중요하게 여긴다. 최근에는 학교와 마을을 연계하여 마을교육공동체를 만들려는 움직임이 더욱 커지고 있다. 지방자치단체들이 혁신교육지구 사업을 벌여서 마을의 학교를 지원하고 마을과 학교가 상호 유기적 관계를 맺도록 하고 있다.

IV.

새로운학교의 초기 성과

새로운학교운동은 2000년 남한산초등학교로부터 시작하여 최근 몇 년 사이에 빠르게 확산되고 있다. 아직 새로운학교의 학교 효과에 관해 엄밀하게 분석한 연구는 부족하고, 대부분 교사·학생·학부모 만족도 조사를 실시한 결과가 나와 있다. 예컨대 경기도교육청에서 혁신학교의 학교 구성원들의 만족도를 조사한 결과를 보면 〈표 IV-1〉과 같다(경기도교육청, 2012a). 해마다 학교 구성원 모두 만족도가 올라가고 있다.

〈표 IV-1〉 경기도 혁신학교 학교 구성원 만족도 조사

구분		2009년	2010년	2011년	2012년	증감
초등	학생 만족도	3.27	4.18	4.23	4.28	▲ 1.07
	학부모 만족도	3.74	4.02	4.06	4.60	▲ 0.43
	교사 만족도	3.47	4.30	4.49	4.60	▲ 1.13
중등	학생 만족도	2.34	3.44	3.39	3.59	▲ 1.25
	학부모 만족도	2.27	3.67	3.71	3.75	▲ 1.48
	교사 만족도	2.75	4.03	4.02	4.26	▲ 1.51

※ 참고: 5점 리커트 척도로 점수가 높을수록 만족도가 높음.

서울에서도 전체 혁신학교 61개교와 여건이 비슷한 일반 학교 29개교를 비교 분석한 결과, 혁신학교가 일반 학교보다 학교 만족도, 교육혁신의 정도, 학습 효능감 등에서 높은 성과를 나타내고 있음이 밝혀졌다. 특히 혁신학교에서 수업혁신을 중심으로 학교 내 참여와 협력의 문화가 정착되어가고 있음을 확인하였다(이윤미 외, 2013).

또한 언론 보도와 교사·학생·학부모의 진술을 통해 주관적이긴 하지만, 새로운학교의 초기 성과를 확인할 수 있다. 이후 새로운학교운동이 어떻게 전개되느냐에 따라 성과는 달라질 수 있을 것이다. 또한 학교 효과 연구에서 효과적인 학교[97]의 특성들과 어떤 관련이 있는지 밝혀진다면 더 개관적인 분석이 가능할 것이다.

앞으로 새로운학교의 효과가 종단 연구 또는 다른 학교와 비교 연구를 통해 드러난다면 그 교육적 의의가 더욱 분명하게 밝혀지리라 기대하며, 여기서는 초기 성과를 살펴보겠다.

97. 레빈과 레조트(Levine and Lezotte, 1990)가 미국에서 수행된 400여 편의 효과적인 학교(effective school)에 관한 연구 논문에서 추출한 효과적인 학교의 특성 변인들은 다음과 같다(성기선, 1998: 35에서 재인용).
① 생산적인 학교 풍토 및 문화, ② 학생들이 주요 학습 기법을 터득하는가에 대한 관심도, ③ 학생의 성장에 대한 적절한 모니터링, ④ 실천 지향적인 교사신, ⑤ 강력한 지도력, ⑥ 학부모의 적극적 참여, ⑦ 효과적인 교수 자료의 배치 및 사용, ⑧ 학생들에 대한 높은 기대 수준과 학생들의 높은 포부 수준, ⑨ 기타 관련 사항들

1. 교사 만족도 향상

새로운학교로 변화하는 데에는 자발적인 교사들의 움직임이 가장 중요한 요소라고 할 수 있다. 교사들이 열정과 헌신으로 자발성을 충분히 발현할 때 교사 만족도는 향상되었다.

특히 새로운학교운동이 시작되던 초기에 교사들의 열정과 헌신성이 없었다면, 교사들이 1, 2년 근무하다가 다른 학교로 떠날 생각을 하는 폐교 직전의 학교가 달라질 수 없다. 결국 새로운학교는 공립학교에서 '숨 막히는 공교육의 틀을 벗어'나기 위해 대안 학교를 고민하거나, 제도 혁신 투쟁에 나서던 교사들이 열정과 헌신성을 가지고 지역사회와 학부모와 함께 학교를 재구조화한 것이다(서길원, 2009).

상주남부초등학교 교장은 교사들의 열정적인 모습을 보면서 "선생님들은 일반 학교에서 '빈말'로 한다는 것을 '참말'로 하려 하는군요. 내 힘닿는 대로 거들겠소"라고 격려했다(오일창·김주영, 2009). 일반 학교에서 학교교육계획서나 평가서에 '빈말'로 써놓은 것을, 새로운학교 교사들은 '참말'로 실행에 옮기려는 것을 느꼈기 때문에 돕겠다고 한 것이다.

새로운학교에서 교사들은 다른 교사들과 전면적 관계를 맺는다. 모든 사안에 대하여 자신의 삶과 교육에 대한 생각을 드러낼 수밖에 없다. '성질만 조금 죽이면' 직업인의 일상생활을 해나가는 데 크게 불편하지 않은 일반 학교와 다르다. 일반 학교에서 교사들은 '적당히 익명화된 관계'로 숨을 수 있는 공간이 있지만 새로운학교에서는 참여와 소통, 협력을 하는 과정에서 교사들은 전면적 관계가 된다. 그리고 그것은 교사로서 전문성을 발휘하고 만족감을 얻게 하는 자기실현의 과정이기도 한 것이다. 또한 일반 학교에서 느끼는 관료화되고 획일적인 문화와 교육과정 속에서 '무엇인가를 대행하는 존재'에 지나지 않는 듯한 절망감에서 벗어나 '한 발짝 앞으로 나아가려는 꿈을 꾸는' 것이기 때문이라고 할 수 있다.

그러한 교사로서의 만족감과 존재감은 일반 학교에서 좌절하고 낙담하고 있던 교사들을 바꾸어놓았다. 예컨대 안순억 교사는 전교조 합법화 직후 경기지부 참교육실천위원장으로 활동하면서 학교 현장에 근무하던 당시 극도의 무력감을 느끼고 있었다. 참교육운동에 오래 몸담아온 그는 학교를 옮긴 다음, 학교 문화에 대한 회의와 절망 속에 무기력감을 느낀다. 심지어 사표를 내고 유학 갈 준비를 하기까지 했다. 그것을 극적으로 반전시킨 것이 남한산초등학교를 새롭게 만들자는 제안이었고, 곧바로 그는 그 작업에 '떨리는 가슴으로' 뛰어든다(안순억, 2009).

여기서 주목할 점은, 전교조가 합법화되고 현장에서 참교육실천위원장으로 활동하는 것이 곧바로 교사로서 학교생활을 하는 데에 활력과 만족감을 주는 것은 아니라는 점이다. 제도를 개선하는 것과 학교에서 교사의 일상이 달라지는 것은 다른 문제였다. 새로운학교를 만드는 과정에서 비로소 교사들의 일상이 변화하고, 무기력과 절망감을 떨치고 활력과 만족감을 갖게 되는 경험을 하는 것이다.

또 일반 학교에서 교사들은 "관료들의 부당한 지시에 맞서 싸워야 하거나 교육청에서 내려오는 형식적인 일들과 보여주기식 업무를 수행하는 데 에너지를 소진해야" 한다. 수업 준비와 상담을 해야 할 시간에 보고

문서를 작성해야 할 때가 많다. 수업 연구와 수업 공개가 있지만, 일회적인 보여주기식 수업에 그치고 협의도 형식에 지나지 않는 경우가 대부분이다.

그러나 새로운학교에서는 매주 교사들이 자발적으로 자기 수업을 열고 다른 교사들과 토론하며 더 좋은 교육을 위해 함께 고민한다. 이처럼 새로운학교에서는 교사가 하는 '일'만이 아니라 학생 또는 동료 교사와의 '관계'가 변화한다. 그래서 명예퇴직을 하려던 교사가 이런 학교라면 교사로서 해볼 만하다면서 명예퇴직 의사를 접는 사례도 생겨났다((라) 구술, 2011. 8. 21; 강민정, http://www.eduhope.net 2011. 9. 22. 참조).

2012년에 경기도교육연구원이 혁신학교와 일반 학교의 교사와 학생들을 대상으로 조사한 결과도 이러한 사실을 뒷받침해준다. 혁신학교 교사들이 느끼는 수업혁신은 5점 만점에 4.17점으로 일반 학교 교사들의 4.09점보다 높았다. 생활지도 효능감, 교육과정 혁신, 학교 공동체감, 교사 집단 효능감 등 다른 4개 항목에서도 혁신학교 교사들의 평점이 일반 학교보다 높은 것으로 조사됐다. 혁신학교가 상대적으로 열악한 상황에 있고 최근에 지정된 학교도 많은데 각 영역에서 평점이 일반 학교보다 높게 나온 것은 주목할 만하다(『경향신문』, 2013. 1. 21).

경기도교육연구원의 분석 결과를 보면 〈표 IV-2〉와 같다.

〈표 IV-2〉 경기도 혁신학교와 일반 학교 교사들의 인식 비교

항목	혁신학교	일반 학교
수업혁신	4.17	4.09
생활지도 효능감	4.14	4.11
교육과정 혁신	4.05	3.93
학교 공동체감	4.07	3.97
교사 집단 효능감	4.17	4.10

※ 출처: 5점 리커트 척도로 점수가 높을수록 만족도가 높음.

또한 교사들 간의 관계뿐만 아니라 교사-학생 관계도 변화한다.

보람을 느끼는 것은 아이들과의 관계가 굉장히 좋다는 것이다. 예전에는 아이들이 저를 좋아해주기를 바랐던 것 같아요. 당연히 선생님으로서 권위를 가지고 있으니까 아이들이 따라와줘야지 그런 생각을 가졌던 것 같아요. 지금은 제가 먼저 노력하는 편이에요. 다가가려고 많이 노력하고 아이들과 시간을 가지려고 노력하고, 방과 후에 소그룹을 묶어서 이야기하고 놀고 그러거든요. 상담이라고 이름 붙였는데, 그러면서 서로 친해지고 아이들도 친분이 생기니까 자기들 힘든 이야기도 나누게 돼요. 아이들도 선생님에 대한 믿음이 있어 학습이든 친구 문제가 생겼을 때 선생님이 나를 좋아한다, 나를 믿어주고 있다는 믿음이나 관계, 지지 속에서 해결이 아주 원활하게 되는 것 같아요. 그런 것이 교사로서 보람을 느끼게 되고, 아이들이 굉장히 잘 따라와준다는 느낌이 들어요. 혁신학교 프로그램을 아이들이 따라주고 반응이 좋고 100%는 아니지만 90%는 따라와줬다는 것이 느껴져요. 그럴 때 교사로서 희열을 느끼죠(전교조·에듀니티, 2011a: 7강).

의정부여자중학교의 (라) 교사는 일반 학교와 어떤 차이가 있는가에 대해 다음과 같이 말했다.

한마디로 말씀드리면 죽어도 좋고, 기적이다. 이게 차이점인데요, 그것이 중요한 게 아니고요. 일반 학교에서도 할 수 있는 가능성이 얼마든지 있다는 거예요. 그게 더 크다는 거지요. 기존 학교에서도 여러 선생님들이 복잡성 교육에서 이야기하는 동시발생설인데요, 동시에 함께 하면 엄청난 효과를 내는 거예요. 기존의 참교육운동도 그렇고 훌륭하신 선생님들이잖아요((라) 구술, 2011. 8. 21).

새로운학교에서 일하면서 (라) 교사는 '죽어도 좋고', '기적'이라고 느낀다. 일반 학교와 달리 교사들의 자발성, 자율성이 보장되므로 복잡성 교육 이론에 따르면, 동시에 여러 사람이 함께 함으로써 훨씬 더 큰 효과를 낼 수 있다는 것이다(B. Davis & D. Sumara, 2006). 또 이렇게 교사들의 자발성을 살려주고 연구할 수 있는 여건을 만들어주면, 일반 학교에서도 얼마든지 그런 변화가 가능하다는 것이다. 혁신학교를 거점으로 일반 학교의 혁신을 추진하는 학교혁신 전략도 여기서 나온 것이라고 할 수 있다.

2. 학생·학부모 만족도 향상

새로운학교에서는 교사 만족도뿐 아니라 학생·학부모의 만족도도 높다. 학생들은 학교에 가는 것을 좋아하고, 표현이 활발해진다. 학교 주변 집값이 급등하고 있는 현상을 보면 학부모 만족도를 짐작할 수 있다.

먼저 경기도교육청 소속 혁신학교의 학생·학부모·교사 만족도를 보면 초등의 경우 혁신학교로 지정되기 전인 2009년 70.0%에서 2010년 85.8%로, 중학교는 2009년 49.0%, 2010년 68.0%로 높아졌다.[98] 경기도 초등학교는 2011년에 전년도 대비 270학급이 감소되고 중학교는 46학급이 감소했지만, 혁신학교는 오히려 학생 수가 증가하고 있다. 예컨대 조현초등학교는 2009년 혁신학교로 지정되자 학생 수가 90명에서 230명 이상으로 늘었다. 2012년에는 12학급 313명으로 급증하였다. 동시에 학교 주변 집값은 2009년 방송에 학교가 소개되고 혁신학교 지정이 되면서, 전세 2,500만 원 하던 집값이 1억 3,000만 원까지 올랐다((바) 구술, 2012. 5. 6).

남한산초등학교에서는 '제발 전학 오지 마세요'라고 학교가 호소할 정도로, 전입생의 증가 또는 입학 희망자의 증가로 인해 학교가 몸살을 앓

---

98. 『연합뉴스』, 2011. 10. 23.

고 있다. 성남 보평초등학교, 광명 구름산초등학교와 같은 도시 중대규모 학교는 그런 현상이 더 심하게 나타난다. 2011년 경기도 성남의 한 혁신 중학교 설명회에는 엄청나게 많은 학부모가 참여해 뜨거운 열기를 확인할 수 있었다. 한 학부모는 그 까닭이 "교육에 관심 있는 학부모들에게 가장 큰 화두는 혁신학교"라면서, "사립학교는 입학 자체도 어렵지만 경제적 부담이 크고, 대안학교는 공교육이 아니라는 점 때문에 불안해하던 학부모들에게는 혁신학교가 답"이라고 말했다.[99] 학부모 입장에서는 경제적 부담이 적고 공교육이라는 점 때문에 안심하고 선택한다는 것이다.

그러나 주변 집값이 올라가는 것은 학교의 교육 성과를 학부모가 인정하고 있다는 징표이긴 하지만, 원주민이 집값을 감당하지 못해 다른 곳으로 떠나는 비정상적인 역류 현상을 일으킨다. 이런 현상이 새로운학교의 절실한 필요성과 존재 이유를 역설적으로 말해주는 것이라면, 그 해법은 결국 새로운학교의 확대와 지원에서 찾을 수 있을 것이다.

조현초등학교에 딸과 아들을 보내고 있는 모꼬지 체험마을 사무국장에게서도 그것을 확인할 수 있다.

> 유치원 다니는 작은애가 아들인데, 얘가 유치원 다닐 때는 몇 번씩 안 간다고 울고 그랬는데 학교 다니면서는 안 그래요. 학교 안 간다는 소리가 쑥 들어갔어요. 집에서 아침에 뭐 좀 하고 가라고 해도 학교 가야 한다고 일찍 나가요. 학교가 좋대요.
>
> 이 학교 애들이 우리 농촌체험 마을에 온 적이 있는데 다른 데서 온 애들하고 달라요. 다른 데서 온 아이들은 여기가 좋다고 더 있고 싶다고 하는데, 조현초등학교 애들은 학교 가는 게 여기서 노는 것보다 더 좋다고 그래

99.『한국경제 매거진』, 2011. 7. 7.

요. 학교 가고 싶다고요. 조현초등학교 선생님들은 정말 좋은 것 같아요. 아이들을 너무너무 사랑해요. 부모보다 더 그런 것 같아요. 하나둘 있는 자식들에게 부모가 그러기도 어려운데 여기 선생님들은 그 많은 애들한테 정말 아주 잘해줘요(2012. 5. 6).

조현초등학교 6학년에 다니는 그의 딸은 다른 학교에 다니다가 초등학교 3학년 때 조현초등학교로 전학을 왔다. 딸은 학교 다니는 게 즐겁고 선생님들이 잘해준다고 하였다. 전에 다니던 학교에서는 왕따 같은 애들도 있었고 애들을 괴롭히는 일도 있었는데 여기는 그런 게 없다고 말하면서 학교가 좋다고 했다.

조현초등학교에 처음부터 다니던 학생들이나 중간에 전학 온 학생들에게서 가장 눈에 띄는 변화는, 웃음이 많아지고 성격이 활발해진 것이다. 자기만 생각하는 이기적인 태도를 고친 학생, 사람들 앞에 나서는 것을 더 이상 부끄러워하지 않게 된 학생도 있었다(강벼리·조선혜, 2010).

송산초등학교 학생들의 경우에도 비슷한 특징을 보인다. 그 학교의 한 교사는 학생들의 모습을 이렇게 말한다.

아이들이 굉장히 자유스럽죠. 자기표현이 강한 것 같아요. 왜냐면 아이가 잘못된 표현을 했을 때 억지로 강제하거나 나무라거나 선을 긋지 않고, 가장 중요한 교사 역할이 경청이라고 결정을 내렸거든요. 아이가 원하는 것, 하고 싶은 것을 잘 들어줘야 한다, 그러면 아이도 다른 사람들의 말에 귀를 기울여주어야 한다, 경청을 잘하다 보니까 아이들이 하고 싶은 말을 잘하는 것 같아요. 그러면 그 속에 보석 같은 말이 숨어 있을 때가 있어요. 일단 표현 잘하고 자유스럽죠. 뛰어놀 수 있는 뭉텅이 시간이 군데군데 비치되어 있어서 아이들이 자유스럽고(전교조·에듀니티, 2011a: 21강).

교사들이 학생들의 말을 경청하면 학생들은 하고 싶은 말을 잘하고 자유스럽게 지낸다. 송산초등학교 학부모 역시 아이가 어떻게 변했는지 비슷한 말을 하였다.

우리 아이들이 다 제각각이었고 자기주장이 너무 강했어요. 소소한 것까지 문제가 드러날 정도로 보였는데 어느 날 보니까 그 문제들을 스스로 해결해가고 있다는 게 보였어요. 아주 산만하고 힘든 아이들도 점점 시간이 지나니까 점점 친구들과 융화해가고 이 친구의 어려운 점을 친구들이 보듬어 안으려고 하더라고요. 뭔가를 잘못했을 때 그것을 공격하기보다 서로 그것을 안아주려고 두둔하더라고요.

그런 모습을 보면서 아이들이 뭔가 배려하고 아껴주는 마음이 자라고 있다는 것을 많이 느끼게 되었어요.…… 송산에 아이들을 보낸 지 4년이 됐어요. 늘 감사하게 생각하고 아이들도 학교 가기 싫어요라고 해본 적이 없어요. 방학 때조차도 학교 갔으면 좋겠다고 해요(전교조·에듀니티, 2011a: 24강).

남한산초등학교 학생들 역시 비슷한 특징을 보인다. 학생들은 표현에 두려움이 없고 자신감이 넘치며, 학습이든 놀이든 스스로 필요하다고 인정하면, 깊이 몰입하며 높은 집중력을 보인다. 그러나 지나치게 동적이고 기본예절이나 규칙을 지키는 데 소홀하다는 비판을 받기도 한다(안순억, 2009). 그럼에도 남한산초등학교 학생들이 학교에 대해 생각하는 것은 매우 긍정적이다. 학교에 가는 것을 아주 즐거워하여 학부모들은 학생들이 잘못할 때 "학교 가지 마라!"고 야단칠 정도이다(강벼리·조선혜, 2010).

안순억 교사가 남한산초등학교에 온 지 3년 되던 해에 아이들로부터 받은 글을 보면, 아이들이 학교를 어떻게 생각하고 있는지 알 수 있다(강벼리·조선혜, 2010).

우리 학교에 왕따, 폭력, 욕설 등이 다른 학교에 비해 없는 것은 학생 수가 적기 때문이다. 학생 수가 적으니까 선생님들이 학생 하나하나에 관심을 쏟는다. 그리고 학생 수가 적기 때문에 잘못을 하면 금방 드러나게 되고, 또 담임 시간을 통해 전교생에게 그 사건이 낱낱이 밝혀지기 때문에 잘못을 저지르기가 쉽지 않다.

무엇보다 우리 학교에는 어린이들의 '자유'가 있다. 그래서인지 어떤 것에도 두려움이 없고 무엇이든지 도전하려고 한다. 자유 때문에 문제가 발생할 거라고 걱정하기도 하지만 나는 그렇지 않다고 생각한다.(찬울)

다른 사람들은 우리 학교를 거의 대부분 참 좋다고 말한다. 그러나 내가 볼 때 특별한 학교는 아니다. 하지만 가장 큰 차이는 선생님들이다. 선생님들이 아이들의 의견을 잘 들어주고 존중해준다는 것이다. 그것은 큰 차이다.(유진)

학생들은 학교가 자유롭고 교사들이 학생들의 의견을 잘 들어주고 존중해주며, 학교가 작기 때문에 학생 하나하나에 교사들이 관심을 쏟는다는 것을 장점으로 든다. 그 점에서 일반 학교와 다르다는 것이다. 폭력, 왕따 같은 것이 없는 이유는 학교가 작아서 금방 잘못이 드러나고, 학생들 전체가 모이는 자리에서 낱낱이 사건이 밝혀지기 때문이라고 한다.

2013년 12월 발표된 '경기도 혁신고등학교 성과 분석'에 따르면, 경기도 11개 고등학교(3년 이상 운영)와 인근 일반고 10개 학교에 재학 중인 고1 학생들 1,349명을 대상으로 한 설문 분석 결과 혁신고 학생들이 학교의 전반적인 혁신 정도, 삶의 태도(주체성, 진로성숙도, 사회공헌의식, 사회의식, 시민의식), 비인지적 학업성취(학업자아 개념, 학습 태도, 공동체적 문제 해결력, 교과 효능감) 등의 영역에서 유의미하게 높은 값을 보였다. 혁신고 재학생들은 사회의식을 제외한 모든 항목에서 3.0 이상의 값을 보인 반면 일반고 재학생들은 주체성과 시민의식을 제외한 여타의 항목에서 3.0 미만의 값을 보였다. 특히 사회의식은 다른 항목에 비해 혁신고 재학생과 일반고 재학생의 차이가 크게 나타났다. 비인지적 학업성취도 비교 조사에서는 학업자아 개념과 공동체적 문제 해결력 부문에서 혁신고와 일반고 간에 유의한 차이가 있었으며, 적극적 학습 태도와 효능감은 유의한 차이는 없었지만 혁신고가 일반고보다 높은 값을 보였다(백병부, 2013).

이러한 결과는 혁신고가 일반고에 비해 수업이나 평가를 비롯한 교수-학습 활동은 물론이고, 수업 외 활동이나 구성원 상호 간의 인식을 높이는 데도 소기의 성과를 거두고 있음을 의미한다.

위에서 살펴보았듯이, 새로운학교에서는 학생과 학부모의 만족도가 일반 학교에 비해 상당히 높다는 것을 알 수 있다. 그 이유는 학생들이 교사들로부터 존중받고, 자유를 누리며, 잘못이 있을 경우 자치회 등을 통해 토론을 하여 해결하기 때문이다. 학부모들은 학생들이 학교에 가기를 즐거워하고 교사들의 관심을 세심하게 받는다는 사실에 만족해한다. 학부모의 신뢰와 기대감은 새로운학교 주변 집값이 급등하는 현상에서도 확인할 수 있다.

3. 학업성취도 향상

새로운학교의 학업성취도에 관한 한 아직 비교할 만한 자료가 많이 나와 있지는 않다. 그러나 기초학력 미달 학생 비율에서는 눈에 띄는 변화가 나타났다. 학습에 대한 학생들의 흥미와 집중력이 높은 것도 교사들의 진술에서 일관되게 나타나고 있다. 수업 시간에 엎드려 자거나 무단 조퇴와 결석 등 학교로부터 이탈하려는 현상도 현저히 줄었다.

경기도교육청은 2011년 혁신학교의 기초학력 미달 학생 비율이 전년도에 비해 초등 1.7%, 중학교 4.1%가 감소했다고 밝혔다. 이것은 도내 평균 초등학교 0.3%, 중학교 2.5%가 감소한 것에 비해 상당히 큰 폭이라고 할 수 있다.[100]

전북도교육청 역시 혁신학교에서 1년간 기초학력 미달 학생 비율이 크게 줄어든 것으로 발표했다. 2012년 2월 전북도교육청에 따르면, 2010년에 지정한 20개 혁신학교의 1년간 학업성취도를 분석한 결과, 기초학력 미달 학생 비율이 크게 줄어들었다. 전북도 내 초등학교 기초학력 미달 학생 비율이 평균 1.0%인 데 반해, ▲익산 성당초, ▲남원초, ▲정읍 수

---

100. 『연합뉴스』, 2011. 10. 23.

곡초, ▲완주 삼우초, 이서초, ▲임실 대리초, ▲순창 풍산초, ▲진안 장승초, ▲무주 구천초교 등 9개 학교가 0%인 것으로 확인됐다. 이들 학교가 대부분 소규모 농촌 학교라는 것을 감안하면 상당한 성과라고 볼 수 있다. 혁신학교로 지정된 전북의 초·중·고등학교들도 지난 1년간 기초학력 미달 학생 비율이 크게 개선되었다. 혁신학교로 지정된 초등학교(12개교)는 2010년에 1.0%에서 2011년에는 0.85%로 감소됐다. 중학교(4개교)는 2010년에 10.7%에서 2011년에는 5.75%로, 고등학교(1개교)는 2010년에 7.7%에서 2011년에는 1.3%로 개선됐다. 20개 혁신학교의 기초학력 미달 학생 비율과 도내 전체 학급별 비율을 비교하면, 초등학교는 0.85%(초등학교 전체 평균 1.0%), 고등학교는 1.3%(고등학교 전체 평균 2.5%)인 것으로 나타났다.[101]

새로운학교의 학업성취도가 일반 학교와 어떻게 다른가, 왜 그런가에 대해서는 앞으로 더 깊이 있는 연구가 이루어져야 할 것이다. 다만 여기서는 새로운학교의 교사들이 학생들의 수업 참여도가 높아진다고 공통으로 말하고 있는 점에 주목한다. 수업 시간에 자거나 조는 학생, 떠드는 학생들이 훨씬 줄었다는 것이다. 이것은 새로운학교에서 체험학습, 협동 학습, 프로젝트 학습, 배움의 공동체 등의 수업 방식을 채택하고 있는 것과 연관이 있다고 추정된다. 학생들이 참여하고 활동하고 표현하는 수업 방식으로 전환되면서 흥미와 집중력이 높아진 것으로 보인다. '공부로부터의 도주', '학문적 탈진'으로 일컬어지는, 배움을 싫어하고 기피하거나 소극적으로 멍하니 앉아 있는 학생들이 줄어드는 것이다.

이것은 학생의 출석율과도 연결이 된다. 학교를 결석하거나 지각하는 학생, 도중에 자퇴하는 학생들이 줄어들었다고 한다. 의정부여중에서 학

---

101. 『새전북신문』, 2012. 2. 20.

생 생활지도를 맡고 있는 (마) 교사는 이렇게 말한다.

> 수업 시간에 1학년은 거의 안 자고, 3학년도 하루에 100명씩 무단 지각
> 하고 무단 외출하고 성(性)적인 문제도 있었는데 많이 줄고, 수업 시간에 반
> 이상 잤는데 이제는 한두 명 자는 정도예요((마) 구술, 2012. 1. 11).

학업성취도의 변화는 초등학교의 경우, 12년 전 새로운학교로 변화된
남한산초등학교, 뒤를 이은 거산초등학교, 삼우초등학교의 학생 진학과
진로를 추적해보면 확인할 수 있을 것이다. 그러나 중·고등학교는 새로운
학교로 변화된 지 5년 미만으로 기간이 짧기 때문에, 학생 진학과 진로를
확인하기 어렵다. 12년간 새로운학교 실험을 계속해온 남한산초등학교 졸
업생들은 어찌할까. 현재 자녀가 고등학생이 된 학부모의 이야기에서 진
학과 진로에 대해 어느 정도 알 수 있다.

> 남한산초등학교에서 생활하다가 규모가 크고 학생 수도 많은 학교에 가
> 게 되면 아이들은 모든 것을 신기해하고 낯설게 느껴요. 그리고 곧 힘들어
> 하는 부분들이 생기는데 특히 매를 들고 사시는 선생님, 아이들을 인격적
> 으로 대하지 않는 선생님들의 모습에 많이 당황합니다. 우리 아이의 경우는
> 한때 남한산에 다닌 걸 후회했어요. 너무 적응이 안 돼시 말이에요. 그렇게
> 헤매는 시간이 흘러가고 남녀 아이들 스스로가 곧 깨달아요. 그래도 초등
> 학교 시절을 남한산에서 보낸 자신이 다른 아이들보다 훨씬 행복하다고 느
> 끼고, 그 부분을 무척 감사하게 여기는 거죠(강벼리·조선혜. 2010).

이렇게 일반 학교에 진학한 학생들은 초기 6개월 정도 적응하기 힘들어
하지만 시간이 지나면서 적응하고 오히려 학업에 집중하여 우수한 성적

을 내기도 한다.

　　남한산초등학교 졸업생들의 진로는 꽤 다양하다. 해마다 절반가량의 졸
업생이 일반 중·고등학교로 진학하지만, 갈수록 대안학교나 홈스쿨링을 선
택하는 경우가 늘고 있다. 입시 중심의 교육에서 자유로울 수 없는 획일적
인 일반 중고등학교 교육에 회의를 갖는 부모들이 점차 많아지기 때문이다.
…… 너무나 자유로운 학교 분위기에서 일반 중학교로 진학하면서 적응하
지 못할 거라고 우려하는 사람들이 많지만, 아이들은 대체로 중학생 시절
을 훌륭하게 보낸다. 학업에 소질이 있는 아이들은 초등학교 때 실컷 놀았
던 만큼 별다른 거부감 없이 공부에 열중하고 우수한 성적을 내기도 한다.
그러나 세간에 알려진 것처럼 모든 졸업생이 다 우등생이 되는 건 아니다.
또 대부분의 졸업생 학부모들은 우수한 학업 성적만이 아이들의 인생을 결
정하는 유일한 것으로 생각하지 않는다. 각자 나름대로의 개성을 살리면서,
세상에 대한 따뜻한 시선을 잃지 않고, 자신이 좋아하는 일에 몰두하는 것
이 더 중요하다고 생각한다(강벼리·조선혜, 2010).

　　또한 최근 연구에 따르면 혁신학교는 교육 격차의 감소에도 기여하는
것으로 나타났다. 경기교육종단연구(GEPS) 데이터를 활용하여 혁신학교
가 사회경제적 배경에 따른 교육격차를 효과적으로 감소시키고 있는지
를 분석한 결과 중고등학교 모두에서 여타의 조건을 통제한 상태에서도
학업성취도가 가정의 사회경제적 배경의 영향을 받는 것으로 나타난 가
운데, 일반 학교에 비해 혁신학교에서 그 영향력의 정도가 유의하게 작은
것으로 나타났다. 이러한 결과는 혁신학교가 가정 배경의 열악함이나 낮
은 사교육 투자 등과 같은 불리한 조건에 놓여 있는데도, 가정 배경에 따
른 교육 격차를 줄이는 데 기여하고 있다는 것을 의미한다. 나아가 이 연

구에서는 교육 격차 감소에 대한 혁신학교의 효과가 중학생에게서 더 뚜렷하게 나타나며, 그 원인이 혁신학교의 활성화된 학생 중심 수업에서 비롯되고 있는 것으로 진단했다(백병부·박미희, 2015).

요컨대 새로운학교에서 학생들은 학업에 대한 흥미와 수업 참여도가 높다고 할 수 있다. 현재 학업성취도를 비교 분석하기는 어렵지만, 적어도 기초학력 부진 학생의 비율이 경기, 전북 지역에서 일반 학교보다 더 크게 나타났다. 또한 새로운학교가 된 후 학생들은 수업 시간에 엎드려 자거나 무단 지각, 무단 외출과 결석 등 수업 기피 현상이 상당히 줄어들었다. 교사들은 학생들이 일반 학교로 진학한 뒤 한동안 적응 못 하기도 하지만, 나중에는 학업에 더 열중하고 자신의 희망에 따라 진로를 선택한다고 한다. 또한 사회 양극화 문제가 갈수록 심각해지는 상황에서 혁신학교가 교육 격차 감소에 기여할 수 있다는 점이 연구를 통해 밝혀진 만큼 새로운학교의 의의는 더욱 커지고 있다고 할 수 있다.

4. 학교 폭력 감소

1990년대 말부터 학생들의 폭력, 집단 괴롭힘, 왕따 등 학교 폭력 문제가 교육계 내에서 중요한 문제로 떠올랐다. 특히 2011년 12월 말에 일어난 대구 중학생 자살 사건과 연이은 학교 폭력 문제가 대대적으로 언론에 보도되자 다양한 대책이 논의되는 등 사회적 화두가 되었다. 그러나 새로운학교에서는 그런 현상이 두드러지게 줄거나 가볍게 일어나는 등 커다란 차이를 보이고 있다. 이에 대해서는 이후 정확하고 엄밀한 통계와 비교 연구가 이루어져야 할 것이다. 여기서는 학교 폭력에 대한 사회적 대처 방안을 살펴보고, 새로운학교에서는 실태가 어떠한지, 왜 그러한지 학생과 교사의 이야기를 바탕으로 살펴보고자 한다.

정부에서는 학교 폭력 대책으로 CCTV를 교내에 더 많이 설치하고, 경찰이 학교를 순찰하고, 처벌을 엄중하게 하겠다는 등 각종 물리적 대책을 발표하였다. 교육부에서는 학교폭력대책위원회를 강화하여 신고가 들어오면 즉각 교육청에 신고하고 강력한 징계를 내리며, 생활기록부에 가해 사실을 기록하도록 일선 학교에 지침을 시달하였다. 한국교원단체총연합회는 교사의 교권을 강화해야 한다고 주장하고, 언론에서도 학교 폭력 예방 교육, 제보 유인, 학급 왕따 파수꾼 지정 등을 대책으로 내놓았다.[102]

그러나 이러한 물리적 대응을 강화할 것이 아니라 학교 폭력의 근본적인 해결 방안을 찾아야 한다는 의견도 제시되었다. 전교조는 학생 인권을 더 많이 보장하고, 경쟁 중심의 학교 문화를 개선함으로써 학교 폭력 문제를 해결해야 한다고 하였으며, 새학교넷에서는 새로운학교가 확대되는 것이 학교 폭력의 효과적인 해결 방안이라고 강조하였다.

학교 폭력과 관련하여 일반 학교 학생들의 학교생활과 새로운학교는 어떻게 다른가. 서울 강명초등학교 이부영 교사는 이전에 일반 학교에 오래 근무하면서 겪은 6학년 학생들과 혁신학교 학생들의 모습을 이렇게 비교하였다.

현재 초등학교에서는 6학년 담임을 꺼릴 정도로 6학년 담임하기가 힘듭니다. 세가 그동안 숱하게 본 6학년 아이들 모습은 규칙과 질서를 안 지키는 것은 기본이고, 행동이 거칠고 막무가내입니다. 학급에서는 막 가고 힘센 아이들이 주도권을 쥐고 있으면서 생활태도가 바른 아이들이 왕따가 돼서 기를 펴지 못하는 모습을 많이 봅니다. 잘못한 일을 혼내면 바로 '씨*' 소리를 듣는 것은 예사입니다.

심지어 아이들을 심하게 혼낸 날은 자동차가 긁혀 있거나 타이어가 펑크 나 있는 날도 있습니다. 학교 담벼락에 담임 욕을 커다랗게 써놓기도 합니다. 교사의 말보다는 힘센 아이들 말을 더 따르고, 아무 데나 침을 뱉고 학교 기물 파괴도 서슴지 않습니다. 1년 동안 애를 많이 써봐도 애쓴 보람이 없습니다.

학교 안에서 우유가 들어 있는 우유갑을 4층에서 자동차 위에 던지거나 땅에 떨어뜨려서 터뜨리는 것을 보는 일은 어렵지 않습니다. 학교마다 가보

102.『동아일보』, 2012. 1. 4.

면 화장실에 낙서가 많고 문을 발로 차서 난 발자국은 물론이고, 문이 뜯어지거나 망가지는 일이 허다합니다. 화장실에서 담배를 몰래 피우다 걸리는 일도 많습니다.

그러나 지난 1년 동안 우리 학교에서는 이런 모습을 찾아보기 힘들었습니다. 물론 한 건도 없었던 것이 아니고, 학급마다 크고 작은 왕따 문제와 6학년에서 딱 한 번 학교 밖에서 친구들 사이에 집단 폭력 같은 일은 있었지만, 그 수위와 빈도가 다른 학교보다 눈에 띄게 적거나 없다는 것입니다.

특히 작년 3, 4월에 비해 아이들의 행동이 눈에 띄게 많이 좋아졌습니다. 3, 4월에는 아이들 얼굴이 어둡고 교사들이 먼저 인사를 해도 잘 받아주지 않고 외면하는 일이 많았는데, 시간이 지날수록 아이들의 얼굴 표정이 밝아지고, 지금은 먼저 뛰어와서 아는 척하고 밝게 인사하는 아이들이 많습니다. '인사 잘하기 교육'을 별도로 강조해서 하지 않았는데 말입니다(『오마이뉴스』, 2012. 1. 15).

이처럼 일반 학교에서는 생활지도를 하기가 굉장히 어려워 6학년은 교사들에게 기피 학년이 되고 있다. 그러나 새로운학교에서는 상황이 다르다고 교사들은 말한다. 예를 들어 조현초등학교에서는 일반 학교에서 보는 현상을 거의 보기 어렵다고 한다. 학년이 올라갈수록, 학교생활을 더 오래 할수록 '조현의 아이'가 되기 때문에, 오히려 6학년에서는 학생 생활 문제가 거의 일어나지 않는다는 것이다((바) 구술, 2012. 5. 6).

실제로 새로운학교에서 왕따, 집단 괴롭힘, 시달림, 폭력 등이 어느 정도인지 구체적인 통계로 나와 있지 않지만, 교사들의 이야기를 통해 실태를 어느 정도 파악할 수 있다. 초등학교와 고등학교에 비해 학생 생활 문제가 빈발하고 있는 중학교에서도 일반 학교와 달리 그런 문제가 현저히 줄거나 경미해지고 있다는 것이다.

경기도 시흥 장곡중학교 교무실 풍경은 언뜻 평범해 보이지만 여느 학교와 달리 평화롭기만 하다. 혁신학교 담당 교사인 박현숙 교사는 "선생님들 책상 위에서 어느 순간 매가 사라졌다"라며 "교무실에 불려와 무릎 꿇고 있는 아이들, 복도에 손들고 서 있는 아이들, 수업 시간에 졸거나 딴짓하는 아이들, 그런 아이들을 혼내는 교사의 화난 목소리가 우리 학교에는 전혀 없다"라고 자랑했다. 아닌 게 아니라 1학년 교실부터 3학년 교실까지 둘러보는 동안 그런 아이들을 전혀 보지 못했다. 1주일에 한 번꼴로 학교폭력대책위원회가 열릴 정도로 사건 사고가 끊이지 않았던 이 학교는 이제 다른 학교 학생들이 오고 싶어 하는 학교, 전국 각지에서 벤치마킹하기 위해 찾아오는 학교가 됐다(『한경 매거진』, 2011. 7. 6).

일반 학교에서는 장애가 있는 학생이나 힘이 약한 학생의 경우 학교 폭력의 대상이 되는 경우가 많다. 그러나 새로운학교에서는 양상이 다르다. 예컨대 부산 금성초등학교에는 발달장애, ADHD, 따돌림 등으로 학교에서 어려움을 겪었거나, 일반 학교에서 적응하지 못해 홈스쿨링을 하던 아이들이 여러 명 전입하여 생활하고 있다. 학교 안에 특수 학급도 없고 특수교육에 대해 전문 지식이 있는 교사들이 없는데도, 아이들은 서로 배려하고 나누며 잘 어울리고 있다(최윤철, 2009).

그렇다면 새로운학교에서는 왜 학교 폭력이 줄고 왕따 문제가 감소한 것일까? 어떻게 그것이 가능했을까?

소규모 학교여서 1학년부터 6학년까지 다 알고 지냈는데 전학생들이 많아지면서 서로를 모르는 경우가 많아졌는데, 어울마당이 전교생을 서로 알게 해준다. 학년 단위, 반별로 하지 않고 1학년부터 6학년까지 골고루 섞여 있다. 예를 들어 3학년이 전학 왔다. 이 아이는 모둠 아이들은 다 알고 누가 전학 왔다고 전교생에게 소개, 쉽게 동화가 된다. 그전에는 학년이 서로 다르면 고학년이 저학년 동생들을 괴롭히거나 빼앗는 경우가 있었는데, 어울마당 하면서 형과 아우가 친해지니까 학교 폭력이 거의 사라졌다(전교조·에듀니티, 2011a: 28강).

조현초등학교에서는 학생자치가 활발하고, 어울마당을 하면서 학생들이 서로 친해지고 잘 알게 되자 학교 폭력이 거의 사라졌다는 것이다. 일반 학교에서는 서로 함께 얼굴을 익히고 이야기를 나눌 기회가 없는 익명성으로 인해, 학년 간 충돌과 갈등이 빚어지는 경우가 많다. 선배가 후배에게 물건을 뺏거나 운동장을 독차지하거나 하는 일들이 빈번하게 일어난다. 그러나 의정부여자중학교의 경우처럼 새로운학교에서는 학교생활 전반에서 학생 생활 문제가 줄어들고 있음을 알 수 있다.

혁신학교 하면서 생활지도 문제가 제일 컸어요. 그전과 아이들을 대하는 게 달라야 한다는 부담감이 있었죠. 혁신학교 자체가 아이들 대하는 태도나 관계의 변화를 말하는 거잖아요. 예전 생활지도 방식과 달라야 한다 해서 교사들 간에 갈등이 많았어요. 전처럼 교무실에서 애들 혼내지도 못하고. 하지만 1학년에 혁신 주도 교사들이 열심히 집단적으로 노력했어요. 자기 반이나 자기 수업을 개인적으로 혁신하는 게 아니라 다 함께 바꾸려고 하는 것이죠.

담임 반 아이들 전원을 가정방문 하는 교사들도 있고 아이들 대하는 것을 어떻게 해야 하나 논의가 많았어요. 학년 협의회나 학년 공동체에서 2010년 학기 초부터 교사들이 비폭력 대화 연수도 받고 집단 상담 연수도 받아서 바로 3월부터 집단 상담을 전교생에게 시작했지요. 한 달에 한 번 수업 협의를 하면서 생활지도 협의도 같이 하게 되고 그러다 보니 교사들이 같이 공동 대응하게 되었어요.

교과 수업에서는 모둠 활동을 하면서 경청하기, 협력하기를 수업 시간마다 교사들이 강조하고, 소풍도 모둠별로 가고 1박 2일 주제 통합 프로젝트를 교과 통합 프로젝트와 함께 시행하였어요. 교사 개인의 노력이 집단적인 노력으로 변화하면서 학교 문화가 달라진 거예요.

아이들 말이 '왕따가 없어졌다' 그래요. 완전히 없어진 건 아니지만 거의 없어진 거예요. 수업혁신으로 수업의 주인공이 계속 바뀌면서 아이들에게 기회가 주어지고 자기도 주인공이 되면서 아이들이 달라진 거예요. 도움반 아이들을 괴롭히고 소외시키는 경우가 보통 많은데 여기는 도움반 아이가 가래침을 뱉으니까 주변 아이들이 그 아이의 침을 닦아주는 거예요.

그리고 도난 사건이 없어요. 한두 건 있었는데 100원, 200원 없어지는 정도예요. 책상 위에 지갑 놓고 가도 없어지질 않아요. 1학년은 교사들이 아주 쏟아붓고 있어서 더 그렇고요 2, 3학년에서도 교사들과 아이들이 부딪치는 일이 줄었어요. 1학년은 9학급인데 1년간 왕따도 폭력 사건 징계도 1건이 없었고, 2학기 때 1학년 아이들이 천방지축이 될 시기라서 염려했는데 변함이 없었어요.

......

2011년에 2학년에서 5, 6건 사안이 발생했는데 왕따, 폭력은 아니고 무단 외출, 교사에게 대든 거였어요. 작년 처음에는 3학년이 1학년 금품을 갈취하는 사건이 있기도 했는데 그런 금품 갈취도 많이 없어졌어요. 아직 아이들에 대한 허용치가 교사마다 달라서 애들과 부딪치는 교사들도 있지만 교사들의 전반적인 태도, 아이들과의 관계를 바라보는 태도가 달라졌어요. 학교 철학이 변화한 것인데, 배움의 공동체로서 '관계의 변화'가 핵심이고, 수업에서 강조한 것이 그렇게 나타나는 것 같아요((마) 구술, 2012. 1. 11. 인터뷰).

의정부여중에서는 어떻게 이런 변화가 가능했을까. 교사들은 비폭력 대화, 집단 상담 등의 연수를 함께 받고, 여러 교과에서 다양한 방식의 수업을 통해 협력과 경청을 강조하며, 학생들은 '수업의 주인공'이 되어 참여하고 있다. 그 결과 학생 사안이 가벼워지고 줄어들었다. 금품 갈취도 많이 줄고, 도난 사고도 거의 사라졌다. 그 이유는 학생들에 대한 교사들의 태도와 관계의 변화가 학교생활 전반에서 나타나면서 생겨난 변화라고 보인다.

홍덕고등학교는 '자율과 책임의 학생 문화'를 위해 여러 가지 프로그램을 실시해왔다. 현재 학생들 간에 핸드폰 분실, 우발적 싸움 등은 가끔 있지만 몇몇 학생들이 특정 학생을 괴롭히거나 심각한 폭력을 행사하는 등 지속적으로 왕따시키는 일은 없다고 한다. 2010년 개교 직후에는 7, 8명 학생이 한 학생을 괴롭히는 일이 있었으나, 2011년에 들어와서는 그런 일이 사라졌다((나) 구술, 2011. 11. 26).

이상에서 보았듯이 새로운학교에서는 학생 주도의 학생 문화, 학생자치 활동 활성화, 학생의 자기실현을 위한 다양한 프로그램 운영, 참여와 협력을 바탕으로 한 학교 문화가 형성되어 있다. 학생자치회 주관 행사와 축제 문화가 정착되고, 학생인권규정이 개정되어 시행되고 있다. 또 창의적 체험활동과 학생 동아리 활동이 학생들의 희망에 따라 활발하게 이루어지고 있다. 그럼으로써 학생들은 자율과 책임의 학생 문화를 만들어가고, 자기표현과 에너지를 발산할 수 있는 다양한 기회를 제공받는다. 학생들의 의견을 경청하고 반영하는 학교에 대한 만족도가 높아진다. 참여와 소통이 활발한 학교에 가기를 즐거워하고, 학교와 교사에 대한 신뢰가 형성된다. 그러므로 학교 폭력 등 학생 사안이 생기더라도 횟수가 적고, 일찍 문제를 발견하여 해결할 수 있다.

좌절-공격이론(frustration-aggression theory)에 의하면, 인간의 공격

적·폭력적 행동이 나오는 것은, 인간 본성이 악해서라기보다도 중요한 욕구나 기대가 좌절되기 때문이다. 좌절되면 분노를 느끼게 되며, 그것이 공격적·폭력적 행동을 유발한다는 것이다. 어떤 학생이 주위 학생을 괴롭히는 것은 자기 내면의 좌절감, 욕구불만이 주요 원인이라고 할 수 있다. 새로운학교에서는 일반 학교와 달리 학생들에게 그런 좌절감이나 스트레스를 유발하지 않고, 반대로 창의적 교육과정과 다양한 학생 활동, 달라진 교사-학생 관계와 학교 문화 등을 통해 완화·해소해주기 때문에, 심각한 학교 폭력이 일어나지 않는다고 해석할 수 있다.

5. 학생 건강 향상

  새로운학교에서 나타나는 현상 중 하나는 학생들의 건강에서 보이는 변화이다. 보건실을 이용하는 학생이 줄고, 일반 학교보다 학생 건강 문제가 상당히 줄어들었다. 새로운학교에서 학생들의 건강 문제가 줄어드는 것은 무엇 때문일까.

  경기도교육청은 "조현초등학교는 주의력결핍과잉행동장애(ADHD) 증상이 있는 아동이 전학 온 후 6개월 내 완치된 사례가 9건이나 있다"라고 밝혔다.

  2011년 3월 서울형 혁신학교로 개교한 강명초등학교는, 학급 정원이 25명인데 30명 넘는 학급이 있을 정도로 전학 온 학생이 넘치고 있다. 개교한 지 불과 몇 달 되지 않았는데 강명초등학교 역시 변화가 나타나고 있다. 김영동 교장은 "우리 학교에 전학 와서 틱 장애가 없어졌다는 아이도 있다"라면서 "아침마다 아이들이 빨리 학교에 가고 싶어 한다는 학부모들의 이야기를 들으면 교사로서 정말 행복하다"라고 말했다.[103] 또한 강명초등학교는 1년 사이에 보건실 방문 학생 수가 격감했다. 1학기

---

103. 『한경 매거진』, 2011. 7. 6.

2,392명보다 2학기 1,700명으로 두드러지게 줄었다. 병원 진료 권유와 안전공제 신청 건수도 1학기에는 각각 19회, 4회이던 것이 2학기에는 한 명도 없었다.[104]

　이러한 현상이 나타나는 것은 무엇 때문일까. 이 학교에서 보건실을 찾는 학생들이 줄어드는 이유를 교사들은 수업 시간에 활발하게 자기표현을 할 기회를 갖고, 학생자치 활동이 활발하며 경쟁보다 협력을 강조하는 학교 문화와 문·예·체 교육 때문이라고 본다. 그것은 "몸이 아픈 것이 마음이 아픈 데서 비롯되는 경우"가 많기 때문에, 부적응 학생이나 심리적 문제를 안고 있는 학생들이 학교생활을 통해 치유되는 것으로 추정해볼 수 있다. 앞으로 더 엄밀한 조사 연구를 통해서 밝혀져야 하겠지만, 학생들의 몸과 마음이 건강해지는 것은 새로운학교에서 똑같이 나타나는 현상으로 보인다. 그렇다면 과연 무엇이 학생들의 몸과 마음을 건강하게 만드는 것일까.

　　작은 학교에 전입해 오거나 전입하기 위해 상담을 하는 아이들 중에는 이전의 학교에서 부적응을 경험한 경우가 많다. 학교가 싫어 몇 달씩 학교에 다니지 않은 아이도 있고 친구 관계가 어려워 대안학교를 다닌 아이도 있다. 학업에 대한 스트레스 때문에 정신과 치료를 받은 아이들도 있다. 이러한 다양한 어려움을 겪은 아이들이 작은 학교에 와서 자연스럽게 치유되고 건강하게 생활하는 경우를 종종 보게 된다.
　　경쟁시키지 않고 권위적으로 통제하지 않는 방식이 아이들에게 긍정적인 영향을 미치는 것 같다. 다양한 학습 형태도 아이들에게 학습에 대한 긴장감을 줄여주는 역할을 했던 것 같다. 작은 학교의 아이들이 학교에서 생활

104.『오마이뉴스』, 2012. 1. 15.

하는 시간은 일반 학교에 비해서 짧지 않다. 학습량도 적지 않다. 그런데도 아이들은 학교에서 즐겁게 놀았다는 이야기를 많이 한다.

교과서 진도에 얽매이거나 40분 단위 시간표에 매여 있지 않고 교육과정이 유연하기 때문이다. 교과서와 교실에 묶여 있지 않고 이루어지는 체험학습은 읽고 쓰는 반복 학습에서 오는 지루함과 성적에 대한 부담감에서 벗어나게 해주기도 한다. 교실 밖에서 이루어지는 예술 표현활동은 집중력과 자신감을 길러줘서 배움에 대한 두려움을 없애준다. 작은 학교는 국정 교과서를 바꾸지도, 국가교육과정에서 크게 벗어나지도 않는다. 행사와 실적 그리고 진도와 성적에 매여 있던 틀을 바꾸어 학교를 아이들에게 되돌려주는 것뿐이다(서길원, 2009).

여기에서도 교과서와 교실에 얽매이지 않는 다양한 체험활동과 표현활동을 하는 학생들이 집중력과 자신감을 갖게 되어 호기심도 많아지고, 학습에도 열의를 보이게 된다고 한다. 학교에서 친구 관계의 어려움과 학업에 대한 스트레스가 줄어들자, 학생들의 부적응과 건강 문제 역시 사라지게 되었다는 것이다. 새로운학교에서 학습량이 결코 적지 않은데도 블록 수업 등으로 놀이 시간을 확보하자, 학생들은 학습 집중도와 흥미도가 높아지고 배움에 대한 두려움이 줄어들면서, 몸과 마음이 건강해진 것으로 보인다. 이에 대한 깊이 있는 연구가 앞으로 이루어져야 할 것이나 새로운학교에서 학생 건강이 좋아졌다는 것은 교육학적 함의가 상당히 크다고 하겠다.

V.

교사연대 학교혁신 운동의
전진

새로운학교의 핵심은 교사들의 자발성과 교육 활동 중심 학교 운영 체제라고 할 수 있다. 새로운학교운동을 하고 있는 교사들 사이에 이 두 가지 가운데 어느 것이 우선이냐 하는 논쟁이 일어나기도 하였다. 교사들의 자발성이 새로운학교운동을 치열하고 생동감 있게 만드는 원동력이라고 강조하는가 하면, 일반 학교와 다른 교사들에게 확산시키려면 시스템 구축이 필요하다고 역설하기도 한다. 특히 초기 새로운학교운동에서 교사들의 자발성은 학교를 변화시키는 힘의 주요한 원천이었다. 그러나 교사의 자발성에만 의지해서 새로운학교운동을 지속적으로 확산시키기는 어렵기 때문에, 이제는 다른 학교에 적용될 수 있도록 시스템이 안착될 필요가 있다.

　　이 장에서는 먼저 새로운학교운동이 한국 교육에 갖는 의의를 살펴보고, 기존의 교육운동과 새로운학교운동의 차이를 밝혀보겠다. 또한 교사연대 학교혁신 운동의 주체인 교사들에게 어떤 변화가 일어났는지를 분석하고자 한다. 둘째, 새로운학교운동이 앞으로 어떠한 방향과 해결해야 할 과제를 가지고 있는지 논의해볼 것이다. 여기서 과제는 교사연대 학교혁신 운동이 안고 있는 과제, 앞으로 규명해야 할 연구 과제와 교육 당국이 지원해야 할 정책 과제로 구분하였다.

1. 새로운학교운동의 의의

새로운학교운동은 교육민주화운동에서 시작하여 공교육 체제로서의 학교교육을 교사들이 주도하여 혁신하는 것이다. 애플(M. Apple, 1986)은 '교육민주화' 문제가 이론적으로나 실천적으로 매우 중핵적인 교육문제라는 점을 지적하면서, 앞으로 교육과정 사회학 연구에서 비단 '비판의 언어'뿐만 아니라 '가능성의 언어'가 요망된다고 하였다. 그런 점에서 새로운학교운동은 '비판'을 넘어 '가능성'으로 나아갔을 뿐 아니라, 거기서 더 큰 걸음을 진전시켰다. 교사운동의 주체들에게 자발성과 열망을 불러일으켜 '가능성'을 넘어 '현실'로 만들어가고 있기 때문이다. 조직된 교사단체가 뒷받침하면서 일으키고 있는 교사연대 학교혁신 운동은 그동안 '비판'의 언어로 점철된 교사운동을 '가능성'과 '현실'의 언어로 전환시키고 있다. 교육청의 정책적 지원이 새로운학교를 빠르게 확산시키고 있지만, 그 일을 정작 해내는 주체인 교사들에게 일어난 변화에 주목하는 것은 운동의 지속성과 효과를 위해서 매우 중요하다고 하겠다.[105]

---

105. 이 절의 내용은 『교육비평』 31호(2013년 봄·여름)에 일부 게재된 바 있다.

가. 한국 교육에 갖는 의미

새로운학교운동은 한국 사회에 누적된 교육문제 해결에 어떻게 기여할 수 있을까. 새로운학교는 일반 학교와 어떤 차이를 보이는가. 이전의 교육운동 또는 교사운동과 어떤 차이가 있는가. 이 절에서는 누적된 한국 교육문제 해결에 새로운학교운동이 어떻게 기여하며, 전교조 참교육운동과 열린교육 운동 및 대안교육 운동과 어떤 차이를 가지고 있는지 비교 분석해보려고 한다.

1) 기존의 교육과의 차이

그동안 한국 교육은 일제 교육의 잔재, 획일적인 관료주의, 입시 위주 교육, 문제풀이 교육, 형식적 선시행정, 과중한 사교육비, 교육 양극화 등의 문제를 안고 있다고 비판받았다. 새로운학교운동은 이러한 문제들을 해결하는 데 어떠한 역할을 할 수 있을까.

첫째, 새로운학교는 학교에 남아 있는 일제 교육의 잔재를 없애는 효과가 있다. 애국조회, 주번제도, 반장제도, 소지품 검사, 교문 지도, 용의복장 단속 등 일제 강점기부터 지속되어온 통제와 감시 장치를 과감히 없앴다.[106] 학생 인권 차원에서도 재고해야 할 낡은 관행을 없앤 것이다. 예컨대, 교사와 학생이 다 같이 만나는 방식은 운동장에서 하는 애국조회

---

106. 조회는 매일 아침, 전교생이 군대식 대열을 이루어 집단 훈련을 받는 일제 강점기 보통학교 교육에서 가장 중요한 집단의식이었다. 1920년대부터 시작된 조회는 전교생이 운동장에 군대식 대열로 집합한 상태로 실시된다. 학생은 학급별로 열을 이루어 부동자세로 서 있고, 그 앞에는 학생 대표인 급장이 자리 잡는다. 전교생의 대표는 6학년 급장이 맡았으며, 그에 마주하여 교사와 교장이 위치를 잡는다. 개별적인 행동은 용납되지 않으며 호령에 맞추어 경례나 합창과 같은 단체 행동이 이루어진다. 조회 의식 속에는 봉안소 경례나 만세와 같은 이데올로기적인 의례가 포함되었고, 전체 학생에 대한 훈시 및 체조가 포함되어 있었다. 당시 보통학교 규율에서 두드러진 특징의 하나는 학교 단위로 전교생이 치르는 기념행사나 의식이 매우 빈번하였고 그때마다 조회와 같은 집단 훈련이 반복적으로 실시되었다는 것이다(오성철, 2000: 332-341).

가 아니라 실내에서 다모임, 어울마당 등 민주적이고 공동체 의식을 높이는 학교자치 모임 형태를 띤다. 반장은 교사의 권한을 일정하게 위임받아 행사하는 것이 아니라, 학급을 대표하고 대변하는 역할을 분명히 한다. 아예 반장을 따로 선출하지 않는 학교도 있는데, 그럴 경우 다모임에서는 원하는 사람이 그날 모임의 사회와 진행을 맡는다. 또한 교문 지도는 아침맞이로 바뀌어 학생들의 교복 차림과 머리 모양 등을 감시 감독하는 교문 지도 대신 교장과 교사들이 교문에서 학생들을 맞이하고 환영한다. 교장과 교사들은 학생들에게 인사를 건네고 웃으며 손을 흔들고 맞이하는 것이다. 뿐만 아니라 교실 앞에서는 담임교사들이 학생들을 하나하나 맞이하며 아침인사를 건네고 껴안아주거나 하이파이브를 하는 모습으로 달라졌다.

해방 후 70년이 지나도록 학교 문화 곳곳에 뿌리박힌 일제 잔재가 새로운학교에서 사라지고 있다는 것은 커다란 의미를 갖는다. 이것은 마루(H. Marrou, 1965)가 말한 바, "교육은 시대가 변화하더라도 한번 획득된 특질이 그 자체를 유지 존속하려는 관성을 갖게 되며, 새롭게 변형되어 진화한다"라는 속성을 넘어서는 작업이다.

둘째, 새로운학교에서는 획일적인 관료주의를 찾아보기 힘들다. 교육청을 비롯한 상급 관청에서 실시하도록 부과하는 것 가운데 정말로 교육적으로 필요하다고 판단하지 않으면 최소한으로 하거나 원하는 학생들만 참여하도록 한다. 각종 통계와 공문 작성은 행정 직원을 두거나 행정 업무 전담팀에서 담당한다. 또한 교사회, 학생회, 학부모회가 구성원들의 의견을 모으며 합의된 것을 교장이 집행하는 학교자치를 실현하고 있다.

셋째, 새로운학교는 입시 위주 교육을 추구하지 않는다. 선행 학습을 하지 않고 입시를 겨냥한 문제풀이 교육을 하지 않는다. 성적과 시험으로 학생들이 압박을 받지 않도록 하고, 학생 상호 간에 배움이 일어나도록 협동적인 수업을 구성한다. 체험학습과 프로젝트 학습으로 교과와 시간의 장벽을 뛰어넘는 학습 활동이 권장된다. 평가 방식도 다양하며, 성적 통지표는 학생의 전인적 발달을 균형 있게 기술하고자 한다. 교사들은 학생들이 참여하고 주체가 되는 수업을 하기 위해 노력한다.

넷째, 새로운학교는 형식적인 전시행정을 하지 않는다. 상급 기관의 평가를 의식하고 내용을 과장하거나, 없는 것을 있는 것처럼 보여주지 않는다. 외부의 시상이나 대회에서 학생들이 성과를 내도록 하는 대신, 학교에서 계획한 교육과정에 충실하고자 노력한다. 상주남부초등학교 교장이 말했듯이 '빈말'이 아니라 '참말'로 하는 교육이다. 이오덕이 말하는 바, '거짓 교육'이 아니라 '참교육'을 하고자 한다.

다섯째, 새로운학교는 과중한 사교육비 부담을 줄이는 데 기여할 것으로 기대된다. 학생들은 배움을 즐거워하고, 자발성이 살아나고, 학교에 가고 싶어 한다. 학생들이 원하는 동아리 활동과 방과후학교 프로그램이 다양하게 이루어진다. 실제로 2012년 경기도의 사교육 참여율은 일반 학교가 72.52%, 혁신학교가 70.42%로 혁신학교가 2.1% 적었으며, 급별로는 고등학교가 9.43% 적게 나타나 가장 차이가 컸다. 1인당 평균 사교육비는 일반고가 평균 273,947원, 혁신학교가 238,274원으로 혁신학교가 35,673원 적었으며, 급별로는 고등학교가 75,608원 적게 나타나 가장 차이가 컸다.

여섯째, 새로운학교는 교육 양극화에 따른 교육 격차를 줄이는 효과가 있다. 예컨대 경기도의 최근 연구에서 혁신학교는 교육 격차의 감소에 기여하는 것으로 나타났다. 혁신학교가 사회경제적 배경에 따른 교육 격차를 효과적으로 감소시키고 있는가를 분석한 결과, 일반 학교에 비해 혁신학교에서 그 영향력의 정도가 유의하게 작은 것으로 나타났다. 이러한 결과는 혁신학교가 가정 배경의 열악함이나 낮은 사교육 투자 등과 같은 불리한 조건에 놓여 있는데도, 가정 배경에 따른 교육 격차를 감소시키는 데 기여하고 있다는 것을 의미한다. 다른 지역에서도 교육 격차와 관련된 연구가 더 진행되어 새로운학교가 미치는 영향을 확인해볼 필요가 있다.

그렇다면 새로운학교는 일반 학교와 무엇이, 어떻게 다른가.

이미 Ⅲ장에서 새로운학교와 일반 학교에 대한 비교 분석이 이루어졌으므로 여기서는 그 특징만 간단히 언급하려고 한다. 현재 일반 학교에서 교사의 가장 본질적인 역할인 수업과 학급 운영은 교사 개인에게 맡겨져 있다. 행정 업무 역시 해당 교사가 도맡아 하며 자신이 맡은 일에서 특별한 문제가 발생하지 않는다면, 다른 교사가 거기에 개입할 여지 없이 진행된다. 이와 같이 일반 학교에서 교실별, 교과별, 교사 간 관계는 '분리'와 '단절'을 특징으로 한다.

새로운학교에서는 수업과 학급 운영이 교과별, 학년별 교사들의 소통과 협력에 의해 진행되고 전체 교직원회의도 의결기구 성격을 띤다. 따라서 구성원들의 의견이 충분히 반영되고 수렴되어 '통합적'으로 일이 진행되고 그것은 다른 일에까지 '연쇄반응'을 일으킨다. 학교교육 계획은 새로운 학기가 시작되기 몇 달 전부터 여러 단위에서 평가와 제안을 거쳐 전체 교직원들이 참여하고 논의하여 수립된다. 그리고 계획은 계획한 그대로 진행된다. 일반 학교에서 흔히 하는 '빈말'에 불과한 미사여구나 '거짓' 계획이 아닌 것이다. 수업은 공개와 협의가 일상적으로 이루어지며, 교사들뿐 아니라 학부모들에게도 교실은 늘 '개방'되어 있다. 학교 운영에 지역 주민과 지역사회, 학부모들의 참여는 권장되고 활발하게 이루어진다. 그리고 학교는 행정 업무 중심이 아니라 교사와 학생들의 학습 지원 체제로 운영된다.

그렇기 때문에 새로운학교에서는 '분리'와 '단절'이 아니라 '협력'과 '연결'이 일어난다. 학교에서 벌어지는 많은 일들과 관계에서 이러한 특징이 계속해서 나타날 때, 그 누적 효과가 어떠할지는 또 다른 연구가 필요할 것이다. 다만 새로운학교에서 학생·교사·학부모 만족도 향상, 학업성취도 향상, 학교 폭력 감소, 학생 건강 향상, 교육 격차 감소가 나타나는 것을 보면, 학교 전반에서 일어나는 '협력'과 '연결'로 인한 '통합적 연쇄반응'이 상승효과를 가져온 것으로 판단된다.

이러한 차이점을 종합해볼 때 일반 학교와 새로운학교의 특성을 비교하면 〈표 V-1〉과 같다.

〈표 V-1〉 일반 학교와 새로운학교의 차이

항목	일반 학교	새로운학교
학교교육 계획	'빈말'[107]	'참말'
개방 정도	교실 왕국	열린 교실
	닫힌 교문[108]	열린 학교
학교 운영 체제	행정 업무 중심	교육 활동 중심
교실/교과/교사 간 관계	분리, 단절	협력, 연결
일의 진행	편의점식 나열	통합적 연쇄반응

2) 기존의 교육운동과의 차이

새로운학교의 철학과 내용은 25년이 넘는 전교조 참교육운동과 맥이 닿아 있으면서도 다르다. 새로운학교운동은 전교조 참교육운동과 어떻게

---

107. 상주남부초등학교 교장의 말에서 연구자가 인용하였다. 상주남부초등학교의 교장은 새로운학교를 만들려는 교사들에게 "당신들은 '빈말'을 '참말'로 하려 하는군요"라고 하면서 지원을 약속하였다.
108. 1989년 전교조 결성 당시 상황을 담은 '닫힌 교문을 열며'라는 영화에서 따왔다. 여기서는 지역사회와 학부모들에게 개방되어 있지 않은 학교의 폐쇄성을 가리키는 말로 사용하였다.

다를까? 새로운학교운동의 주체가 상당수 전교조 조합원으로서 참교육 운동을 해왔기에 가치 지향과 교육 목표, 교육 철학, 교육 방법 등에서 서로 비슷한 점이 많다고 할 수 있다. 실제로 진행 과정에서 교사들 사이에 의견 차이가 생겨나 논란을 빚는 일은 무수히 많았지만, 그것은 교육 내용과 가치들을 실현하기 위한 적절한 방안이 무엇인가에 대한 논의였다. 이 점은 새로운학교운동이 초기에 빠르게 추진되고 혁신 모델을 성공시키는 힘으로 작용하였다. 그러나 동시에 새로운학교운동의 앞날에 보편화 가능성이라는 면에서 한계와 과제를 시사해주는 것일 수 있다. 교사들 간에 교육 철학, 학교 운영 방식, 학생들을 대하는 태도, 교육과정, 수업을 둘러싼 가치 지향에서 공감대가 이루어지고 합의가 되지 않을 때 새로운학교로의 변화는 어렵기 때문이다.

다행히 실제로 새로운학교로 변화를 해가는 과정에서 전교조든 교총이든 특정 교원단체가 아닌 교사들까지 합류하여 함께 만들어가는 운동이 되고 있다는 점을 주목할 필요가 있다. 또한 교사와 학교 행정가들 사이에 생겨나기 쉬운 대립과 갈등이 학교혁신을 위해 협력과 지원을 하는 관계로 바뀌고 있다. 이와 같이 교사들 간에, 교사와 교장 간에 소통과 협력을 가로막는 장벽을 넘어서는 것이야말로 새로운학교로 가는 길이라고 할 수 있다.

어떤 의미에서 새로운학교운동은 "변하지 않는 것을 위하여 변하고 있다."[109] 전교조 참교육운동이 새로운학교에서 구현하려고 하는 가치와 의미는 '변하지 않는 것'이다. 물론 그것은 생명과 평화와 같은 가치를 포함하는 것으로 더욱 확장되었다. 그러나 교실에서 학교로, 교사 개인에게서

---

109. 신현칠(2009)의 회고록 『변하지 않는 것을 위하여 변하고 있다』에서 제목을 인용하여 참교육운동의 가치와 실현 방도를 말하고자 하였다.

학교 전체로, 접근 방법과 대상은 '변하고 있다'.

새로운학교에서는 학교가 지향하는 가치와 철학을 공유하기 위하여 교사 연수와 학습이 대단히 강조된다. 교사들이 학습공동체를 만들어 기존에 가졌던 교육에 대한 관념과 관성을 극복하도록 지속적인 연구·실천 활동을 한다. 아울러 모든 교사가 자주 수업 공개와 협의를 통해 수업을 변화시키려고 함께 노력한다. 이러한 '동료성' 구축은 교사 간 관계를 변화시키고 자발성을 높여준다.

이와 같이 새로운학교운동은 학교 전체 구성원이 함께 새로운학교를 만들어가기 위해 협력하고 참여한다는 점에서 교실과 교과에 머물렀던 참교육운동을 넘어서는 것이다. 그것은 교육이 이루어지는 장소인 학교에 초점을 맞춰 총체적으로 학교를 바꾸려 한다는 점에서 그렇다.

또한 새로운학교운동은 이전에 자발적으로 일어났던 열린교육 운동과 비교해볼 때 어떻게 다를까.

첫째, 열린교육은 아동중심주의를 비롯한 서구의 교육사상을 국내에 도입하여 현장에 적용해보려는 성격을 띠고 있었다. 그러나 새로운학교운동은 외국에서 도입된 교육사상에 의한 것이 아니라 한국의 교육 현실을 성찰하고 거기서 문제점을 찾아 해결하기 위한 집단적 노력으로부터 생겨난 자생적인 교사연대 학교혁신 운동이다.

둘째, 열린교육 운동은 현장에서 자발적 운동으로 진행되다가 정책적으로 확산되면서, 학교 현장의 준비 정도를 넘어 무리하게 추진함으로써 왜곡되는 현상이 일어났다. 그러나 새로운학교운동은 그것을 교훈 삼아 가산점을 주거나 학교평가에 반영하지 않았다. 준비가 부족하거나 제대로 추진하지 못하는 경우를 배제함으로써 남발과 부작용을 막고자 하였다. 운동의 의의에 공감하는 교사들이 열정과 헌신으로 참여하여 자발성을 최대한 발휘하게 하는 방식으로 진행되고 있다.

셋째, 열린교육 운동은 학교 단위의 총체적인 변화라는 점을 충분히 견지하지 못하였다. 따라서 시간이 흐름에 따라 희망하는 교사들이 교실 차원에서 수업을 바꿔보려는 것으로 귀결되었다. 열린교육은 열린 교실에서 열린 수업을 구현하는 것으로 이해되었다. 즉, 교실을 단위로 하여 교육 방법의 개선을 모색하는 데에 관심이 있었다.[110] 그에 반해 새로운학교운동은 교육 활동 중심으로 학교 운영 체제를 재편하여 교육과정과 수업을 변화시키는 학교 단위의 총체적인 혁신을 추구한다.

그렇다면 새로운학교운동은 1990년대 중반부터 시작된 대안교육 운동과는 어떻게 다르며 어떤 의의가 있을까.

첫째, 대안교육 운동은 기존의 공교육 학교 체제에 반발하는 사람들이 공교육 학교 체제 밖에서 대안교육 또는 대안학교를 운영하는 것이다. 대안교육 운동이 시작된 지 10년 만인 2006년에 대안교육을 받는 학생들은 0.2% 정도였다. 그중에서도 전일제 학교 형태를 띠는 대안학교에 다니는 학생은 0.07%에 지나지 않았다. 그것에 반해 새로운학교운동은 나머지 99.8%의 학생이 다니는 공교육 학교 체제의 전면적인 변화를 이끌어내는 운동이다. 특히 특목고나 특성화고, 자율(립)형 사립고와 같은 학교가 아닌, 다양한 계층의 학생들이 다니는 일반 학교에서 이루어지고 있는 운동이라는 점에 주목할 필요가 있다. '학교의 다양화' 정책이 강력하게 시행되는 교육정책의 흐름과 달리 보통의 일반 학교에서 '학습의 다양화(개별

---

110. 열린교육은 교육과정을 교과 중심보다는 생활상의 문제와 아동의 질문을 중심으로 구성하려 했던 진보주의 교육과는 달리, 기존의 교과를 가르치되 가르치는 '방법'에 있어서 아동의 학습 속도와 관심에 있어서의 개인차를 배려하고, 학습환경을 구체적 자료들을 동원하여 풍부하게 꾸며주려는 교육이었다. 즉, "열린교육은 학습자의 학습 속도와 관심에 있어서의 개인차를 존중하고, 내재적 흥미에 의해 자율적으로 학습해나가도록 하기 위해 교육과정 편성 및 학습 집단 편성을 유연하게 운영하는 총체적 자율화 교육"이다(한국열린교육협의회 편, 1997).

화)'를 시도하고 있는 것이다. 그 첫출발은 오히려 가장 열악한 농산어촌의 폐교 직전인 학교에서 시작함으로써 교육 여건과 학생들의 사회경제적 배경이 가장 어려운 학교를 혁신해내는 성과를 거두었다. 학교 설립 취지에 동감하는 학부모와 학생들을 대상으로 한 대안교육 운동과 달리, 새로운학교운동은 일반 학교의 혁신을 목표로 하는 것이기에, 공교육 전체에 미치는 파급력과 의의가 그만큼 크다고 할 수 있다.

둘째, 대안교육 운동은 학교 자체에서 독자적으로 교육 철학과 방법을 개발하여 발전시키는 것이라면, 새로운학교운동은 현재 교사운동 단체의 적극적인 지원을 받으며 서로 연결되고, 수렴과 확산을 병행하고 있다. 새로운학교운동은 최근에 대부분의 교육청이 정책적으로 지원하고 확산시키면서 더욱 촉진되고 있다. 그에 비해 대안교육 운동은 연대모임이 있지만 학교 자체의 독자성을 더 중요하게 여기는 경향이 있다고 할 수 있다. 그러므로 자체적으로 학교 운영 체제의 확립뿐 아니라 교육 이념에 걸맞은 교사 양성과 학교 재정의 안정적 확보를 위해 어려움을 겪고 학교 행정에도 많은 힘을 쏟아야 했다.

그러나 새로운학교운동은 공교육 체제 안의 일반 학교에서 전교조 참교육운동의 오랜 경험을 기반으로 대안교육 운동의 내용을 참조한 교사 모임이 학교 운영 체제의 재구조화와 교육과정 및 수업의 변화에 집중할 수 있었다.

나. 교사들에게 일어난 변화: 의미·관계·일의 전환

데이비드 타이액과 래리 큐반(D. Tyack& L. Cuban, 1995)은 미국 교육개혁 100년사를 돌아보면서 개혁가들이 공교육을 선도하기 위해 좀 더 넓은 안목을 가져야 하며, 상명하달식이 아니라 '내부로부터' 수업을 개선시킬 방법에 초점을 두어야 한다고 역설하였다. 학교교육은 과거에도 그랬고 지금도 그런 것처럼 미래에도 주로 학교에서 일하는 현직 교사들의 확고하면서도 반성적인 노력과 (비난하면서도) 공교육을 지지하는 학부모들 및 시민들의 기여로 더 나아질 것이기 때문이다. 그래서 개혁의 주체인 교사들의 헌신을 끌어낼 수 있느냐가 가장 중요한 문제가 된다. 그렇게 볼 때, 새로운학교운동은 "안으로부터의 시도를 선호하며, 교사만으로는 이러한 일을 할 수 없고 학부모와의 협력을 구축하면 가장 큰 성공을 맛볼 수 있다"라는 그들의 견해와 같다.

여기서는 새로운학교운동이 갖는 의의를 교사들에게 일어난 변화라는 측면에서 세 가지로 정리해보고자 한다. 새로운학교로 변화할 수 있는 첫 번째 기본 조건이 자발적인 교사모임이므로 교사들에게 일어난 변화가 무엇인지 분석해보는 것은 매우 중요한 의미를 갖는다. 행위자에게 일어난 변화가 곧 새로운학교의 구체적인 특징과 성격을 말해주기 때문이다.

새로운학교운동은 교사들에게 이전과 다른 '의미의 전환', '관계의 전환', '일의 전환'을 가져왔다. 새로운학교에서 교사들은 그동안 일반 학교에서 느꼈던 무력감과 관성을 벗어나 교육에 대한 '의미'를 발견하고 있다. 또 교육행정가, 동료 교사, 학생, 학부모, 지역사회와 새로운 소통과 협력의 '관계'를 맺는다. 상급 관청에서 내려온 공문을 작성하고 행정적 사무에 치중하던 업무 대신, 수업을 준비하고 학생 상담 등 교육 활동 중심으로 '일'이 전환된다. 교사들에게 세 가지 측면의 전환은 어떻게, 왜 일어났는가.

1) 의미의 전환

'의미'의 전환은 새로운학교운동을 통해 교사들이 존재론적인 의미가 달라지는 경험을 하게 되는 것을 말한다. 이는 수동적이고 순응적이던 교사가 자발적이고 자율적인 존재로 재탄생한다는 것이다. 또한 전문직 노동조합으로서 교사운동이 제도개선 투쟁을 통해 충족시키지 못했던, 수업과 학급 운영 등 일상적인 교육 활동에서 교사들이 의미와 가치를 찾게 된다는 것이다.

새로운학교에서는 경쟁보다 협력을, 차별보다 지원을 지향하는 학교공동체를 만들고자 한다. 오랜 교사운동에 뿌리를 둔 새로운학교운동은, 공교육 체제 안에서 대안을 만드는 창조적 작업으로 교사들을 이끌어내고 있다. 25년이 넘는 전교조 운동을 통해 잘못된 것을 고치고 바꾸고 비판해온 교사들은 신자유주의의 흐름 속에서 새롭게 도입되는 경쟁과 차별의 논리와 정책들에 저항해왔다. 농산어촌 학교 통폐합, 학교평가, 교원평가, 자립형·자율형 사립고 확대, 학교 다양화 정책, 학교선택제 등 학생과 학교를 '선별'하고 '분리'시키는 정부 정책에 맞서 '통합'과 '평등'의 가치를 주장해왔다. 그러나 정부와 교섭과 대화가 이루어지지 않은 상태에서 정책에 대한 반대 투쟁은 지극히 험난하고 많은 희생을 감수해야 했다. 그런데도 그 결과는 완전한 철회 대신 부분적인 완화에 그치는 경우가 많았다. 그런 과정이 오래 지속되면서 교사운동을 해온 사람들 가운데 상당수는 지치고 힘들어하며, 변화에 대한 회의와 절망을 느끼게 되었다. "해도 해도 안 되네"라는 탄식이 나오고, 학교의 일상은 주어진 일을 하기에 급급한 "하루살이 인생"이라는 자조감을 느끼게 하였다. 특히 전교조 합법화가 이루어지고 조합원이 대폭 늘어난 상황에서도 학교가 별로 변화하지 않는 현실은 당혹감을 일으킬 만한 것이었다. 정부가 교사를 교육개혁의 대상으로 여기고, 일방적으로 도입하는 무수한 정책들이 교사들의 자발성과 자존감을 심각하게 침해한다는 비판도 같은 맥락에서 나온 것이다.

일반 학교의 운영 체제에서 교사들은 사실 학교가 어떻게 운영되고 있는지 전체적인 내용과 방향을 이해하고, 의견을 제시하기가 쉽지 않다. 또한 그동안 교사운동이 치열하게 해온 제도개선 요구 투쟁의 성과로 학교운영위원회, 예결산위원회, 인사자문위원회, 급식소위원회 등 다양한 논의구조가 마련되고 교사·학생·학부모의 의견 조사가 이뤄지고 있기는 하다. 그러나 이것들이 학교 운영에 통합적으로 연결되지 않음으로써 교사들은 고립감을 느낀다. 얼핏 보면 다양한 기구가 구성되고 절차가 진행되는 것처럼 보이지만, 내용적 합의와 통합은 잘 이루어지지 않기 때문이다.

새로운학교는 비록 합의 과정의 어려움이 있지만, 모든 교사들이 같이 논의하고 해결하려고 한다는 점에서 교사들의 "하루살이 같은 인생"을 뒤바꿔놓았다. 참여와 소통의 학교 문화가 교사들을 교육의 주체로 변화시킨 것이다. 새로운학교운동이 교사운동을 해온 교사들 사이에서 급격히 분출되고 확산된 이유도 거기에 있다. 이와 같이 일반 학교에서 좌절하고 고립감을 느끼던 교사들은 학교에 초점을 맞춰 총체적인 변화를 모색하면서 획기적인 '의미'의 전환을 경험한다.

2차 세계대전 당시 아우슈비츠 수용소에서 살아남은 정신의학자이자 철학자 빅터 프랭클(V. Frankle, 1946)은 저서 『Man's Search For Meaning: An Introduction to Logotherapy』에서 인간은 '의미'를 추구하는 존재라고 하였다. 인간은 자신이 추구하던 의미를 찾을 수만 있다면, 그로 인한 고통을 각오하고 희생을 감내하며 필요하다면 생명까지도 바친다(V. Frankle, 1977). 그에 의하면, 인간은 항상 자기 외의 다른 무언가를 향해 헌신한다. 그 대상은 어떤 목표를 이루고자 하는 의미일 수도 있고, 자신이 만난 다른 누군가일 때도 있다. 인간으로서 존재한다는 것은 언제나 '스스로를 넘어서서 다른 대상에게 향한다'는 뜻이고, 이것이 인간 존재의 핵심이라고 본다. 그러므로 인간이 진정으로 원하는 것은, 행복해지는 것이 아니라 행복해질 수 있는 이유라는 것이다(V. Frankle, 2007). 그렇게 본다면, 새로운학교에서 교사들은 자신이 하는 교육의 '의미'를 새롭게 발견한다. 의정부여자중학교 교사처럼 "죽어도 좋아, 기적이네"라고 하는가 하면, 명예퇴직을 하려다가 미룬 경우가 생겨난다. 회현중학교처럼 학교에 대한 자부심이 높고, 23년 교직생활에서 처음으로 존재감을 느껴봤다는 교사들이 나오게 된다.

일반 학교에서 "제도적으로 억압받고 교육적 상상력이 좌절당한" 교사들은 새로운학교에서 '의미'의 전환을 이룬다. '의미'의 전환은 교사들의 자발성의 원천이 된다. 그것은 교육에 대한 희망을 갖게 하고 열정과 헌신을 다하는 모습으로 나타난다. "하루살이 인생"이 "죽어도 좋아"로 바뀌는 것이다. 교사로서 주체적 삶을 살며, 집단적 사유와 공동 실천을 통해 보람을 느끼고 함께 성장해나가는 것이 새로운학교운동을 통해 교사들이 발견하는 '의미'인 것이다.

2) 관계의 전환

'관계'의 전환은 새로운학교 안에서 교사와 교사, 교사와 학생, 교사와 학부모, 교사와 행정 직원, 교사와 교장 간의 관계가 유기적·협력적으로 변화한다는 것이다.

일반 학교에서는 교사 간 관계가 분리·단절되어 있고 교사와 학생은 방어적·대립적 관계에 놓이기 쉽다. 교사와 학부모 사이는 소원하며, 교사와 교장 사이는 수직적이거나 분리·대립되는 경우가 많다. 일반 학교에서 교사들은 그러한 관계 양상으로 인해 학생·학부모·교장 또는 다른 교사들과 충돌을 일으키거나 고립감과 마음의 고통을 느끼는 경우가 많다. 교사들이 학생과 충돌하고 좌절하여 교직을 그만두거나, 학교 안 다양한 관계 형성에 어려움을 느껴 명예퇴직을 희망하는 교사들이 늘어나고 있다.

이러한 현상과 관련하여 사토 마나부는 "학교의 자주적인 개혁을 막는 최대의 장벽은 문부성의 통제도, 교육위원회의 통제도 아니다. 교사들을 분열, 고립시키고 있는 교사의 장벽이며 교과의 장벽"이라고 지적한 바 있다(사토 마나부, 2001). 마이클 풀란과 앤디 하그리브스(M. Fullan & A. Hargreaves) 역시 교사들의 '고립주의'와 '나홀로주의'가 뿌리 깊은 문제라고 비판한다. 학교의 건축 구조와 시간표, 교사의 업무 과중이 이 문제를 지속시키며, 역사와 전통이 그것을 합리화시킨다는 것이다. 이렇듯 만연한 고립과 나홀로주의는 안전 위주의 편리함만 찾는 수업 방식을 고수하게 하며, 학생들의 학업 성취가 낮아지는 원인이 된다(M. Fullan & A. Hargreaves, 1996). 또한 로티(D. Lortie, 1975)는 일반 학교의 서로 격리된 교실을 "달걀상자 학교(egg crate school)"라고 불렀다. 근대 학교 체제가 형성된 오랜 기간을 통해 학교 조직은 교사들 간의 상호 의존성보다는 상호 분리를 조장하는 방향으로 이루어졌다는 것이다. 교육과정 역시 교사 상호 간의 분업을 전제로 하여 구성되었다. 로티는 이것이 교사들 간의 분리와 낮은 상호 의존성을 낳았다고 지적한다. 학교를 통치하는 사람들은 학교를 단단하게 통합된 유기체로 보는 것보다, 마치 독립된 세포들의 집합과 같이 학급이라는 기본 단위들의 집합체로 보는 것이 편리했다.

그러나 새로운학교는 일반 학교에서 보이는 교실, 건물, 교과, 교사들 간의 '분리'와 '단절'을 극복하기 위해 노력한다. 공간적으로 교무실과 행정실을 통합하여 한 공간에 있거나 교무실에 교장이 교사들과 함께 있기도 한다. 상호작용의 측면에서는 학교자치를 바탕으로 학교 구성원들이 유기적·협력적 관계를 맺는다. 교사들은 행정 업무를 대폭 덜어내고 오래된 관행이나 행사를 없앰으로써 수업과 학급 운영 등 학생 생활에 관심을 집중한다. 부서 편제가 학년부 체제로 되어 있어 교사들은 시간 날 때마다 수업과 학생들에 관해 이야기한다. 처음에는 문제 학생들 이야기로 시작하지만 시간이 지나면 학생들에게 어떻게 하면 좋을까가 교무실의 주된 화제가 된다. 모든 교사들에게 수업 공개와 협의가 일상화되므로 열린 수업, 열린 교실이 된다. 교사 간, 교과 간 '분리'와 '단절'을 극복하고 '협력'과 '연결'이 이루어진다. 애쉬튼과 앱(P. Ashton & R. Webb, 1986)이 말하듯, 교사 간 협력이 가져다주는 주된 효과는 교사 스스로 느끼는 무기력감을 감소시켜주며 자신감을 불어넣어준다.

로젠홀츠(S. Rosenholtz, 1989)는 두 가지 학교 문화에 대해 주목했는데, 그것을 "정체된(stuck, 교사 학습 부재)"학교와 "달리는(moving, 교사 학습 풍부)"학교라고 불렀다. "정체된"학교는 학생의 성적이 아주 낮고 교사들은 혼자서 일하고 서로 도움을 청하지 않는다. 이런 학교의 교무실 분위기가 매우 좋다고 하더라도, 이것은 학교와는 관련이 없는, 혹은 아이들이나 학부모들을 두고 하는 농담 등과 같은 사교적인 수준에서의 대화가 잘 이루어지는 것일 뿐 교육에 관한 전문적 대화는 없었다. 수업 활동이나 그것을 개선하는 것 등에 관한 진지한 이야기는 없었다. 그러나 "달리는"학교는 교사들이 서로 함께 일을 한다. 동료 교사들에게 도움을 주고 서로 의견 교환을 많이 하면서 교사들은 더욱 자신감을 가지게 되었고, 최종적으로 얻고자 하는 일이 무엇이며, 그것을 어떻게 해야 얻을 수 있는지 더욱 잘 알게 되었다. 이런 학교에서는 "끊임없이 자기를 개선하는 일이 날마다 생활의 아주 당연한 부분으로 규정되고, 이야기되고 실제로 체험된다."

이러한 관점과 비슷하게 리틀(J. Little, 1990)은 교사들 사이의 협동적 관계를 네 가지 유형으로 구분했다. (가) 훑어보기와 이야기하기(scanning and storytelling), (나) 돕기와 보조하기(helping and assistance), (다) 나누기

(sharing), (라) 함께 일하기(joint work)이다. 네 번째 '함께 일하기'가 가장 "강력한 형태"의 협동으로서 예컨대 팀티칭, 계획 수립, 관찰, 현장 개선 연구, 동료 코칭, 멘토링 등을 말한다. 리틀은 '함께 일하기'가 상호 의존성, 책임의 공유, 공동적 헌신과 개선 등의 측면이 더 강화되고, 검토하고 비평하는 어려운 작업에 더 적극적으로 참여하는 것이라고 하였다. 이것이야말로 정말로 중요한 개선으로 이끌 수 있는 협동적 노력이며 문화라는 것이다.

이렇게 볼 때, 새로운학교에서 교사들의 동료성 구축은 교사들 간에 '관계'의 전환을 가져온다. 교사들 사이의 협동적 관계는 리틀이 분류한 앞의 세 가지보다 더욱 강력한 네 번째 '함께 일하기'라는 협동의 형태를 띤다. 수업을 공개하고 수업에 대해 협의하고, 교육과정을 만들고, 학생 생활교육에 관한 협의를 하는 등 새로운학교에서 교사들은 자신의 교육 활동과 관련한 "전문적 대화"를 나누고 함께 일한다. 조현초등학교의 이중현 교장이 강조한 교사들의 대화도 이런 성격이라고 볼 수 있다.

소규모 학교에서는 잘 공개되지 않는 작은 단위의 회의보다는, 교직원 회의라는 직접 민주주의를 선호하여 모두가 의사결정에 참여하고, 자신의 생각을 표현하고, 서로의 의견을 내놓는 방식으로 함께 결정한다. 그 과정은 물론 쉽지 않았다. 각기 다른 교육관과 교육 경험을 가진 교사들이 학교 운영 전반에서 서로의 생각을 모두 드러내고 토론하며 합의해가기란 지난한 과정을 밟아야 했다. 예컨대 송산초등학교는 뜻을 같이하는 교사들이 만나 일 년 넘게 공부하고 학교를 변화시키기 시작했지만, 생각이 똑같다고 여겼던 것이 착각임을 깨달았다.

정말 저희도 일 년 넘게 같이 공부하고 들어와서 생각이 똑같다고 생각했거든요. 그런데 있다 보니까 정말 많이 다르다는 걸 정말 많이 느꼈어요.

다투기도 하고, 이런저런 일도 많았거든요. 그럼에도 불구하고 같이 향하는 목적지는 같은데 어떤 방법으로 하는가에 대한 차이인 것 같아요. 모두 다 목적이 같다는 걸 다 아시는 것 같아요. 그래서 조금씩 조율해가는 일 년이었던 것 같아요. 조율하면서 다투고 싸우면서 더 많이 배우는 것 같아요. 우리 안의 다툼과 생각의 다름이 나를 좀 더 크게 이끌어가는구나 이런 생각을 많이 했어요. 선생님들끼리 서로 조금씩 알아가면서 자신의 생각을 조금씩 바꿔가기도 하시고, 다른 선생님들의 생각을 받아들이기도 하면서 더 발전적으로 나아가는 것 같아요. 아이들 다투는 것같이(웃음)(전교조·에듀니티, 2011a: 21강).

그렇다면 교사들의 동료성을 구축하는 '관계'의 전환은 어떻게 이루어졌을까. 의정부여자중학교의 사례에서 교사들이 동료성을 구축해가는 과정을 볼 수 있다.

제가 교사대토론회를 그전에 세 차례 1학기 때 진행했는데 굉장히 주효했거든요. 교무회의나 기획회의, 부장회의는 사실 약화된 편인데 우리 학교는 새로운 소통 체계를 만들었거든요. 혁신 협의체, 교사대토론회, 교장-담임회의. 부장은 다 빠지고 교장과 담임만 다 모이죠. 그런데 교사대토론회가 굉장히 효과가 컸거든요. 교사들의 긴장관계나 불만을 해소, 해결된 것도 있고 혁신부에서는 거기서 나온 것들을 전부 정책으로 다 구성해서 풀어나가려고 했고, 안 된 것은 다음으로 미루거나 이해를 구하니까 선생님들의 긴장도가 엄청 낮아지고 소통이 잘됐거든요. 그래서 끝날 때는 출산이나 1정(1급 정교사 연수) 들어가기 전에 케이크 한번 자르자, 하면 30~40명이 모여서 같이 축하하고 박수 쳐주고 케이크 먹고 노래 부르고 즉석에서 선생님들이 분위기가 그렇게 좋아졌거든요((라) 구술, 2011. 8. 21).

교사들의 자발성이 높아지고 교사들 간에 협력적 관계가 만들어지면서 교사-학생 관계 역시 변화한다. 교사들의 수업과 학급 운영 방식이 학생 중심으로 참여와 협력을 이끌어내자 학생들은 주체로 서게 된다. 학교 행사와 학생자치 활동 및 동아리 활동을 통해 학생들의 자발성은 더욱 높아진다. 교사들은 학생들의 활동을 지원하는 것으로 자리매김하고 학생-교사 관계는 변화한다.

남한산초등학교 역시 학생들에 대한 교사들의 태도로 인해 학생들이 학교에서 즐거움과 만족을 느낀다고 한다. 시스템의 차이보다 교사들이 학생을 대하는 태도가 학생들의 학교 만족도를 높인다는 것이다. 남한산초등학교는 학생들에게 친절할 것, 자유와 판단을 존중할 것, 성급하게 규칙과 질서를 강요하지 않을 것, 학생들과 함께 놀고 함께 생활할 것 등이 교사들 사이의 묵계가 되었다(안순억, 2009).

또한 학교 안에 관행적으로 있어온 것들을 없애고 바꿈으로써 '관계'의 전환이 이루어지기도 한다. 예컨대 남한산초등학교는 일제 강점기부터 유지되어온 애국조회나 반성조회가 다모임 시간에 전교생이 실내에 모여 앉아 교장과 이야기를 나누는 것으로 바뀌었다. 모두 모여 앉아 서로 이야기를 나누는 다모임 시간이 갖는 효과는, 줄을 맞추고 침묵을 강요하는 애국조회의 일방적인 훈화에 비할 바가 아니다. 또 교장·교감은 도덕 수업을 맡아 학생들에게 하고 싶은 이야기를 그 시간에 교실에서 직접 한다.

일반 학교에서 학부모의 학교 참여 기회는 제한되어 있고 학부모의 교육적 기대와 요구가 수렴될 창구는 형식적으로 존재한다. 그러나 새로운 학교에서 학부모는 학교 구성원으로서 다양한 통로로 학교에 참여하고 있다. 학부모의 활발한 참여는 때로 교사들과 의견이 다르거나 긴장과 대립을 일으키기도 한다. 그러나 오랜 토론과 합의 과정을 거치면서 교사들은 학부모와 새로운 관계를 만들어간다. 서로에 대한 이해와 배려를 통해 새로운 학교 공동체를 만들게 되는 것이다. 나아가 그것은 교육적인 삶의 태도를 배우고 건강하고 행복한 삶을 가꾸기 위해 구성원 모두가 함께 노력하는 과정이기도 하다.

기존의 권위적인 학교를 해체하고 새로운 질서를 만드는 과정은 때로 치열한 토론을 동반했고 그 과정에서 서로 반목하고 상처받기도 했다. 학교 살리기 운동을 시작하던 초기, 학부모들의 요구는 '아이들이 행복한 학교'처럼 단순했다. 그러나 학교가 알려지고 교육열이 남다른 학부모들로 채워지면서 많은 갈등이 일어나기도 했다. 처음에 전학 올 때는 기존의 학교 틀에서 벗어난 자유로운 분위기만으로도 충분히 만족하지만 학년이 올라가면서 학력에 대한 요구가 커지기도 했다. 때론 교사의 교수 방식이나 학급 운영에 지나치게 관여하면서 충돌이 생기기도 했다. 교권과 학습권, 그리고 교사의 역할과 학부모 참여라는 경계를 두고 대립하기도 했다. 학교 일에 적극적으로 참여할 수 있는 학부모와 맞벌이 등으로 학교 일에서 상대적으로 소외될 수밖에 없는 학부모 사이에 미묘한 갈등이 생기기도 하고, 지역 원주민과 도시에서 전입해온 이주민 사이의 문화적 경제적 차이가 소외감을 불러일으키기도 했다.

어쩌면 이러한 긴장 관계와 대립은 꼭 필요한 통과의례였는지도 모르겠다. 이런 갈등을 겪으며 우리는 서로를 존중하고 신뢰하는 방법을 배웠다. 학교 구성원 간에 서로 이해하고 배려하는 것이 학교를 지키는 일임을 알게 되었고 그러면서 학교 공동체는 더 단단하게 여물었다. 행복한 학교를 만드는 일은 아이들뿐만 아니라 학교 구성원 모두가 교육적인 삶의 태도를 배우고 건강하고 행복한 삶을 가꾸기 위해 함께 노력하는 일인지도 모른다(서길원, 2009).

새로운학교에서 교사들 간의 관계는 협동성과 동료성이 특징이라고 할 수 있다. 수업 공개와 협의를 포함하여 학교 운영 전반에 대한 교사들의 소통이 활발하다.

남한산초등학교를 새로운학교로 변화시킨 주역인 (가) 교사는 교사들과의 관계만이 아니라 학부모와의 협력적 관계가 얼마나 중요한지 전교조 창립 무렵의 상황을 예로 들었다. 그는 전교조 창립 때 민족·민주·인간화 교육을 하면서 교사들이 삶의 의미를 찾고, 학생·학부모와 함께 관계 속에서 그 가치를 실현해간 것이 전교조가 정권의 전면적인 탄압을 버텨낸 이유라고 보고 있다. 전교조가 정부 권력과 구조 대 구조로 싸우는 대신, 학교 현장의 학생들과 학부모와의 관계 속에서 해직의 부당성을 알려내고 참교육의 정당성을 인정받게 되었다는 것이다. (가) 교사는 그런 면에서 제도개선 요구 투쟁이 교사의 존재론적인 고민을 해결하고 전문직 노동자로서 교사가 하는 수업과 학급 운영 등에 직접적인 도움을 주지 않았다는 점을 지적하였다((가) 구술, 2012. 1. 20). 교사운동은 그동안 해온 활동에 대한 반성과 성찰을 통해 새로운학교운동을 전개하면서 학생과 학부모와의 연대와 협력의 중요성을 다시 확인하고 이를 실현하기 위해 노력하고 있다.

요컨대 새로운학교에서는 학교자치를 기반으로 하여 교사 간, 학생과 교사 간, 교사와 학부모 간, 교사와 교장 간 소통과 협력이 활발하다. 그것은 이전에 일반 학교에서 교사들이 경험했던 '분리'와 '단절'을 극복하고 '협력'과 '연결'로 '관계'의 전환을 이루는 것이다. 그리고 이러한 '관계'의 전환은 새로운학교에서 벌어지는 일들에 '통합적 연쇄반응'과 상승효과를 내고 있다고 할 수 있다.

3) 일의 전환

'일'의 전환은 새로운학교에서 교사들이 일반 학교와 달리 행정 업무 중심에서 교육 활동 중심으로 일이 바뀌고, 주어진 일을 하는 것이 아니라 스스로 능동적으로 일을 만들어간다는 뜻이다. 새로운학교에서 교사의 일은 수업과 학생 생활교육이 중심이다. 이것은 당연하다고 할 수도 있겠지만 실제 한국의 학교에서는 그러지 못해왔다. 그러므로 '일'의 전환이 이루어진다고 할 수 있다. 그것은 "학교가 바뀌면 수업이 바뀐다"[111]라는 말에서도 볼 수 있다. 구체적으로 어떤 일이 어떻게 바뀌고 어떤 일이 없어지고 줄어드는 것일까.

작은 학교들이 가장 먼저 시작하는 일은 관료주의적 관행에 찌든 학교를 과감하게 뜯어고쳐 교육 활동 중심 체제로 바꾸는 일이었다. 통제와 지시 그리고 경쟁에 의해 유지되는 학교 체제를 자발성과 협력이 살아 있는 역동적인 학교로 만들고자 한 것이다. 먼저 실적을 쌓기 위한 각종 대회와 행사 참여, 공문서, 전시적인 행사를 없애고 배움을 중시하는 학교 풍토를 만들어갔다. 입간판, 조회대 등 권위주의적인 시설물들을 걷어내거나 주번제도, 운동장 조회, 선발 위주의 시상 제도 등 낡은 틀과 관행을 바꾸어가기도 했다. 지역 교육청에서 실시하는 각종 대회나 졸업식에서 외부 기관이 주는 상을 없애 소외되는 아이들이 없이 모든 아이들이 주인공이 되도록 노력하기도 했다…….

그다음에 시도한 일은 교육과정을 새롭게 하는 것이었다. 일반 학교에서는 교육과정을 새로 구성하는 일이 쉽지 않다. 행사를 조금 새롭게 만들려고 해도 넘어야 할 장애물이 만만치가 않다. 국가교육과정이 일곱 차례나

---

111. 일본 사토 마나부 교수가 쓴 배움의 공동체에 관한 책을 인용하여 뒤집어 말하였다.

바뀌었지만 교사들의 교육 활동은 크게 달라지지 않았다. 시수와 진도 그리고 성적에 매여 교과서와 시간표를 벗어나지 못한다. 달라진 것이 있다면 사이버 학습에 의존하는 '클릭맨' 교사와 교육과정을 검색과 다운에 의존하는 '다운맨' 교사가 늘어가고 있다는 점이다. 작은 학교 교사들 또한 경험해보지 않은 새로운 교육과정을 시도하는 것은 쉽지 않은 도전이었다. 그렇기 때문에 이들 학교는 교육과정을 전면적으로 바꾸기보다 법으로 보장된 범위 내에서 자율성을 최대한 발휘해 작은 학교의 특수성을 살린 교육과정을 만들어갔다(서길원, 2009).

남한산초등학교를 비롯하여 새로운학교에서는 각종 대회나 시상을 없애고 주번제도, 운동장 조회 등 낡은 관행을 타파하는 것을 제일 먼저 실시하고, 이후 교육과정 운영 중심으로 학교 조직을 개편하여 교육과정을 새롭게 하는 데 역점을 두었다. 그것은 자연스럽게 일제 강점기부터 내려온 의례와 관행을 청산하는 결과를 가져왔다. 또한 획일적·관료주의적 전시행정으로부터 탈피할 수 있었다. 경쟁과 선별의 교육을 협력과 자발성의 교육으로 바꾸는 것이기도 했다. 그리고 지역과 학교에 맞는 특색 있는 교육과정을 만드는 일에 힘을 쏟았다.

의정부여자중학교도 부서 편제를 학년부 체제로 바꾸어 수업과 생활교육에 초점을 맞추고, 행정 업무는 담임교사로부터 최대한 분리해냈다. 그러자 한 학기도 되지 않아 교사들은 "일 없네"라고 하며 자연스럽게 수업과 생활교육에 관한 이야기로 화제가 모아지게 되었다. 그러면서 교사들은 어느 학급 또는 어느 학생의 문제를 해결하기 위해 수업 공개와 협의를 하자고 처방을 내린다((라) 구술, 2011. 8. 21).

또한 새로운학교에서는 학교 행사가 새롭게 달라진다. 예컨대 송산초등학교는 입학식을 일반 학교에서 보기 어려운 색다른 방식으로 치렀다. 입학식에서 '틀려도 괜찮아'라고 새내기들에게 교장선생님이 직접 동화책을 읽어주자 학생들은 모두 숨죽여 경청하였다. 이렇게 동화책을 읽어주며 시작된 입학식을 보고 학부모들은 감동적이라며 감탄이 자자했다. 동화책과 함께하는 입학식을 치르는 데에는 동화책을 선정하는 교사, 플래시를 찾는 교사, 아이들과 학부모들이 앉을 자리를 배치하는 교사, 방송시설을 점검하는 교사, 입학식장을 청소하는 교사, 학생들에게 선물로 걸어줄 사탕 목걸이를 만드는 학부모, 몇 번이고 책을 읽으며 준비하는 교장 등 협력적인 학교 문화가 한몫했다.

이와 같이 새로운학교는 학교 행사만이 아니라 수업, 교육과정, 학교자치 등을 일반 학교의 타성과 관행으로부터 벗어나 새롭게 구성하는 것이기 때문에 교사들의 상상력과 열정과 헌신을 요구한다. 특히 초기에는 더욱 그렇다. 퇴근 시간을 넘겨 밤늦게까지 회의를 하거나 수업 준비 등을 하기 때문에 일반 학교에서 늘 하던 익숙한 일을 해온 교사들이 새로운학교의 철학과 교육과정에 관심을 갖고 동의하더라도 선뜻 전입을 결심하기가 쉽지 않다. 전교조 조합원 교사 중에서도 새로운학교로 전입해올 교사를 찾기는 쉽지 않았다. 그것은 단지 일이 달라지고 많아지는 것이 아니라, 교사 자신의 삶과 철학을 전혀 새롭게 바꾸는 문제이기 때문이다. 처음 송산분교를 새로운학교로 만들 무렵의 어려움을 한 교사는 이렇게 표현했다.

새로운학교를 만드는 데 교사가 중요하다는 것은 두말할 나위도 없다. 아이들에게 있는 그대로의 아이들 모습을 존중하며 기다려줄 수 있는 교사. 그리고 학부모와는 수평적 관계를 유지하며 소통할 수 있는 교사. 그렇게 교사와 학부모, 학생 사이에 사랑과 신뢰의 관계가 정착될 때만이 새 학교가 가능하다. 또한 학교교육과정 운영에 대한 열정과 노하우가 있어야 하고,

무엇보다 '새 학교'를 만들어나가고자 하는 취지에 동의해야 한다.

그런 교사 진영을 만드는 일은 쉽지 않았다. 새학교 모임을 함께했던 분들은 마음은 가득하나 점수가 부족하여 인사이동을 할 수 없었다. 여러 교사들을 수차례 만나고 설득도 해봤지만 지레 겁을 먹고 손사래를 치는 분들도 많았다. 내 아이는 그 학교에 보내고 싶으나 나는 근무할 수 없다고 말씀하는 분들도 더러 있었다. 체험 위주로, 아이들 중심으로 교육과정이 이루어지는 학교는 몸도 마음도 힘들 것이라고 판단하는 분들이 많았다. 교사로서 보람도 중요하지만 아무런 이익도, 특혜도 없는데 굳이 발 벗고 밤 늦은 시간까지 뛰고 싶지 않다고들 했다.

......

처음에는 동료 교사들에게 많이 실망했다. 순천에 있는 전교조 교사 500명 중에 5명도 안 모아지나 싶어 마음이 상하기도 했다. 그러나 교사들을 만나면 만날수록 우리 교육 안에서 그들이 겪고 있는 고초가 느껴졌고, 그것은 당연히 우리가 안아야 할 짐이라는 결론을 내렸다. 늘 지시와 통제로 일관하는 학교 안에서 길들여진 교사, 다른 이들과 다르면 부당한 처우를 받을 수 있는 학교 구조, 학부모와 관계 속에서 어려움을 겪을 수밖에 없는 교사의 입장, 교사이자 아내, 부모라는 많은 역할이 주어진 여교사들의 삶 등······. 어쩌면 새 학교를 만드는 것은 교사들을 새롭게 만드는 일이자 이 사회를 바꿔 가는 일일지도 모른다는 사실을 실감하기도 했다(김현진, 2009).

새로운학교를 만드는 것은 이처럼 교사들의 의미와 관계 및 일의 전환을 가져오고, 총체적 삶을 변화시키는 것이다. 나아가 교사들의 교육 활동만이 아니라 교사들의 일상과 문화의 변화, 즉 삶의 변화를 일으키고 그것을 통해 사회를 바꾸는 일이 될 수 있다는 것이다.

2. 앞으로의 과제

가. 새로운학교운동의 과제

새로운학교운동은 2000년 남한산초등학교를 시작으로 농산어촌의 작은 학교에서 차례로 일어났고 2007년 교장공모제, 2009년 경기 교육청의 혁신학교 추진을 시작으로 2010년 6개 교육청, 2014년에는 13개 교육청으로 혁신학교가 확산되면서 제도와 정책의 지원을 받고 있다.

아래로부터는 2000년 이후 남한산초, 거산초, 삼우초 등 작은 학교에서 시작한 자생적인 학교 살리기 운동을 비롯하여 2005년 작은학교교육연대, 2006년 스쿨디자인21, 서울을 비롯한 새로운학교 만들기 교사모임, 2007년 전교조 학교자치교장선출보직제특위, 2009년 새로운학교네트워크 준비위, 2011년 새로운학교네트워크 창립 등 학교혁신을 위한 노력이 여러 단위에서 집단적으로 이루어졌다. 또한 좋은교사 운동과 배움의공동체, 참여와소통 등 여러 교육단체와 한국교육연구네트워크를 비롯한 지역의 교육연구소들이 학교혁신에 대해 갖는 관심과 논의는 더욱 커지고 활발해졌다. 오랫동안 괴리가 있어왔던 교육학자들과 교육 현장의 실천가들이 만나 연구와 현장의 결합이 어느 때보다 긴밀하게 이루어지고 연구성과물이 연이어 나오고 있다.

2009년 13개 혁신학교로 출발했던 경기도교육청은 6년 만인 2015년에 356개교로 27배 이상 혁신학교 수가 늘어났다. 전국적으로는 2013년 9월, 6개 교육청의 혁신학교 비율이 전국 17개 시도 초·중·고 11,408개교의 4.3%인 448개교였다. 2015년 3월 전국의 혁신학교 수는 전국 11,612개교의 6.9%인 816개교로 늘어났다. 4·16 세월호 참사 이후 치러진 교육감 선거에서 13개 시도 교육감이 혁신학교 정책을 주요 공약으로 내세워 당선된 뒤 혁신학교는 전국으로 빠르게 확산되고 있다. 혁신학교에 대한 그동안의 찬반 논란도 가라앉고 국민의 지지와 관심을 받아 여론도 우호적이라고 볼 수 있다. 새로운학교운동이 시작된 2000년 이래 새로운학교가 확산될 수 있는 객관적 조건은 그 어느 때보다 좋다고 말할 수 있다.

그렇다면 현재 새로운학교운동이 마주 보고 있는 과제는 무엇일까.

첫째, 새로운학교운동의 추진 주체와 주요 동력인 교사들을 어떻게 성장시킬 것인가 하는 것이다. 새로운학교의 철학과 교육 목표 및 교육과정과 운영 체제의 변화를 가능하게 할 교사들이 얼마나 탄탄하고 두터운 층을 이루고 있느냐가 새로운학교의 확산과 지속을 위한 관건이라고 하겠다. 초기와 다르게 새로운학교운동이 자발적인 교사모임으로만 진행되는 것이 아니라 대부분의 교육청에서 혁신학교를 추진하고 있으므로, 교사운동의 인적 충원과 교육청의 제도적 지원이 동시에 진행되고 있다. 따라서 새로운학교네트워크, 전교조와 같은 교사운동의 역할은 먼저 새로운학교를 만들어낼 교사 집단의 성장을 이루는 것이라고 하겠다. 새로운학교운동의 주체와 조직, 네트워크의 형성과 확장을 통해 교육청을 비롯한 국가 기구의 행정과 혁신을 아래로부터 압박하고 뒷받침하는 체제를 구축할 필요가 있다.

새로운학교 추진 전략의 핵심은 그간의 관 주도적인 개혁에서 벗어나 학교 구성원의 자발성과 자율권 확대를 바탕으로 학교 단위에서 아래로부터 혁신을 추구한다는 점에 있다. 새로운학교운동은 '혁신학교'에 거점을 두고, '학교혁신'으로 나아가고, 이를 바탕으로 '교육혁신'으로, '지역공동체 형성'으로 나아가는 운동이다. 그러므로 교육청이 그런 정책을 펼치도록 견인할 필요가 있다(황호영, 2015). 이것이 곧 운동과 제도의 만남이자 균형이다.

둘째, 학력에 대한 새로운 정의와 그것을 학교교육과정으로 구현해내는 구체적인 방도를 마련해야 한다. 그동안 혁신학교 또는 새로운학교는 그것의 특징과 지향에 대한 여러 가지 질문과 도전을 받아왔다. 새로운학교는 무엇이 새로운가? 학업성취에서 어떤 성과를 얻고 있는가? 수월성보다 평등성을 중시하는가? 사교육 경감에 효과가 있는가? 교육 격차 해소에 기여하고 있는가? 등이 그것이다. 이것은 새로운학교가 추구하고 만들어가고 있는 교육의 목표와 내용이 무엇이며 실제로 어떤 결과를 얻고 있는가에 대한 질문이다. 각기 조금씩 다른 가치와 지향을 가지고 학교혁신을 해왔지만 새로운학교의 특징이 무엇인가에 대한 답을 체계화하여 내놓아야 할 것이다.

기존의 성적과 시험에 의한 학업성취가 아니라면, 대안적이고 포괄적인 학력 개념을 새롭게 정립하고 사회적 논의를 통해 합의해가는 과정을 밟을 필요가 있다. 현재 교육단체들이 요구하고 있는 국가교육위원회의 핵심 의제도 바로 이것이 될 것이라고 본다. 교육을 통해 무엇을 어떻게 성취할 것인가에 대해 새로운학교운동 내부로부터 해답을 만들어가는 과정이 필요하다.

셋째, 지역 간 격차, 학교 간 격차, 급별 격차를 해소하기 위한 방안을 마련할 필요가 있다. 혁신학교를 정책적으로 추진하지 않는 지역에서는 새로운학교네트워크 및 다른 교육단체와 연결된 교사모임이 정보 공유와 교사교육을 통해 준비하고 있지만, 자생적으로 새로운학교 만들기를 하는 만큼 제도적 지원을 적극적으로 받는 다른 지역과 상당한 격차가 나타나고 있다. 적극적으로 추진하는 지역이라 하더라도 그 안에서 지역별 차이를 보이므로 낙후된 지역을 집중 지원할 필요가 있다.

또 혁신학교가 빠른 속도로 확산되면서 혁신학교 간 차이도 상당히 커지고 있다. 지역별 혁신학교네트워크를 구축하여 서로 협의하고 소통하면서 같이 갈 수 있도록 하고, 혁신학교학부모네트워크와 지역의 교육단체들을 포함한 거버넌스를 구축하여 지역에서 안정적으로 혁신학교와 혁신교육을 지원할 필요가 있다. 또한 학교 급별 격차를 넘어서기 위한 방안도 마련해야 한다. 혁신학교가 주로 초등학교에 집중되어 있고 고등학교에서 모범 사례를 찾기가 어려운 것이 현실이다. 초·중·고가 연계되는 혁신학교 벨트를 구성하여 특히 고등학교 단계에서 혁신학교의 전형을 만들어내는 것이 필요하다.

넷째, 새로운학교운동을 하는 교육단체와 교육연구소 등이 서로 소통하고 협력할 필요가 있다. 새로운학교네트워크, 교육희망네트워크, 전국교직원노동조합, 좋은교사운동, 참여와소통, 배움의공동체, 공모교장협의회, 혁신학교학부모네트워크 등 학교혁신을 위해 함께할 수 있는 교육단체들이 다양하게 존재한다. 또한 한국교육연구네트워크, 함께여는교육연구소, 충남교육연구소, 인천교육연구소 등 다양한 교육연구소와 교육청 부설 교육정책연구소들이 학교혁신을 위한 연구를 하고 있다. 실천과 연구가 결합하여 실천에 의미를 부여하고 내용을 체계화하며, 방향을 함께 만들어가는 노력이 필요하다. 그러므로 새로운학교운동의 지향과 철학에 공감하는 조직이라면 경계를 허물고 네트워크 방식으로 협력과 소통을 할 필요가 있다. 그럼으로써 새로운학교운동의 저변을 넓히고 내용을 풍부하게 할 수 있다.

위와 같은 새로운학교운동의 과제들이 해결될 때 학교혁신이 일반화되어 지속가능한 혁신을 기대할 수 있다. 새로운학교를 확산시킬 때에는 방법론이나 프로그램을 그대로 옮기는 것을 경계하고, 현장의 문제를 구성원들이 논의하여 함께 해결한다는 관점을 견지할 필요가 있다. "민주적 학교 운영 체제를 바탕으로 윤리적 생활공동체와 전문적 학습공동체 문화를 형성하고 창의적 교육과정을 운영하여 학생들이 자기 삶의 역량을 기르도록 하는 학교혁신의 모델 학교"[112]인 혁신학교에 대한 개념 정리는 경기도의 지난 6년간의 경험이 반영되어 있다.

이제 새로운학교운동은 5·31교육 체제에서 4·16교육 체제로 한국 교육의 전환을 가져올 수 있는가 하는 갈림길에 놓여 있다. 새로운학교운동은 그동안 교사운동이 해온 '비판'을 넘어 '가능성'으로 나아갔을 뿐 아니라, 거기서 더 큰 걸음을 진전시켰다. 교사운동의 주체들에게 자발성과 열망을 불러일으켜 '가능성'을 넘어 '현실'로 만들어가고 있기 때문이다. 그것을 지속가능하고 전반적인 교육 분야의 변화로 만들어가기 위해서는 새로운학교운동 주체들의 연대와 협력이 대단히 중요하다고 하겠다.

나. 연구와 정책 과제

앞으로 새로운학교운동은 어떠한 연구 과제 및 정책 과제를 안고 있을까. 먼저 연구 과제를 보면, 앞에서 살펴본 바대로 새로운학교에서는 여러 가지 긍정적인 초기 성과가 나타나고 있다. 최근 1~2년 된 새로운학교에

---

112. 경기도교육청(2015. 10).

서도 보건실을 이용하는 학생들이 줄고 건강 문제가 줄었으며, 기초학력 미달 학생이 감소하였고, 왕따와 집단 폭력 같은 학교 폭력이 상당히 줄어들었다고 교사들은 한결같이 말한다. 새로운학교는 일반 학교보다 교사·학생·학부모의 학교에 대한 만족도가 높고 해마다 더 높아지고 있다는 보고도 잇따른다. 최근에는 교육 격차를 감소시킨다는 연구 결과도 나왔다.

이러한 변화와 성과에 대해서는 앞으로 더욱 엄밀한 연구가 필요하다. 새로운학교의 학교 효과를 검증하고 어떤 요인이 그러한 효과를 낳았는가를 구체적으로 규명하는 연구는, 한국 공교육의 새로운 가능성과 변화를 위한 중요한 근거가 될 것이다. 새로운학교의 학교 효과 가운데서도 학업성취도의 변화, 졸업생 진로와 진학 등을 종단 연구해본다면 실제로 지적·도덕적 성취가 어떠한지 입증할 수 있을 것이다. 사교육에 미치는 영향과 학력 불평등 문제 해소에 어떤 기여를 하는가도 중요한 연구 과제이다. 또한 새로운학교와 일반 학교의 비교 연구 역시 학업성취를 포함한 다양한 측면에서 필요하다. 그것은 학력을 중시하고 대학 입학 경쟁이 수많은 교육문제를 일으키는 한국 현실에서 학교교육의 방향을 바로잡는 이정표가 될 수 있을 것이다.

둘째, 새로운학교에서 변화된 학교 문화의 성격과 실상을 구체적으로 연구함으로써 일반 학교와의 차이를 밝혀내고 보편화 가능성을 위한 요건을 찾아낼 수 있다. 새로운학교에서 학교 구성원들 간의 소통과 참여가 어떻게 이루어지고, 그 기반인 학교자치가 어떻게 구현되고 있는가를 구체적으로 밝히는 것은 새로운학교의 운영 원리를 찾아내는 작업이 될 것이다.

셋째, 새로운학교운동의 발생과 특징 획득 및 보편화 과정을 보면서 생겨나는 중요한 질문은, 학교에서 교사들의 일상과 문화의 변화가 어떻게 일어나고 있는가이다. 프레이리(P. Freire)가 주장한 의식화 교육에서 한 단계 나아가는 사회 변화를 일으키려면, 주체들 자신의 가치와 의식의 변화를 넘어선 일상과 문화의 변화, 즉 교사로서의 삶의 변화가 필요하다고 보인다. 그것은 사회학 일반에서 핵심 논제인 사회의 변화가 어떻게 가능하며, 사회 구성원들의 변화는 또 어떻게 가능한가와 연결이 된다. 그렇기 때문에 새로운학교의 교사들이 겪는 가치, 의식, 일상, 문화의 변화가 무엇인지 구체적으로 밝혀질 필요가 있다. 이러한 과제는 새로운학교의 지속성과 관련해서도 중요한 문제이다. 더 나아가 한국 교육의 난제들을 해결하는 새로운 교육의 가능성에 대한 질문으로 확대될 수 있을 것이다.

새로운학교의 확산과 발전을 위한 정책 과제는 무엇일까.

첫째, 교사들의 자발성을 살려주는 교장의 민주적 리더십을 키워야 한다. 체계적인 연수를 통해 교장이 교사들을 지원하고 협력적 관계를 맺도록 하는 한편, 제도적으로 점수제 교장제의 한계를 뛰어넘을 필요가 있다. 내부형 교장공모제의 효과가 크다는 연구 결과도 나온 만큼, 내부형 교장공모 비율을 대폭 확대해야 한다. 자율학교에서 교장공모제를 시행하도록 법제화되었으므로, 시행령에서 15%로 제한한 규정을 삭제하는 것이 바람직하다. 그것이 입법 취지에 맞고 학교 구성원들의 선택에 맡기는 것이기 때문이다. 새로운학교의 주체가 되는 교사 집단이 형성되어 있다고 해도 교장이 새로운학교의 철학과 운영 체제를 지원하지 않는다면, 새로운학교의 추진에 커다란 제약과 갈등 요인이 될 수 있다. 진보 교육감이 있는 지역은 내부형 공모제가 확대되는 추세지만, 그렇지 않은 지역은 초빙형 공모제가 대부분이다. 내부형 공모제를 하는 학교의 구성원 만족도가 높게 나타나고 있는 점을 보더라도 내부형 공모제를 확대하여 학교자치를 실현함으로써 점수제 교장제도가 갖는 문제를 극복할 필요가 있다.

둘째, 새로운학교의 거점 학교를 명확히 세우고 확산시켜나갈 전략을 세워야 한다. 교사운동 단체와 교육청에서 교사 교육을 통해 양적·질적 기반을 만들어내는 것이 매우 중요하다. 연수 내용도 기초과정과 심화과정, 전문가 과정, 교장 연수 등 체계를 세워 단계별로 이수하도록 하고, 전문 강사진을 양성하며 학교 컨설팅을 실시할 필요가 있다.

셋째, 학교평가가 단기적 성과 중심의 평가가 되지 않도록 한다. 교사를 힘들게 하는 것은 업무량이 아니라, 교육 성과가 하루아침에 나타나기 어렵기 때문에 진정성 있는 노력이 학교평가에 반영되지 않는 것이다. 조직 운영의 효율성과 의사소통, 업무 편중 여부 등에 대해 전문가들이 1년에 몇 차례 컨설팅 중심으로 학교평가를 할 필요가 있다. 그 과정에서 구성원들의 협력, 학생들의 변화된 모습과 참여 정도를 평가하는 것이 바람직하다.

넷째, 일반 학교에 보편화시키기 위하여 교육청 차원에서 행정 업무를 줄이고 학교 운영 체제의 변화를 적극 유도해야 한다. 새로운학교에서 긍정적 변화가 나타나고 있는 요소들을 일반 학교에 도입하고 적용할 수 있는 여건을 만들어줄 필요가 있다. 행정 업무 중심의 학교 부서를 학년 중심 체제로 바꾸어 교사들이 학생 생활교육에 집중하고 협력하도록 하는 것도 한 가지 방법이다. 일반 학교에서 학교 운영과 수업 및 학생 생활교육이 '분리' '단절'의 특성을 가지고 있는 만큼, 새로운학교에서 교사들이 전문적 학습공동체를 만드는 것은 대단히 중요하다. 교사들 간의 협력과 전문성 신장의 기회를 스스로 만드는 것이므로 적극 지원해야 한다. 또한 형식적인 학생회·학부모회를 활성화하고, 교직원회의가 의결기구의 성격을 갖도록 학교 구성원들의 참여와 협력을 유도하는 것이 필요하다. 도시의 중·대규모 학교들은 스몰 스쿨로 운영하는 것이 학교 구성원의 참여와 소통 및 책임감을 높이는 방안일 수 있다. 학교와 학급의 규모를 적정하게 유지하여 교육 활동과 학교 운영 체제를 원활하게 하는 것이 중요하다.

VI.

나가며

이 연구는 2000년대부터 전개되고 있는 교사연대 학교혁신 운동의 등장과 주요 특징을 분석하였다. 새로운학교운동이 등장하기 직전인 1990년대는 한국 사회의 급격한 변동으로 새로운 교육문제가 기존의 교육문제와 중첩되어 정부 당국, 교사운동 집단, 대안교육 운동 세력의 대응과 갈등이 교차하는 시기였다. 그 밖에 1980년대 말부터 성장한 학부모 운동, 다양한 교육사회단체들의 움직임이 있지만, 이러한 시민사회 내의 움직임은 전교조 운동 또는 대안교육 운동과 연대하거나 그 주체들이 중복되는 경우가 많으므로, 여기서는 크게 세 집단의 역동을 중심으로 보았다.

먼저 1980년초부터 시작된 교사운동의 맥락에서 새로운학교운동에 참여해온 전교조 교사들을 중심으로 교사연대 학교혁신 운동의 등장을 살펴보았다. 1989년 창립된 전교조의 참교육운동은 교과별 주제별 분과, 교육문화, 학생 활동의 활성화를 주요 영역으로 하여 각종 연수와 참교육 실천대회 등을 통해 수업과 학급 운영의 새로운 방법이 학교 현장의 교사들에게 전파되었다. 또한 학교운영위원회 구성, 예결산 공개, 인사자문위원회 구성 등 학교 민주화 조치가 상당히 이루어졌다.

그러나 1995년 5·31교육개혁안 발표 이후 자율과 책무성을 강조하는 신교육 체제가 수립되어 단위 학교 책임경영제가 도입되고, 학교평가와 교원평가 등 평가가 강화되며, 학교 다양화 정책으로 학교 간 격차와 입시경쟁이 더욱 치열해지는 현상이 나타났다. 이러한 신자유주의적 교육정책의 잇따른 도입은 교사들에게 "해도 해도 안 되네"라는 좌절과 한계를 느끼게 하였다. 학생, 교사, 학교, 교육청을 대상으로 한 각종 평가의 강화는 학교에서 '빈말'로 하는 전시행정을 조장하였으며, 교사들에게는 업무 과중으로 "하루살이 인생"이라는 자조감을 불러일으켰다.

한편 자율성과 전문성을 추구해온 전교조가 1999년 합법화된 이후 제도개선 투쟁 위주로 사업을 진행하면서 참교육 실천은 조합원 개인에게 맡겨지고 주변화·부차화되었다는 비판이 내부에서 제기되었다. 이러한 반성과 성찰을 통해 참교육 활동에 관심이 많은 조합원들은 자발적인 모임을 구성하여 새로운학교의 상像을 모색하고 가능한 학교를 찾았다. 거기에는 정부 당국의 농어촌 소규모 학교 통폐합 정책에 맞선 '작은 학교 살리기' 운동의 경험이 상당한 역할을 하였다.

그러나 거기서 '새로운학교 만들기'로 한 발 더 나아가면서, 가장 '열악한' 학교에서 가장 '새로운' 학교가 탄생하는 역설이 생겨났다. 2000년에 남한산초등학교를 시작으로 한 새로운학교운동은 공교육 학교혁신 모델로서 농산어촌의 작은 학교에서 하나둘 시작되다가 2007년 교장공모제 도입, 2009년 이후 혁신학교 추진 등을 계기로 급속히 확산되고 있다.

한편 대안교육 운동과 비교한다면, 1990년대 중반부터 전개된 대안교육 운동은 공교육 체제 밖에서 다양한 내용과 형식으로 이뤄지고 있다. 10년이 지난 2006년 무렵, 대안교육을 받는 학생들은 전체 학생 수의 0.2%를 차지하고 있다. 그러나 새로운학교운동은 나머지 99.8% 학생들이 다니는 공교육 학교 체제의 전면적인 변화를 이끌어내는 운동이다. 그것도 다양한 계층의 아이들이 다니는 일반 학교에서 이루어지고 있는 운동이라는 점에 주목할 필요가 있다. 학교 설립 취지에 동감하는 학부모와 학생들을 대상으로 한 대안교육 운동과 달리, 새로운학교운동은 일반 학교의 혁신을 목표로 하는 것이기에 공교육 전체에 미치는 파급력과 의의가 그만큼 크다고 할 수 있다. 또 교사단체가 지원하는 교사연대 학교혁신 운동이라는 점에서 지속성과 확산 효과가 기대된다.

이 연구에서는 새로운학교의 특징을 학교 운영 체제, 학교 문화, 교육과정과 수업 및 평가, 학교 시설과 환경, 지역과의 연계라는 측면에서 파악하였다. 여기서 학교 운영 체제의 변화는 교사·학생·학부모에 의한 학교자치가 이루어지고 기존의 행정 업무 중심에서 교육 활동 중심으로 바뀌는 것을 의미한다. 학교 문화의 변화는 학교 구성원들의 참여와 소통 및 협력이 민주적·협력적인 교장 리더십과 결합했을 때 일어난다. 새로운학교는 일반 학교의 교과별·교사별·교실별 '단절'과 '분리'를 넘어 '협력'과 '연결'의 연쇄반응을 낳는다. '빈말'을 하는 형식적 계획과 보고가 아니라 '참말'로 진행된다. '닫힌' 교실이 '열린' 학교로 변화한다. 그것은 교사들의 자발성을 최대한 높이는 소통과 참여의 학교 문화에서 비롯된다. 학교의 교육 철학과 비전을 공유하고 수업을 개선하기 위해 교사들은 수업 공개와 수업 협의를 일상화하고, 동료성 구축에 역점을 두어 전문적 학습공동체를 구성한다.

새로운학교가 만들어지기 위한 기본 조건은 자발적인 교사모임과 교장의 지원·협력이다. 남한산초등학교가 만들어지던 무렵에 교사와 학부모들이 논의하던 서울과 인천의 경우, 이 두 가지 기본 조건이 갖춰지지 않아 새로운학교로 변화시키려는 시도가 실패로 끝났다. 내부형 교장공모제를 확대하여 공모 교장과 자발적인 교사모임이 결합할 때 새로운학교는 빠르게 확산될 수 있을 것으로 보인다.

새로운학교운동은 자발적인 교사들의 열정과 헌신에 의해 농어촌의 작은 학교로부터 이제 도시의 중·대규모 학교로까지 확대되고 있다. 내부형 교장공모제 실시와 13개 시·도 교육청의 혁신학교 확산이 새로운학교운동에 강력한 촉매제 역할을 하고 있다. 여기서 주목할 점은 새로운학교 교사들에게 '의미의 전환', '관계의 전환', '일의 전환'이 일어나고 있다는 것이다. 새로운학교에서 교사들은 그동안 일반 학교에서 느꼈던 무력감과 관성을 벗어나 교육에 대한 '의미'를 발견한다. 또 교육행정가, 동료 교사, 학생, 학부모, 지역사회와 새로운 소통과 협력의 '관계'를 맺는다. 상급 관청에서 내려온 공문을 작성하고 행정 사무에 치중하던 업무 대신, 수업을 준비하고 학생 상담을 하는 등 교육 활동 중심으로 '일'이 전환된다.

아직 새로운학교의 학교 효과가 구체적으로 밝혀지진 않았으나 교사·학생·학부모의 만족도가 높고, 기초학력 부진 학생이 적으며, 학교폭력이 감소하고 학생 건강이 향상되는 등 일반 학교와 다른 차이가 여러 가지로 나타났다. 최근에는 교육 격차가 줄어들었다는 연구 결과도 나왔다.

앞으로 새로운학교가 지속가능하도록 새로운학교운동은 추진 주체이자 주요 동력인 교사들의 성장, 학력에 대한 새로운 정의, 학교교육과정의 구체적인 구현 방도, 지역 간·학교 간·급별 격차 극복, 교육단체와 교육연구소의 폭넓은 소통과 협력 등을 과제로 안고 있다. 또한 새로운학교의 학교 효과, 교사의 일상과 문화의 변화, 교장의 민주적 리더십, 행정 업무 경감과 학교 운영 체제 변화 등 더 많은 학교로 확산되고 일반화하기 위한 연구와 정책적 노력이 이루어져야 할 것이다.

새로운학교의 특징은 아직 형성 중에 있고, 새로운학교운동은 조직적인 교사운동에 의해 뒷받침되고 있다. 운동과 제도의 만남을 통해 한국 교육의 변화를 열망하는 이들의 소통과 참여 속에 공교육 제도의 근간인 학교의 변화를 이뤄낼 것으로 기대된다. 학교를 재구조화함으로써 교사운동을 한 차원 발전시키고 교사로서 전문성과 자율성을 높이는 새로운 학교운동은 복잡한 한국 교육문제를 해결할 중요한 실마리가 될 수 있을 것이다.

참고 문헌

강기철(1988), 「한국교원노동조합 사건-그 정치적 해결을 위한 화해의 메시지」, 『민중교육』 2집, 실천문학사.

강대중(2002), 『대안학교는 학교가 아니다』, 서울: 박영률출판사

강벼리·조선혜(2010), 『안순억 교사와 남한산학교 이야기: 얘들아! 들꽃 피는 학교에서 놀자』, 기획: 희망제작소, 서울: 푸른나무.

강영진(2009), 「거버넌스를 통한 정책 갈등 예방 모색: 부안사태와 제주해군기지 사례를 중심으로」, 『국정관리연구』, 4(2), 성균관대학교 국정관리대학원.

_____(2011), 「현장 사례에서 배우는 민주적 의사결정 방법과 교훈」, 『민주적 의사결정과 의사소통』, 민주화운동기념사업회.

강영혜(1993), 「참교육의 교육 이념적 성격」, 한국교육연구소 편, 『참교육 그 이해와 오해』, 서울: 내일을여는책.

강일국(2009), 「새교육 운동과 열린교육 운동의 특징 비교 연구」, 『교육사회학연구』, 19(3), 1-23, 한국교육사회학회.

경기도교육연구원(2012), 『경기도 혁신학교 성과 분석』, 경기도교육연구원.

경기도교육청(2012), 「혁신학교 기본문서」, 경기도교육청 학교혁신과.

_____(2014), 「경기도 초·중·고등학교 교육과정 총론」, 경기도교육청.

_____(2015), 「학생중심 현장중심 교육실현 경기 혁신교육 정책 안내」, 경기도교육청, 6월 5일.

경태영(2010), 『나는 혁신학교에 간다』, 서울: 맘에드림.

고병헌(1996), 『대안학교의 모델과 실천』, 서울: 내일을여는책.

고영상(1998), 『경력초기 초등교사의 학습에 관한 연구』, 석사학위논문, 서울대학교.

과학과사상사 편(988), 『해방조선 2』, 서울: 과학과사상사.

교육개혁위원회(1995), 『세계화·정보화 시대를 주도하는 신교육 체제 수립을 위한 교육개혁 방안』, 대통령자문 교육개혁위원회.

교육인적자원부(2007), 『대안교육백서 1997-2007』, 교육인적자원부.

교육희망네트워크(2011), 풀뿌리 교육운동을 꿈꾸는 사람들의 워크숍, 7월 9일, 전국교직원노동조합.

김경숙(1989), 『미군정기 교육운동: 1945~48』, 석사학위논문. 서울대학교.

김기석(1989), 「유상중등교육의 팽창」, 김신일 편, 『한국 교육의 현 단계』, 서울: 교육과학사.

_____(1999), 『교육역사사회학』, 서울: 교육과학사.

김기석 편(1987), 『교육사회학 탐구』, 서울: 교육과학사.

김기석 외(1996), 『한국 교육 100년: 학제 및 인구통계적 변천』, 한국교육사고 연구보고.

김낙중(1982), 『한국노동운동사 Ⅱ』, 서울: 청사.

김성천(2009), 「학교혁신의 핵심 원리: 교장공모제를 실시한 D중학교를 중심으로」, 『교육사회학연구』, 19(2), 59-89, 한국교육사회학회.

_____(2011), 『혁신학교란 무엇인가』, 서울: 맘에드림.

김용(2012), 『교육개혁의 논리와 현실』, 서울: 교육과학사.

김용우 외(1992), 『농어촌 소규모 국민학교 경영개선 방안에 관한 연구』, 한국교육개발원.

김정원(2002), 「학교는 붕괴하고 있는가 – 학교의 일상을 통해 본 학교 붕괴의 실체」, 『교육학연구』, 40(3), 271-298, 한국교육학회.

_____(2005), 「학교교육 '다양화' 정책의 성격과 그 효과」, 『한국교육』, 32(3), 109-135.

김정환(1995), 『인간화 교육 어떻게 할 것인가』, 서울: 내일을여는책.

김진경(1997), 「사회 변화와 신교육과정〈座談〉」, 『교과연구』, 10('97. 3), 12-35, 통일시대 교육연구소.

김현진(2009), 「솔뫼에 이는 새로운 바람」, 『작은 학교 행복한 아이들』, 작은학교교육연대, 서울: 우리교육.

김현주(2010), 「제2참교육운동마당 '참교육이 피었습니다'」, 제9회 전국참교육실천대회, 1월 11일~1월 14일, 전국교직원노동조합, 경기: 한신대학교.

김홍원(2005), 『조기 유학에 관한 국민의식과 실태』, 한국교육개발원.

나민주 외(2009), 「교장공모제의 공모교장 직무수행에 대한 효과 분석」, 『교육행정학연구』, 27(3), 297-320, 인천: 한국교육행정학회.

남궁역(2009), 「마을을 공부하며 지역사회를 배우다」, 『작은 학교 행복한 아이들』, 작은학교교육연대, 서울: 우리교육.

류방란(1986), 『교원 주도 교육운동에 관한 연구』, 석사학위논문, 서울대학교.

박도순 외(2007), 『한국 교육개혁의 평가와 대안 탐색 연구』, 교육연구네트워크·교육인적자원부.

박원순(2010), 『마을이 학교다』, 서울: 검둥소.

배제천(2007), 「교장공모제 시범실시 평가와 법제화 방향」, 이경숙의원실·전국교직원노동조합, 바람직한 교장제도를 위한 교장공모제 법제화 토론회, 11월 16일, 39, 서울: 국회의원회관.

배평모(1995). 『울타리 없는 학교 거창고등학교 이야기』, 서울: 종로서적.

백병부(2013), 「경기도 혁신고등학교 성과 분석」, 『혁신학교, 성과와 과제』, 경기도교육연구원 개원기념 심포지엄, 12월 19일, 경기: 경기도교육연구원.

백병부·박미희(2015), 「혁신학교가 교육격차 감소에 미치는 영향: 경기도 혁신학교를 중심으로」, 『교육사회학연구』, 25(1), 105-128, 한국교육사회학회.

서길원(2009), 「작은학교운동이 걸어온 길」, 『작은 학교 행복한 아이들』, 작은학교교육연대, 서울: 우리교육.

_____(2014), 「새로운학교운동의 어제와 오늘 그리고 내일」, 『아이들과 선생님이 행복한 학교, 새로운학교운동의 현재와 미래』, 새로운학교네트워크 사단법인 설립 기념행사 주제 발표, 10월 19일, 서울: 한국불교역사문화기념관.

_____(2015). 「새로운학교운동의 전망과 과제」, 『새로운학교운동 나아갈 길을 묻다』, 새로운학교네트워크 여름 연수, 8월 14일~15일, 충남: 캠코인재개발원.

서용선(2012), 『혁신교육 존 듀이에게 묻다』, 서울: 살림터.

성기선(1998), 『학교효과 연구의 이론과 방법론』, 서울: 원미사.

성열관(2015), 「혁신학교의 성과, 딜레마, 그리고 미래」, 『경기혁신교육의 성과, 딜레마 그리고 미래』, 경기교육연구소·새로운학교경기네트워크·전교조 경기지부·좋은교사운동·한국교육연구네트워크, 경기혁신교육 토론회, 7월 22일, 경기: 경기도교육복지종합센터.

송건호(1984), 「4·19혁명기의 교원노조운동」, 이규환·강순원 편, 『자본주의 사회의 교육』, 서울: 창작과비평사.

송대헌(2009), 「농산어촌 교육과 작은 학교 살리기 운동」, 『전교조 운동 20년의 평가, 교육노
　　동운동의 새로운 방향과 과제』, 전국교직원노동조합, 전교조 창립 20주년 토론회, 5월 27일,
　　서울: 홍사단.

송순재(2007), 「한국에서의 "대안교육"의 전개과정, 성격과 주요 문제」, 『대안교육과 혁신교육
　　사상 자료집』, 4-28, 대화와실천을위한 교육사랑방.

신귀옥(1996), 『초등학교 교사의 업무 문화에 대한 연구』, 석사학위논문. 경북대학교.

신현칠(2009), 『변하지 않는 것을 위하여 변하고 있다』, 서울: 삼인

안순억(2009), 「아이를 꽃처럼 나무처럼 자라게 하라」, 『작은 학교 행복한 아이들』, 작은학교교
　　육연대, 서울: 우리교육.

양희준(2002), 『시민운동단체 교육 활동 사례 연구』, 석사학위논문, 서울대학교.

오성철(2000), 『식민지기 초등교육의 형성』, 서울: 교육과학사.

오일창·김주영(2009), 「날마다 두근두근 행복한 작은 학교」, 『작은 학교 행복한 아이들』, 작은
　　학교교육연대, 서울: 우리교육.

원덕재(2015), 「교육자치 실현과 제도개선 방향」, 『경기혁신교육의 성과, 딜레마 그리고 미래』,
　　경기교육연구소·새로운학교경기네트워크·전교조 경기지부·좋은교사운동·한국교육연구네
　　트워크, 경기혁신교육 토론회, 7월 22일, 경기: 경기도교육복지종합센터.

위성남(2011), 「성미산마을의 의사소통과 의사결정」, 『민주적 의사결정과 의사소통』, 민주화운
　　동기념사업회.

유상덕(1996), 『교육개혁과 교육운동의 전망』, 서울: 내일을여는책.

＿＿＿＿(2006), 「일본의 '배움의 공동체 운동' 사례 연구」, 『한국교육연구』, 2006, Vol. 11(1),
　　85-110.

이갑순·조경삼(2009), 「생태교육으로 마음 밭을 가꾸고 문학교육으로 삶을 표현한다」, 『작은
　　학교 행복한 아이들』, 작은학교교육연대, 서울: 우리교육.

이길상(1999), 『미군정하에서의 진보적 민주주의 교육 운동』, 서울: 교육과학사.

이두휴(2004), 「농어촌지역 학교의 교직문화 연구」, 『교육사회학연구』, 14(1), 72-73, 한국교육
　　사회학회.

이만규(1947), 『조선교육사(하)』, 서울: 을유문화사.

이목(1989), 『한국교원노동조합운동사-4·19 혁명기를 중심으로』, 서울: 푸른나무.

이병환·김영순(2008), 『대안교육의 실천과 모색』, 서울: 학지사.

이오덕 외(1979), 『내가 걷는 길』, 청조사.

이용관(2010), 「제2참교육운동과 새로운학교운동의 방향과 과제」, 제9회 전국참교육실천대회
　　새로운학교분과, 전국교직원노동조합.

이장원(2010), 「제2참교육운동마당 '참교육이 피었습니다'」, 제9회 전국참교육실천대회, 전국교
　　직원노동조합, 1월 11일~1월 14일, 경기: 한신대학교.

＿＿＿＿(2011), 「법외노조 시기 전교조 운동을 돌아보며」, 『참교육 한길로 전국교직원노동조합
　　운동사 1 법외노조 편』, 전국교직원노동조합, 서울: 도서출판 참교육.

이종태(2001), 『대안교육과 대안학교』, 민들레.

이주영(2006), 『이오덕 삶과 교육사상』, 서울: 나라말.

이중현(2011), 『학교가 달라졌다』, 서울: 우리교육.

이혜영·김지하·마상진(2010), 『농산어촌 소규모 학교 통폐합 효과 분석』, 한국교육개발원.

이혜영·한만길(1996), 『교육개혁 저해 요인 분석 연구』, 한국교육개발원.

장관호(2011), 「학교개혁 운동과 전교조」, 『희망을 나누는 진보교육』, 2, 33, 전교조강화를 위한

활동가조직연석회의.

장신미(1998), 『교직의 관료적 통제와 자율성 신장운동: 1980년대 후반 서울지역 전교조 운동을 중심으로』, 석사학위논문, 서울대학교.

전국교직원노동조합(1990), 『한국교육운동백서: 1978~1990』, 서울: 풀빛.

_____(2007), 『교육희망 새로운학교 만들기』, 2007년 1차 학교자치교선보 워크숍. 5월 12일.

_____(2008), 「학교개혁의 방향과 경로」, 『2008교육희망! 새로운학교 만들기』, 새로운학교 실현을 위한 교사 워크숍, 7월 24일~26일, 전북: 푸른꿈고등학교.

_____(2011), 『참교육 한길로 전국교직원노동조합 운동사 1 법외노조 편』, 서울: 도서출판 참교육.

_____ 외 편(1989), 『민주화를 위한 교육백서』, 서울: 풀빛.

전종호(1999), 「학교 붕괴 현상에 대한 교육 주체의 의식 조사 연구」, 참교육토론회 '학교를 어떻게 살릴 것인가-학교 붕괴의 원인과 진단', 전국교직원노동조합.

정명채·진동섭(2003), 「농어촌 교육 종합발전을 위한 기본 방향」, 농어촌교육발전방안 검토를 위한 공청회, 1-12, 5월 24일, 서울: 교원징계재심사위원회; 이두휴(2004)에서 재인용.

정바울·황영동(2011), 「자생적 학교혁신의 확산 경로와 과정에 대한 연구」, 『교육행정학 연구』, 29(2), 313-338, 한국교육행정학회.

정진화(2013), 『교사 주도 학교개혁 운동에 관한 연구』, 박사학위논문, 서울대학교.

_____(2014a), 「교사 주도 학교개혁 운동의 교육과정과 수업혁신」, 『혁신학교에 대한 교육학적 성찰』, 한국교육연구네트워크, 서울: 살림터.

_____(2014b), 「교사 주도 학교개혁 운동의 등장」, 『교육사회학연구』, 24(2), 한국교육사회학회.

조현초등학교(2011), 「2011 조현 꿈자람 교육과정-큰 꿈을 가꾸는 작은 학교」, 조현초등학교.

_____(2012), 「2012 교육계획 삶을 가꾸는 조현 꿈자람 교육과정」, 조현초등학교.

최유림(2001), 『초등학교 열린교육에 관한 사례연구』, 석사학위논문. 서울대학교.

최유철(2009), 「문화예술교육으로 아이들의 꿈을 꽃피우다」, 『작은 학교 행복한 아이들』, 작은학교교육연대, 서울: 우리교육.

한국열린교육협의회 편(1997), 『열린교육 입문』, 서울: 교육과학사.

한만중(2002), 「민주적 교육개혁과 학교개혁론」, 전국교육연구소 네트워크 연구대회.

_____(2007), 「전교조 운동과 학교개혁 운동」, 학교자치교선보 워크숍, 5월 12일, 서울: 전국교직원노동조합.

_____·이장원(2009), 「전교조와 참교육운동 20년 평가」, 전교조 창립 20주년 토론회, 7-48, 5월 27일. 서울: 흥사단.

한상훈·천희완(2009), 「참교육운동 20년 평가와 향후 과제」, 전교조 창립 20주년 토론회, 74-91, 5월 27일, 서울: 흥사단.

홍순명(1998), 『더불어 사는 평민을 기르는 풀무학교 이야기』, 서울: 내일을여는책.

황호영(1984), 「4·19혁명과 교원노동조합」, 『상록 제2호』, 서울YMCA중등교육자회.

_____(2007), 「새로운학교 만들기 운동에 대하여」, 학교자치교선보 워크숍, 5월 12일, 서울: 전국교직원노동조합.

_____(2009), 「학교개혁 운동과 새로운학교운동」, '새로운학교네트워크'(가칭) 설립 제안문.

_____(2015), 「새로운학교네트워크와 교육청」, 『미래교육과 새로운학교운동』, 2015년 (사)새로운학교네트워크 여름 연수, 8월 14일~15일, 충남: 캠코인재개발원.

● 외국 문헌

사토 마나부(2001), 손우정 옮김, 『교육개혁을 Design한다』, 서울: 공감.

_____(2011), 손우정 옮김, 『수업이 바뀌면 학교가 바뀐다』, 서울: 에듀니티.

이누이 아키오(2004), 정영애 외 옮김, 「교육의 시장화와 그 문제-교육 바우처·학교선택제의 정책 담론과 현실」, 『비판적 교육학과 공교육의 미래』, 서울: 원미사.

Apple, M.(1986), *Teachers and Texts*, London: Routledge & Kegan Paul, 177.

Archer, M.(1979), *Social Origins of educational systems*, London: Sage Publications.

Ashton, P. and Webb, R.(1986), *Making a Difference: Teachers' Sense of Efficacy and Student Achievement*, New York: Longman.; Fullan, M. and Hargreaves, A.(1996), *What's worth fighting for in your school*, New York London: Teachers College Press. 최의창 옮김(2006), 『학교를 개선하는 교사』, 서울: 무지개사, 78에서 재인용.

Ball. J.(2003), *Class Strategies and the Education Market*, Oxon, RoutledgeFalmer. 정영애 외 옮김(2011), 이누이 아키오, 「교육의 시장화와 그 문제-교육 바우처·학교선택제의 정책 담론과 현실」, 『비판적 교육학과 공교육의 미래: 신자유주의 교육혁신을 재검토한다』, 서울: 원미사, 93-95에서 재인용.

Davis, B. and Sumara, D.(2006), *Complexity and Education: Inquries into Learing, Teaching, and Research*, Routledge Inc., part of Taylor & Francis Group LLC. 현인철·서용선 옮김(2011), 『혁신교육, 철학을 만나다』, 서울: 살림터.

Frankle, V.(1946), *Man's Search for Meaning*, New York: Washington Square Press. 김재현 옮김(1977), 『인간이란 무엇인가』, 서울: 서문당.

_____, V.(2007), Psychotherapie für den Alltag, Verlag Herder Freiburg Feriburg. 강윤영 옮김(2008), 『빅터 프랭클의 심리의 발견』, 경기: 청아, 15-17.

Freire, P.(1970), *Pedagogy of the Oppressed*, New York: Seabury Press.

Fullan, M. and Hargreaves, A.(1996), *What's worth fighting for in your school*, New York London: Teachers College Press. 최의창 옮김(2006). 『학교를 개선하는 교사』, 서울: 무지개사.

Gatto, J.(1992), *Dumbing Us Down*, New Society Publishers. 김기협 옮김(2005), 『바보 만들기』, 서울: 민들레.

Habermas, J.(1990), *Discourse Ethics: Notes on Philosophical Justification. In Moral Consciousness and Communication Action*, 86, Cambridge: MIT press. 강영진(2010), 「갈등해결을 위한 내화의 과성과 진행자의 역할」, 『소통문화의 지형과 지향』, 서울: 대화문화아카데미에서 재인용.

Little, J.(1990), *The persistence of privacy: Autonomy and initiative in teachers' professional relations*, Teachers College Record, 91(4), 509-536.; Fullan, M. and Hargreaves, A.(1996), *What's worth fighting for in your school*, New York London: Teachers College Press. 최의창 옮김(2006), 『학교를 개선하는 교사』, 서울: 무지개사, 81-82에서 재인용.

Lortie, D.(1975), *Schoolteacher*, Chicago: The University of Chicago Press. 진동섭 옮김(1993), 『교직사회』, 서울: 양서원.

Marrou, H.(1965), *A History of Education in Antiquity*, New York.: The New American Library. 김기석(1999), 『교육역사사회학』, 서울: 교육과학사, 37에서 재인용.

Rosenholtz, S.(1989), *Teacher's Workplace: The Social Organization of Schools*, New

York: Longman.; Fullan, M. and Hargreaves, A.(1996), *What's worth fighting for in your school*, New York London: Teachers College Press. 최의창 옮김(2006), 『학교를 개선하는 교사』, 서울: 무지개사. 77-81.

Tyack, D.(1976), *Ways of seeing: An Essay on the History of Compulsory Schooling*, Havard Education Review, (August), Vol. 46, N0. 3. 김기석(1999), 『교육역사사회학』, 서울: 교육과학사, 65에서 재인용.

Tyack, D. and Cuban L.(1995), *Tinkering toward Utopia: a century of public school reform*, Harvard University Press. 권창욱·박대권 옮김(2011), 『학교 없는 교육혁신: 유토피아를 꿈꾼 미국 교육혁신 100년사』, 서울: 럭스미디어.

Vygotsky, L.(1978), *Mind in society: The development of higher psychological processes*, (M. Cole, V. John-Steiner, S. Scribner, & E. Souberman, Eds.), Cambridge, Massachusetts: Harvard University Press.

● 신문 잡지

『경향신문』

『교육희망』

『동아일보』

『시사IN』

『연합뉴스』

『오마이뉴스』

『한겨레』

『한국경제』

『한국경제 매거진』

삶의 행복을 꿈꾸는 교육은 어디에서 오는가?

미래 100년을 향한 새로운 교육　혁신교육을 실천하는 교사들의 필독서

▶ 교육혁명을 앞당기는 배움책 이야기
혁신교육의 철학과 잉걸진 미래를 만나다!

한국교육연구네트워크 총서

 01 핀란드 교육혁명
한국교육연구네트워크 엮음 | 320쪽 | 값 15,000원

 02 일제고사를 넘어서
한국교육연구네트워크 엮음 | 284쪽 | 값 13,000원

 03 새로운 사회를 여는 교육혁명
한국교육연구네트워크 엮음 | 380쪽 | 값 17,000원

 04 교장제도 혁명
한국교육연구네트워크 엮음 | 268쪽 | 값 14,000원

 05 새로운 사회를 여는 교육자치 혁명
한국교육연구네트워크 엮음 | 312쪽 | 값 15,000원

 06 혁신학교에 대한 교육학적 성찰
한국교육연구네트워크 엮음 | 308쪽 | 값 15,000원

 07 진보주의 교육의 세계적 동향
한국교육연구네트워크 엮음 | 324쪽 | 값 17,000원

 08 더 나은 세상을 위한 학교혁명
한국교육연구네트워크 엮음 | 404쪽 | 값 21,000원

 혁신학교
성열관·이순철 지음 | 224쪽 | 값 12,000원

 행복한 혁신학교 만들기
초등교육과정연구모임 지음 | 264쪽 | 값 13,000원

 서울형 혁신학교 이야기
이부영 지음 | 320쪽 | 값 15,000원

 혁신교육, 철학을 만나다
브렌트 데이비스·데니스 수마라 지음
현인철·서용선 옮김 | 304쪽 | 값 15,000원

 혁신교육 존 듀이에게 묻다
서용선 지음 | 292쪽 | 값 14,000원

 다시 읽는 조선 교육사
이만규 지음 | 750쪽 | 값 33,000원

 대한민국 교육혁명
교육혁명공동행동 연구위원회 지음 | 224쪽 | 값 12,000원

한국교육연구네트워크 번역 총서

 01 프레이리와 교육
존 엘리아스 지음 | 한국교육연구네트워크 옮김
276쪽 | 값 14,000원

 02 교육은 사회를 바꿀 수 있을까?
마이클 애플 지음 | 강희룡·김선우·박원순·이형빈 옮김
356쪽 | 값 16,000원

 **03 비판적 페다고지는
세상을 변화시킬 수 있는가?**
Seewha Cho 지음 | 심성보·조시화 옮김 | 280쪽 | 값 14,000원

 04 마이클 애플의 민주학교
마이클 애플·제임스 빈 엮음 | 강희룡 옮김 | 276쪽 | 값 14,000원

 05 21세기 교육과 민주주의
넬 나딩스 지음 | 심성보 옮김 | 392쪽 | 값 18,000원

 **06 세계교육개혁:
민영화 우선인가 공적 투자 강화인가?**
린다 달링-해먼드 외 지음 | 심성보 외 옮김 | 408쪽 | 값 21,000원

 대한민국 교사, 어떻게 가르칠 것인가?
윤성관 지음 | 320쪽 | 값 15,000원

 아이들을 어떻게 가르칠 것인가
사토 마나부 지음 | 박찬영 옮김 | 232쪽 | 값 13,000원

 모두를 위한 국제이해교육
한국국제이해교육학회 지음 | 364쪽 | 값 16,000원

 경쟁을 넘어 발달 교육으로
현광일 지음 | 288쪽 | 값 14,000원

 독일 교육, 왜 강한가?
박성희 지음 | 324쪽 | 값 15,000원

 핀란드 교육의 기적
한넬레 니에미 외 엮음 | 장수명 외 옮김 | 456쪽 | 값 23,000원

 한국 교육의 현실과 전망
심성보 지음 | 724쪽 | 값 35,000원

▶ 비고츠키 선집 시리즈
발달과 협력의 교육학 어떻게 읽을 것인가?

생각과 말
레프 세묘노비치 비고츠키 지음
배희철·김용호·D. 켈로그 옮김 | 690쪽 | 값 33,000원

성장과 분화
L.S. 비고츠키 지음 | 비고츠키 연구회 옮김
308쪽 | 값 15,000원

도구와 기호
비고츠키·루리야 지음 | 비고츠키 연구회 옮김
336쪽 | 값 16,000원

의식과 숙달
L.S 비고츠키 | 비고츠키 연구회 옮김
348쪽 | 값 17,000원

어린이 자기행동숙달의 역사와 발달 I
L.S. 비고츠키 지음 | 비고츠키 연구회 옮김
564쪽 | 값 28,000원

분열과 사랑
L.S. 비고츠키 지음 | 비고츠키연구회 옮김
260쪽 | 값 16,000

어린이 자기행동숙달의 역사와 발달 II
L.S. 비고츠키 지음 | 비고츠키 연구회 옮김
552쪽 | 값 28,000원

관계의 교육학, 비고츠키
진보교육연구소 비고츠키교육학실천연구모임 지음
300쪽 | 값 15,000원

어린이의 상상과 창조
L.S. 비고츠키 지음 | 비고츠키 연구회 옮김
280쪽 | 값 15,000원

비고츠키 생각과 말 쉽게 읽기
진보교육연구소 비고츠키교육학실천연구모임 지음
316쪽 | 값 15,000원

연령과 위기
L.S. 비고츠키 지음 | 비고츠키 연구회 옮김
336쪽 | 값 17,000원

비고츠키와 인지 발달의 비밀
A.R. 루리야 지음 | 배희철 옮김 | 280쪽 | 값 15,000원

수업과 수업 사이
비고츠키 연구회 지음 | 196쪽 | 값 12,000원

교사와 부모를 위한 비고츠키 교육학
카르포프 지음 | 실천교사번역팀 옮김 | 308쪽 | 값 15,000원

▶ 창의적인 협력수업을 지향하는 삶이 있는 국어 교실
우리말 글을 배우며 세상을 배운다

중학교 국어 수업 어떻게 할 것인가?
김미경 지음 | 340쪽 | 값 15,000원

이야기 꽃 1
박용성 엮어 지음 | 276쪽 | 값 9,800원

토론의 숲에서 나를 만나다
명혜정 엮음 | 312쪽 | 값 15,000원

이야기 꽃 2
박용성 엮어 지음 | 294쪽 | 값 13,000원

토닥토닥 토론해요
명혜정·이명선·조선미 엮음 | 288쪽 | 값 15,000원

인문학의 숲을 거니는 토론 수업
순천국어교사모임 엮음 | 308쪽 | 값 15,000원

어린이와 시
오인태 지음 | 192쪽 | 값 12,000원

수업, 슬로리딩과 함께
박경숙·강슬기·김정욱·장소현·강민정·전혜림·이혜민 지음
268쪽 | 값 15,000원

▶ 남북이 하나 되는 두물머리 평화교육
분단 극복을 위한 치열한 배움과 실천을 만나다

10년 후 통일
정동영·지승호 지음 | 328쪽 | 값 15,000원

선생님, 통일이 뭐예요?
정경호 지음 | 252쪽 | 값 13,000원

분단시대의 통일교육
성래운 지음 | 428쪽 | 값 18,000원

김창환 교수의 DMZ 지리 이야기
김창환 지음 | 264쪽 | 값 15,000원

▶ 4·16, 질문이 있는 교실 마주이야기
통합수업으로 혁신교육과정을 재구성하다!

통하는 공부
김태호·김형우·이경석·심우근·허진만 지음
324쪽 | 값 15,000원

내일 수업 어떻게 하지?
아이함께 지음 | 300쪽 | 값 15,000원
2015 세종도서 교양부문

인간 회복의 교육
성래운 지음 | 260쪽 | 값 13,000원

교과서 너머 교육과정 마주하기
이윤미 외 지음 | 368쪽 | 값 17,000원

수업 고수들 수업·교육과정·평가를 말하다
박현숙 외 지음 | 368쪽 | 값 17,000원

도덕 수업, 책으로 묻고 윤리로 답하다
울산도덕교사모임 지음 | 320쪽 | 값 15,000원

체육 교사, 수업을 말하다
전용진 지음 | 304쪽 | 값 15,000원

교실을 위한 프레이리
아이러 쇼어 엮음 | 사람대사람 옮김 | 412쪽 | 값 18,000원

마을교육공동체란 무엇인가?
서용선 외 지음 | 360쪽 | 값 17,000원

학교생활기록부를 디자인하라
박용성 지음 | 268쪽 | 값 14,000원

교사, 학교를 바꾸다
정진화 지음 | 372쪽 | 값 17,000원

함께 배움
학생 주도 배움 중심 수업 이렇게 한다
니시카와 준 지음 | 백경석 옮김 | 280쪽 | 값 15,000원

공교육은 왜?
홍섭근 지음 | 352쪽 | 값 16,000원

자기혁신과 공동의 성장을 위한
교사들의 필리버스터
윤양수·원종희·장군·조경삼 지음 | 280쪽 | 값 14,000원

함께 배움 이렇게 시작한다
니시카와 준 지음 | 백경석 옮김 | 196쪽 | 값 12,000원

함께 배움 교사의 말하기
니시카와 준 지음 | 백경석 옮김 | 188쪽 | 값 12,000원

미래교육의 열쇠, 창의적 문화교육
심광현·노명우·강정석 지음 | 368쪽 | 값 16,000원

주제통합수업, 아이들을 수업의 주인공으로!
이윤미 외 지음 | 392쪽 | 값 17,000원

수업과 교육의 지평을 확장하는 수업 비평
윤양수 지음 | 316쪽 | 값 15,000원
2014 문화체육관광부 우수교양도서

교사, 선생이 되다
김태은 외 지음 | 260쪽 | 값 13,000원

교사의 전문성, 어떻게 만들어지나
국제교원노조연맹 보고서 | 김석규 옮김 392쪽 | 값 17,000원

수업의 정치
윤양수·원종희·장군 지음 | 280쪽 | 값 14,000원

학교협동조합,
현장체험학습과 마을교육공동체를 잇다
주수원 외 지음 | 296쪽 | 값 15,000원

거꾸로교실,
잠자는 아이들을 깨우는 수업의 비밀
이민경 지음 | 280쪽 | 값 14,000원

교사는 무엇으로 사는가
정은균 지음 | 292쪽 | 값 15,000원

마음의 힘을 기르는 감성수업
조선미 외 지음 | 300쪽 | 값 15,000원

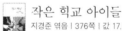

작은 학교 아이들
지경준 엮음 | 376쪽 | 값 17,000원

아이들의 배움은 어떻게 깊어지는가
이시이 준지 지음 | 방지현·이창희 옮김 | 200쪽 | 값 11,000원

대한민국 입시혁명
참교육연구소 입시연구팀 지음 | 220쪽 | 값 12,000원

교사를 세우는 교육과정
박승열 지음 | 312쪽 | 값 15,000원

전국 17명 교육감들과 나눈
교육 대담
최창의 대담·기록 | 272쪽 | 값 15,000원

들뢰즈와 가타리를 통해
유아교육 읽기
리세롯 마리엣 올슨 지음 | 이연선 외 옮김 | 328쪽 | 값 17,000원

교육과정 통합, 어떻게 할 것인가?
성열관 외 지음 | 192쪽 | 값 13,000원

학교 민주주의의 불한당들
정은균 지음 | 276쪽 | 값 14,000원

동양사상에게 인공지능 시대를 묻다
홍승표 외 지음 | 260쪽 | 값 15,000원

교육과정, 수업, 평가의 일체화
리사 카터 지음 | 박승열 외 옮김 | 196쪽 | 값 13,000원

학교 혁신의 길, 아이들에게 묻다
남궁상운 외 지음 | 272쪽 | 값 15,000원

학교를 개선하는 교장
지속가능한 학교 혁신을 위한 실천 전략
마이클 풀란 지음 | 서동연·정효준 옮김 | 216쪽 | 값 13,000원

프레이리의 사상과 실천
사람대사람 지음 | 352쪽 | 값 18,000원

공자뎐, 논어는 이것이다
유문상 지음 | 392쪽 | 값 18,000원

혁신학교, 한국 교육의 미래를 열다
송순재 외 지음 | 608쪽 | 값 30,000원

교사와 부모를 위한
발달교육이란 무엇인가?
현광일 지음 | 380쪽 | 값 18,000원

페다고지를 위하여
프레네의 『페다고지 불변요소』 읽기
박찬영 지음 | 296쪽 | 값 15,000원

교사, 이오덕에게 길을 묻다
이무완 지음 | 328쪽 | 값 15,000원

노자와 탈현대 문명
홍승표 지음 | 284쪽 | 값 15,000원

낙오자 없는 스웨덴 교육
레이프 스트란드베리 지음 | 변광수 옮김 | 208쪽 | 값 13,000원

선생님, 민주시민교육이 뭐예요?
염경미 지음 | 244쪽 | 값 15,000원

끝나지 않은 마지막 수업
장석웅 지음 | 328쪽 | 값 20,000원

어쩌다 혁신학교
유우석 외 지음 | 380쪽 | 값 17,000원

대구, 박정희 패러다임을 넘다
세대열 엮음 | 292쪽 | 값 20,000원

미래, 교육을 묻다
정광필 지음 | 232쪽 | 값 15,000원

경기꿈의학교
진흥섭 외 지음 | 360쪽 | 값 17,000원

대학, 협동조합으로 교육하라
박주희 외 지음 | 252쪽 | 값 15,000원

학교를 말한다
이성우 지음 | 292쪽 | 값 15,000원

입시, 어떻게 바꿀 것인가?
노기원 지음 | 306쪽 | 값 15,000원

촛불시대, 혁신교육을 말하다
이용관 지음 | 240쪽 | 값 15,000원

▶ 교과서 밖에서 만나는 역사 교실
상식이 통하는 살아 있는 역사를 만나다

전봉준과 동학농민혁명
조광환 지음 | 336쪽 | 값 15,000원

교과서 밖에서 배우는 역사 공부
정은교 지음 | 292쪽 | 값 14,000원

남도의 기억을 걷다
노성태 지음 | 344쪽 | 값 14,000원

팔만대장경도 모르면 빨래판이다
전병철 지음 | 360쪽 | 값 16,000원

응답하라 한국사 1·2
김은석 지음 | 356쪽·368쪽 | 각권 값 15,000원

빨래판도 잘 보면 팔만대장경이다
전병철 지음 | 360쪽 | 값 16,000원

즐거운 국사수업 32강
김남선 지음 | 280쪽 | 값 11,000원

영화는 역사다
강성률 지음 | 288쪽 | 값 13,000원

즐거운 세계사 수업
김은석 지음 | 328쪽 | 값 13,000원

 친일 영화의 해부학
강성률 지음 | 264쪽 | 값 15,000원

 강화도의 기억을 걷다
최보길 지음 | 276쪽 | 값 14,000원

 한국 고대사의 비밀
김은석 지음 | 304쪽 | 값 13,000원

 광주의 기억을 걷다
노성태 지음 | 348쪽 | 값 15,000원

 조선족 근현대 교육사
정미량 지음 | 320쪽 | 값 15,000원

 선생님도 궁금해하는
한국사의 비밀 20가지
김은석 지음 | 312쪽 | 값 15,000원

 다시 읽는 조선근대교육의 사상과 운동
윤건차 지음 | 이명실·심성보 옮김 | 516쪽 | 값 25,000원

 걸림돌
키르스텐 세롭-빌펠트 지음 | 문봉애 옮김
248쪽 | 값 13,000원

 음악과 함께 떠나는 세계의 혁명 이야기
조광환 지음 | 292쪽 | 값 15,000원

 역사수업을 부탁해
열 사람의 한 걸음 지음 | 388쪽 | 값 18,000원

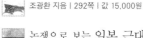 논쟁으로 보는 일본 근대교육의 역사
이명실 지음 | 324쪽 | 값 17,000원

 진실과 거짓, 인물 한국사
하성환 지음 | 400쪽 | 값 18,000원

 다시, 독립의 기억을 걷다
노성태 지음 | 320쪽 | 값 16,000원

▶ 더불어 사는 정의로운 세상을 여는 인문사회과학
사람의 존엄과 평등의 가치를 배운다

 밥상혁명
강양구·강이현 지음 | 298쪽 | 값 13,800원

 좌우지간 인권이다
안경환 지음 | 288쪽 | 값 13,000원

 도덕 교과서 무엇이 문제인가?
김대용 지음 | 272쪽 | 값 14,000원

 민주시민교육
심성보 지음 | 544쪽 | 값 25,000원

 자율주의와 진보교육
조엘 스프링 지음 | 심성보 옮김 | 320쪽 | 값 15,000원

 민주시민을 위한 도덕교육
심성보 지음 | 500쪽 | 값 25,000원
2015 세종도서 학술부문

 민주화 이후의 공동체 교육
심성보 지음 | 392쪽 | 값 15,000원
2009 문화체육관광부 우수학술도서

 교과서 밖에서 배우는 인문학 공부
정은교 지음 | 280쪽 | 값 13,000원

 갈등을 넘어 협력 사회로
이창언·오수길·유문종·신윤관 지음 | 280쪽 | 값 15,000원

 오래된 미래교육
정재걸 지음 | 392쪽 | 값 18,000원

 동양사상과 마음교육
정재걸 외 지음 | 356쪽 | 값 16,000원
2015 세종도서 학술부문

 대한민국 의료혁명
전국보건의료산업노동조합 엮음 | 548쪽 | 값 25,000원

 교과서 밖에서 배우는 철학 공부
정은교 지음 | 280쪽 | 값 14,000원

 교과서 밖에서 배우는 고전 공부
정은교 지음 | 288쪽 | 값 14,000원

 교과서 밖에서 배우는 사회 공부
정은교 지음 | 304쪽 | 값 15,000원

 전체 안의 전체 사고 속의 사고
김우창의 인문학을 읽다
현광일 지음 | 320쪽 | 값 15,000원

 교과서 밖에서 배우는 윤리 공부
정은교 지음 | 292쪽 | 값 15,000원

 카스트로, 종교를 말하다
피델 카스트로·프레이 베토 대담 | 조세종 옮김
420쪽 | 값 21,000원

 한글 혁명
김슬옹 지음 | 388쪽 | 값 18,000원

▶ 평화샘 프로젝트 매뉴얼 시리즈
학교 폭력에 대한 근본적인 예방과 대책을 찾는다

학교 폭력 어떻게 만들어지는가
문재현 외 지음 | 300쪽 | 값 14,000원

아이들을 살리는 동네
문재현·신동명·김수동 지음 | 204쪽 | 값 10,000원

학교 폭력, 멈춰!
문재현 외 지음 | 348쪽 | 값 15,000원

평화! 행복한 학교의 시작
문재현 외 지음 | 252쪽 | 값 12,000원

왕따, 이렇게 해결할 수 있다
문재현 외 지음 | 236쪽 | 값 12,000원

마을에 배움의 길이 있다
문재현 지음 | 208쪽 | 값 10,000원

젊은 부모를 위한 백만 년의 육아 슬기
문재현 지음 | 248쪽 | 값 13,000원

별자리, 인류의 이야기 주머니
문재현·문한의 지음 | 444쪽 | 값 20,000원

우리는 마을에 산다
유양우·신동명·김수동·문재현 지음 | 312쪽 | 값 15,000원

▶ 살림터 참교육 문예 시리즈
영혼이 있는 삶을 가르치는 온 선생님을 만나다!

꽃보다 귀한 우리 아이는
조재도 지음 | 244쪽 | 값 12,000원

선생님이 먼저 때렸는데요
강병철 지음 | 248쪽 | 값 12,000원

성깔 있는 나무들
최은숙 지음 | 244쪽 | 값 12,000원

서울 여자, 시골 선생님 되다
조경선 지음 | 252쪽 | 값 12,000원

아이들에게 세상을 배웠네
명혜정 지음 | 240쪽 | 값 12,000원

행복한 창의 교육
최창의 지음 | 328쪽 | 값 15,000원

밥상에서 세상으로
김흥숙 지음 | 280쪽 | 값 13,000원

북유럽 교육 기행
정애경 외 14인 지음 | 288쪽 | 값 14,000원

우물쭈물하다 끝난 교사 이야기
유기창 지음 | 380쪽 | 값 17,000원

▶출간 예정

참된 삶과 교육에 관한
생각 줍기